DIE WAHRHEIT
ALS GESAMTUMFANG ALLER WELTANSICHTEN

SIGISMUND VON GLEICH

Die Wahrheit als Gesamtumfang aller Weltansichten

Sollte es nicht in der Philosophie einen Himmel, das ist, einen unendlichen Inbegriff von Systempotenzen geben unter beständiger Voraussetzung eines unendlichen Zentralkörpers, welches kein anderer als der Himmel ist, in dem wir leben, weben und sind?

Novalis

J. CH. MELLINGER VERLAG STUTTGART

1. Auflage 1957
2. Auflage 1989
ISBN 3-88069-242-4

INHALT

VORWORT

Nach fast dreißigjährigem Arbeiten und Ringen, das seine Geistessicherheit dem Lebenswerke Rudolf Steiners verdankt, versuche ich hier etwas darzustellen, was mir schon lange als ein hohes Ziel vorschwebt. Zwei Werke sind dieser Studie gleichsam als Vorbereitung vorangegangen. Das erste ist eine Geschichte der Philosophie unter dem Titel „Die Lebensgeschichte des Denkens, allgemeinverständlicher Überblick über die Weltanschauungen des Abendlandes“ (1939). Es ist die Umarbeitung eines zwanzig Jahre zuvor herausgegebenen Buches. Das andere Werk trägt den Titel „Geisteswissenschaft, Kunstoffenbarung und religiöse Lebensanschauung, in ihrer Dreieinheit philosophisch-anthroposophisch entwickelt aus dem Menschenwesen und Ideenkosmos“ (1937).

Die entscheidende Anregung zu den vorliegenden Untersuchungen verdankt der Verfasser den vier Vorträgen (Berlin 20.—23. I. 1914), in welchen Rudolf Steiner vor nunmehr 33 Jahren den Gesamtumfang aller Weltanschauungen samt ihren möglichen Spielarten skizziert hat. Diese Vorträge sind unter dem Titel „Der menschliche und der kosmische Gedanke“ erschienen und 1931 neu gedruckt worden. In dem gleichen Jahre 1914 hatte Rudolf Steiner an seinen „Rätseln der Philosophie“ gearbeitet. Dieses zweibändige Werk ist ein Musterbeispiel dafür, wie man die Denkungsart und Weltanschauung der verschiedenartigsten Persönlichkeiten aus ihrem eigenen Wesen heraus würdigen kann, auch dann, wenn diese der eigenen Geistesart entgegengesetzt ist.

Hier wird ein Versuch vorgelegt, diese bahnbrechenden Aufschlüsse über die Grundrichtungen des menschlichen Erkennens samt den Weltaspekten, zu welchen sie hinführen, und den kosmischen Inspirationsquellen, denen sie entspringen, so auszuarbeiten, daß hierbei das ganze philosophische Geistesleben der Menschheit einbezogen wird.

Hiermit zieht der Verfasser zugleich eine Summe aus all den Erkenntnisbemühungen, die seinen beiden früheren philosophisch-anthroposophischen Werken zugrunde liegen. Und dabei wird manches von dem, was in dem Werk über Geisteswissenschaft, Kunstoffenbarung und religiöse Lebensanschauung noch angedeutet im Hintergrunde bleiben mußte, in einem umfassenden philosophischen Gemälde in den Vordergrund gerückt. Die vorliegende Studie ist jedoch unabhängig von diesem Werk aus sich selbst heraus zu verstehen. Der Leser kann die Verbindungslinien selbst ziehen.

Der Verfasser ist sich wohl bewußt, daß es ein großes Wagnis ist, den Gesamtumfang aller Weltansichten sachgemäß darzustellen. Wenn er mißlungen sein sollte, dann möge ein anderer einen zweiten Versuch unternehmen. Wenn aber dies Werk etwas beiträgt zur Überwindung des kulturvernichtenden Agnostizismus, zur Wiederbelebung eines mutig-lebendigen Philosophierens und zur Hinführung der Menschen zum Geiste, dann hat es seinen Zweck erfüllt.

Zeist (Niederlande)
14. August 1947

Sigismund von Gleich

GELEITWORT zur 2. Auflage

Das vorliegende Buch ist das philosophische Hauptwerk meines Vaters. Als er im Jünglingsalter die Anthroposophie und kurz darauf auch Rudolf Steiner persönlich kennengelernt hatte, schrieb er sein erstes Buch: „Von Thales bis Steiner“ (1924). In vielen Vorträgen und Artikeln suchte er hinfort nach Vertiefung der philosophischen Erkenntnisse und deren geistigen Zusammenhänge. Seine erste Arbeit nach den Zerrüttungen des Zweiten Weltkrieges galt wiederum der Philosophie. Die Einsicht einer „Wahrheit als Gesamtumfang aller Weltansichten“ war jetzt für Sigismund von Gleich eine feste Überzeugung und zugleich ein Ideal geworden. 1957, vier Jahre nach dem Hingang des Verfassers, machte Julia Charlotte Mellinger die erste gedruckte Ausgabe dieses Werkes möglich. Seitdem führt der J. Ch. Mellinger Verlag alle Bücher meines Vaters. Dafür möchte ich Herrn Wolfgang Militz an dieser Stelle herzlich danken.

Diese Neuausgabe unterscheidet sich von dem vorigen Druck durch ein neues Literaturverzeichnis.

Es ist mir ein Bedürfnis darauf hinzuweisen, daß die metrisch gestalteten Verse, jeweils am Ende eines Kapitels, der Dichtung „Der Seele Aufstieg zu den Sternen“ entstammen. Sie wurde 1944 vollendet und später separat veröffentlicht.

Den Haag, Januar 1989

Dr. Clemens-Christoph von Gleich

I.

DIE WAHRHEIT HAT VIELE SEITEN

Was ist Wahrheit? Die zweiflerische Pilatusfrage regt sich fast in jeder Menschenseele der Gegenwart. Mehr oder weniger bewußt. Das Unvermögen der Zeitkultur, sie befriedigend mit Gewißheit zu beantworten, lähmt den Erkenntnismut der Menschen derart, daß sie einen höheren Erkenntnisflug schon gar nicht mehr zu beginnen wagen. In unzähligen Menschen droht jeder höhere Erkenntnisdrang abzusterben. Immer mehr Menschen begnügen sich in fast selbstverständlicher Resignation mit dem Erwerb von Kenntnissen, die fürs praktische Berufsleben unbedingt notwendig sind.

Die außerordentliche Vielfältigkeit und Gegensätzlichkeit der gegenwärtig umlaufenden wissenschaftlichen und religiösen Geistesströmungen mit all ihren Theorien, Hypothesen und Dogmen muß verwirrend wirken, wenn kein Weg gewiesen wird, wie man mit ihren Widersprüchen fertig werden soll. Wenn dann aus der Geschichte der Philosophie ersichtlich ist, daß selbst die von den größten Geistern zu verschiedenen Zeiten entworfenen Weltbilder einander vielfältig widersprechen, dann kann es selbst ernsten Wahrheitssuchern bang werden um die Erforschung der Wahrheit. Werden nicht für alle diese Weltanschauungen die besten logischen Gründe und scharfsinnigsten Beweise vorgebracht? Was soll man angesichts dieser Tatsache halten von allen höheren Erkenntnisbemühungen der Menschheit?

Je deutlicher die Menschen sich dies alles zum Bewußtsein bringen, desto unsicherer müssen sie sich fühlen, wenn sie dennoch versuchen, die Wahrheit zu erforschen, sich eine Weltanschauung aufzubauen. Ist nicht alles zweifelhaft, ungewiß, relativ?

Bis in die Grundfesten erschüttern Relativismus, Skeptizismus und Agnostizismus den Erkenntnisdrang und Erkenntnismut und zermürben zuletzt die Kraft des Erkenntnisvermögens.

Die babylonische Sprachenverwirrung, welche das Geistesleben der Gegenwart zeigt, trennt die Menschen im tiefsten Seeleninnern voneinander: gerade in der Sphäre, in welcher geistige Überzeugungen den Seelen Halt geben sollten. Eine heillose Entfremdung und Zersplitterung der Menschheit, und als Folge davon eine erschreckende Nivellierung und Gleichschaltung der Geister sind die unausbleiblichen Folgen. Um in der verwirrenden Vielfalt der Lehren nicht jeden festen Boden unter den Füßen zu verlieren, ziehen sich Viele auf einfache und einseitige Standpunkte zurück, welche sie zäh und stark dogmatisch gegenüber allen Andersdenkenden behaupten, um nicht den letzten Halt zu verlieren. Aber hierdurch droht die gegenseitige Entfremdung und Gegensätzlichkeit der Geister unabänderlich zu werden.

Wer keinen bergeversetzenden Glauben oder keine felsenfeste Überzeugung von der Sieghaftigkeit der Wahrheit hat, kann vielleicht sogar zuletzt schmerzlich resigniert den Schluß ziehen: Das Streben nach der Wahrheit ist aussichtslos und vertieft nur die Uneinigkeit der Menschen.

Wie ungeheuer rasch nimmt daher die Zahl derjenigen zu, die zwar aus praktischen Erwägungen diese oder jene Fachwissenschaft studieren, aber auf das philosophische Erforschen der Wahrheit ganz bewußt verzichten. Erschreckend schnell schwindet der Glaube an Wahrheitsfindung und Wahrheit aus dem Kulturleben. In demselben Maße werden die subjektiven und willkürlichen Meinungen und die Masse der Dogmen immer mächtiger, nicht bloß die religiösen Dogmen, sondern auch die wissenschaftlichen und die gesellschaftlich-staatlichen.

Diese fast trostlose Perspektive hatte offenbar schon der große Seher Paulus vor seinem Geiste, als er die Menschen der Zukunft schilderte, „die fortwährend studieren und doch niemals zur Erkenntnis der Wahrheit gelangen".

Der radikale Skeptizismus, der die Seele bis auf den Grund spaltet und aushöhlt, der grundsätzliche, schon fast selbstverständlich gewordene Agnostizismus, der überall herrschende Unglaube an die Erreichbarkeit der Wahrheit: das sind die gefährlichsten Verderber des Menschentums. Mit reißender Geschwindigkeit führen sie zum geistigen Nihilismus. Und dessen Lebenskonsequenzen sind, wie die jüngste Vergangenheit erschreckend gelehrt hat, notwendigerweise Menschenverachtung und Entmenschung.

So vollzieht sich der Absturz der Menschheit von den Kulturhöhen zu den Abgrundtiefen der Barbarei. Und ein jedes Volk, in dem der Agnostizismus zur Lebenshaltung wird, ist dieser Gefahr ausgesetzt. Das eine früher, das andere später, und jedes wieder, gemäß seiner Seelenanlage, in anderer Art.

Aber wie überwinden wir den Agnostizismus? Wie finden wir Zugang zum Reiche der Wahrheit?

Oder müssen wir uns zur christlichen Heilsbotschaft hinwenden? Den fast aussichtslosen Kulturperspektiven der Gegenwart gegenüber klingen für viele Menschen auch heute noch ermutigend die Worte des Menschheitsrepräsentanten von der Wahrheit: „Ich bin der Weg, die Wahrheit und das Leben. — Wenn ihr bei meinem Worte bleiben werdet, dann seid ihr meine rechten Schüler. Und ihr werdet die Wahrheit erkennen, und die Wahrheit wird euch zur Freiheit führen. — Ich sage euch die Wahrheit: Es ist gut für euch, daß ich hingehe. Denn so ich nicht hingehe, so kommt der Tröster nicht zu euch, so ich aber hingehe, werde ich ihn euch senden.

Wenn aber jener, der Geist der Wahrheit, kommen wird, der wird euch in alle Wahrheit leiten. Und dieser wird mich verherrlichen. — Wenn aber der Tröster kommen wird, welchen ich euch senden werde vom Vater, der Geist der Wahrheit, der vom Vater ausgeht, der wird von mir Zeugnis ablegen. — Darum bin ich geboren und zur Welt gekommen, um für die Wahrheit Zeugnis abzulegen. — Wer aus der Wahrheit ist, der vernimmt meine Stimme."

„Die Botschaft hör ich wohl, allein mir fehlt der Glaube", entgegnet der moderne, der faustische Mensch, so wie schon Pilatus dem Verkünder der Wahrheit die zweiflerische Frage entgegengestellt hatte: „Was ist Wahrheit?"

Gerade der wissenchaftlich gesinnte, der philosophisch denkende Mensch muß sich gegenüber den Worten des Christus im Johannes-Evangelium die Frage vorlegen: Wie kann uns der Glaube an Christus oder an den Heiligen Geist fördern im Suchen und Finden der Wahrheit, die wir doch aus unserem wissenschaftlichen Bewußtsein heraus in Freiheit suchen müssen? Sind nicht durchaus verschiedene und weit voneinander entfernte Bereiche diese Christuswelt einerseits und diese Welt des wissenschaftlich-philosophischen Erkennens? Wie wenig das wissenschaftliche Erkennen von Natur, Mensch und Weltall von den theologischen oder auch mystischen Religionsbewegungen gefördert werden konnte, das hat sich doch im Laufe der letzten Jahrhunderte deutlich gezeigt!

Die so denken, haben weitgehend recht. Wenn wir uns damit begnügen, den Glauben an Christus und sein Reich in der bisher üblichen Art in unser Erkenntnisstreben einzuschalten, dann werden wir nicht viel weiterkommen in der Annäherung an die Wahrheit, die der Christus der zukünftigen Menschheit verheißen hat.

Aber sagte nicht der Christus ausdrücklich: Ich bin der *Weg*, die *Wahrheit* und das *Leben*? „Der Weg" — dies weist uns auf ein Weiterschreiten, auf eine Entwickelung. „Das Leben" — dies weist uns auf Bewegung, Aktivität, Belebung. Sollte die „Wahrheit" nicht vielleicht doch erreichbar sein, wenn alles Erkennen zu einem seelisch-geistigen Entwickelungsweg wird, auf dem wir unsere Erkenntniskräfte beleben, zu einem Leben erwecken, das in diesen zunächst noch als ein Verborgenes schlummert? Nehmen wir hierzu ein anderes Christus-Wort: „Ich bin die Auferstehung und das Leben". Ins Gebiet des Erkenntnislebens übergeführt könnte es uns sagen: Sollte nicht eine Erweckung und Wiederbelebung von schlummernden Geistesfähigkeiten zuletzt zu einer Wiedergeburt des Erkennens und damit zu einer Wiedererweckung und seelischen Auferstehung des Menschen führen, zu einem Leben im Geiste? Sollte nicht in der also geist-erweckten Menschenseele der Geist der Wahrheit sich offenbaren? (Vgl. Hans Erhard Lauer: „Die Wiedergeburt der Erkenntnis", Novalis-Verlag 1946.) Wenn es so ist, dann könnten wir in unserer eigenen menschlichen Erkenntnisaktivität und Geistesfreiheit eine Manifestation jenes Wesens erkennen, von dem Christus gesagt hat: „I c h werde euch den Tröster senden, der euch in alle Wahrheit führen wird."

Und wenn der Christus, wie das Johannes-Evangelium sagt, wahrhaft und wirklich der Logos ist, der lebendige Inbegriff des Ideen-Universums, dann erhält eine neue und unermeßliche Bedeutung für das *Erkenntnisleben* der Menschheit das Wort vom Logos im Johannes-Prolog: „Alles ist durch dasselbe erschaffen, und ohne dasselbe ist nichts von dem, was ist, erschaffen. In ihm war das Leben, und das Leben war das Licht der Menschen. Das Licht leuchtet in die Finsternis, aber die Finsternis hat es nicht begriffen. — Es war dies das wahre Licht, das jeden Menschen erleuchtet, der in die Welt kommt. Es war in der Welt, und die Welt ist durch es erschaffen, doch erkannte die Welt es nicht. Er kam in sein Ureigenes, aber die Ureigenen, die Individuellen, haben ihn nicht aufgenommen."

Der Agnostizismus ist der Ausdruck der tiefsten Geistesverfinsterung des Gegenwartsmenschen. Andererseits ist dieser Mensch von heute Individualität, Ichmensch. Er ist zur Freiheit seiner sittlichen Selbstbestimmung erwacht. Und in diesem selbstherrlichen und in seinem Wahrheitsstreben doch so ohnmächtigen Ich sollte das Licht des Logos leuchten und leben? Wenn dies wahr sein sollte, wie anders würden dann die Worte zu uns klingen: „Wenn ihr meinem Logos treu bleibet, dann erst seid ihr meine wahren Schüler. Und ihr werdet die Wahrheit erkennen, und die Wahrheit wird euch befreien."

Sollten vielleicht doch, wie so viele Größten der Menschheit, von Aristoteles über Johannes Scotus Erigena, Böhme, Leibniz bis zu Fichte, Schelling und Steiner, es gelehrt haben, im Menschen selbst, in seinem Geistes-Ich, alle Weltengeheimnisse keimhaft beschlossen liegen, das allumfassende Reich des göttlichen Logos? Und sollte es nur am freien Entschluß des menschlichen Erkenntnisstrebens liegen, diese verborgenen Geisteswelten zum wissenden Bewußtsein zu erwecken? Wenn es so ist, dann dürfen wir sagen: Wenn wir Menschen dem Logos die Treue halten, der durch Christi Opfertat ins Menschen-Ich eingeströmt ist, dann werden wir zuletzt doch in das Reich der Wahrheit eindringen und im Geistesbewußtsein zur vollen Freiheit gelangen.

Eine Philosophie der Freiheit müßte die erste Frucht eines solchen Erwachens der Seele im Geiste der Wahrheit sein. Keine spekulative Theorie von der Freiheit, sondern ein innerer *Entwickelungsweg* der Selbsterweckung und freien Geistesentfaltung, der zur Verwandlung unseres heutigen Bewußtseins in ein *lebendiges Geist-Schauen* führt. Ein solches bahnbrechendes Werk hat Rudolf Steiner geschaffen. Seine „Philosophie der Freiheit" bildet den Keim seiner anthroposophischen Geisteswissenschaft. Ihr Wesen besteht darin, daß die im Ich schlummernden geistigen Kräfte erweckt werden und sich bewußt erkennend in das geistige Universum einleben. Das ist der neue Weg ins Reich der Wahrheit und in das Leben des Geistes.

Wer sich auf diesen Seelenpfaden genügend vertraut macht mit dem Wesen der Welt und des Menschen und ihren vielfältigen Wechselbeziehungen, wird allmählich zu einer neuen Beurteilung und Wertung aller philosophischen Erkenntnisse kommen. Die relative Gültigkeit der Systeme und das Widersprechende derselben wird in einem neuen Lichte gesehen. Immer deutlicher wird man erkennen: die verschiedenartigen Weltanschauungen der Philosophen enthüllen mehr oder weniger weitgehend verschiedene Teilausschnitte der universellen Wahrheit. Jeder Philosoph sucht und findet von einem bestimmten Standort aus seinen besonderen Zugang zum Wahrheitsreich. Was er hierbei erschaut, ist eine bestimmte Seite, ein besonderer Aspekt der Wirklichkeit, eine gewisse Region der unendlich-reichen Fülle des universellen Seins. Sehr mannigfaltige Arten des Denkens und Erschauens erfassen eben verschiedene Seiten des Universums, gewisse Ausschnitte aus dem Wahrheitsbereich. Und innerhalb der gleichen Aspekte gibt es verschiedenartige Perspektiven in die Tiefenschichten der Wirklichkeit. Was jeweils vom Wahrheitsreich erschaut wird, hängt von der besonderen Beschaffenheit aller Erkenntnisvermögen der Erkennenden ab.

Wenn schon die Bilder, die wir von einem sinnlichen Gegenstande, etwa von einem Berge oder einem Gebäude, von verschiedenen Seiten her gewinnen, einander widersprechen, dann muß etwas Ähnliches auch der Fall sein, wenn Menschen mit verschiedenartigen Erkenntnisvermögen des Leibes, der Seele und des Geistes von ihren individuell verschiedenen Lebensstandpunkten aus die unendliche Fülle und Tiefe des Daseins zu ergründen trachten. Einfache Beispiele können uns das verdeutlichen. Menschen, deren Denkanlage vorwiegend mathematisch geartet ist, werden naturgemäß in erster Linie einen hellen Blick haben für alles, was in der Welt mathematisch erfaßbar ist, und sie werden dies als den wesentlichen Weltinhalt bezeichnen. Für viele andere Seiten und Eigenschaften des Weltendaseins, die sich der mathematischen Behandlung entziehen, werden sie mehr oder weniger organlos oder geistblind sein. Das Lebendige, das Seelenhafte und das Geistige des Weltendaseins, die Rangunterschiede der Natur- und Weltwesen, die ethischen Werte und künstlerischen Seiten des Daseins, werden für sie eine geringe Rolle spielen, jedenfalls dann, wenn neben der mathematischen Veranlagung nicht auch noch andere Geistesanlagen vorhanden sind. In radikal ausschließlicher Einseitigkeit kommt solch eine besondere Veranlagung allerdings sehr selten vor. In solchen Fällen kann man dann von bornierten Genies sprechen, denen jeder Zug des Universal-Umfassenden fehlt.

Als einen spezifisch mathematisch veranlagten Philosophen können wir Descartes kennzeichnen. Ein mathematisches Genie, aber einseitig als Philosoph. Von seinem Standpunkt aus mußte er die Lebewesen, vor allem die Tiere, als Automaten charakterisieren, weil sich eben das Geheimnis des Organisch-Lebendigen und des Seelischen ohne weiteres gar nicht erfassen läßt. Automaten können mathematisch begriffen werden. Aber Tiere sind eben keine Automaten. Descartes hat, indem er sie als solche kennzeichnete, seine mathematische Betrachtungsweise über die Bereiche hinaus, in welchen sie gültig und fruchtbar ist, ausgedehnt. Es gibt fast keinen Philosophen, der nicht derselben methodischen Verführung irgendwo erlegen wäre.

Obwohl an mathematischem Genie dem Descartes noch überlegen, war die Individualität von Leibniz dennoch völlig anders veranlagt, eigentlich entgegengesetzt, jedenfalls viel universeller. Mit dem Organ für das Mathematische verband Leibniz jenen tiefen Geistesblick, der uns befähigen kann, etwas von dem geistigen Stufenbau der Weltwesen zu wissen, der sich zunächst in der Gliederung der Naturreiche kundgibt. So wurde Leibniz zu einem der Hauptbegründer jener Weltanschauung, die man *Monadismus* nennen kann.

Der *Mathematismus* eines Descartes ist eine vollberechtigte Weltanschauung. Denn das mathematisch geartete Denken bringt alle diejenigen Eigentümlichkeiten und Ordnungsprinzipien zum Bewußtsein, die berechenbar oder ausdrückbar sind in Zahlen und Maßen, in Formen und Formeln. Aber der *Monadismus* ist eine ebenso berechtigte Weltanschauung. Die eine schließt die andere keineswegs aus. Im Gegenteil: beide einseitig, sind beide der Ergänzung durch die andere bedürftig. Denn keineswegs alle Seiten und Tiefenschichten der Wirklichkeit sind mathematisch erfaßbar. Ganz gewiß nicht jene Stufenfolge der Bewußtseinsgrade der schlafenden (pflanzlichen), träumenden (tierischen) und wachenden (denkenden) Monaden, der Menschen, womit die Monadenreiche jedoch nicht abgeschlossen sind. Aber so wenig der Mathematismus die Wirklichkeit in ihrer Totalität erfassen kann, ebensowenig kann dies der Monadismus. Er ist seinerseits blind für die zahlenmäßig berechenbare Struktur und Ordnung der Dinge, wie sie z. B. in den astronomischen Gesetzen zum Ausdruck gebracht wird.

Schon hier erkennen wir, wie jeder einzelnen Weltanschauung ein gewisser Geltungsbereich zukommt. Sobald man jedoch irgendeine bestimmte Betrachtungsart zur alleingültigen erheben und die Welt ganz aus e i n e m Prinzip allein erklären möchte, bringt man sich in ein schiefes Verhältnis zur Wirklichkeit und verfälscht die Wahrheit. Solange die Philosophen sich dessen nicht voll bewußt sind, müssen ihre verschiedenartigen Weltauffassungen zu verkehrten Weltbildern kommen und müssen ihre Auseinandersetzungen mit den Andersdenkenden unfruchtbar bleiben. Die verschiedenen Anschauungen können sich dann nicht mehr im Reiche der Wahrheit begegnen. Bleiben sie jedoch innerhalb des Geltungsbereiches der von ihnen erschauten Weltaspekte, dann werden sie sich auf die fruchtbarste Art wechselseitig ergänzen. Sie treffen sich dann im Reiche der universellen Wahrheit, weil diese eben sehr viele Seiten hat.

Es wäre ein großer Fortschritt in der weiteren Entwickelung des philosophischen Lebens, wenn man sich recht zu Herzen nehmen würde, was Nicolai Hartmann in dieser Hinsicht so schön formuliert hat: „Es spielt hier das althergebrachte Vorurteil hinein, Erklärung aus *einem* Prinzip sei die beste, Einfachheit sei das Siegel der Wahrheit. Man scheut sich vor jeder Art Vielheit von Prinzipien. Aber das Gesamtphänomen der Welt, so undurchdringlich es im einzelnen sein mag, zeigt doch unbestreitbar und schon für den oberflächlichen Blick erkennbar den Charakter der *Schichtung*. Niemals läßt sich das Sein einer Schicht aus den Kategorien einer anderen in seiner Eigenart verstehen, und zwar weder aus denen der höheren — denn sie treffen nicht zu —, noch aus denen der niederen — denn sie reichen nicht hin. Das Reich der Kategorien ist nicht monistisch angelegt; die Erklärung der ganzen Welt aus *einem* Prinzip oder *einer* Prinzipiengruppe ist ein Ding der Unmöglichkeit. Wo und wie immer sie versucht wird, da führt sie zur Vergewaltigung kategorialer Eigenart. Das Kategorienreich ist vielmehr selbst ein geschichtetes. Seine Mannigfaltigkeit ist von derselben Größenordnung wie die der Seinsschichten. *Demzufolge gibt es, streng genommen, keine Verallgemeinerung und keine Übertragung der Methode von einer Gegenstandsgruppe auf die andere. Jede Art von Gegenständen verlangt ihre eigene Methode.* Die Popularansicht von der Allgemeinheit der Erkenntniswege ist irrig und hat Schaden angerichtet."

So ist es wohl selbstverständlich, daß auch die zwei genannten Weltanschauungen des Mathematismus und Monadismus keineswegs ausreichen zur Erkenntnis der vollen Wirklichkeit. Sie erfassen eben nur zwei bestimmte Ausschnitte des Gesamtdaseins.

Nicolai Hartmann, und vor ihm viele *Philosophen der Renaissancezeit,* unterscheiden vier Seinsschichten: das Physisch-Mineralische, das Organisch-Lebendige, das Seelisch-Bewußte und das Geistige. Aber auch das sind noch keineswegs alle Schichten des universellen Seins. Denn ins Menschlich-Individuelle ragt herein das Überindividuell-Geistige einer objektiven Geisteswelt, die sich in den Gliederungen der Geschichte offenbart, in Völkern und Zeiten. Um diese höheren Seinsschichten zu erfassen, bedarf es noch anderer Erkenntnismittel und Erkenntnismethoden. Diese führen uns wieder zu anderen Prinzipien und Kategorien. Und für wieder andere Wirklichkeitsbereiche müssen wieder andere Zugänge gefunden werden. Schließlich zeigt es sich: Die Wahrheit hat viele Seiten.

Die *Uroffenbarung* hat im *Logos* das *Geistesreich der Wahrheit* erlebt. Wenn wir im Geiste des Johannesevangeliums den Logos als den Quell aller Wahrheit und als das Geistesherz des Universums betrachten können, dann muß es uns bedeutsam erscheinen, daß die leibliche Erscheinung und irdische Offenbarung des Logos in Jesus Christus von vier Seiten her beschrieben worden ist – durch die *vier Evangelisten.* Und wenn diese vier Standpunkte symbolisch charakterisiert werden in den Tiersymbolen der Evangelisten, Stier, Löwe, Adler und Mensch, dann weist uns dies auf die Tatsache hin, daß von *vier Tierkreisstandpunkten* aus das in der Mitte stehende Sonnenwesen beschrieben worden ist. Weil von dem universellen Christuswesen Bilder von vier verschiedenen Gesichtspunkten aus gezeichnet worden sind, hat man Widersprüche in den Berichten der Evangelisten entdeckt. Jeder der vier hatte sein besonderes Geistorgan für bestimmte Wesensseiten des allumfassenden Welt- und Menschheitsgeistes.

In seinem Erdenwirken hat er sich mit zwölf Menschen umgeben. Wir finden in ihnen die verschiedenartigsten Menschentypen vertreten. Auf zwölffache Art sollte sich der Geist der Wahrheit in der Menschheit spiegeln und abbilden.

Die *zwölf Apostel* sind aber leicht erkennbar als irdisch-menschliche Repräsentanten der *zwölf Tierkreisrichtungen.* Thomas oder Tammüz bezeichnet die „Zwillinge". Thomas ist der Zweifler, der Vertreter des Skeptizismus, oder wenigstens des kritischen Prüfens. Philippus, welcher Name „Pferdefreund“ bedeutet, vertritt den Schützen oder Reiter, Judas der Verräter, das Todeszeichen des Skorpions.

Zeigt uns nicht dies Bild, daß die universelle Wahrheit eigentlich von zwölf Gesichtspunkten aus erforscht werden müßte? Dementsprechend müßte es zwölf gleichberechtigte Weltanschauungen geben, welche zusammen genommen zur Erkenntnis der Wahrheit führen, während jede einzelne nur einen Teilausschnitt derselben gewinnen kann.

So wie die Sonne inmitten der zwölf Tierskreisbilder leuchtet, so stand auf Erden der Mensch gewordene Logos, der göttliche Urquell der Wahrheit, inmitten von zwölf auserlesenen Repräsentanten der Menschheit.

Ist Christus selbst der lebendig-wesenhafte Inbegriff des universellen Welt- und Menschenwesens, dann vertreten, die ihn umgeben haben, ebensowohl seelische Grundtypen des Menschentums als auch die ihnen entsprechenden Weltanschauungen. Thomas der Zwilling repräsentiert die kritisch-prüfende, zum Zweifel neigende Geistesart eines Descartes, die mit einer Anlage zum Mathematismus wesentlich verbunden ist.

In diesem Zusammenhang gewinnt eine große Bedeutung ein Wort, das der Christus laut der Überlieferung der gnostischen Originalschrift „Pistis-Sophia“ nach der Auferstehung zu seinen Aposteln gesprochen hat: „Freuet euch nun und jubelt, denn als ich mich aufgemacht hatte zur Welt, führte ich von Anfang an zwölf Kräfte mit mir, welche ich von den *zwölf Heilanden des Lichtschatzes* genommen habe. Diese nun stieß ich in den Mutterleib eurer Mütter. Denn ich habe euch oftmals gesagt, daß ich die in euch befindliche Kraft aus den zwölf Heilanden, welche sich im Lichtschatz befinden, gebracht habe. Die Kraft aber, die in euch sich befindet, ist von mir. Eure Seele aber gehört der Höhe an. Ich habe zwölf Kräfte von den zwölf Heilanden des Lichtschatzes gebracht, *indem ich sie aus dem Teile meiner Kraft genommen habe,* die ich zuerst empfangen habe.“

Aus der *Vaterwelt* hat der Christus zuerst empfangen *zwölf Gotteskräfte,* die dann durch ihn zu den zwölf Kräften der zwölf Heilande des Lichtschatzes geworden sind. In erster Linie offenbart sich also der Christus durch diese zwölf Heilande des Lichtschatzes. Diese sind die erleuchteten Urapostel der Menschheit. Und *die Apostel,* die als Schüler Jesus Christus umgeben haben, sind *lebendige Repräsentanten dieser zwölf Heilande des Lichtschatzes.* Hiermit deutet die *Gnosis* auf das *große Mysterium der Bodhisattvas,* die in der Zwölfzahl in der Geisteswelt um die *Christussonne* stehen und die Strahlen seines Lichtes der Menschheit weitervermitteln durch alle Zeiten hin.

Die Enthüllung dieses Mysteriums verdanken wir RUDOLF STEINER. In ihrer Gesamtheit bilden die zwölf Heilande des Lichtschatzes die *Sphäre des Heiligen Geistes,* welcher das universelle Licht des Logos der Menschheit vielfältig offenbart. Aber jeder der zwölf Bodhisattvas offenbart vorzüglich e i n e Seite der zwölffachen Christus-Tierkreis-Sonne.

Entsprechend den *zwölf Grundtypen des Menschentums* gibt es aber auch zwölf Arten des Weltbetrachtens oder *zwölf Weltanschauungen,* die, alle zusammengenommen, zur Wahrheit führen, weil sie Ausflüsse sind ein und derselben Wahrheits-Sonne.

Wie äußerlich die Sonne in der Mitte des Tierkreises steht, so sendet das schöpferische Licht der Welt gleichsam zwölf Strahlen aus, die das Weltensein konstituieren und andererseits sich so im Menschendenken kundgeben, daß die Menschheit einen zwölffachen Erkenntnisanteil an der Wahrheit hat. Durch zwölf Weltanschauungen nähert sich der Mensch von verschiedenen Seiten dem zentralen Seins- und Wahrheitsquell.

Dem schöpferischen, zentralen Lichtquell des Makrokosmos, den die alte und neue Weisheit das WORT nennt, entspricht im Menschen das erkennende Geistes-Wort, der gottebenbildliche Lichtquell des Erkennens, das *Geistes-Ich,* der *aktive Mittelpunkt aller Seelenkräfte.* Die *Denkkraft des Ich,* der menschliche Lichtschatz, ist geboren aus dem göttlich-kosmischen Lichtschatz. Und da die Geistessonne in zwölffacher Art allem Sein schöpferisch zugrunde liegt und das Ich mit allem Sein wesenhaft verbunden ist, muß man auch diese innere Sonne des Ich als zwölffach gegliedertes Lichtwesen beschreiben, was Rudolf Steiner in seinen Vorträgen über „Makrokosmos und Mikrokosmos" in der folgenden Art getan hat: „In dem Augenblick, wo man durch jene Schulung in die imaginative Welt eintritt und sein Ich im Bilde sieht, muß man sich auch klar darüber sein, daß man zwölf verschiedene Bilder seines Ich sehen kann. Es gibt *zwölf verschiedene Bilder jedes einzelnen Ich,* und erst dann, wenn man von zwölf verschiedenen Standpunkten aus, auf denen man außerhalb seines Ich gestanden hat, dieses betrachtet hat, hat man sein vollständiges Ich begriffen. Es verhält sich diese Anschauung des Ich von außerhalb genau so wie etwas, was sich abspielt im Verhältnis der zwölf Sternbilder des Tierkreises zur Sonne. Wie die Sonne durch die zwölf Sternbilder hindurchgeht und in jedem derselben eine andere Kraft hat, und wie sie sozusagen von zwölf verschiedenen Standpunkten unsere Erde bescheint, so bescheint sich auch das Menschen-Ich von zwölf verschiedenen Standpunkten aus, wenn es zurückblickt von der höheren Welt."

Was wir so zunächst durch vergleichende Bilder anzudeuten versucht haben, das haben wir nun in begrifflich-deutlicher Weise genauer zu charakterisieren. Hauptsächlich haben wir zu verdeutlichen, was mit den schöpferischen Strahlen des Weltenwortes gemeint ist, und wie das Menschen-Ich dazu kommt, in durchaus verschiedenartigen Anschauungsbildern das Universum zu erfassen, obwohl es doch in allen Menschen gemäß ein und derselben Gesetzmäßigkeit der Logik denkend die Wahrheit sucht. Nehmen wir noch einmal das Beispiel von den zwei erwähnten Weltanschauungen, der mathematischen und der monadistischen. Wie kommt es, daß wir die Mathematik, die wir doch in reinem Denken ganz innerlich, zugleich frei und doch mit gesetzmäßiger Notwendigkeit erzeugen, auf die Welterscheinungen verstehend anwenden können?

Kant war davon überzeugt, daß die apriorisch hervorgebrachte Mathematik eine Form des Menschengeistes ist, die er notwendigerweise in die Natur hineinträgt. Der Mensch sei demzufolge der Gesetzgeber der Natur. Ähnlich dachte Fichte. Mit solchen Anschauungen wurden sie die Begründer der subjektivistischen Erkenntnistheorien. Aber ihre Nachfolger, vor allem Hegel, überwanden diesen einseitigen Standpunkt, indem sie intuitiv-denkerisch erfuhren: Die Menschenseele ist der Schauplatz, auf dem der objektive Gedankeninhalt der Welt zur Erscheinung kommt. Auf derselben Grundüberzeugung ruht auch die Philosophie Steiners.

In der Tat darf man bei Kants Feststellung der Apriorität des Mathematischen nicht stehenbleiben, sondern muß sich fragen: Wie kommt es, daß der Mensch Denkformen in sich trägt, z. B. auch die Kategorien, welche bei der Anwendung auf die Welt tausendfältig sich bewähren? Sollte man in aller Weltgesetzmäßigkeit wirklich nur das vor sich haben, was man selbst in die Welt hineinprojiziert hat? Dann wäre die Welt selbst ein sinnloses Chaos, kein Kosmos. Oder sollte vielmehr die Bewährung des Denkens in der Wirklichkeit darauf beruhen, daß der Mensch mit seinem Geistesvermögen am Sein und Wesen der Welt teilhat, oder gar, wie so mancher der größten Weisen gelehrt hat, als kosmisches Urwesen mit dem innersten Sein der Welt wesenseins ist? Älteste Kosmogonien haben gelehrt: Gott hat die Welt geschaffen durch ein Wesen, das sein Ebenbild ist. Dieses Wesen ist der Logos und zugleich *das kosmische Urwesen des Menschen.* Die hebräische Esoterik nannte dies Urwesen, in welchem alle Gotteseigenschaften (Sephirot) vereinigt sind, Adam Kadmon. Die in die Weltschöpfungen eingegangenen und darin zerstreuten Glieder des göttlichen Urmenschen: Das sind die Kreaturen der Natur. Zu ähnlichen Vorstellungen hat sich in der neueren Zeit wiedererhoben der geniale Schelling in seinen letzten höchst vergeistigten Weltanschauungen. Ähnlich haben sich vor ihm und nach ihm ausgesprochen Johannes Scotus Erigena und Wladimir Solowjow. Hiermit ist die Gegenthese zu Kants Subjektivismus ausgesprochen: nicht subjektive Denkformen sind die Kategorien, die der Mensch in die Welt hineinprojiziert, sondern sie sind die abstrakten Ausdrucksformen für die Wesensseiten des makrokosmischen Urwesens, das sich schöpferisch in das Weltendasein ergossen hat.

Wer die Dinge so betrachten kann, darf sich sagen: das mathematische Denken, das der Mensch welterklärend aus seinem Inneren herausspinnt, tritt zwar im menschlichen Subjekt in abstrakter Form auf, wenn dieses seine Tätigkeit entfaltet, aber dennoch bringt es in menschlicher Form die Inhalte eines mathematischen Gottesdenkens zur Erscheinung. Dieses immerwährende Mathematisieren Gottes im Weltensein ist natürlich etwas von einer viel höheren Bewußtseinsordnung als das menschliche. Es ist eben durchaus schöpferisch, Sein-gestaltend. Einer der weltschöpferischen Urgedanken Gottes ist eben dieser, daß die Welt mathematisch geordnet sei. Weil demzufolge mathematische Ordnung in den Weltenerscheinungen waltet, und der menschliche Denkgeist am Logos teilhat, findet der Mensch beim Anschauen dieser mathematisch geordneten Welt in sich selbst etwas wieder von der objektiv göttlichen Mathematik, die das Weltensein konstituiert. Obwohl a priori aus dem eigenen Innern hervorgebracht, sind die *mathematischen Kategorien* unseres Denkens dennoch die menschlichen Erscheinungsweisen und Ausdrucksformen göttlicher *Urgedanken.* Den Kategorien, die Kant für subjektiv-gesetzgebende Denkformen gehalten hat, kommt die objektive Bedeutung von welterzeugenden und weltgestaltenden *Gottes-Ideen* zu. *Quantität* z. B. ist der menschliche abstraktive Begriffsausdruck für diejenige Schöpfungsidee des göttlichen Geistes, welche das Weltensein nach *Maß, Zahl* und *Gewicht* aufbaut und ordnet, und *Mathematismus* ist diejenige Denkweise und Weltanschauung, welche gerade diese besondere Eigentümlichkeit des Weltenseins zu erfassen vermag. Dementsprechend erfassen andere Denkweisen und Weltanschauungsrichtungen andere Welt- und Gotteseigenschaften, entsprechend den Kategorien des Raumes, der Zeit, der Beziehung usw. Der *Monadismus* z. B. entspringt derjenigen Betrachtungsart, welche *die Welt* als einen geistig gestuften *Organismus von Individualitäten* erschaut, deren mannigfaltige Verwandtschaften und *Beziehungen* untereinander in ihrer Gesamtheit mit dem Begriff *„Reich"* („Malkuth" in der hebräischen Esoterik vom Adam Kadmon) zutreffend bezeichnet wird. Die aristotelische Kategorie „Beziehung" ist somit der Schlüsselbegriff für das, was man das „Reich" nennen kann, das dann wieder in *Natur-* und *Geistes-Reiche* abgestuft ist: ein Organismus von mannigfaltig gestuften und miteinander in Beziehungen stehenden Einzelwesen oder *Monaden.* Wer die Werke der Monadologen kennt, weiß, daß sie immer wieder auf dieses konstituierende Weltprinzip der Beziehung zu sprechen kommen. LOTZE kennzeichnet das Sein geradezu als das Inbeziehungstehen der Monaden. Die übersinnliche Welt ist ihm ein allumfassender Beziehungsorganismus von Wesenheiten. In ähnlicher Art äußerten sich FECHNER, BOSTRÖM und andere Monadologen.

Hiermit erkennen wir, daß im Weltendasein verschiedenartige Schöpfungsideen verwirklicht, gleichsam verkörpert sind, die Idee des Mathematischen, des Monadisch-Gestuften und viele andere. Diese Prinzipien konstituieren wie mächtige Lichtstrahlen das Sein. Dies ist gemeint, wenn wir von den schöpferischen Strahlen der Geistessonne gesprochen haben. Sie ist der gemeinsame Urquell aller weltschöpferischen und weltgesetzgebenden Urgedanken. Die Gesamtheit aller harmonisch zusammenwirkenden, unendlich vielfältig kombinierten, die Gesetzmäßigkeit der Welt konstituierenden Urgedanken — das ist der geistige *Weltenorganismus des Logos.* Als Vernunftwesen haben die Menschengeister an diesen Weltideen je nach ihren besonderen Geistesanlagen ihren erkennenden Anteil.

Und nun die zweite Hauptfrage: Wie ist mit der Einheit und Gemeinsamkeit der Vernunft oder des menschlichen Denkwesens in allen Menschenseelen die außerordentliche Verschiedenheit ihrer Weltanschauung vereinbar?

Wodurch kommt es, daß die Seelen die verschiedenartigsten Weltaspekte gewinnen, da doch in allen Menschen ein und dasselbe Vernunftsprinzip der göttlichen Ichheit waltet?

Der Mensch ist eben nicht allein ein Ichwesen, ein vernünftiges Geistwesen. Vielmehr ist sein geistiger Wesenskern eingehüllt in eine *Sinnes-, Lebens- und Seelenorganisation* und wird durch deren Beschaffenheit vielfältig beeinflußt. Das Ich, in diese eingeschaltet, erhält dadurch jeweils seine ganz bestimmte Denkrichtung.

Der Ausgangspunkt alles Erkennens ist das *Wahrnehmen*. Aber schon hier gibt es die mannigfaltigsten *Differenzierungen* in den Anlagen der Menschen. Es gibt ausgesprochene Augenmenschen wie etwa GOETHE, Ohrenmenschen wie RICHARD WAGNER, aber auch witternd-riechende Naturen wie etwa FRIEDRICH NIETZSCHE. Je nach der besonderen Veranlagung des Leibes und der Seele für den einen oder anderen Sinnesbezirk erhält auch das denkende Ich seine bestimmte Richtung, Prägung und Empfänglichkeit. Der Augenmensch wird naturgemäß mehr zu sensualistischer oder phänomenalistischer Weltbetrachtung neigen als ein Ohrenmensch, und dieser mehr zu mystisch-inspirativer Lebensanschauung als ein Augenmensch.

Ein lebendiges, mehr oder weniger imaginatives Denken ist das unerläßliche Organ für die Erkenntnis der organischen Welt, wofür GOETHE der klassische Kronzeuge ist. Ein dichterisch veranlagter Denker, dessen seelisch gestaltende Phantasie belebend auf das Erkennen einwirkt, wird weniger geeignet und geneigt sein, in scharfen, mathematisch-abstrakten Begriffen die physikalischen Gesetzmäßigkeiten der Welt zu erforschen, dafür aber befähigt, von der Allbeseelung der Welt mehr oder weniger zu erschauen. In zahlreichen Fällen wird hieraus eine monadologische Philosophie hervorgehen. Willenshafte Naturen erfassen vom Welt- und Menschenwesen hauptsächlich dasjenige, was den menschlichen Schöpferkräften, den leiblichen und geistigen, verwandt ist. Man denke an Fichte, Schopenhauer, Nietzsche. Gleiches wird von Gleichem erkannt! „Du gleichst dem Geist, den du begreifst." Aber auch: Du begreifst nur den Geist, dem du gleichst.

Je nach ihren *spezifischen Leibes- und Seelenanlagen* sind die Denkweisen der einzelnen Menschen und auch einzelner Völkerseelen fähig und geneigt, ihr Erkennen auf *bestimmte Wirklichkeitsgebiete* hinzurichten und mit den hierfür geeigneten Seelenkräften einzelne Weltaspekte zu erfassen, *bestimmte Bildausschnitte des Weltenseins* zu geben, während sie an anderen Seiten des Weltenseins mehr oder weniger organlos vorbeisehen. So kennzeichnet z. B. den Engländer der instinktiv wirkende common sense, der Sinnenverstand in engster Verbindung mit der Sinnesempfindung. Hieraus gehen die typischen britischen Weltanschauungen mit sensualistischer, empirischer und pragmatischer Richtung hervor.

Beim Wahrnehmen hat man es je nach dem besonderen Sinn und Sinnesgebiet, für das man vorzüglich veranlagt ist, mit besonderen Arten des seelischen Empfindens und Miterlebens der entsprechenden *Sinnesqualitäten* zu tun. Diese sind anders gegenüber der Licht- und Farbenwelt, anders gegenüber der Ton- oder Geschmackswelt. Und da die *zentrale Quellkraft alles Sinnesempfindens*, die sich in die verschiedenen Sinnesbezirke ergießt, *zugleich der Tätigkeitsquell des Denkens* ist, und alles Denken im Anschluß an die Sinneswahrnehmungen in Bewegung kommt, erhält das Denken der Menschen, je nach ihrer besonderen Veranlagung für ein bestimmtes Sinnesgebiet, einen besonderen Charakter und eine bestimmte Richtung.

Die weltanschaulich verschiedenartigen Orientierungen sind also dadurch bestimmt, daß der denkende Geist infolge seiner Verbundenheit mit der Sinnesorganisation und mit den organischen Lebens- und Seeleninstinkten eine bestimmte Artung, Empfänglichkeit und Richtung bekommt, und eben dadurch eine auf Seelenaffinität beruhende besondere Zugangsmöglichkeit zu bestimmten Seiten des Weltendaseins erhält. Bedenkt man hierbei, daß die alte Weisheit mit Recht die in der Tier- und Menschenwelt waltenden organisch-seelischen Impulse in den kosmischen Bildern von den Urlebensgestalten von Stier, Löwe, Adler und Mensch sowie in anderen angeschaut und vom Tierkreis her zur Erde kraftend erlebt hat, dann wird man es schon verständlicher finden, wenn wir hier die Differenzierungen des Denkens zu einzelnen Weltanschauungen mit den zwölf Bildern des Tierkreises in Verbindung bringen. Man hat es hier keineswegs nur mit rein-geistigen Inspirationsrichtungen des Logos zu tun, welche im Menschen-Ich sich geltend machen, sondern auch mit indirekten kosmischen Einwirkungen auf dasselbe auf dem Umwege über die zwölffache Sinnesorganisation und andere, organisch-seelische Anlagen der Menschennatur.

Demzufolge sind die zwölf Weltanschauungen, die in der Menschheit auftreten, keineswegs ein ungetrübter Ausdruck von zwölf Inspirationsstrahlen des Logos. Vor allem hat man es damit zu tun, daß in den einzelnen Menschenpersönlichkeiten diese zwar kosmisch bestimmten, aber subjektiv variierenden Geistesrichtungen in sehr verschiedenen Spielarten auftreten, je nach der geistigen Durchlässigkeit der leiblich-seelischen Organisation für das Geistige. Ein und dieselbe Weltanschauung kann deshalb in verschiedenen Realitäts- und Intensitätsgraden auftreten, aber auch in einer karikaturalverzerrten. Sie kann die entsprechenden Prinzipien oberflächlich oder tief aussprechen. Dies wird in hohem Grade bedingt durch die Trivialität oder Genialität, durch die Geschlossenheit oder Zerrissenheit des philosophierenden Menschen.

Je nach der Höhe des seelischen Niveaus, in welcher eine bestimmte Geistesrichtung auftritt, wird sie als eine einseitige und abstrakte Begriffskonstruktion oder als eine tiefsinnige, geniale Geistesoffenbarung auftreten, welche den ursprünglichen Schöpfungsgedanken weitgehend entspricht. Dies letztere ist eigentlich nur der Fall bei den inspirierten Urschöpfern aller Weltanschauungen, welche zugleich als Seher und Eingeweihte die großen Religionsstifter geworden sind. Wir nennen hier als Beispiel die großen Gestalten eines ZARATHUSTRA, BUDDHA oder PAULUS. Diese erleuchteten Geister dürfen wir als die

Stifter, Urträger und *Impulsatoren* der großen Weltanschauungsströmungen der Menschheit betrachten. Sie sind *die zwölf Heilande des Lichtschatzes* oder *Bodhisattvas.* Die Geisteswissenschaft Rudolf Steiners beschreibt sie als *die Erleuchteten des Heiligen Geistes.* Wie ein heiliger Kreis stehen sie in der Geisteswelt um die Christus-Sonne und vermitteln deren Weisheitsstrahlen zwölffach abgewandelt der Erdenmenschheit, zu welcher sie ebenso gehören wie zum *Sonnenreich des Christus.* Als Einheit und Gemeinschaft offenbart dieser Kreis das universelle *Reich der Wahrheit,* als des gemeinsamen Quells aller Gottes-Weisheit, des Sonnenlogos.

Dem Sonnen-Geist entströmt die Gotteskraft,
Die fruchtend weckt in Seelen Geist-Erkenntnis.
Vom Welten-Umkreis strahlt nach innen zu
Die Geister-Sonne ihre Weisheitsstrahlen
Und spiegelt sich im Seher-Zwölferkreis,
Der liebend offenbart die Christus-Gnaden,
Die Schöpfer-Urbeginne alles Seins,
Die Gottestugenden und Weltgedanken.
Wer Welt- und Selbsterkenntnis sucht, ihn nährt
Das Manna-Brot des Zwölf-Äonen-Kreises;
Denn an dem Sonnen-Urgedanken-Reich
Nimmt teil ein jeder Mensch mit seinem Denken.

II.

ÜBERBLICK ÜBER DEN GESAMTUMFANG

Jeder Mensch trägt in sich die Anlage, eine seiner Individualität entsprechende Weltanschauung zu entwickeln, was jedoch keineswegs eine systematisch durchgeführte Ausarbeitung einer philosophischen Ideenrichtung sein muß. Hierzu bedarf es besonderer philosophischer Anlagen und einer gewissen Schulung. Die Art und Weise vielmehr, wie jeder Mensch die Welt und sein Verhältnis zu ihr erfährt, befähigt ihn, die eine oder andere Betrachtungsart oder Weltdeutung, sobald sie ihm entgegentritt, als die seinige zu erkennen und sich zu eigen zu machen, während sehr anders geeignete Auffassungen ihm mehr oder weniger fremd und unzugänglich bleiben. Zu welcher Weltanschauung man sich entscheiden wird, das hängt letzten Endes nicht von den logischen Gründen der philosophischen Beweisführungen ab, sondern von der besonderen Eigentümlichkeit der philosophierenden Persönlichkeit, die man ist oder der man sich verwandt fühlt. Diese Anlage erstreckt sich bis auf besondere seelisch-physiologische Anlagen. Menschen mit etwas schwach sich betätigenden Sinnesorganen werden im allgemeinen wenig zu Weltanschauungen hinneigen, die hauptsächlich auf dem Sinneswahrnehmen beruhen, wie etwa zum *Sensualismus* oder *Phänomenalismus*. So veranlagte Persönlichkeiten werden aber vielleicht dazu befähigt sein, entgegengesetzt geartete Weltanschauungen auszubilden, solche nämlich, die aus einer intimen seelischen oder geistigen Selbstbeobachtung oder mystischer Innenerfahrung hervorgehen.

FICHTE hat ein wahres Wort ausgesprochen, als er sagte: „Die Philosophie, die man hat, zeigt, was für ein Mensch man ist." EMPEDOKLES sagte: „Gleiches wird nur von Gleichem erkannt"; GOETHE: „Du gleichst dem Geist, den du begreifst."

Ein jeder kann sich nur eine solche Weltanschauung wählen und aneignen, die ihn dasjenige von der gesamten Weltenfülle erfassen läßt, dem er in seinem eigenen Wesen irgendwie verwandt ist. Auch ist es bezeichnend für jemanden, wenn er gar keine Lebens- oder Weltanschauung gewinnt. In den meisten Fällen wird dies auf einer gewissen Gleichgültigkeit und Interesselosigkeit gegenüber den höheren Fragen des Daseins beruhen, auf einer gewissen Banalität und Philistrosität. In vielen Fällen jedoch gerade auf einer potentiellen Vielseitigkeit und Beweglichkeit des Geistes, die sich nicht auf einseitige Systeme festlegen läßt.

In wieder anderen Fällen werden Menschen im Laufe ihres Lebens sich zu verschiedenartigen Weltanschauungen hingezogen fühlen. Das sind die Menschen, deren Wesen unter dem Einflusse von Lebensumständen und Schicksalsschlägen, von Reifungen und selbsterzieherischen Bemühungen sich innerlich wiederholt wandelt. Dementsprechend werden sie zu immer anderen Weltanschauungen übergehen.

Weitverbreitet ist die Meinung, einem Menschen, der im Laufe seines Lebens zu verschiedenen Weltanschauungen neigt, fehle es an Charakterfestigkeit, Urteilssicherheit und Überzeugungstreue. Natürlich gibt es schwankende Charaktere mit Allerweltsmeinungen. Aber große Persönlichkeiten wie etwa SCHELLING oder NIETZSCHE müssen ganz anders beurteilt werden.

Im Wesen der Lebensalter selbst liegt es begründet, wenn der Mensch im Laufe seiner Entwickelung für verschiedene Bereiche des Weltendaseins interessiert und aufgeschlossen ist. Von Lebensalter zu Lebensalter entfalten sich andere Vermögen des Leibes, der Seele und des Geistes. Dementsprechend wandelt sich das Verhältnis der erkennenden Seele zur sinnlich-materiellen und geistig-übersinnlichen Seite des Daseins. Nur einseitig-starre Naturen — zumeist verfrühte Intellektualisten — bleiben im Wandel der Lebensstufen mehr oder weniger unverwandelt und werden demzufolge nicht empfänglich für immer neue Aspekte der Wahrheit.

Wenn aber eine Seele innerlich mitgeht mit den vielfältigen Entwickelungsmetamorphosen der Menschennatur, dann wird sie im allgemeinen in der *Jugend* einen selbstverständlichen *Idealismus* haben, der alles Sinnessein im Lichte höherer Urbilder oder Ideen erlebt. Am Ende der zwanziger Jahre schwindet dieser sprichwörtlich gewordene „jugendliche Idealismus“ oftmals schnell dahin. Die nüchternen Lebenserfahrungen sorgen dafür.

In der *Lebensmitte,* etwa zwischen dem 30. und 40. Lebensjahr, neigt demzufolge der Mensch zu Weltansichten, die sich unmittelbar auf die *Sinneserfahrung* stützen. Hierdurch bekommt die Persönlichkeit ihre Festigung und Erdensicherheit. In der Lebensmitte ist die Seele im allgemeinen ganz und gar ins Leibliche untergetaucht. Selbst Menschen mit idealistischen Geistesanlagen haben demzufolge in jenem Lebensalter eine gewisse Hinneigung zum *Materialismus.* Die Begründung einer Familie trägt hierzu manchmal viel bei. Die Probleme der materiellen Existenz machen sich stark geltend. Infolge des Trägheitsgesetzes, das auch im Seelischen wirksam ist, bleiben dann viele Menschen auch in späteren Jahren in dieser Seelenhaltung verharrend.

Wer aber in rechter Art mit den Jahren auch innerlich reifer wird, der wird sich in den folgenden Jahrzehnten zu einem gewissen *Realismus* durchringen, der darauf beruht, daß man an allen Dingen und Vorgängen neben ihrer äußeren, sinnlich-erfahrbaren Seite auch eine mehr verborgengeistige anerkennt. Schicksalsschläge vor allem machen den Menschen hierfür reif. In jenem Realismus erlangt der Mensch ein gewisses Seelen-Gleichgewicht *in der Herbstesreife des Lebens.*

Der Inkarnationsprozeß der Seele von der ersten Lebenshälfte ist in der zweiten in sein Gegenteil übergegangen: Die Seele fängt an, sich dem Leibe gegenüber selbständiger und freier zu fühlen; sie beginnt sich von ihm loszulösen; der Mensch altert, und hiermit fängt er schon an zu sterben. In der *ganzen ersten Lebenshälfte* walten noch immer die *Geburtskräfte*. Sie kulminieren in der Lebensmitte. Da neigt der Mensch am meisten zum Materialismus. In der *zweiten Lebenshälfte* walten die *Todeskräfte*.

Wer diese intimen Veränderungen in der leiblichen und seelischen Konfiguration seelisch mitmacht, der wird durch das Freiwerden des Geistig-Seelischen gegenüber dem Leiblichen im *Greisenalter* immer empfänglicher für die geistigen Hintergründe des Daseins. So ist denn die natürliche Weltanschauung des Alters der *Spiritualismus*. GOETHE drückte das so aus: Im Alter wird man zum *Mystiker*. Er selbst, SCHELLING, WILHELM VON HUMBOLDT und viele Andere sind hervorragende Beispiele für diese Vergeistigung der Weltanschauungen im Greisenalter.

Alle diese Wandlungen werden natürlich mehr oder weniger deutlich ausgeprägt auftreten, je nachdem die weltanschauliche Grundlage der betreffenden Persönlichkeit beschaffen ist. Wilhelm von Humboldt z. B. neigte schon in seiner Jugend zur Altersbeschaulichkeit. Weil er diese so liebte, hat er sich immer auf das Greisenalter gefreut, wohl wissend, daß sie ihm dann erst voll beschieden sein kann.

Aber als ein allgemeines Lebensgesetz mag doch dies gelten: Die Jugend neigt zu einem himmlisch überleuchteten Idealismus, die Lebensmitte zu einem irdisch fundierten Materialismus, die Reifezeit zu einem Himmel und Erde gleichermaßen würdigenden Realismus, und das Greisenalter zu einem erdabgewandten Spiritualismus.

Mit Recht hat man die Lebensalter mit den Jahreszeiten verglichen. In der ersten Lebenshälfte sehen wir die leiblich-seelischen Kräfte hervorwachsen, sprießen und blühen, in der zweiten jedoch vertrocknen, verwelken, absterben, wodurch aber gerade das eigentlich Geistige frei werden kann und — sollte. Ohne diesen Vergleich im einzelnen durchzuführen, wollen wir gleich dazu übergehen, die für die Jahreszeiten natürlich gegebenen Weltanschauungen zu skizzieren.

Im Laufe der vier Jahreszeiten wird der Mensch unter dem Einfluß der sinnlich-übersinnlichen, elementarisch-geistigen Wirkungen des Naturlebens in bestimmte Seelenlagen versetzt, die ihn zu gewissen Weltauffassungen disponieren. Die tiefgreifenden Einwirkungen der städtischen Zivilisation haben allerdings die Seelen dem Naturleben so weitgehend entfremdet und so erstarrend auf die feineren Seelenregungen eingewirkt, daß zahllose Menschenseelen ohne weiteres nichts mehr empfinden von diesen veränderten Seelenlagen im Jahreskreislaufe. Aber noch immer ist für alle Menschen wenigstens das Folgende leicht erlebbar.

Während der lichten und warmen Jahreshälfte der langen Tage und kurzen Nächte veranlassen die in farbenreicher Lebensfülle lichtvoll sich ausbreitenden Naturerscheinungen den Menschen zu einem Sichhinwenden zu all diesen Sinnesreizen der Außenwelt. Wenn aber all dieser Farbenreichtum im grauen und finsteren Winter verblaßt und verschwindet, und die Kälte den Menschen aus dem Freien in die eigene Behausung treibt, dann werden auch die Seelenkräfte natürlicherweise nach innen gekehrt und sehnen sich danach, im Innern etwas von dem Göttlich-Geistigen des Menschenwesens und des Seins zu erfahren.

Um die *Johanni-* und *Weihnachts-Zeit,* zur Zeit der beiden Sonnenwenden (im *Krebs-* und *Steinbockzeichen)* kulminieren diese zwei entgegengesetzten Jahreszeitenstimmungen. Seit Urzeiten ist der Johannistag das Fest der Freudenfeuer in der Natur, in welchem die jauchzende Lust des Menschen an der Herrlichkeit des kosmisch-leuchtenden Sinnes-Daseins zum Ausdruck gebracht wurde. Dem steht gegenüber das Fest der still-ernsten Seeleninnerlichkeit und des frommen Verantwortungsgefühles gegenüber der Erde und Mitmenschheit, das Weihnachtsfest.

Was die gesund und ursprünglich empfindende Seele im *Hochsommer* und *Tiefwinter* auch heute noch erleben kann, wenn sie ein wenig wach für das Übersinnliche wird, das hat Rudolf Steiner voll zum Bewußtsein gebracht in den Wochensprüchen des „Seelenkalenders". In ihrer Gesamtheit bilden diese für die Meditation bestimmten Sprüche ein wunderbares Geisteskunstwerk. Die polar-entgegengesetzten Seelenstimmungen in den auf Oppositions-Konstellationen der Sonne beruhenden entgegengesetzten Jahreszeiten werden hier bis in die feinsten seelischen Abschattierungen hinein zum Bewußtsein gebracht. Als ein charakteristisches Beispiel hierfür seien die Sprüche für den Anfang des Juli und des Januar angeführt. Bis in die einzelnen Wortformulierungen wird man die *polare Gegensätzlichkeit der Seelenhaltungen* beschrieben finden:

Die Hochsommer-Stimmung:

An Sinnesoffenbarung hingegeben
Verlor ich Eigenwesens Trieb;
Gedankentraum, er schien
Betäubend mir das Selbst zu rauben,
Doch weckend nahet schon
Im Sinnenschein mir Weltendenken.

Die Tiefwinter-Stimmung:

An Geistesoffenbarung hingegeben
Gewinne ich des Weltenwesens Licht.
Gedankenkraft, sie wächst
Sich klärend mir mich selbst zu geben,
Und weckend löst sich mir
Aus Denkermacht das Selbstgefühl.

Die polare Gegensätzlichkeit der Seelenstimmungen und Weltanschauungshaltungen, welche auf der *Oppositionsstellung der Sonne im Löwen und Wassermann* beruht, wird hier in wunderbaren Antithesen ausgesprochen. Der *Löwenmonat* disponiert die Seele für eine Weltanschauung der *„Sinnesoffenbarung"*, *Sensualismus*, der *Wassermannmonat* für eine Weltanschauung der *„Geistesoffenbarung"*, die man nicht anders als *Pneumatismus* nennen kann.

Ohne hier näher einzugehen auf die außerordentliche Vertiefung und Erweiterung, welche das Seelenerleben durch das Mitgehen mit den Jahreszeiten gewinnen kann, möchten wir hier die Begriffe von Sommer- und Winter-Weltanschauungen verbinden mit den anderen der Jugend- und Greisenweltanschauung. Wenn von der Johannizeit bis in den August hinein die Sonne machtvoll herrscht und alles Farbige so kräftig sinnlich-sichtbar macht, indem sie *die Sommerzeichen* des Krebses, Löwen und der Jungfrau durchwandelt, dann entspricht dem *das mittlere Lebensalter*, in dem der Mensch dem äußeren materiellen Dasein am meisten zugewandt ist. Dann neigt der Mensch zur materiellen, sensualen und phänomenalen Seite des Daseins; dann ist er den leiblich-stofflichen Aspekten des Weltendaseins zugewandt.

Zieht dagegen die Sonne während der *Wintermonate* durch die unteren *dunklen Tierkreiszeichen* des Steinbocks, Wassermanns und der Fische, den Oppositionszeichen von Krebs, Löwe und Jungfrau, dann fühlt sich die Seele natürlicherweise gedrängt, in die geistigen Tiefen des Menschendaseins hineinzuschauen, um dort auch das Seelische und Geistige des Weltendaseins zu ergründen, dasjenige, was wir mit griechischen Bezeichnungen das Spirituelle, Pneumatische und Psychische nennen können. Hierauf richten sich die Weltanschauungen des *Greisenalters*. Im Sommer neigt jeder Mensch ein wenig mehr zum theoretischen oder praktischen Materialismus, oder wenigstens zum Sensualismus oder Phänomenalismus, im Winter dagegen zum Spiritualismus, oder wenigstens zu einer mehr geistig-seelischen Auffassung des Menschen- und Weltdaseins.

Hiermit sind wir wiederum bei dem Zusammenhang bestimmter Weltanschauungsarten und der ihnen entsprechenden Weltaspekte mit den geistigen Impulsen oder Manifestationen der *Tierkreis-Geistessonne* angekommen. Es wird nunmehr einleuchtend sein, wenn wir das Folgende festhalten: Wenn das Menschenwesen denjenigen Sonnen-Kräften ausgesetzt ist, die aus der Richtung der genannten drei Sommerzeichen in mehr irdisch-sinnenhafter Art auf seine Natur einwirken, dann empfängt es dadurch einen Antrieb zum Materialismus, Sensualismus und Phänomenalismus, den Weltanschauungen der äußerlich-sinnlichen Weltbetrachtung. Insoferne der Mensch aber unter dem Einfluß der drei Winterzeichen steht, neigt er zu Weltanschauungen der Geistesinnerlichkeit, zum Spiritualismus, Pneumatismus und Psychismus. Wie diese drei geistig-seelischen Weltanschauungen sich voneinander unterscheiden, das werden die nachfolgenden Betrachtungen darzulegen haben. Vorläufig genügt es, wenn wir ganz allgemein die Polarität der Sommer- und

Winter-Weltanschauungen charakterisieren, welche durchaus entsprechen gewissen Weltanschauungen der Lebensalter.

Die Tierkreiszeichen der hellen und warmen Monate (Krebs, Löwe, Jungfrau), die Sommersternbilder, die man früher auch die hellen oder oberen genannt hat, sind diejenigen, aus welchen heraus die machtvoll wirkende Sonne die Sinneswelt sichtbar und erfahrbar macht. Sie lassen uns die „sonnenbeschienene" Welt erleben. Sie ziehen die Aufmerksamkeit der Seele auf die äußere raum-zeitliche, materiell-vergängliche Seite des Daseins. Sie regen den Menschen an, die offenbare Außenseite der Dinge ins Auge zu fassen, das Phänomenale, Sensuale und Materielle. Wenn dies in einseitiger Weise geschieht, droht dem Menschen die geistig-übersinnliche Seite des Daseins zu entschwinden. Die Seele gerät dann in die Geistesfinsternis des Materialismus. Ein HÄCKEL, der so ganz und gar im Lichte der Sinnenwelt aufging, hat über die tieferen Fragen des Daseins durchaus unspirituell geurteilt.

Wenn dagegen die Sonne in den Wintermonaten, die dunkle Tierkreishälfte (Steinbock, Wassermann, Fische) durchwandernd, ihr äußeres Licht den Naturerscheinungen entzieht, dann wirkt sie mehr als ein geistig-kosmisches, rein-übersinnliches Wesen aufs Innere des Menschen und regt dies dazu an, sich der verborgenen Innenwelt des Übersinnlichen, dem Ewigen und Geistig-Kosmischen zu erschließen. Wenn die Natur während der Wintermonate in eine gewisse Sinnesfinsternis gehüllt wird, so muß die sonnenbeschienene Sinneswelt denjenigen Denkern ins Unbestimmte entschwinden, die sich einseitig einer spirituellen Weltanschauung ergeben. Dies war bei den *Gnostikern* der Fall, etwa bei VALENTINUS.

Zwischen den drei Sommer- und Wintertierkreiszeichen stehen, Übergänge bildend, diejenigen des *Herbstes* und *Frühlings*. Von diesen bilden Waage und Widder die Mitte. Darum sind sie die Zeichen des Gleichgewichtes zwischen Sinneslicht (Geistesfinsternis) und Geisteslicht (Sinnesfinsternis). Ihnen entsprechen im Bereiche des menschlichen Erkenntnislebens diejenigen Weltanschauungen, welche die beiden Seiten des Daseins gleichmäßig, jedoch von verschiedenen Gesichtspunkten aus, berücksichtigen. Wir haben sie als *Idealismus* und *Realismus*, als die typischen *Jugend-* und *Reife-*Weltanschauungen schon kurz charakterisiert. Der jugendliche Idealismus sieht die Sinneswelt noch im Lichte des vorgeburtlichen Ideen-Schauens, der Realismus schaut durch die Sinneswelt hindurch in die obere Geisteswelt hinauf. Der Idealismus schaut, wie PLATON, von oben nach unten, der Realismus, wie ARISTOTELES, von unten nach oben. GOETHE und STEINER haben beides miteinander vereinigt.

Die an die Waage angrenzenden Spätherbstzeichen sind Skorpion und Schütze. Ihnen ordnet die Geistesforschung zu die Weltanschauungen des *Dynamismus* und *Monadismus*. Sie zielen, wie wir zeigen werden, mehr auf innere, verborgene Impulse und Kräfte des Universums, während die gegenüberstehenden Weltanschauungen der Frühlingszeichen (Stier und Zwillinge), nämlich der *Rationalismus* und *Mathematismus*, mehr auf die Außenwelt gerichtet sind, jedoch in mehr geistig-denkerischer Weise als die Sommerweltanschauungen, und zwar der Mathematismus noch entschiedener als der Rationalismus. Denn der Mathematismus will die räumliche Außenwelt nach ihren Form- und Zahlenverhältnissen berechnen und erforschen.

Die zwei Grenz- und Schwellenzeichen sind also *Waage* und *Widder*. Sie bilden die *Gleichgewichtsachse des Tierkreises*. Die ihnen entsprechenden Weltanschauungen des *Realismus* und *Idealismus* halten, zumal wenn sie, wie das ziemlich oft der Fall ist, in einer gewissen Kombination auftreten, die innere Mitte oder Waage zwischen den Extremen des Materialismus (Krebs) und Spiritualismus (Steinbock).

Über die den zwölf Tierkreiszeichen entsprechenden Grundrichtungen des weltanschaulichen Denkens hat Rudolf Steiner vor 33 Jahren (im Jahre 1914) grundlegend, jedoch leider sehr skizzenhaft in vier, eigentlich sogar nur in zwei Vorträgen gesprochen. Sie liegen gedruckt vor unter dem Titel „Der menschliche und der kosmische Gedanke". Sie bilden die Grundlage und den Ausgangspunkt dieser Studie, welche das Wesen der zwölf Weltanschauungen darstellen und mit Beispielen aus der Geschichte der Philosophie belegen will. Hier, wo dies zunächst nur andeutungsweise geschehen konnte, mag diese Zuordnung noch etwas konstruiert erscheinen. Vor allem solange noch nicht genauer bestimmt worden ist, was man eigentlich mit den verschiedenen Beziehungen von Weltanschauungen meint. Dennoch kann es hier schon nützlich sein, nachstehend den Kreis der zwölf Weltanschauungen nach ihrer geisteswissenschaftlich festgestellten Zugehörigkeit zu den Tierkreisimpulsen aufzuzeichnen. Wir stellen hierbei den Tierkreis so, daß die Linie von der Waage zum Widder zur Gleichgewichtsachse wird. Dann stehen auf ihrer rechten Seite die lichten Sommerzeichen und Weltanschauungen des offenbarenden Weltendaseins und der Außenwelt-Betrachtung, und auf der linken Seite die dunklen Winterzeichen mit den Weltanschauungen des verborgenen Innenseins. Die einseitigen Extreme derselben, Materialismus und Spiritualismus, bilden die Mitte der beiden Seiten:

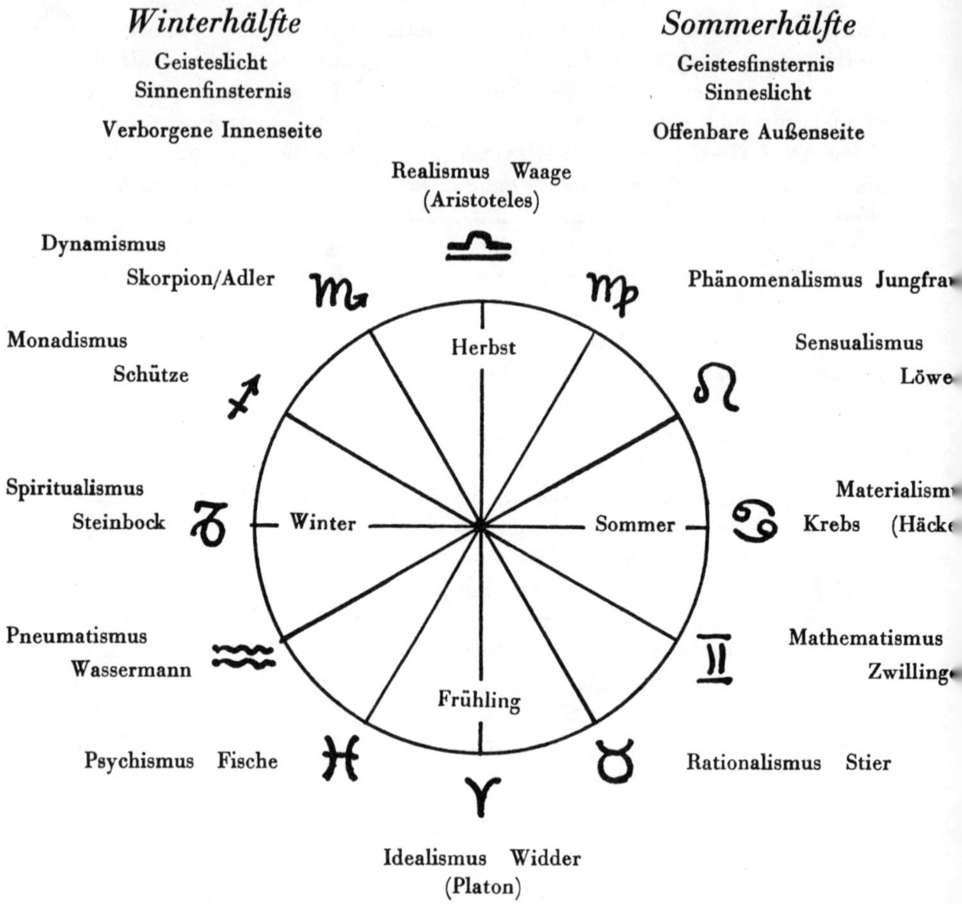

Obwohl dieses Schema für den Leser zunächst einen sehr hypothetischen Charakter tragen muß, kann ihm doch ohne weiteres ersichtlich sein, daß diese Anordnung der Weltanschauungen einen streng gesetzmäßigen Aufbau zeigt. Da ist vor allem auffallend, wie die einander gegenüberliegenden Weltanschauungen eine *polare Gegensätzlichkeit* bilden: Materialismus und Spiritualismus, Idealismus und Realismus, Rationalismus und Dynamismus, Phänomenalismus und Psychismus usw.

Das Weltanschauungspaar *Phänomenalismus — Psychismus* hängt ganz offensichtlich zusammen mit der *Urpolarität des Universums,* von der alles Erkennen seinen Ausgangspunkt nimmt: *Außen- und Innenwelt,* Welterscheinung und Menschenseele. In der Menschenseele kommt beim Erkennen alles Weltensein zur Erscheinung.

Das Weltanschauungspaar *Sensualismus — Pneumatismus* haben wir früher schon ins Auge gefaßt, als wir darauf hinwiesen, daß die Seele im *Som-*

mer an die *Sinnes-*, und im *Winter* an die *Geistesoffenbarung* hingegeben ist. Aus diesen seelischen Grundhaltungen gehen diese zwei polar entgegengesetzten Weltanschauungen hervor.

Auch das Oppositionspaar *Mathematismus — Monadismus* haben wir bereits behandelt. Während man vom räumlichen Gefüge der Außenwelt Vieles durch Rechnen und rechnendes Denken ergründen kann, hat es der Monadismus mit einem inneren Gefüge eines seelisch-geistigen Reiches von Wesen zu tun, an dem alles nur mathematische Denken ohnmächtig abprallt. Denn bei den Monaden kommt es auf die Gradunterschiede des Bewußtseins an, die zahlenmäßig nicht erfaßbar sind.

Auch die polare Gegensätzlichkeit des letzten Oppositionspaares ist offensichtlich. Dem *Rationalismus* steht der *Irrationalismus* gegenüber, eine Weltanschauung, die es mit blinden, willensartigen Kräften oder Instinkten zu tun hat *(Dynamismus)*. Dennoch könnte es so erscheinen, als gehöre nicht das Rationale, sondern das Dynamische zur äußeren sinnlichen Seite des Daseins. Denn die moderne Naturdeutung glaubt mit ihren mechanistischen und dynamistischen Begriffen die Geheimnisse der Stoffeswelt zu entschleiern. Aber das Wesen der Naturkräfte wird man in Wahrheit erst dann voll durchschauen, wenn man sie als die Oberflächenäußerung von tief verborgenen, im Stoff unbewußt-willenhaft waltenden Geistesmächten erkennt.

Wenn wir als die Grenzscheide der lichten und dunklen Sternbilder nicht Waage und Widder, sondern die Sternbilder der Urpolarität nehmen, Jungfrau und Fische, dann kommen rechts und links von dieser Weltenachse als die äußersten Extreme der Mathematismus und Monadismus zu stehen. Auch diese Betrachtungsart erweist sich als fruchtbar. Denn es zeigt sich alsbald, wie eng gerade diese vier im Quadrat zueinander stehenden Weltanschauungen miteinander verbunden sind. Sowohl der *Phänomenalismus* wie der *Mathematismus* richten sich auf die kosmische *Außenwelt*, das *Psychische* und *Monadische* dagegen hat Bezug auf die menschlich-seelische *Innenwelt*. Aber der Phänomenalismus hat es mit der äußeren, wahrnehmbaren Seite der Außenwelt zu tun, der Mathematismus mit seiner inneren geistigen Struktur. Ein ähnliches gilt mit Bezug auf das *Menschenselbst* vom Psychismus und Monadismus. Der Psychismus erfaßt den innersten Kern desselben, das Ich, der Monadismus mehr dasjenige, was sich das Ich von der Welt-Geistigkeit verinnerlicht und zum Eigenbesitz gemacht hat: Das Innenreich des Genius. Wie vielfältig und tiefsinnig alle Beziehungen innerhalb dieses Weltanschauungs-Quadrats sind, hat der Verfasser ausführlich in seinem Hauptwerk über „Geisteswissenschaft, Kunstoffenbarung und religiöse Lebensanschauung" dargestellt, vor allem im ersten Kapitel über die Geisteswissenschaft (S. 33 bis 64). Dort ist nachgewiesen worden, wie alles wissenschaftlich-philosophische Erkennen in erster Linie beruht auf dem vielfältigen Zusammenwirken derjenigen Geistesimpulse, die der Mensch diesen vier Tierkreis-Inspirationen verdankt. Wir kommen hier auf die diesbezüglichen Erkenntnisse auch noch zu sprechen.

Im weiteren Verlauf dieser Auseinandersetzungen werden wir wiederholt auf die Polaritäten der in Opposition zueinander stehenden Weltanschauungen zurückkommen. Es ist eine der fruchtbarsten Erkenntnismethoden, Dinge und Vorgänge in ihren polaren Zusammenhängen zu betrachten. In solcher Art hat Rudolf Steiner viele Realitäten beleuchtet und Geheimnisse erschlossen. Diese Methode versteht sich insofern von selbst, als sie dem Vorgang der Begriffsbildung selbst entspricht. Eine Reihe von Begriffen konzipieren wir in Gegensatzpaaren, wie z. B. *Subjekt* und *Objekt*, *gut* und *böse*, *gesund* und *krank*, *Einheit* und *Vielheit*.

Manche Eigentümlichkeit einer Weltanschauung wird erst dann deütlich erkennbar, wenn man sie als den Gegenpol der entgegengesetzten sich zum Bewußtsein bringt. So ist z. B. die Opposition des Rationalismus, der *Dynamismus*, wesentlich dadurch charakterisiert, daß er *irrationalistisch* ist.

Aber es gehört auch zum Wesen der Polarität, daß beide Pole etwas Gemeinschaftliches miteinander haben, daß sie im Sinne von ergänzungsbedürftigen Gegenstücken zueinander gehören, ja sogar eine höhere Einheit bilden. So werden wir z. B. festzustellen haben, daß die einander entgegengesetzten Weltanschauungen des *Pneumatismus* und *Sensualismus* dennoch gemeinsame Züge aufweisen, z. B. ein pantheistisches Element. Eben darum kommt es auch öfters vor, daß ein Denker neben einer bestimmten Weltanschauung zugleich die polar entgegengestellte entwickelt, so z. B. Lotze neben einem reinen *Phänomenalismus* auch einen echten *Psychismus*, oder Friedrich Schiller den *Sensualismus* und *Pneumatismus*, oder Leibniz den *Monadismus* und *Mathematismus*. Auf alle diese merkwürdigen Zusammenhänge werden wir hinzuweisen haben.

Demzufolge wird die Darstellung der zwölf Weltanschauungen bei der Urpolarität des Universums und alles Erkennens ihren Ausgangspunkt nehmen: *Welterscheinung* und *erkennende Menschenseele*, wobei es sich um den *Phänomenalismus* und *Psychismus* handelt. Von hier aus werden wir den Gesamtumfang aller Weltansichten, die zusammen genommen in das Reich der universellen Wahrheit führen, so darzustellen versuchen, daß wir stets in Polaritäten hin- und herpendeln zwischen Weltanschauungen der äußeren und inneren Aspekte des Universums, und damit zwischen den hellen Sommerzeichen und den dunklen Winterzeichen des Tierkreises. Wir beginnen also bei der *Grundpolarität „Welt und Mensch (Seele)“*. Sodann schreiten wir im Bereiche der wesentlich auf dem *Wahrnehmen* beruhenden Weltanschauungen der offenbaren, äußeren, sinnlich-physischen Daseinsseite vom *Phänomenalismus* zum *Sensualismus* und kommen dann zur äußerlichsten Deutung der Außenseite des Seins, zum *Materialismus*. Dazwischen nach der anderen Seite hinüberpendelnd kommen wir im Bereiche der verborgenen, übersinnlichen Innenseite des Daseins von der Erfassung der Ichtätigkeit durch den *Psychismus* zu solchen Weltanschauungen, welche das in den Tiefen der Menschenseele verborgene Geistige anzuschauen versuchen, und zwar zunächst durch ein Erkennen, in dem das *Fühlen* stark mitspricht, nämlich zum *Pneumatismus* und *Spiritualismus.*

Wenn wir auf diese Weise je drei Weltanschauungen der äußeren und inneren Weltaspekte durchlaufen haben, dann dringen wir beim weiteren Durchwandern der Außenweltaspekte vom *Materialismus* zu solchen Weltanschauungen vor, welche fast ausschließlich mit dem formenden, reinen *Denken* die Welt ideenmäßig erforschen. Da haben wir es, wie wir bereits erwähnten, mit dem *Mathematismus, Rationalismus* und *Idealismus* zu tun. Im Idealismus jedoch stellen wir eine gewisse Gleichgewichtshaltung zwischen dem Inneren und Äußeren fest.

Indem wir, dazwischen zur anderen Seite hinüberpendelnd, drei weitere Weltanschauungen des inneren, verborgenen Geistdaseins durchwandern, kommen wir von der tiefsten und geistigsten aller Weltanschauungen, dem *Spiritualismus,* zu anderen Weltanschauungen, die das Geistige weniger tief deutlich und wesenhaft erfassen, weil sie mit den noch unbewußten Erkenntnisinstinkten des *Willens* nach jenen Tiefen des Daseins tasten, wo sich das Geistige elementar und urgewaltig, kraftmäßig-impulsiv äußert, wie sich das aus dem *Monadismus* und *Dynamismus* ergibt.

Und dann kommen wir schließlich zur klassischen Weltanschauung des Seelengleichgewichts zwischen Sinnlichkeit und Geistigkeit, zum *Realismus* in der *Waage.* In seiner reinsten Gestalt ist dieser die wirklichkeitsgemäße Weltbetrachtung, welche auf einem gesunden Zusammenschluß von *Mensch und Welt* beim Erkennen beruht. Diese Position ist der günstigste Ausgangspunkt für ein Erfassen der allumfassenden Wahrheit.

In der Waage sind die beiden Hälften des Tierkreises gleichsam zusammengebunden. Die *Bild-Idee* der *Waage* mit ihren zwei Waagschalen deutet auf das Vermitteln, Verbinden und Ausgleichen von Gegensätzen. Hier finden wir, was die Zweiheit und Polarität des Sinnlichen und Geistigen zur *einheitlichen Wirklichkeit* zusammenschließt. Die beiden Waagschalen weisen nicht allein auf die beiden Nachbarsternbilder zur Rechten und Linken hin, auf *Skorpion und Jungfrau,* sondern diese bilden mit der Waage zusammen eine *Dreieinheit.* In diesem Sinne darf man in der Waage den zodiakalen Ausdruck der Drei-Einigkeit sehen. Diese Idee findet man in meinem Hauptwerk („Geisteswissenschaft, Kunstoffenbarung und religiöse Lebensanschauung") durchgeführt.

Aber auch in gewissen Imaginationen hat die alte Weisheit dasjenige zum Ausdruck gebracht, was mit dieser zodiakalen Drei-Einheit zusammenhängt. Wir weisen auf die Imagination von der *Themis,* der Göttin der *Schicksalsgerechtigkeit.* Da sehen wir eine *Jungfrau,* die in der einen Hand eine *Waage* hält, in der anderen das Richtschwert führt, die *Todeswaffe. Jungfrau, Waage* und *Skorpion* in *einer* Imagination zusammengefaßt!

Jungfrau und *Skorpion,* in deren sprechenden Symbolen die Urpolarität des Menschentums, das Weibliche, nach Innen Gekehrte (♍) und das Männliche, nach Außen Gerichtete (♏) zum Ausdruck kommen, sind zu beiden

Seiten der Waage die Sternbilder, welche den *Grundcharakter der beiden* Jahreszahlkreise anzeigen und repräsentieren, der lichten, lebenbringenden Sommerhälfte, und der dunklen, todbringenden Winterhälfte. Darum könnte man auch sagen: Die beiden Waagschalen der Waage erstrecken sich nicht bloß in die Sternbilder der Jungfrau und des Skorpions, mit ihnen eine höhere Einheit bildend, sondern von da über die beiden, entgegengesetzt gearteten Tierkreishälften.

Zarathustra erschaute das Lichtreich des guten Geistes, des Heiligen Geistes von *Ormuzd* in den Sommerzeichen, das Finsternisreich des Todesgeistes *Ahriman* in den Winterzeichen. Weil zu seiner Zeit alles auf die Würdigung der sinnlichen Erscheinungswelt ankam, auf die Anerkennung, daß der Lichtgeist sich in den Sinneserscheinungen offenbart, waren für ihn die Zeichen des Sinneslichtes keineswegs Zeichen der Geistesfinsternis, und auch heute sind sie das nur in gewisser Hinsicht. Andererseits war damals der Tod noch nicht durch *Christi Auferstehung* besiegt, so daß man in den dunklen Winterzeichen noch vorzüglich das Reich des Ahriman sah, welcher im Sinnesreich den Tod verwaltet. Daß gerade aus dem Sinnentode das Geistige aufersteht, konnte erst durch Jesus Christus voll erlebt werden. Darum sind auch aus dem *Sommerhalbkreis* mehr die *vorchristlichen*, aus dem *Winterhalbkreis* mehr die *christlichen* Religions- und Weltanschauungsimpulse inspiriert worden. Und die entsprechenden Inspiratoren auf der Sommerhälfte, wo mit *Ormuzd* zusammen *Luzifer* waltete, der große Erleuchter der vorchristlichen Menschheit, sind „die Söhne Luzifers" — die auf der Winterhälfte dagegen die „Brüder Christi", durch deren Erleuchtungskräfte der finstere Ahriman überwunden wird.

Zwischen den beiden Reichen, von denen Zarathustra gesprochen hat, waltet nach späteren persischen Anschauungen *Mithras*, der Mittlergeist. Er ist der *Geist der Waage*. Als solchen erkennen wir den Erzengel *Michael* wieder auf den Kathedralen des Mittelalters, wo er die Seelenwaage des karmischen Weltgerichtes hochhält. Auf der Erkenntnis-Schwelle zwischen dem Sinnes- und Geistesbereiche steht dieses erhabene Wesen als der eigentliche Menschheitsfreund, jedoch auch als der strenge *Hüter der Schwelle*.

Überblicken wir den Kreis aller Weltanschauungen abschließend in seiner Gesamtheit, insoferne dies jetzt schon möglich ist, dann gliedert er sich uns deutlich in *vier Gruppen* von *je drei Weltanschauungen*. Diese vier Gruppen werden gleichsam beherrscht von den vier apokalyptischen Lebewesen: *Stier, Löwe, Adler* und *Mensch*. Wir können diese vier Gruppen vorläufig andeutend so charakterisieren: Bei den Weltanschauungen des *Wahrnehmens*, die vom *Löwen* beherrscht werden, ist des Menschen *Sinnes-Organisation* unmittelbar berührt vom *äußeren Sein*. Durch die vom *Stier* beherrschten *Vernunft-Weltanschauungen* dringt die *Gedankenorganisation* des Menschen ins lebendige Ideengefüge der Welt ein. Mit Hilfe der Weltanschauungen der *Gefühlsgeistigkeit*, die vom *Wassermann* oder *Engelmenschen* beherrscht werden, erschauen die Menschenseelen die Allbeseelung der Welt. Und mit den *Willens-Weltanschauungen,* die vom *Adler* oder *Skorpion* beherrscht sind, erleben wir in dumpfer Art das Göttlich-Schöpferische des Gottes-Seins.

So wie wir den Menschen nur dann in seiner Ganzheit erfassen, wenn wir sein Äußeres und Inneres, Körperlichkeit, Leben, Seele und Geist, berücksichtigen, so können wir die universelle Wahrheit nur dann begreifen, wenn wir auch das Universum nach seiner äußeren Leiblichkeit, seiner ideellen Lebendigkeit, seiner individuellen Allbeseelung und seiner göttlichen Schöpferkraft aufzufassen vermögen. Dies aber setzt voraus, daß wir den *Gesamtumfang aller Weltansichten* uns zu eigen machen.

Im *Frühling* und in der *Jugend* sind es die erwachenden Lebenstriebe, welche den Menschen dazu anregen, das ihm verwandte ideelle Walten und Leben der Natur in sein *Denken* aufzunehmen. Das geschieht durch drei typische Vernunftweltanschauungen. Sie leben sich in das Ideengefüge der Welt ein: Mathematismus, Rationalismus und Idealismus. Hier herrscht die Kraft der *Stier-Sonne.*

Im *Sommer* und in der *Lebensmitte* ist der Mensch innig mit seiner sinnlichen Leiblichkeit verbunden und wird durch die *Sinnesempfindung* mächtig vom Sinnensein der Welt angezogen und berührt. Die drei Sommerweltanschauungen erfahren die Urgegebenheiten des Daseins: Phänomenalismus, Sensualismus, Materialismus. Hier herrscht die Kraft der *Löwen-Sonne.*

Im *Herbst* und im *höheren Lebensalter* werden die tiefverborgenen *Willenskräfte* im Menschen, die Initiativkräfte frei. Sie sind den schöpferischen Ur-Antrieben des göttlichen Seins verwandt. Die drei Herbstweltanschauungen bringen sich etwas von diesen Urkräften zum Bewußtsein: Monadismus, Dynamismus, Realismus. Hier herrscht die Kraft der *Adler-Sonne.*

Im *Winter* und *Greisenalter* endlich wird der Mensch fähig, mit spirituellverinnerlichtem *Fühlen* in seinen Genius und in die heilige Allbeseelung alles Daseins hineinzuwachsen. Das schauende Bewußtsein der drei Winterweltanschauungen nähert sich diesen Geheimnissen von jenseits der Todesschwelle: Psychismus, Pneumatismus und Spiritualismus. Hier herrscht die Kraft der *Wassermann-Sonne,* des Engelmenschen, des Genius.

Schließen wir diese Betrachtung mit vier Sprüchen aus Rudolf Steiners „Seelenkalender" ab, welche die Seelenstimmungen der vier Jahreszeiten und die Richtungen ihres Weltverhältnisses besonders charakteristisch zum Ausdruck bringen:

Die Frühlingsstimmung:

Wenn aus den Weltenweiten
Die Sonne spricht zum Menschensinn
Und Freude aus den Seelentiefen
Dem Licht sich eint im Schauen,
Dann ziehen aus der Selbstheit Hülle
Gedanken in die Raumesfernen
Und binden dumpf
Des Menschen Wesen an des Geistes Sein.

Die Sommerstimmung:

An Sinnesoffenbarung hingegeben
Verlor ich Eigenwesens Trieb,
Gedankentraum, er schien
Betäubend mir das Selbst zu rauben,
Doch weckend nahet schon
Im Sinnenschein mir Weltendenken.

Die Herbststimmung:

Das Licht aus Geistestiefen,
Nach außen strebt es sonnenhaft;
Es wird zur Lebenswillenskraft
Und leuchtet in der Sinne Dumpfheit,
Um Kräfte zu entbinden,
Die Schaffensmächte aus Seelentrieben
Im Menschenwerke reifen lassen.

Die Winterstimmung:

An Geistesoffenbarung hingegeben
Gewinne ich des Weltenwesens Licht,
Gedankenkraft, sie wächst
Sich klärend mir mich selbst zu geben,
Und weckend löst sich mir
Aus Denkermacht das Selbstgefühl.

III.

DER PHÄNOMENALISMUS

Wenn wir die Grundeigenschaften des Universums, die wir soeben, in vier Gruppen zu je drei zusammengefaßt, überblickt haben, näher betrachten und miteinander vergleichen, dann zeigt sich sogleich, daß eine der vier sich der *Denkbarkeit* in gewisser Weise entzieht, da sie eben nur „wahrnehmbar“ ist. Es ist das diejenige, die wir mit dem Wort der „Urgegebenheit des Seins“ angedeutet haben. Sie gliedert sich in dreifacher Art. Wir haben es zu tun mit dem anschaulichen Offenbarungscharakter (der Anschaulichkeit oder *Phänomenalität)*, mit der sinnlichen Wahrnehmbarkeit *(Sensualität)* und mit der tastbaren Dinglichkeit *(Materialität)* des Seins. Gegenüber diesen urgewaltigen Urtatsachen des Universums kommt das Denken als solches zunächst wirklich zum Stillstande. Das Anschaulich-Empfindbar-Dingliche *als solches* ist eben nicht-ideell, darum nicht-denkbar, sondern als ein unmittelbar Gegebenes nur durch einen geheimnisvollen, kaum durchschaubaren Akt des leiblich-intuitiven Berührtseins erfahrbar. Sehr zutreffend bemerkt darum der geniale Erkenntnistheoretiker und -Theologe A. E. Biedermann mit Bezug auf die Materialität der Dinge: „Was die Seinsweise der Materie sei, das können wir schlechterdings nicht sagen, d. h. in einen Gedanken fassen, das hieße sie eben in einen Gedanken verwandeln.“

Weil das Materielle eben als solches das Nichtgeistige ist, kann es in seiner Stofflichkeit und Dinglichkeit nicht gedacht werden. Ehrliche Denker haben darum dem Stofflichen gegenüber stets ein Gefühl des Rätselhaft-Verborgenen, Undurchdringbaren, wenn sie nämlich nicht sogleich dazu übergehen, die Materie spekulativ in Nichtstoffliches aufzulösen. Aber auch viele Vorstellungen, welche gerade die spekulative Naturwissenschaft bildet, haben ebenfalls noch etwas im Grunde genommen Undenkbares, ja beinahe Okkult-Gespenstiges, weil dann das Anschaulich-Sichtbar-Dingliche zwar weggezaubert, aber keineswegs in echt Ideelles verwandelt ist. Man hat es dann zumeist mit etwas zu tun, was weder wahrnehmbar noch eigentlich denkbar ist. Wir verweisen hier auf die vorzüglichen Ausführungen von Hans Erhard Lauer in seinem schon erwähnten Buch über die Wiedergeburt der Erkenntnis. Das Unberechtigte jener naturwissenschaftlich-spekulativen „Auflösung“ des Stofflichen (z. B. in den Atomtheorien usw.) liegt nämlich darin, „daß aus dem *Denken* heraus *Begriffe* konstruiert werden, denen aber *nicht ein bloß begriffliches, sondern ein sinnlich-wahrnehmungsartiges Sein zugeschrieben wird,* ein wahrnehmungsartiges Sein, das aber *doch nicht wahrnehmbar,* sondern nur als der Verursacher der ganz anders gearteten Wahrnehmungen sein soll, die uns in den Phänomenen vorliegen". Dieser Erkenntnisweg führt uns in ein Gebiet der „Unbegriffe", die gleichzeitig Begriffe sein sollen und doch wieder keinen Begriffs-Charakter haben sollen, die Wahrnehmungs-Charakter haben und doch keine Wahrnehmungen sein sollen, kurz, die überhaupt nicht realisiert werden können. *Diese* „Begriffe" sind weder sinnlich noch übersinnlich (d. h. begrifflich-ideell), könnten daher höchstens als hintersinnlich oder außersinnlich bezeichnet werden.

Ähnlich wie mit der Dinglichkeit oder *Materialität* verhält es sich mit der *Sensualität* und *Phänomenalität.* Diese Seinsweisen sind als solche ebenfalls nicht begrifflich erfaßbar, nicht ideell erlebbar. Sie wollen empfangen und erfahren werden in unmittelbarem Anschauen, in einer staunenden Seins-Berührung. Gerade weil das Bloß-Anschaulich-Wahrnehmbare undenkbar und rätselhaft ist, löst es in der Seele die *Verwunderung* und das *Fragen* aus. Wer diese Urberührung mit dem Sein in voller Intensität zu erleben vermag — und das ist für den gegenwärtigen Abstraktling gar nicht leicht —, der ist manchmal versucht zu gestehen: Das Sein, oder besser die Seinsweise, von der wir uns bei diesem reinen Anschauen berührt fühlen, ist höher denn alle Vernunft.

Wir können dies als das Unmittelbar-Gegebene zunächst nur bewundernd anstaunen. Seine Größe und Herrlichkeit löst Ehrfurcht in der Seele aus und Demut. Dann aber gibt diese Bewunderung und diese Verwunderung gegenüber dem Rätselhaft-Undenkbaren der Seele den Impuls zum Fragen und bringt somit das eigentliche Erkenntnisstreben in Bewegung. Wir fühlen uns gedrängt, aus dem Innern heraus dem Angeschauten das Begrifflich-Ideelle entgegenzutragen.

Diese Urberührung mit dem Sein, diese gleichsam leibliche Intuition erfahren (bzw. erleiden) wir im empfindenden Anschauen und Wahrnehmen mit Hilfe der *Sinnesorgane,* welche wesentlich dem *physischen Leibe* angehören, welcher zugleich die Urgrundlage unseres Seins und Bewußtseins bildet. Physikalische Apparate gleichsam sind diese Sinnesorgane. Mit Hilfe der eigenen Leiblichkeit erfahren wir die Leiblichkeit des Seins, jene Urgegebenheit, die wir charakterisiert haben.

Aber mit dem Wahrnehmen wird das eigentliche Erkennen erst in Tätigkeit versetzt. Wenn wir dieses voll entfalten, dann müssen neben dem Anschauen auch die drei anderen Seelenvermögen sich mehr oder weniger betätigen, vor allem das Denken, aber auch das Erfühlen und das Tätigsein des (moralischen) Willens. Diese Vermögen gehören den übersinnlichen Wesensgliedern des Menschen an, der Lebensorganisation, der Seele und dem ichbewußten Geiste. Je nachdem das eine oder andere dieser Vermögen in einer Individualität überwiegt, hat sein Denken und Erkennen einen etwas anderen Charakter und wird demzufolge für verschiedene Bereiche oder Aspekte des Seins empfänglich. Das führt zu verschiedenen Weltanschauungen. Ausgesprochene Willensnaturen, wie etwa Fichte, Schopenhauer oder Nietzsche neigen, je nach der besonderen Artung ihres Willenswesens, zum Psychismus oder Dynamismus, künstlerische Gefühlsnaturen, wie etwa Novalis, Schelling oder Shaftesbury, neigen zum Pneumatismus oder auch Sensualismus, reine Denker, wie etwa Hegel, Descartes oder Biedermann, zum Mathematismus, Idealismus oder auch Realismus, rein anschauende Naturen, wie etwa Goethe, zum Phänomenalismus oder Sensualismus. Die mannigfaltigsten Spielarten kommen hier vor.

Das Gemeinsame der drei Weltanschauungen der Urgegebenheit des Seins, welche die Anschaulichkeit, Wahrnehmbarkeit und Dinglichkeit der Welt erfahren, ist dieses: Sie entwickeln sich vorzüglich aus demjenigen, was dem Menschen durch den *physischen Leib* vom Sein offenbar wird; wir können das die äußere *Leiblichkeit* des Weltenseins nennen.

Um Mißverständnissen vorzubeugen, muß hierbei allerdings sofort hervorgehoben werden, daß man im allgemeinen als *Wahrnehmungen* dasjenige bezeichnet, was man richtiger *Vorstellungen* nennen sollte, weil es sich hierbei nämlich zumeist um die von Begriffselementen schon längst durchsetzten Wahrnehmungen handelt, und um verarbeitete und seelisch-innerlich gewordene Sinneseindrücke; diese sollte man Vorstellungen, nicht Wahrnehmungen nennen. In dieser Eigenschaft sind uns die reinen Wahrnehmungen zu innerlich vorgestellten *Gegenständen* geworden.

Das reine Wahrnehmen ist ungemein schwer zu erfahren. Man versuche, durch künstliche Übungen zu dieser Erfahrung zu kommen, die der Vorstellungsbildung vorausgeht. Hierzu setze man sich unter völliger Ausschaltung aller Vorstellungen und völliger Stillegung aller Gedankentätigkeit einer bestimmten Sinneserscheinung, am besten einer homogenen, einer bestimmten Sinnesqualität aus, etwa dem Blau des Himmels oder einem lang hingezogenen Ton. Dann kann man gewahr werden, daß diese Sinnesberührung im Wahrnehmen in Wahrheit ein wundersames, traumhaft-intuitives leiblich-seelisches Zusammensein oder *Einswerden* des Menschenseins mit dem empfindbaren Weltensein ist.

Könnte man sich restlos und langanhaltend in diesen Zustand versetzen, dann würde man entweder allmählich einschlafen, oder man würde ein beinahe somnambul-magisches Ergriffensein der Seele von der Seinsgewalt des Erscheinenden erfahren. Der Mensch würde gleichsam im Ganzen des Seins aufgehen.

Aber auch dann, wenn wir im gewöhnlichen Seelenleben, nämlich in den Augenblicken der ästhetischen Kontemplation, restlos hingegeben sind im staunenden Anschauen einer Welterscheinung, etwa eines Sonnenunterganges, dann ist die Seinsberührung und Durchdringung eine so tiefe und innige, daß wir uns von ihr im innersten Sein wie neu *belebt* und *gespeist* fühlen. Wir haben uns *genährt* von der heiligen *Grundsubstanz* der Welt, vom lebendigen Ätherwesen.

Natürlich müssen die drei Weltaspekte der Anschaulichkeit, Sinnlichkeit und Dinglichkeit trotz ihres Gemeinschaftlichen dennoch voneinander unterschieden werden. Das Allgemeinste und Unbestimmteste von ihnen ist die Phänomenalität oder der Erscheinungs-Charakter des Seins. Denn er umfaßt weit mehr als das Sinnliche oder gar das Dingliche. Er ist seinem Wesen nach ein Sinnlich-Übersinnliches.

Der Phänomenalist hält sich an das der empfänglichen Seele Unmittelbar-Gegebene. *Was* das dem Bewußtsein Erscheinende ist, ob es materiell oder übersinnlich ist, das bleibt *diesem* Anschauen völlig unentscheidbar. Denn zum Unmittelbar-Gegebenen gehören keineswegs nur die Sinneseindrücke, sondern auch alles andere, der Seele mehr von innen her Erscheinende, wie etwa Phantasie- und Traumbilder, alle Seelenempfindungen, Gefühlsregungen, aber sogar auch Ideen, Begriffe und Visionen. Im Unterschied zum Phänomenalisten hält sich der Sensualist nur an die Sinneseindrücke, läßt es aber unentschieden, ob diese durch etwas Materielles oder durch sonst etwas bewirkt werden. Erst der Materialist geht dazu über, den Sinneseindrücken ein Dinglich-Stoffliches zu unterlegen.

Rechte Phänomenalisten können nur Menschen sein mit einer unbefangenen, gleichsam noch kindlich-naiven und reinen *Empfänglichkeit* für alles. Es handelt sich wirklich um eine *jungfräuliche* Seelenhaltung. Sie ist in unserem Zeitalter überaus selten geworden. Ja, schon GOETHE stand damit in seiner Zeit ziemlich einsam da. Ganz anders war das im Altertum, vor allem unter dem naiven Künstlervolk der Griechen.

Alles Erkenntnisstreben beginnt mit der Bewunderung. So sagte einer der größten Griechengeister, PLATON. Dies ist die Ausgangslosung des Phänomenalismus. In Goethe wurde wieder etwas lebendig von der platonischen Seelenhaltung. Er sagte: „Zum Erstaunen bin ich da." Aber nicht nur der das Schöne bewundernde Platonismus, sondern die gesamte erste Epoche der Philosophiegeschichte, die unter griechischer Führung bis zur Begründung des Christentums geblüht hat, war in ihrem Grundcharakter phänomenalistisch. Denn das griechische Denken war noch nicht eigentlich kritisch oder spekulativ geartet, sondern durchaus anschauend-empfangend. Mit der Bewunderung ist innig verbunden der Sinn und die Begeisterung für das Schöne, das allen Griechen und dann wieder den großen Platonikern der Renaissance und zuletzt der Goethezeit eigen gewesen ist.

Bewundernd und fragend-verwundert erschließt der Phänomenalist seine empfänglich-jungfräuliche Seele dem, was die Erscheinungen ihm offenbaren möchten. Davon läßt er sich ganz durchdringen und befruchten, ohne der Versuchung zu erliegen, diesem etwas Eigenes, Subjektives eigenwillig entgegenzustellen. Dies würde das reine Phänomen verfälschen, gleichsam vergewaltigen. Vorurteile des Gefühles und des spekulierenden Verstandes dürfen sich da nicht einmischen.

Aber die Erscheinungen regen die Seele selbst dazu an, aus dem Innern heraus diejenigen Ideen hervorzubringen, welche den Zusammenhang der

Erscheinungen dem anschauenden Geiste unmittelbar enthüllen.

Die hier gekennzeichnete Seelenhaltung steht offen für das Erfassen derjenigen Ureigenschaft des Seins, die darin besteht, daß dieses sich überhaupt einem anderen Wesen kundgibt. Daß das Urwesen sich zur Offenbarung seiner selbst entschlossen hat und anderen Wesen zur Anschauung darbietet in den Erscheinungen, das ist eine seiner allerhöchsten Tugenden. Wir können sie schlechthin die schenkende Tugend nennen. Das Sich-offenbaren-Wollen, dieses Sich-dem-Anschauen-Darbieten ist das eigentliche Wesen der *Schönheit*. Was sich selbstisch verbirgt, ist häßlich. Erscheinung und Schönheit sind urverwandte Begriffe, nicht nur sprachlich miteinander zusammenhängend.

Diese hohe Eigenschaft des göttlichen Seins, sich anderen zum Erkennen darzubieten, zu offenbaren, deutet das Neue Testament mit dem Worte „doxa" an. Es bedeutet nicht eigentlich „Ehre", sondern Glanz, Herrlichkeit, Schönheit, Erscheinung, Offenbarung.

Was ist also Phänomenalität? Es ist das Sich-Offenbaren des *Urseins* schlechthin, das Sich-Manifestieren der *Ursubstanz*. Daß die Substanz offenbar, anschaulich, erkennbar wird, das ist eine Grundeigenschaft derselben: Wesen will Erscheinung werden. *Substanz* ist die höchste der Kategorien des Aristoteles. Wir müssen sie heute fassen als die Zweiheit von *Wesen und Erscheinung*. Und diese urständet in dem Doppelzeichen der Waage und der Jungfrau. Der Kategorie Substanz („Sein") entspricht im Sephirotsystem der Kabbalah die höchste Gotteseigenschaft *Kether*, die *Krone*. Plutarch sagte, der höchste Gruß, den man der Gottheit bringen könne, sei der: „Du *bist*!"

Die moderne Naturwissenschaft, insbesondere die hypothetische Atomphysik, die sich nicht mehr richtig zu stellen weiß gegenüber der Phänomenalität des Seins, hat den Substanzbegriff verloren. Lauer zitiert diesbezüglich das bezeichnende Eingeständnis eines dieser Forscher: „Es versagt nicht das Kausalgesetz. Aber es versagt die Einführung der isolierten Anschauungsfragmente und Kausalketten in ein objektives Modell des Vorganges. Vielleicht darf man am ehesten von einem Versagen der Substanz-Kategorie sprechen."

Mit dem Worte Substanz deutet die ältere Philosophie auf das Ursein oder Urwesen, auf *Gott*. Als die Grundeigenschaft Gottes betrachtete die mittelalterliche Philosophie diese, daß Er die Ursache Seiner Selbst ist. Diese Ureigenschaft nennt man „Aseïtät" (lat. a se = von sich aus). Selbst heute sagt man noch vielfach: Gott ist die Ursache der Ursachen, eben weil Er schlechthin das Urwesen ist.

Aber der Kausalitätsbegriff muß eigentlich auf die Doppelkategorie Wesen-Erscheinung zurückgeführt werden. Seit John Locke ist das Bewußtsein hierfür verlorengegangen. Immer mehr trat an Stelle des Begriffspaares Wesen-Erscheinung das andere: Ursache-Wirkung. Und eben dies ist der Anlaß gewesen zu fast endlosen Begriffsverwirrungen auf vielen Gebieten der Naturwissenschaft, insbesondere der Sinnesphysiologie und Erkenntnistheorie. Was man Wirkungen von Ursachen nennt, sind in Wahrheit Besonderungen eines Wesenhaft-Allgemeinen oder Erscheinungsweisen eines Wesenhaften, Substantiellen. Darum sollte man sich abgewöhnen zu sagen, der sinnlich wahrnehmbare Kosmos sei die Wirkung der „Ursachen der Ursachen", nämlich Gottes, und statt dessen die Wahrheit formulieren: Die Welt ist die Erscheinungsweise oder Offenbarung des Göttlichen Wesens, die vielfältigste Besonderung seines universellen Seins.

Der Kausalitätsbegriff hat zu einer weitgehenden Mechanisierung aller kosmologischen Begriffe geführt. Die gegenwärtige Physik löst ihn wieder auf. Aber sie hat an seine Stelle noch nicht die Doppelkategorie Substanz oder „Wesen-Erscheinung" gesetzt. Erst wenn der Phänomenalismus GOETHES als die fruchtbarste naturwissenschaftliche Forschungsmethode anerkannt und angewandt werden wird, kann dies geschehen. Aber bis dahin ist leider noch ein weiter Weg im Jahrhundert des Dynamismus.

Goethe hat zwar die phänomenologische Methode am reinsten und fruchtbarsten ausgeübt, aber andere Denker haben die hierfür charakteristische Seelenhaltung besonders zutreffend beschrieben. So finden wir im ersten Bande von HERMANN LOTZES „Mikrokosmos" zwei Kapitel, in welchen dies geschieht. Sie sind betitelt: „Die Materie als Erscheinung eines Übersinnlichen", und „Die allgemeine Beseelung der Welt". In diesen spricht sich die Kombination von Phänomenalismus und Psychismus im Denkergeiste des Lotze schön aus. Eine wunderbare, ganz im Geiste Goethes gehaltene Würdigung und Verteidigung der unmittelbar gegebenen Erscheinungswelt — gegenüber allen sinnes-physiologischen Subjektivismen — finden wir darin. Lotze war eine Naturforscherpersönlichkeit, welche in der sinnlich-wahrgenommenen, den Sinnen erscheinenden Welt das Durchglänzen eines Übersinnlich-Wesenhaften unmittelbar *gespürt* hat, nicht etwa spekulativ oder hypothetisch erschlossen. Dies ist das Kennzeichen des Phänomenalisten. Versuchen wir voll mitzuempfinden die feingeistige Art und Weise, wie er den geheimnisvoll-geistigen Reiz der Sinneserscheinungen beschrieben hat:

„Dieses vollkommene *Zutrauen* zu dem *wahrhaften* Dasein ihrer Anschauungen besitzt die Sinnlichkeit nicht nur harmlos, sondern ein tiefes Bedürfnis bewegt sie zugleich zur lebhaften Abwehr jedes Angriffes, der die volle Wirklichkeit ihrer Erscheinungen bedrohen möchte. Es *soll* die eigene Lieblichkeit des Gegenstandes bleiben, die uns in der Süße des Geschmackes und Duftes berührt, die *eigene Seele der Dinge,* die im Klange zu uns spricht. Der Glanz der Farbe verbliche für uns in seinem Werte, wenn wir *seinen Schimmer nicht als die Offenbarung eines anderen Wesens bewundern dürften, das uns fremd, nun doch so durchsichtig für uns wird,* daß wir mitgenießend in seine Natur uns versenken und mit ihr *verschmelzen* können. Der beste Teil der Bedeutsamkeit des Sinnlichen würde hinwegfallen, wenn diese helle Wirklichkeit des Empfundenen uns genommen würde. Dieselbe *Sehnsucht,* die auf höheren Stufen des geistigen Lebens nach Ergänzung durch ein anderes strebt, sucht schon hier in der Sinnlichkeit diesen träumerischen Genuß einer völligen Durchdringung mit fremdem Wesen festzuhalten. Und nicht nur haften soll in irgendeiner Weise das Sinnliche an den Dingen selbst, derselbe Zug jener Sehnsucht verlockt uns vielmehr, die sinnlichen Eigenschaften als die Taten dessen zu betrachten, an dem wir sie finden. *Die Dinge sind nicht allein farbig, sondern es ist ihr lebendiges tätiges Scheinen, das in den Farben uns anblickt. Ihr Geschmack, ihr Duft, sind an uns herandrängende Handlungen, in denen ihr innerstes Wesen sich dem unseren nähert und uns das aufschließt,* was innerhalb der äußerlichen Raumgrenzen, die ihre Gestalten füllen, das eigentlich R e a l e ihres Daseins bildet. Das nachdenkliche Lauschen erkennt in den einzelnen Stimmen der Natur wieder jene Kundgebungen, durch die ein rätselhaftes *Innere* der Dinge unübersetzbar in jede andere Sprache und doch mit unmittelbarerer Deutlichkeit zu uns spricht. So erkennen wir den Anspruch wieder an, den unsere Sinnlichkeit macht, *uns den Einblick in das innerste lebendige Wesen einer fremden wahrhaften Wirklichkeit zu gewähren.*"

Lotze ist sich dessen bewußt: In den Erscheinungen der Farben, Klänge und Düfte hat man es mit Offenbarungen des Realen, Substanziell-Wesenhaften zu tun. Er konnte es so erfahren, weil er in Ehrfurcht und mit künstlerischem Schönheits-Sinn, mit platonischem Erkenntnis-Eros dem Weltall gegenübertrat. Wem diese Eigenschaften fehlen, der ist nicht zum Phänomenalisten geboren. Der kann innerhalb der Sinneswelt selbst nichts mehr verspüren vom paradiesischen Ätherglanz, der sie noch immer durchleuchtet.

Eben darum ist die Welt schön und herrlich, majestätisch und erhaben: weil sie Offenbarung und Abglanz des Göttlichen Wesens ist in allen ihren Erscheinungen. Das Schöne, das Durchscheinen des Übersinnlichen im Sinnlichen, die reine Erscheinung des Wesenhaften, löst in ehrfürchtig-empfänglichen Seelen die Gefühle der Bewunderung und die Erkenntnissehnsucht aus, und diese führt die Seele aus dem Erscheinenden ahnend hinüber ins Wesenhafte.

Wir erinnern wieder an Platon. Dieser Großmeister der griechischen Weisen hat wie ein Nachzügler einer heiligen Urzeit gesprochen. In jener Urzeit war die Menschenseele für das in den Sinneserscheinungen durchscheinende Geistige viel empfänglicher als später. Je kräftiger und eigenwilliger der Mensch in späteren Zeitaltern in seinem eigenen *Selbst* geworden ist, desto mehr entschwand seinem Empfinden von diesem Geistesschimmer und Gottesglanz in aller Erscheinung. Mit dem Verlust der ursprünglichen Unschuld und jungfräulichen Seelenreinheit hat diese „Austreibung aus dem Paradies" angefangen. Nur wer sich auch späterhin etwas von jener seelischen Ursprünglichkeit bewahrt hat, ist zum Phänomenalisten geboren.

Seitdem die Menschheit ihre paradiesische jungfräuliche Natur eingebüßt hat, verwehren die erhabensten Weisheitsträger des Weltalls, die *Cherubim*, dem Menschen den natürlichen Einblick in diese Paradieses-Sphäre. Als strenge Hüter stehen sie mit ihren Flammenschwertern an jener Grenzschwelle zwischen dem Wesenhaft-Geistigen und der Sinneserscheinung. Nur Menschen, die reinen Herzens geblieben sind, können noch durch den Schleier der Erscheinungen hindurch unmittelbar-natürlich hinüberschauen in das Ätherreich des Lichtes, das jenen Schleier durchschimmert. Nur sie können im Seelenempfinden von der Erscheinung *hinüberschreiten* ins Geistig-Wesenhafte, durch ein sinnlich-übersinnliches Anschauen, das Goethe unter anderem mit den folgenden Worten angedeutet hat: „Alles, was wir Erfinden, Entdecken im höheren Sinne nennen, ist die bedeutende Ausübung, Betätigung eines ursprünglichen Wahrheitsgefühles, das, im Stillen längst ausgebildet, unversehens mit Blitzesschnelle zu einer fruchtbaren Erkenntnis führt. Es ist eine aus dem Innern nach außen sich entwickelnde *Offenbarung*, die den Menschen seine Gottähnlichkeit vorahnen läßt. Es ist eine Synthese von Welt und Geist, welche von der Harmonie des Daseins die seligste Versicherung gibt." Solchen Menschen wie Goethe werden die Cherubim nicht die strengabweisenden Schwellenhüter, sondern die *Offenbarer* der ewigen Weltenweisheit, die allem Sein schöpferisch zugrunde liegt. Ihnen entschleiert sich die Weisheitsgöttin, die *Sophia*, die himmlische Jungfrau.

Zum echten Phänomenalismus gehört also, wenn wir ihn als eine Seelenbewegung auffassen, eine Erkenntnishaltung, die man am besten durch das Wort *„Transzendentalismus"* kennzeichnet. Es handelt sich dabei um das Vermögen der Seele, beim Empfangen der Erscheinung in dieser selbst das zu erleben, was in ihr zur Erscheinung oder zur Offenbarung kommt. Die Seele wird dann von der unteren Welt zu der oberen, von den Tiefen zu den offenbarenden Höhen *hinübergeleitet*. Dies geschieht durch eine allvermittelnde, seelengeleitende, eine *merkuriale* Kraft der Seele.

Aber keineswegs alle Phänomenalisten der Philosophiegeschichte sind in d i e s e m Sinne auch Transzendentalisten. Die am meisten verbreitete Form des Phänomenalismus ist vielmehr eine ganz andere, diejenige nämlich, die seit KANT und SCHOPENHAUER zur weithin herrschenden Erkenntnistheorie geworden ist. Sie kommt in Schopenhauers Formel „Die Welt ist meine Vorstellung" klassisch zum Ausdruck. Aber diese Anschauung sollte man eigentlich nicht Phänomenalismus, sondern *Illusionismus* nennen. Weil bei dieser Auffassung die Erscheinung nicht als das Erscheinen des Wesenhaften der Welt in der Seele des Menschen und des Erscheinenden in den Wahrnehmungen draußen erfahren wird, kommt es nicht zu jenem Hinübergeleitetwerden der Seele von der Erscheinung zum Wesenhaften. Die Erkenntnis bleibt auf das Bloß-Erscheinende beschränkt, das ohne die Offenbarung des Wesenhaften zum Schein, zur *Maja* oder Täuschung wird. An die Stelle des natürlich-erlebten Hinüberschreitens der Seele vom Erscheinenden zum Wesenhaften tritt hier etwas ganz anderes, etwas Spekulatives. Über einen Abgrund (die Schwelle) hinweg geschieht ein Sprung in die Transzendenz. Im allgemeinen nennt man gerade diese Weltanschauungsrichtung „Transzendental-Philosophie".

Aber von dem Pseudotranszendentalismus KANTS sind seine genialen Nachfolger bald wieder zu einem echten Phänomenalismus übergegangen. SCHELLING hat sich in seiner jugendlich-genial konzipierten Transzendentalphilosophie vom Kant-Fichteschen Subjektivismus wieder zu den Offenbarungen der Natur hingewandt und hat hierdurch — obwohl in anderer Art als Goethe, dem dies naiv gegeben war — den platonisch-griechischen Phänomenalismus erneuert.

Von Schelling war später der Naturforscher Lotze entscheidend angeregt. Er unterscheidet sich von Schelling durch das überaus Besonnene und Vorsichtige seines naturwissenschaftlich-philosophischen Untersuchens.

In der Mitte zwischen beiden steht der Großmeister der modernen Phänomenalisten, Goethe. Er hat das Geniale von Schelling und das Besonnene von Lotze in sich vereinigt. Da Rudolf Steiner in kongenialer Art Goethes naturwissenschaftlich-philosophischen Phänomenalismus in zahlreichen Werken charakterisiert und erkenntnistheoretisch fundiert hat, erübrigt es sich hier, darauf ausführlich einzugehen. Wir wollen nur einige der „Sprüche in Prosa" als richtunggebende Leitsätze des Phänomenalismus anführen: „Das Höchste wäre, zu begreifen, daß alles Faktische schon Theorie ist. — Die Bläue des Himmels offenbart uns das Grundgesetz der Chromatik. Man suche nur nichts hinter den Phänomenen; sie selbst sind die Lehre. — Kein Phänomen erklärt sich an und für sich selbst; nur viele zusammen überschaut, methodisch geordnet geben zuletzt etwas, was für Theorie gelten könnte. — Reines Anschauen des Äußeren und Inneren ist sehr selten. — Alles, was wir gewahr werden und wovon wir reden können, sind nur Manifestationen der Idee. — Das Wahre ist gottähnlich; es erscheint nicht unmittelbar, wir müssen es aus seinen Manifestationen erraten."

R. Steiner hat immer wieder seine Zeitgenossen auf echte Phänomenalisten aufmerksam gemacht und dabei oft auf solche gewiesen, die seltsamerweise in der Geschichte der Philosophie kaum bekannt geworden sind. Es waren das Denker, die gegen den Strom des allgemein herrschenden Kantianismus einsam geschwommen sind. Zu diesen Figuren gehört der sehr originelle, ebenso scharf- wie tiefsinnige Denker Afrikan Spir. Dieser Mann ist, ebenso wie Aloys Biedermann, demjenigen auf die Spur gekommen, was Rudolf Steiner die Realität oder die „einheitliche Wirklichkeit" nennt. Aus Spirs Buch, betitelt „Forschung nach der Gewißheit in der Erkenntnis der Wirklichkeit" (1869) können wir hier nur einige kurze Abschnitte anführen:

„Jede Erscheinung ist eine Erscheinung des Realen in einer ihm fremden Form, eine Erscheinung des Realen nicht, wie es in Wahrheit an sich ist, sondern als etwas Anderes. Denn von dem Erscheinen kann nur insofern die Rede sein, als es von dem Sein unterschieden ist. Erscheint ein Reales als das, was es ist, so erscheint es gar nicht, sondern es i s t einfach; in diesem Falle würde ja das Erscheinen mit dem Sein ganz zusammenfallen, von diesem durch nichts unterschieden sein. Das muß man vor allem gründlich überlegen. In dem Begriffe des Erscheinens liegt zweierlei: Es kann ein Reales erstens nur *für* ein *Anderes* und zweitens nur *als* ein *Anderes* erscheinen. Es muß etwas anderes da sein, d e m das Reale erscheint, sonst kann kein Erscheinen zustande kommen. Aber auch umgekehrt, das Reale kann nicht für ein Anderes da sein, was es an sich ist; das versteht sich auch von selbst."

„Das Wesen der Vorstellung besteht darin, daß sie selbst an sich nicht das ist, was sie vorstellt. Das Wesen der Erscheinung besteht darin, daß sie in Wahrheit an sich nicht das ist, was sie zu sein scheint. Die Verwandtschaft beider Begriffe liegt auf der Hand. Nur der Vorstellung kann überhaupt etwas erscheinen, und die Vorstellung gehört selbst, wie gezeigt, zur erscheinenden Wirklichkeit, steht zu der Erscheinung in einer wesentlichen Beziehung und kann von ihr nirgends unabhängig vorkommen."

Hiermit war ein bedeutender Schritt über den Subjektivismus und Illusionismus von Kant und Schopenhauer hinaus getan. Noch mehr nähert sich Spir der Anschauung Goethes, daß die Phänomene selbst schon die Lehre, d. h. die Offenbarung ihrer ideellen Gesetzmäßigkeit geben, wenn er die folgende phänomenologische Betrachtung über eine silberne Münze anstellt: „Was können wir von ihr erkennen? Farbe, Härte, Figur, Schwere, wovon die einzelnen Sinne affiziert werden. Aber Härte ist eine Beständigkeit im Verhältnis der Teile, Figur die räumliche Anordnung des Ganzen, Schwere die beziehungsweise Energie, mit welcher dies Ding zum Erdmittelpunkt schwebt. Mit welchen Faktoren die silberne Münze auch in Berührung gebracht wird, immer verhält sie sich gegen dieselben auf eine bestimmte Weise; und diese eigentümliche Weise, sich gegen andere Dinge zu verhalten, macht das ganze wahrnehmbare Wesen der Münze aus und offenbart sich unserer Wahrnehmung in verschiedenen, aber untereinander zusammenhängenden Eindrücken, deren Zusammenhang, deren Einheit immer dieselbe bleibt. Da aber die Münze zu jeder Zeit sich ebenso verhält, wird sie als ein Ding, d. h. als etwas dem Wesen nach mit sich selbst Identisches, also sich selbst stets Gleichbleibendes erkannt. Der Inhalt unseres Begriffes vom Silber ist ein Komplex von Erscheinungen, von Eindrücken, die wir immer zusammen antreffen, so daß, wenn einige derselben gegeben sind, auch die übrigen zum Vorschein gebracht werden können. Jede dieser Erscheinungen ist eine Art des Verhaltens dieses Komplexes zu anderen Dingen, welche Art bei demselben immer dieselbe bleibt, also Ausdruck eines unwandelbaren Gesetzes ist. *Das Wesen der äußeren Dinge geht also in den Begriff der Gesetzmäßigkeit auf.* Die Erscheinungen müssen also als Dependenzien sich selbst stets gleichbleibender Dinge erkannt werden. Was daher die eigentliche Realität und Wahrheit unserer Wirklichkeit ausmacht, das ist die Gesetzmäßigkeit, d. h. die ihr eigene allgemeine Identität mit sich. Ohne diese Gesetzmäßigkeit wäre die Welt des Geschehens ein flüchtiger, verworrener Traum."

Auf jene Identität mit sich selbst deutet der aristotelische Substanzbegriff. Das Wesen der Dinge sind ihre Substanzen, die dann auch mit „Substantiven" bezeichnet werden; diese äußeren Namen deuten auf die inneren, auf die Wesensnamen oder Substanzen der Dinge.

In derselben Richtung wie Spir bewegte sich das Denken des großen dänischen Naturforschers Hans Christian Ørsted, wenn er sich in seinem zu Unrecht völlig vergessenen Werk über den „Geist in der Natur" folgendermaßen über das Wesen der Dinge äußerte: „Der Gegenstand ist das, was er ist, durch die Naturgesetze, welche darin herrschen. Die Naturgesetze sind den Regeln der Vernunft vollkommen gleich. Das Ordnende, Vereinende in der Natur ist also der Vernunft gleich. Jeder Gegenstand ist das Ergebnis von Naturgesetzen, die auf das Innigste zusammenhängen und eine Einheit ausmachen. Diese nennen wir des Gegenstandes Vernunfteinheit. Auf dieser beruht jedes Dinges Wesen, und in seinem Wesen finden wir nichts anderes als dieses. Wir nennen auch die Vernunfteinheit in einem Gegenstand dessen Idee, und demnach ist das Wesen eines jeden Dinges dasselbe als dessen Idee. Fast scheint es mir, daß man diese Vernunfteinheit jedes Dinges auch Seele nennen könnte. Jedes Ding als Naturgegenstand ist die Hervorbringung dieser inneren Seele und der äußeren Natur."

Von den erkenntnistheoretischen Untersuchungen Spirs kann man einen geraden Weg finden zu denjenigen, die Rudolf Steiner in seinen grundlegenden Schriften „Wahrheit und Wissenschaft" und „Philosophie der Freiheit" etwa zwanzig Jahre später gegeben hat. Hier, aber auch bei Biedermann, auf den wir noch zurückkommen werden bei der Behandlung des Realismus, kann man die vollwissenschaftliche Rechtfertigung finden für jenen Phänomenalismus, dem geniale Naturen wie Goethe, Schelling, Ørsted und viele andere der Goethezeit mehr oder weniger naiv gefolgt sind. Aber dieser wahre Phänomenalismus ist unabtrennbar von dem wahren Realismus. Da Wesen und Erscheinung Korrelatbegriffe sind, kann es keinen echten Realismus geben, keine rechte Anschauung von der einheitlichen Wirklichkeit, wenn man nicht von gesunden Anschauungen über die Bedeutung der Erscheinungen ausgeht. Hier äußert sich auf dem Gebiete des philosophischen Erkennens die Tatsache, daß die Sternbilder der Jungfrau und Waage eigentlich ein und dasselbe sind.

Der Phänomenalismus führt von der Erscheinung hinüber zum Wesen, zum Substanziellen. Aber fragen wir: Was ist denn nun eigentlich diese Wesenhaftigkeit des Seins, dessen Erscheinungen in den Wahrnehmungen von außen und in den Vorstellungen von innen auftritt? Die Wahrnehmung nimmt wirklich *Wahrheit* entgegen. „Die Sinne trügen nicht", sagt Goethe. Aber zur Wahrheit kommt die „Wissenschaft", zur äußeren Anschauung kommt die innere, die „Theorie", das Erfassen der Gesetzmäßigkeit in Begriffen und Vorstellungen, in Ideen. Nur dem „reinen Anschauen des Äußeren und Inneren", das so selten ist, erschließt sich dieses Wesenhafte bis zu einem gewissen Grade in der unmittelbaren Erfahrung. Wo es sich erschließt, kann man es nur als ein „Sinnlich-Übersinnliches" kennzeichnen oder als ein „Sinnlich-Sittliches", wie Goethe in der Farbenlehre sagte.

Dies Element kennt die heutige Wissenschaft und Philosophie nicht mehr. Der antiken Naturweisheit war es wohl vertraut. Sie nannte dies das fünfte Element, das den Vieren als das Gemeinschaftliche zugrunde liegt. Es ist die *Ätherwesenheit,* und diese ist das *lebendige Kleid der Gottheit.* Jene prima materia ist aber auch das „Unbegrenzte", das ANAXIMENES als das Ursein oder Urprinzip des Seins angesprochen hat. DIOGENES VON APOLLONIA hat dies Element besonders bedeutsam gekennzeichnet als die im Wesen kosmische Lebensessenz aller Erdenwesen. Bei der Besprechung seiner Philosophie hat HEINRICH RITTER festgestellt: „Merkwürdig ist es, daß bei dieser Lehre ihm der Gegensatz zwischen dem Geistigen und Körperlichen gar nicht hervortrat." Das ist gerade das Entscheidende. Noch bis tief ins Mittelalter hatte man von dieser Quint-Essenz gewisse Begriffe. In den Kreisen der Rosenkreuzer nannte man sie das Astrallicht oder — die himmlische Jungfrau. Vielleicht noch angeregt von letzten Ausläufern dieser Strömung hat sich Schelling erneut zu diesem Begriff hindurchgerungen. In seinen „Weltaltern" befindet sich ein Kapitel über den „Begriff der ersten (geist-leiblichen) Materie-Psyche". Wir lesen da unter anderem das Folgende: Ein Hauptgebrechen aller neueren Philosophie läge in dem „Mangel der mittleren Begriffe, wonach alles was nicht seiend, nichts, — was nicht geistig im höchsten Sinn, materiell im gröbsten — was nicht sittlich frei, mechanisch, — was nicht intelligent, verstandlos ist. Die mittleren Begriffe sind aber gerade die wichtigsten, ja die einzig erklärenden in der ganzen Wissenschaft". In diesem Sinne kann der Verkehr zwischen Körperlichem und Geistigem nach Schellings Überzeugung nur durch die Annahme erklärt werden, „daß es eine und dieselbe Substanz ist, die nach der einen Seite, nämlich nach unten, leibliche Eigenschaft annimmt, nach oben aber oder auf der dem Geist zugewandten Seite in ein geistiges Wesen ausgeht". In seiner Transzendentalphilosophie hatte Schelling gelehrt, das in sich selbst zurückstürzende und zerfallende kosmische Urätherlicht wurde zur Kälte und Finsternis, zu Druck und Schwere: ponderable Materie. Aus dieser Mittehaltung zwischen Sinnlichkeit und Geistigkeit sind die vielzitierten Sätze aus der Transzendentalphilosophie zu verstehen, die ganz und gar goetheanistisch-phänomenalistisch gehalten sind:

„Die notwendige Tendenz aller Naturwissenschaft ist, von der Natur aufs Intelligente zu kommen. Dies und nichts anderes liegt dem Bestreben zugrunde, in die Naturanschauungen Theorie (d. h. geistige Anschauung) zu bringen. Die höchste Vervollkommnung der Naturwissenschaften wäre daher die vollkommene Vergeistigung aller Naturgesetze zu Gesetzen des Anschauens und Denkens. Die Phänomene (das Materielle) müssen völlig verschwinden und nur die Gesetze (das Formelle) bleiben. Daher kommt es, daß je mehr in der Natur selbst das Gesetzmäßige hervorbricht, desto mehr die Hülle verschwindet, die Phänomene selbst geistiger werden und zuletzt völlig aufhören. Die vollendete Theorie der Natur würde diejenige sein, kraft welcher die ganze Natur sich in Intelligenz auflöste. Die toten und bewußtlosen Produkte der Natur sind nur mißlungene Versuche der Natur, sich selbst zu reflektieren, die sogenannte tote Natur aber überhaupt eine unreife Intelligenz, daher in ihren Phänomenen noch bewußtlos schon der intelligente Charakter durchblickt. Das höchste Ziel, sich selbst ganz Objekt zu werden, erreicht die Natur erst durch die höchste und letzte Reflexion, welche nichts anderes ist als der Mensch, oder allgemeiner, das ist, was wir *Vernunft* nennen, durch welche zuerst die Natur vollständig in sich selbst zurückkehrt, und wodurch offenbar wird, daß die Natur *ursprünglich identisch* ist mit dem, was in uns als Intelligenz und Bewußtes erkannt wird."

Gerade an Schellings Seelenverfassung, die viel Affinität zum mythischen Uranschauen der Urzeit hatte, zeigt sich, daß dem „reinen Anschauen des Äußeren und Inneren" noch bis an die Grenze des 19. Jahrhunderts sich noch immer etwas von der ätherischen Paradieseswelt offenbarte, nämlich als ein Hereinscheinen der vorgeburtlichen Imaginationen ins Erdendasein, wie dies bei Platon in sehr hohem Grade der Fall gewesen ist.

Ätherisches Licht, das lebendige Kleid der Gottheit, das Medium der formenden Geistesmächte, das ist es, was dem Phänomenalisten noch immer — trotz aller Nachwirkungen des Sündenfalles im Erkenntnisvermögen — aus den Welterscheinungen entgegenleuchtet, wenn reines Anschauen des „Äußeren und Inneren" sich ihm empfänglich öffnet, an der Schwelle der Sinnes- und Geisteswelt, wo der Cherub mit dem Flammenschwert als Hüter steht. Das „Sinnenlicht" der Farben- und Formenwelt, der Klangerscheinungen usw. leitet den Phänomenalisten hinüber zum Empfinden des Ätherlichtes, das in allen Erscheinungen formend waltet, und zum ideellen Anschauen seiner Weisheitswelt. So werden die Phänomene selbst zur Lehre, zur Theorie, zur geistigen Anschauung, gerade wenn man nicht über die Erscheinungen spekuliert, keine Hypothesen ausspinnt. Denn in den Formen der Sinneswelt drücken sich doch unmittelbar die geistigen Formimpulse oder Gesetzmäßigkeiten des Seins physiognomisch aus. Diese übersinnlichen Äthergestaltungskräfte des Seins erfaßt die Menschenseele zunächst in der Form von Begriffen und Ideen, in welchen sich die Gesetzmäßigkeiten der Dinge aussprechen. Aus jener im Sinnensein schöpferisch sich offenbarenden Welt der objektiv-geistigen Ideen oder Formimpulse schöpfte Platon die — „Ideen", die gedankenhaften „Geistgesichte". Der Phänomenalist empfängt somit mit und in den Naturerscheinungen *das Ätherlicht* der Ideen.

Seit der zweiten Hälfte des 19. Jahrhunderts allerdings ist das Seelisch-Geistige des Menschen so tief vergraben im Sinnlich-Physischen, daß dies Ätherlicht nicht mehr in anschauendem Denken empfangen werden kann. Darum gibt es fast keine echten Phänomenalisten mehr und werden Geister wie Goethe und Schelling so wenig verstanden und gewürdigt. Und dennoch: in gewissen seltenen Feiertagsaugenblicken des Lebens, wenn wir tief ergriffen und bewundernd vor der Herrlichkeit und Majestät einer Naturerscheinung stehen, etwa vor einem Sonnenaufgang im Hochgebirge, dann kann jedem Menschen der göttliche Offenbarungsglanz der Welterscheinungen überwältigend stark zum Bewußtsein kommen. In solchen Augenblicken sind wir ganz und gar und voll Andacht hingegeben dem, was sich offenbaren will: wahrhaftig, ein Erleben, das höher ist denn alle Vernunft. Dann fühlen wir uns wenigstens für Augenblicke wie zurückversetzt in die Paradiesesherrlichkeit und geläutert zur ursprünglichen Paradiesesunschuld der Seele.

Es ist derselbe Geist, der als kosmischer Lichtträger uns zum Selbstsein erweckt, aber eben dadurch uns dem Paradies entfremdet hat, der erhabene Luzifer, der uns auch die Augen für die Sinneswelt geöffnet und später den Schönheitsenthusiasmus in uns entfacht hat, der uns doch wieder dem Paradies näher bringt. Das Essen vom Baume der Erkenntnis! Nicht allein die himmlische Weisheit oder Sophia offenbart sich aus dem Sternbild der Jungfrau, sondern auch der Luzifergeist, der uns zum Essen vom Baume der Erkenntnis verführt hat!

Aber durch lange Weltalter hindurch blieb die Menschenseele unter den tiefen Nachwirkungen dieser Verführung. Wenn der Mensch die Sinneserscheinungen immer wieder als einen täuschenden Schein und die Welt als seine subjektive Illusion gedeutet hat, von den Zeiten der indischen Philosophie bis zum Kantianismus, dann wirkt hier die falsche Eigenherrlichkeit der Seele, die durch Luzifers Einfluß entstanden ist. Der erste große Eingeweihte, der dem entgegengewirkt und hiermit den rechten Phänomenalismus begründet hat, war im Zwillingszeitalter der große Zarathustra. Er hat die Menschen zuerst angewiesen, liebevoll die Sinneserscheinungen ins Auge zu fassen und die Sinneswelt tätig zu bearbeiten. In allen Sinnesanschauungen sollten sie den Offenbarungsglanz des höchsten und guten Lichtgeistes anschauen. Diesen Ätherglanz des Kosmos nannten die Perser (der 2. nachatlantischen Kulturepoche) die große *Aura* oder Ahura Mazdao, oder auch Spenta Mainyu, den Heiligen Geist. Durch ihn offenbart sich das Göttliche Sonnenwesen, die Ursubstanz der Welt selbst. Noch bis ins Mittelalter hat man etwas von ihm gespürt. Die Künstler haben es im Goldgrund der Welt zum Ausdruck gebracht. Aurum ist das Gold, das Sonnenmetall. Mit ihm hängt das Wort Aura unmittelbar zusammen.

Zarathustra konnte seine Schüler diese Wege weisen, weil er zugleich darauf drang, daß sie sich von den wilden Trieben und Leidenschaften läuterten. Das egoistische Selbst sollte zu einem lichtstrahlenden Geistselbst oder Genius verwandelt werden, zu einem leuchtenden Seelenstern. Die negativen Einflüsse der luziferischen Versuchung sind auf diese Weise bis zu einem gewissen Grade aus der Seele getilgt worden. Sie erhielt wieder etwas von dem, was sie als ein unschuldig-jungfräuliches Wesen in den paradiesischen Urzeiten der Menschheitsentwicklung gewesen war.

Indirekt ist Zarathustra zu einem der Mitbegründer der griechischen Philosophie geworden. In der Persönlichkeit des Chaldäers Zarathas wurde er der Lehrer des Pythagoras. Da Platon enge mit der pythagoräischen Schule zusammenhing, kommt es vielleicht daher, daß man sich in der platonischen Akademie viel mit den Lehren des Zarathustra beschäftigt hat, worauf Werner Jaeger in seiner bedeutenden Monographie über Aristoteles gewiesen hat.

In Zarathustra mögen wir den großen Erzieher der Menschheit für den Phänomenalismus erblicken. Hiermit kommen wir zu der Frage: Wie kann man sich für den Phänomenalismus schulen, wenn man nicht mit den entsprechenden Seelenanlagen geboren ist? Ganz allgemein kann man natürlich darauf antworten: indem man sich in die Geistesart Goethes einlebt, versucht, in seiner Art sich den Naturerscheinungen zu nähern. Aber es gibt noch speziellere Schulungsmethoden. Aus allem bisher Dargestellten wird ohne weiteres ersichtlich sein, daß es hierbei entscheidend ankommen wird auf eine gewisse Läuterung des Seelenlebens, auf das Ablegen alles Selbstsüchtigen, Willkürlichen und Eigenwilligen beim Erkennen, auf die Überwindung alles dessen, was man eine einseitig-männliche Seelenhaltung nennen könnte.

Aber auch das ist noch zu allgemein charakterisiert. Seit den Zeiten des Zarathustra gibt es ganz besondere Schulungsregeln für die Geistesschüler der Mysterien, die gerade hierfür in Betracht kommen, weil durch diese Übungen geradezu das Geistorgan des Phänomenalismus entwickelt wird. Wir finden diese Übungen, neben vielen anderen, die zu anderen Zielen führen, in Rudolf Steiners Werk: „Wie erlangt man Erkenntnisse der höheren Welten?“ beschrieben. Es handelt sich hier um Selbsterziehungsmaßnahmen, die zur Erweckung eines ganz bestimmten Seelenorganes führen, das man das Zarathustra-Auge nennen könnte. Wer in ähnlicher Art, wie erstmals Zarathustra, eine exakt übersinnliche Anschauung von verborgenen Natur- und Seeleneigenschaften, besonders von der Äther- und Seelen-Aura der Lebewesen erlangen will, muß durch fünf Übungen eine besondere Seelenempfänglichkeit erwerben. Auch wer das eigentliche Ziel dieser fünf Übungen, eine gewisse Kraft der Hellsichtigkeit, nicht erlangt, wird doch einen bedeutenden Gewinn für sein Erkenntnisleben haben, weil er hierdurch von der Macht der Illusionen frei wird. Diese Übungen bestehen hauptsächlich in einer umfassenden Beherrschung der von uns zu empfangenden Sinneseindrücke und des Gedankenablaufes, und in einer bewußten Aufmerksamkeit auf die Umgebung. Was man nicht bewußt wahrnehmen will, dafür muß sich der Übende auch nicht empfänglich machen. Ein gedankenloses, halbbewußtes Herumsehen muß man sich abgewöhnen. Das Hereinspielen von allerlei unbewußten Erinnerungen und Eindrücken in das Seelenleben muß man sorgfältig vermeiden. Diese Übungen führen zum Erwachen eines Seelenorganes, dem sich dann enthüllen „zum Beispiel Talente und Fähigkeiten von Seelen, Kräfte und verborgene Eigenschaften der Natur. Die *Farben-Aura* der belebten Wesen wird dadurch sichtbar; das was um uns ist, kündigt dadurch seine seelenhaften Eigenschaften an“ (Rudolf Steiner).

Ob sich die Seele in rechter Art in Beziehung setzt zu den Phänomenen, davon hängt es im wesentlichen ab, ob sie gegenüber den Erscheinungen zur Wahrheit gelangt, oder ob sie sich in Illusionen und Selbsttäuschungen verfängt. Wir denken hierbei an die zahlreichen Spielarten eines mehr oder minder unreinen Phänomenalismus, die in den erkenntnistheoretischen Anschauungen —, von der Unerkennbarkeit des „Dinges an sich“ —, von den

Grenzen der Erkenntnis herrschend geworden sind durch den Kantianismus und Neukantianismus. Für alle diese Anschauungen wird die Welt zu einer Illusion des Ich. Ihnen gemeinsam ist das Eingeständnis, daß man nicht zum wahren Wesen der Dinge vordringen kann. Sie können allesamt den Schleier der Isis nicht lüften, weil sie nicht glauben, daß es möglich sei, oder die Wege nicht beschreiten, wodurch es möglich wird.

Womit diese Entschleierung der Wahrheit im reinen Phänomenalismus zu beginnen hat, das sei zum Schluß noch einmal, wie schon am Anfang dieses Kapitels, ausgesprochen, nun aber in einem kurzen Sinnspruch:

Bewunderst du den Schönheitsglanz der Welt,
Dann fällt vom Jungfrau-Bild der Sinnesschleier.

IV.

DER PSYCHISMUS

Wenn die Seele beim reinen Wahrnehmen die eine Seite der Wirklichkeit, die von außen erscheinende, die man Wahrheit nennen kann, empfängt, dann beruht das auf der Seite des göttlichen Weltwesens auf seiner Selbstentäußerung in der tätigen Selbstoffenbarung an andere Wesen, auf seinem Sichmanifestieren in einem äußeren Dasein — auf der Seite des Menschen aber auf einem passiven Entgegennehmen oder Empfangen dieses Erscheinenden. Das Wahrnehmen ist ein Affiziertwerden, ein empfangendes *Erleiden* der Menschenseele. Das Befruchtetwerden der Seele durch das Wahrnehmen ruft dann allerdings eine aktive Gegenbewegung in ihr hervor: das tätige Zumbewußtseinbringen der die Erscheinungen durchwaltenden Gesetzmäßigkeiten in der Form von Begriffen, in welchen sich das Wesenhafte der Erscheinungen offenbart. Wir haben es also hier mit zwei Kategorien des ARISTOTELES zu tun, mit der Substanz auf der einen, dem Leiden auf der anderen Seite. Ihr polarischer Zusammenhang beruht auf der Urbeziehung von Welt und Mensch.

Es erhebt sich nun die Frage, ob das empfangend-leidende und hingebende Verhalten der Seele, das die Grundvoraussetzung für das phänomenalistische Betrachten ist, auch auf dem entgegengesetzten Pol des Erkennens in Betracht kommt, wenn es sich nämlich nicht darum handelt, Welterkenntnis, sondern Selbsterkenntnis zu gewinnen.

Schon die gewöhnliche Lebenserfahrung lehrt, daß Passivität des Seelenlebens ganz gewiß kein Ideal ist, im Gegenteil. Wie leicht wird eine passive, untätige, nicht strebende Seele zum Spielball von dunklen Leidenschaften und Instinkten. Die Seele i s t in Wahrheit nur Seele und behauptet sich in ihrer Innerlichkeit, Selbständigkeit und Freiheit nur, insoferne sie zum Herrn wird aller Seelenbereiche. Ohne Regsamkeit und strebende Tätigkeit aus eigenem Antrieb ist dies nicht möglich; als tätige und strebende aber überwindet sie die Leidenschaften. So wie die Weisheit des Sprachgeistes in das Wort „Wahrnehmung" die „Wahrheit" hineingeheimnist hat, so verrät das Wort Leidenschaft, daß dies mit dem Wort Leiden zu tun hat. Das Urleiden der Seele besteht nämlich darin, daß sie Leidenschaften unterworfen ist und deshalb u n f r e i ist. In den Leidenschaften verliert sich die Seele als Seele. SPINOZA hat diese Wahrheit in seiner „Ethik" klassisch formuliert: „Der Geist leidet unter den Leidenschaften, die seine Erleidungen sind, um so mehr, je weniger er sie durchschaut."

Dennoch gehört dies Urleiden zum Dasein der Menschenseele im Sinnenleibe. Denn die Seele muß ja auf Erden in ihren Leibeshüllen leben und mit ihrer Hilfe wirken, sich ihrer bedienen, sich in ihnen ausdrücken. Der Druck der äußeren Leiblichkeit auf die Innerlichkeit der Seele, das ist ihr Urleiden. Seitdem sie aus ihrem paradiesischen Dasein gestürzt ist, walten im Seelisch-Leiblichen, und zwar im unmittelbaren Zusammenhang mit den Lebensfunktionen und Lebenstrieben, vielerlei Begierden, Sehnsuchten und Leidenschaften. Mit dem Nahrungs- und Geschlechtstrieb sind viele Äußerungen der Selbstsucht verbunden: Habgier, Geiz, Eifersucht und Neid; Leidenschaften, die so auf die ihrer ursprünglichen Natur bewußtbleibende Seele drücken, daß sie darunter leiden muß, ganz abgesehen davon, daß sie diese Zustände in dem Sinne erleidet, daß sie passiv-unfrei ihnen unterworfen ist.

Zurückschauend in die Urzeiten der Menschheit, in welchen diese aus dem „Paradies“ in die Sinneswelt herabgestiegen ist, hat als erster der große Gautama Buddha die Wahrheit verkündet: Indem sich die Menschenseele mit der Leibeshülle umgibt, ist ihr notwendigerweise das Leiden mitgegeben. Jede Menschenseele leidet mehr oder weniger unter dem sie hemmenden und begrenzenden Druck des sinnlichen Daseins mit seinen Leidenschaften und Trieben. Der Buddha formulierte: Geborenwerden ist Leiden, Altern ist Leiden, Krankheit ist Leiden, Sterben ist Leiden, mit Ungeliebten verbunden, von Geliebten getrennt sein ist Leiden, Nichterfülltwerden der Wünsche ist Leiden. Jede Art des Ergreifens des Sinnlichen ist mit Leiden verbunden. Der Ursprung des Leidens ist die sinnliche Begierde, der Durst nach Dasein. Durch Leidenschaftslosigkeit wird das Leiden überwunden.

Abgesehen davon, daß der Mensch nicht nur im Sinne des Buddha, sondern auch in dem des Christus von dem Leiden frei werden kann, können wir doch ausgehen von der Erkenntnis: Die im Sinnenleibe lebende Seele leidet unter der Gewalt der Leidenschaften, weil diese sie in ihrer freien Selbstbestimmung hemmen. Und zwar vor allem dadurch, daß Leidenschaften den Erkenntnisblick trüben, sowohl für die Welt- als auch vor allem für die Selbsterkenntnis. Darum heißt es in der Formel des Buddha von der Ursachenkette des Leidens: Das Nichtwissen ist die allererste Ursache.

Es liegt nicht an der Erscheinungswelt, sondern an dem getrübten Eigenwesen, wenn wir Illusionen und Täuschungen verfallen. „Die Sinne trügen nicht, das Urteil trügt“, sagte Goethe. Am meisten trügt uns das durch egoistische Gefühle bestimmte Vorurteil. Die Außenwelt wird immer viele unserer verkehrten Urteile durch die Art ihres Seins unmittelbar korrigieren. Anders verhält es sich bei der Selbsterkenntnis. Was sich bei der Selbsterkenntnis zeigt, wird grob verfälscht von halb unbewußten, egozentrischen Instinkten. Sie wiegen uns in trügerische Illusionen mit Bezug auf unser Eigenwesen. Leidenschaften verblenden uns. Aber zur Selbsterkenntnis, Selbstbeherrschung und freien Selbstbestimmung ist die Seele als Ich berufen.

Nur ein Ich, das zum Herrscher seiner Seelenkräfte und Leibestriebe geworden ist, kann sich selbst wahrhaft erkennen und aus sich selbst, das heißt frei handeln. Dann erst erweist sich das Ich wahrhaft als Ich, ist als solches erst zur Aktualität gekommen. Obwohl vom Lebensbeginn an das Ich in uns wohnt, muß es sich doch erst selbsttätig zum bewußt-wirkenden Leben erwecken. Es muß sich selbst erzeugen. Das kann nur durch das reine tätige Denken geschehen. Das Ich ist nichts anderes als *reine willenhafte Denktätigkeit.* In der Geistestätigkeit des Denkens ringt sich der Seelenkern des Menschen, die geistbewußte Vernunftwesenheit, das Ich, ins Freie. Dies Denken nimmt teil am Weltendenken. Die wahrhaft königlichen Denker, die Herrscher im Geistesreiche der Gedanken, sind diejenigen, die so im Lebensstrom der Gedanken sich bewegen, daß sich ihnen alle Gedanken zu einem großen Geistesorganismus, zu einer *Welt des Logos* zusammenschließen, in dem alle Glieder sich wechselseitig stützen und tragen. Diese Geistesart war im klassischen deutschen Idealismus um 1800 weit verbreitet. Man kann sie *Logismus* nennen, weil sich hier der Erkennende denkend im Logos webend weiß.

Diese Geistesart des Logismus führt am sichersten zur Selbsterkenntnis der Seele, zum Sichselbstwissen des Ich. Denn das Ich ist reine Denktätigkeit. Die Weltanschauung der sich selbst erkennenden Ichheit oder Seele nennen wir *Psychismus.* Wie sich besonders deutlich bei JOHANN GOTTLIEB FICHTE zeigt, durchbricht der Psychismus alle trübenden Schleier und Wolken der seelisch-leiblichen Leidenschafts-Sphäre und erfaßt das Ich als Ich in der reinen Denktätigkeit. Hierbei kommt es, wie RUDOLF STEINER in seiner *Philosophie der Freiheit* selbständig dargelegt hat, entscheidend auf das intuitive Erleben der Denktätigkeit an. Wir verweisen hier ausdrücklich auf dieses Werk. Zur näheren Verdeutlichung können wir hier nur wenige Sätze anführen, Fichte und Steiner nebeneinanderstellend. Beide kennzeichnen in verschiedener Ausdrucksweise ein und dasselbe:

FICHTE: „Das Ich setzt sich selbst, und es ist vermöge dieses bloßen Setzens, durch sich selbst; und umgekehrt: Das Ich ist und setzt sein Sein vermöge seines bloßen Seins. Es ist zugleich das Handelnde und das Produkt seiner Handlung, das Tätige und das, was durch die Tätigkeit hervorgebracht wird. Handlung und Tat sind ein und dasselbe und daher ist das ‚Ich bin' Ausdruck einer Tat-Handlung" („Bestimmung des Menschen").

STEINER: „Wenn auch einerseits das intuitiv erlebte Denken ein im Menschengeiste sich vollziehender tätiger Vorgang ist, so ist es andererseits zugleich eine geistige, ohne sinnliches Organ erfaßte Wahrnehmung. Es ist eine Wahrnehmung, in der der Wahrnehmende selbst tätig ist, und es ist eine Selbstbetätigung, die zugleich wahrgenommen wird. Im intuitiv erlebten Denken ist der Mensch in eine geistige Welt auch als Wahrnehmender versetzt."

In derselben Richtung hat sich EDMUND HUSSERL bewegt, der Schüler des genialen Psychologen Franz Brentano, in seiner Phänomenologie des Erkennens. Dieser „Phänomenalismus" bezieht sich in erster Linie auf die Welt der inneren Seelen-Erscheinungen, mit welchen es der Erkenntnisvorgang zu tun hat. Der also nach innen gewandte Phänomenalismus führt zum Psychismus im Sinne einer *intuitiven Wesensschau,* die derjenigen Fichtes ähnlich ist, jedoch die Widerstände auf diesem Seelenwege nach innen fast unüberwindlich findet: „Während Gegenstände angeschaut, gedacht, theoretisch erwogen und dabei in irgendwelchen Seinsmodalitäten als Wirklichkeiten gesetzt werden, sollen wir unser theoretisches Interesse nicht auf diese Gegenstände richten, nicht sie als Wirklichkeiten setzen, so wie sie uns in der Intention jener Akte erscheinen oder gelten, sondern im Gegenteil, *eben jene Akte, die bislang gar nicht gegenständlich waren, sollen nun die Objekte der Erfassung und theoretischen Setzung werden; in neuen Anschauungs- und Denkakten sollen wir sie betrachten,* sie ihrem Wesen nach analysieren, beschreiben, zu Gegenständen eines empirischen oder ideierenden Denkens machen. Das aber ist eine Denkrichtung, die den allerfestesten, von Anbeginn unserer physischen Entwickelung sich immerfort steigernden Gewohnheiten zuwider ist."

Die Seelenwissenschaft wieder zu einer Wissenschaft der seelisch-geistigen *Selbstbeobachtung* zu machen und hierdurch von gewissen irreführenden Seitenpfaden wieder auf den Hauptweg zurückzuleiten, war schon vor Husserl das Bemühen des ebenso vielseitig begabten wie tiefsinnigen Psychologen Carl Fortlage. Für seine Seelenforschung hat er sich dadurch bedeutend geschult, daß er Fichtes Wissenschaftslehre immer wieder aufs neue durchdachte, fast möchte man sagen: durchmeditierte.

So kam er zu einer „Psychologie als empirischer Wissenschaft aus der *Beobachtung des inneren Sinnes*". Schon Fichte hatte von der Selbsterwekkung eines neuen „inneren geistigen Sinnes" gesprochen. Es ist das Intuitionsorgan des geisterweckten Ich.

Fortlage hat seinen Psychismus nicht nur immer wieder vertieft, sondern auch nach vielen Seiten ausgebaut und zuletzt ins Kosmische erweitert. In den „Beiträgen zur Psychologie" hat der fast 70jährige eine Art von psychisch-kosmischer Monadologie aufgebaut. Indem der Mensch im Denken sich als Ich erfaßt, hat er es zugleich mit der Urseele zu tun: „Sobald das Bewußtsein seinen höchsten Grad erreicht, auf welchem es sich bewährt als die urteilende *Denkkraft* und *Beherrscher* des animalischen Stammtriebwesens, weiß es sich als das wahre Ich oder Selbst, die moralische Person, welche im Wachen vorhanden, im Schlaf entschwunden ist. Der Zusammenhang des menschlichen Ich mit dem absoluten Ich der Urseele ist so enge, daß, solange als der Zustrom aus der Urseele aufhört, ich ganz aufhöre zu sein, weil ich nichts anderes bin als dieser Zustrom." Aber die Ähnlichkeit zwischen der Urseele und der Menschenseele reicht nur soweit, als der Umfang der vollbewußten und geistig gerichteten Tätigkeiten reicht, die sich erkenntnismäßig, moralisch und ästhetisch äußern. „Diese Triebe sind nicht nur der Urseele als ihr inneres und ursprüngliches Eigentum zuzuschreiben, sondern ihre Wirksamkeit in der menschlichen Seele ist nichts anderes als eine unmittelbare Teilnahme der Menschenseele an den Tätigkeiten der Urseele in ihrer reinen Qualität." Wenn wir dann vom Menschen zu den anderen Wesen der Welt herabsteigen, dann haben wir es mit verwandelten und degenerierten

Tätigkeiten der Urseele bei der Entlassung ihrer Kraftströme an ihre Empfänger zu tun. Aber selbst die unterste Stufe des Seins, die physikalischen Substanzen, werden als Ausflüsse des Urseelischen angeschaut. Diese Substanzen sind „kraftsaugende Volumina" oder Atome. Sie sind „aus dem Stoffe der apriorischen Anschauung geschöpft, ewige Figurationen in den Imaginationskreisen der Urseele. Die von ihnen angesogenen Kraftströme aber sind lauter Bewegungsfunktionen, linienziehende und figuren-zeichnende Tätigkeiten, gleich den Anschauungstätigkeiten der Urseele, nur mit dem Unterschiede, daß sie nicht in ihrer reinen und unveränderten, sondern in einer transmutierten und degenerierten Form zur Erscheinung gelangen. In dieser Weise stehen hier die stereometrischen Volumina, als ewige Figuren im Imaginationskreise der Urseele, mit den dieselben hervorbringenden Anschauungstrieben in einem Verhältnisse reciproker Causalität".

Im Zusammenhang mit derartigen Vorstellungen von einem *Panpsychismus* war Fortlage davon überzeugt, daß auch die Weltkörper beseelt sind. Aus dieser gehen die Einzelseelen hervor. Und die anorganische Natur ist als das Endglied langer seelischer Emanationsprozesse nichts anderes als tote Schlacke, liegengebliebenes Geröll. Ein überaus bedeutsamer Gedanke! Wir begegnen ihm in naturwissenschaftlicher Weise durchgeführt bei dem zu Unrecht völlig unbeachteten einsamen Denker HEINRICH PREUSS (Geist und Stoff) wieder: „Der Mensch ist das erstgeborene Wesen des ganzen Kosmos. Als seine Keime entstanden waren, hatte der gebliebene organische Rückstand nicht die nötige Kraft mehr, um weitere menschliche Keime zu erzeugen. Was noch entstand, wurde Tier und Pflanze."

Wo der Psychismus über die Betrachtung des Menschenwesens hinaus zu einer Weltschau gelangt, muß er von einer Allbeseelung des Universums sprechen und geht in dieser Form oft über in die Weltanschauung, die man *Monadismus* nennt. Das ist bei vielen Denkern festzustellen. In der antiken Philosophie ist hierbei vor allem auf PLOTINOS hinzuweisen, in der neueren auf FECHNER und LOTZE. Plotinos war zweifellos einer der tiefsinnigsten unter den Psychisten. Er hat wie Platon viele Jahrhunderte der Philosophiegeschichte befruchtet. Obwohl bei ihm das Element des Logismus keineswegs fehlt, ist sein Psychismus doch besonders ausgeprägt mystisch-intuitiv. Da seine Weltanschauung über das Philosophische hinaus ins Theosophische übergeht, findet man in ihr auch die Züge des Spiritualismus und Monadismus. Aber zentral ist sie dennoch als Psychismus zu kennzeichnen. Denn als die innere Einheit und Grundwesenheit aller seelischen Weltwesenheiten betrachtet er doch die e i n e zentrale Welt- und Menschheits-Seele. Der mystisch-intuitive Grundcharakter seiner Weltanschauung kommt treffend zum Ausdruck in dem von Goethe übertragenen Spruch:

Wär' nicht das Auge sonnenhaft,
Wie könnten wir das Licht erblicken?
Lebt' nicht in uns des Gottes eigne Kraft,
Wie könnt' uns Göttliches entzücken?

Von Plotins Geistesverwandten und Nachfolgern in späteren Jahrhunderten waren die hervorragendsten: BÖHME, SPINOZA, SCHELLING und der in seiner Jugend neuplatonisch denkende GOETHE. Dem speziellen, logisch spekulativen Psychismus Fichtes war Goethe allerdings abgeneigt, da er doch ein ganz ausgesprochener Phänomenalist war. Er bildete zu Fichte den geistigen Gegenpol.

Da der Psychismus auf einer mystisch-innerlichen und intuitiven Selbsterfassung der Menschenseele beruht, geht er in vielen Spielarten nicht nur in den Monadismus, sondern auch in echte *Mystik* und *Theosophie* über, vor allem in *Christus-Mystik*. In seinen „Anweisungen zum seligen Leben" zeigt sich das sogar bei dem strengen Logisten Fichte. Darum stellte NOVALIS eine auffallende Verwandtschaft der Weltanschauungen des Fichte und Plotin fest. Auch Spinoza kann hier als Beispiel dienen.

Viele der von Fichte und Schelling angeregten Romantiker, vor allem christlich-innig angelegte Naturen wie FRIEDRICH SCHLEGEL, HENRIK STEFFENS, GOTTHILF HEINRICH SCHUBERT, ENNEMOSER und NOVALIS haben mancherlei phantasievoll-poetische, mystische und sogar gnostisch-theosophisch angehauchte Spielarten des Psychismus ausgebildet, die zu den tiefsinnigsten Ansichten oder Ahnungen von den Tiefen-Geheimnissen der Seele und Nachtseiten der Natur, selten aber zu wirklich gesicherten Erkenntnissen geführt haben. SCHUBERT gehört zur Schülerschaft SCHELLINGS. Die Urseele des Weltalls ist nach seiner Anschauung eine überall waltende und bildende Liebeskraft, die alles Getrennte zur Einheit zusammenschließt, alles Mangelhafte ergänzt, alles Zerstörte und Kranke heilt. Sie ist ein universeller Weltheiland. Im Sehnen und Lieben aller Kreaturen tritt sie bewußt auf. Es war eine unter den Romantikern weitverbreitete Anschauung, wie NOVALIS so schön ausgedrückt hat: „Die Liebe ist und soll alles und jedes sein. *Die Liebe ist also das Ich. Die Liebe ist das Amen des Universums.*"

Dies ist die tiefste Erkenntnis des Psychismus: Das Wesen der Seele ist die Liebe. Auch Rudolf Steiner hat es so formuliert.

Unter den Romantikern haben sich Schelling und Steffens vor den mystischen Einseitigkeiten des Psychismus am meisten bewahrt, weil sie als Naturforscher gute Phänomenalisten gewesen sind. Ähnlich lagen die Dinge später bei LOTZE, dessen Philosophie ebenfalls die Gegenpole des Phänomenalismus und Psychismus zur Einheit brachte. Aus naturwissenschaftlichen Erwägungen kam er zur Überzeugung von einer monadischen (im Kleinsten wie im Größten) Allbeseelung der Welt. Wir haben hierüber schon gesprochen.

Zu den bedeutendsten Psychisten der neueren Zeit gehört ARTHUR SCHOPENHAUER, in dem die romantischen Wesenszüge ganz unverkennbar sind. Sein Psychismus ist allerdings von mancherlei fremden Einschlägen durchzogen, von Kants einseitigem Transzendentalismus bzw. Illusionismus, von einem wenig erkannten Dynamismus und Rationalismus und sogar vom Materialismus. Aber seine Philosophie hat viel beigetragen zur Ausbildung eines gewissen okkulten Psychismus, wobei wir vor allem CARL DU PREL, seine *Philosophie der Mystik* bzw. des *Somnambulismus* und EDUARD VON HARTMANN im Auge haben.

Uneingestandenermaßen ausgehend von seinem Lehrer Fichte fand auch Schopenhauer im Ich das Tor zur Erschließung der Weltgeheimnisse. Aber er erfuhr das *Ich* nicht wie Fichte logistisch als das denktätige Wesen, sondern voluntaristisch als Trieb- und Willenswesen. Alles um uns herum ist bloß subjektive Vorstellung, bloße Erscheinung, auch der eigene Leib. Aber der Mensch kann sich nicht allein von außen, sondern auch von innen her betrachten. Dann findet er in intuitiver Selbsterfassung den Willen, den Lebensdrang, die Sucht nach Dasein, ein durchaus irrationales, eigentlich *dynamisches* Prinzip. Der Leib ist der gegenständlich gewordene *Wille*, seine „Objektivation". Dasselbe Willensprinzip waltet auch in der ganzen Natur. Das innerste Wesen der Welt ist Daseinstrieb, Lebensdrang, Wille. In diesem Sinne spricht auch Schopenhauer von einer „moralischen" Allbeseelung der Natur.

Aus seinem schwermütigen Temperament heraus erfuhr Schopenhauer, daß mit diesem Lebenswillen unzertrennlich verbunden ist das *Leiden* aller Kreatur. Denn niemals können die Wünsche der Lebenstriebe voll befriedigt werden. Kein Wunder, daß sich Schopenhauer dem Buddhismus zuwandte. Ähnlich dem Buddha konnte er eine Erlösung vom Leiden nur in der völligen Entsagung, in der Askese und Verneinung des Willens zum Leben erblicken.

Aber die eigentliche Kraft zum Ertragen und Überwinden des Leidens ist erst mit Christus in die Menschheit gekommen. JESUS, der Christus, ist das Leidenswesen, aber auch das Auferstehungswesen mit der alles überwindenden Seelensiegerkraft.

Nicht Leibesaskese und Weltflucht führen letzten Endes zur Überwindung des Leidens und der Leidenschaften des Egoismus, sondern die Vergeistigung und Verklärung alles Leiblichen durch die Seelensiegerkraft des ICH, die wir Christus verdanken.

Wo dieser Impuls wirksam wird, da geht aus dem Psychismus eine Ethik wie diejenige Fichtes hervor. Sie lebt sich in der rastlosen Tätigkeit in der Welt und für die Menschheit aus. Als höchste Tugend betrachtete Fichte die Tatkraft, als das moralische Grundübel die Trägheit oder Passivität, aus welcher Feigheit und Falschheit hervorgehen. Die Vorstellungswelt betrachtete Fichte, ähnlich wie Schopenhauer, als einen Traum des Sinnenselbst; wahrhaft seiend ist nur das Geisterreich der moralischen Weltordnung. Aber die Sinnenwelt hat ihren Sinn darin, daß sie dem Menschen den Stoff darbietet, worin er sich im Tüchtigen und Guten betätigen und üben kann. Aus der lebendigen *Liebe* erfließt notwendig *das rechte Handeln*. Einen Kerngedanken der „Philosophie der Freiheit" finden wir schon in Fichtes „Anweisungen zum seligen Leben": „Das Handeln ist gar nichts an und für sich selbst; es entfließt still und ruhig der Liebe, so wie das Licht der Sonne zu entfließen scheint, und so wie der inneren Liebe Gottes zu sich selbst die Welt wirklich entfließt. So jemand nicht handelt, so liebt er auch nicht." STEINER dagegen formulierte: „Ich erkenne kein äußeres Prinzip meines Handelns an, weil ich in mir selbst den Grund meines Handelns, die Liebe zur Handlung gefunden habe. Ich prüfe nicht verstandesmäßig, ob meine Handlung gut oder böse ist; ich vollziehe sie, weil ich sie l i e b e. Sie wird ‚gut', wenn meine in *Liebe getauchte Intuition* in der rechten Art in dem intuitiv zu erlebenden Weltzusammenhang darinnen steht; ‚böse', wenn das nicht der Fall ist."

„Die in Liebe getauchte Intuition", und „der intuitiv zu erlebende Weltzusammenhang"! Daß die Liebe ebenso Frucht wie Vorbedingung der Intuition ist, haben zuerst geahnt Spinoza und Fichte; geisteswissenschaftlich voll durchschaubar wurde es durch Steiner. Intuition ist das liebende Einswerden des Erkennenden mit dem Erkannten. SPINOZA charakterisiert die höchste, die intuitive Erkenntnisweise wie folgt: „Die in der Erkenntnis ruhende Liebe des Geistes zu Gott ist ein Teil der unendlichen Liebe, mit der Gott sich selbst liebt." So konnte nur eine Seele sprechen, in welcher der Christus-Impuls lebendig geworden war. Fast in der gleichen Formulierung sprach dann wiederum FICHTE dieselbe Wahrheit aus in der 10. Vorlesung seiner Anweisung zum seligen Leben: „Nicht die Verstandesreflexion, welche vermöge ihres Wesens sich in sich selber spaltet, nein, die Liebe ist die Quelle aller *Gewißheit* und aller Wahrheit und Realität. Die Liebe ist höher als alle Vernunft, und sie ist selbst die Quelle der Vernunft. In dieser Liebe ist das Sein und das Dasein, *ist Gott und der Mensch eins, völlig verschmolzen und verflossen.*"

Das Erkenntnismäßige und das Moralische fielen für Fichte in eins zusammen. Das tiefste Erkennen ist ein Tätigsein und Lieben, das höchste Tätigsein ist das wahre Erkennen. Im tätigen Denkerlebnis entringt sich der Mensch dem passiv-traumhaften Vorstellen. Im Ich eröffnet sich die Pforte zur Geisteswelt: Das „Ich bin", das ist die Tür! Jene Ich-Erfassung ist selbst die erste übersinnliche Intuition, worin Erkennender und Erkannter e i n s sind. Ich = Ich. *Das Ich ist die Intuitionswesenheit.* Ergreift das Ich zunächst intuitiv sich selbst von innen, dann im weiteren Verlauf auch das Nicht-Ich: die Welt, aber in ihrer göttlichen Seelenhaftigkeit. Dann weiß sich das Ich in einer Welt der Seelen und Geister, deren Gesetz die moralische Weltordnung, das Urgute, die Liebe ist.

Wird das Prinzip zu den höchsten Stufen hinaufgeführt, und das kann nur durch Übungen in der *universellen Erkenntnisliebe* zu allen Wesen geschehen, dann entsteht aus der Gedanken-Intuition die kosmische Intuition, die höchste geistig-religiöse Erfahrung, die dem Menschen erreichbar ist. Das Ich erlebt sich dann wesenseins mit dem göttlichen Ur-Ich, der Welten- und Menschheits-Seele, dem Makro-Anthropos, welchen orientalische Systeme den Menschensohn oder Adam Kadmon genannt haben. Dieses Gotteswesen, dessen Grundeigenschaft die Liebe ist, hat sich uns menschlich geoffenbart in der Gestalt des Jesus Christus, des Leidens- und Auferstehungswesens.

Auf der höchsten Erkenntnisstufe ist das Menschen-Ich in und mit Christus auferstanden. Schon in Böhmes und Schellings Theosophie klingen solche Motive an. Steiner formulierte schon 1897 aus solchen Intuitionen den gewaltigen Mysteriensatz: „Die menschliche Innenwelt ist das Innere der Natur."

Dem gleichsam paradiesisch-unschuldigen Bewundern und Anschauen der Welterscheinungen steht also gegenüber die Forderung an den Menschen, sich selbst zu überwinden. Sterben muß, so formulierte Steiner, das gewöhnliche Seelenleben, dann steigt herauf die wahre Seele, die Siegerin über Geburt und Tod. Diese *Erweckung des inneren Seelenkernes* empfindet der Mystiker als eine Auferweckung, wie ein Nacherleben dessen, was ihm vorgestellt wird im Bilde, das die Geschichte im Leben, Sterben und Auferstehen des Christus Jesus gibt. Überwinden die Menschen den Trug ihres gewöhnlichen Selbstes, dann aufersteht in ihnen das Christus-geborene und Christus-verbundene ewige Seelenwesen: die allen Menschen gemeinsame, eine, göttlich-urbildliche Menschheits-Seele, die Ur-Ichheit, die Psyche schlechthin.

Im göttlichen Menschheits-Ich urständet das Menschen-Ich. Aber es ist aus diesem Urstand gefallen. Es hat sich ihm in der Sinneswelt entfremdet. Es hat sich von ihm abgekehrt und abgeschieden. Nur durch eine göttliche Vermittlung ist es dem Menschen-Ich möglich, zur Wiedergeburt der Ichheit in ihrem Urzustande zu gelangen. Im Unterschied zu Fichte war sich dessen voll bewußt Franz von Baader. Indem er Fichtes Wissenschaftslehre mit theosophischen Ideen von Böhme religiös mythisch vertiefte und durchchristete, kam er zur Überzeugung, daß nur dank der vermittelnden Kraft des „Lichtgeistes" oder der göttlich-jungfräulichen „Idea", der himmlischen Weisheit des heiligen Geistes, diese Scheidung des Menschen von seinem Urstand wieder aufgehoben und die Wiedergeburt des Menschen vollzogen werden kann, wobei allerdings der Mensch moralisch-geistig aktiv mitwirken muß. In einer solchen Anschauung wurde der Psychismus ganz und gar durchchristet und zudem zur Synthese gebracht mit einem höchsten Aspekte der Jungfrau-Weltanschauung, die mit der phänomenalistischen Erforschung der Außenwelt beginnt, aber in den Höhen der göttlichen Weisheit ihr Endziel hat.

So wie wir in Zarathustra den Erzieher der Menschheit zum Phänomenalismus und damit den erleuchteten Repräsentanten der Jungfrau-Weltanschauung erkannt haben, so haben wir in Jesus, dem paradiesisch-unschuldig gebliebenen göttlichen Menschheitsrepräsentanten, jene Individualität zu erblicken, der wir die tiefste Kraft der wahren Selbsterkenntnis und somit die Weltanschauung des Psychismus verdanken. Zu den Geheimnissen der Außenwelt und zur himmlischen Sophia führt uns der Erkenntnisweg des Zarathustra. Zu den Geheimnissen der menschlichen Innenwelt, zum *Anthropos* und *zur Liebe,* dem Kern der Seele, führt uns Jesus Christus; er aber nicht durch Lehren, sondern durch die freie Opfertat der Liebe.

Im Jungfrau-Sternbilde urständet die göttliche Weisheit (Sophia) der Welt. Ihm steht gegenüber im Tierkreis das Zeichen der Fische, das Katakombensymbol für die Jesus-Individualität. Dort urständet die Menschenseele und die göttliche Liebe. Die kosmische Opposition von Jungfrau und Fischen ist die himmlisch-urbildliche Achse, um welche sich dreht alle Philo-Sophia, alle Liebe zur Weisheit, die in unserem Zeitalter einmündet in die *Anthropo-Sophia.*

Ohne Leiden und Selbstüberwindungen ist wahre Selbsterkenntnis nicht erreichbar. Der göttliche Genius der Selbsterkenntnis wurde auf Erden zum Leidenswesen. Aus der Liebe zur Menschheit und in Freiheit hat er alle Leiden auf sich genommen, indem er die menschlichen Leibeshüllen angenommen hat. Aber in der Auferstehung *triumphierte* er über Leiden und Tod und teilte der Menschheit, sich mit ihr vereinigend, als eine neue geistige Keimkraft, seine eigene Seelensiegerkraft mit. Was der Buddha eingeleitet hat, aber selbst nicht vollbringen konnte, die völlige sieghafte Überwindung alles dessen, was aus dem Druck der Leiblichkeit auf die Seele entsteht, das hat der Todüberwinder vollbracht. Die siegreiche Herrscherkraft des Ich über alle Gewalten der äußeren Hüllen nannte die hebräische Geheimlehre „Nezach", das bedeutet Standhaftigkeit, Triumph, Sieg des Lebens über den Tod. Nezach ist eine der zehn Sephirot, eine der Ureigenschaften des göttlich-geistigen Seins, als solche das Gegenstück zur aristotelischen Kategorie „Leiden".

Die Ethik Schopenhauers, die sich an den vorchristlichen Buddha-Impuls anlehnte, geht vom Erlebnis des Weltleidens aus, ringt sich aber doch nicht zum Nezach-Prinzip durch. Denn sie bleibt letzten Endes doch unchristlich. Die Ethik Fichtes dagegen hat etwas Tief-Christliches, ja sogar etwas Michaelisches, da sie aus dem Prinzip der Sieghaftigkeit des Seelisch-Innerlichen, des moralisch aktiven Wesenskerns der Seele hervorgeht.

Die griechischen Mysterien haben etwas von jener sieghaften Sonnenseele geahnt, wenn sie zu *Apollo,* dem Drachentöter und Inaugurator der Selbsterkenntnis zu Delphi aufschauten. Unzertrennlich verbunden ist in der geistigen Welt mit der göttlich-urmenschlichen Siegerseele die göttlich-hierarchische Siegerseele des Erzengels *Michael,* welcher der Herr ist im Reiche der Erzengel.

Steht vor der Schwelle der äußeren Welt, der Erscheinungswelt, der Cherub mit dem feurigen Schwert, so vor der Schwelle der Selbsterkenntnis der Erzengel Michael. Wer diese Schwelle zu überschreiten vermag, dessen Denken darf teilnehmen an der kosmischen Intelligenz, am Denken des Logos, in welchem waltet dieser Sonnengeist Michael-Apollo, der Inspirator der Philosophia. Hiermit sind die letzten und höchsten Erkenntnisziele angedeutet, die auf dem Wege des Psychismus erstrebt werden können.

Also die wahre Selbsterkenntnis führt notwendig zugleich zur Welterkenntnis. Vor Rudolf Steiner hat dies SCHELLING mit am tiefsten durchschaut und ausgesprochen. Indem er von Fichtes einseitigem Psychismus den

Weg zur Natur zurückgefunden hat, geführt von seinem platonischen Künstlersinn, gewann er eine wunderbare Synthese von Psychismus und Phänomenalismus; Natur und Ich, Welt und Mensch wurden ihm zu den zwei Polen ein und desselben Grundwesens. Aus der zweipoligen Natur- und Transzendentalphilosophie zog er in der Identitätsphilosophie die entscheidenden Konsequenzen. Was er darin ausgesprochen hat, gehört zu den kühnsten und tiefsinnigsten und damit auch zu den unvergänglichen Leistungen des philosophierenden Menschheitsgeistes. Nicht so sehr um der einzelnen Resultate willen, sondern weil diese Art des Philosophierens auf der Ausbildung eines neuen Erkenntnisorganes beruht: der intellektuellen Anschauung.

In diesem Erkenntnisvermögen keimt die Imagination. Da wird die Idee ganz Anschauung, und die Anschauung ganz Idee. Schelling charakterisiert dies Vermögen, in welchem Denken und Wahrnehmen zur höheren Einheit sich vermählen, wie folgt: „Uns allen wohnt ein geheimes, wunderbares Vermögen bei, uns aus dem Wechsel der Zeit in unser innerstes, von allem, was von außen her hinzukam, entkleidetes Selbst zurückzuziehen, und da unter der Form der Unwandelbarkeit das Ewige anzuschauen. Diese Anschauung ist die innerste, eigenste Erfahrung, von welcher allein alles abhängt, was wir von einer übersinnlichen Welt wissen und glauben."

In der Identitätsphilosophie stellte Schelling die Außenwelt und Innenwelt, die Naturerscheinungen und das Menschliche als die zwei Pole ein und desselben Grundwesens dar. Wie gespiegelt nach außen und innen lebt sich e i n Urwesen dar.

Man braucht die Art, wie Schelling Mensch und Welt zur Einheit zusammengeschaut hat, nicht als letzte Formulierung der Wahrheit zu betrachten, darf aber dennoch feststellen: Wo es nicht gelingt, im Erkenntnisprozeß Mensch und Welt zur Ganzheit zusammenzuschließen, da kann weder eine wahre Welt, noch eine wahre Selbsterkenntnis errungen werden. Nur im Wiederzusammenschluß von Mensch und Welt kommen wir zur vollen Wirklichkeit. Denn „die menschliche Innenwelt ist das Innere der Natur". Überall da, wo dieser Wiederzusammenschluß zur Wirklichkeit, die uns zunächst auseinandergefallen in Außen- und Innenwelt gegeben ist, nicht gelingt, müssen dualistische Philosophen entstehen. Wo es jedoch gelingt, diese Urpolarität schöpferisch aufzuheben, da ergibt sich ein einheitliches Weltbild. Da haben wir es mit einem echten *Monismus* zu tun.

Um dies darzulegen, müssen wir genauer untersuchen, wodurch es eigentlich zu dualistischen oder monistischen Weltdeutungen kommt. Das Denken wird im Menschen rege von dem Augenblick an, wo ihm die wahrgenommenen Erscheinungen der Welt zum Rätsel werden, wo er sich über sie verwundert, wo sie Fragen in ihm aufrufen. Denn der Mensch ist grundsätzlich nirgends zufrieden mit der Gestalt, in der ihm die Welt zunächst gegeben ist: mit den Sinneserscheinungen. Über dies unmittelbar Gegebene hinaus sucht er etwas, was nur durch das Inbewegungsetzen der eigenen Denktätigkeit gefunden werden kann: den sinnvollen Zusammenhang, die gesetzmäßige

Ordnung, die Erklärung der Dinge des Universums. All dies sprechen wir in Begriffen und Ideen aus.

Weil wir diese aber nicht ebenso von außen her gegeben erhalten, wie sich uns die Sinneserscheinungen darbieten, sondern denkend aus uns selbst erzeugen müssen, werden wir uns denkend der Tatsache bewußt, daß wir als ein selbständiges *Ich* oder Subjekt der *Welt,* dem Objekt gegenüberstehen. Durch die Sinneserscheinungen dazu veranlaßt, Begriffe und Ideen hervorzubringen, erfährt und weiß sich das Menschenselbst als Ich. Denn in dieser Denktätigkeit wacht es zum Ichbewußtsein auf.

Aber gerade infolge dieser Ablösung und Scheidung unseres Selbstes vom Universum wird die Welt als eine Außenwelt dem Selbst rätselhaft. Denn indem wir uns selbstbewußt der Welt gegenüberstellen, bleiben uns die unmittelbar gegebenen Sinneserscheinungen so lange rätselhaft und undurchschaubar, bis wir aus dem Eigenselbst begrifflich dasjenige erzeugt haben, was uns die Erscheinungen erklärt, weil es zu ihnen hinzugehört. Da wir also aus dem Eigenwesen heraus die Lösung der Welträtsel hervorbringen, gehört etwas von unserem Ich doch offenkundig zur Welt hinzu. Innerhalb des Ich muß etwas gefunden werden, was mehr als dies subjektive Ich ist, was in Wahrheit ein Teil der Welt ist.

Deshalb ist das bewußte Geistesleben der Menschheit in Religion, Kunst und Wissenschaft ein vielfältiges Streben, die gefühlte, aber noch nicht wiederhergestellte Einheit von Selbst und Welt tatsächlich zustande zu bringen. Unbewußt wird das Schaffen des Religiösen, des Künstlers und vor allem des Wahrheitsforschers von der Überzeugung geleitet, daß im Ich dasjenige Ideale und Ideelle erzeugt werden kann, was der Welt in ihrer erstgegebenen Gestalt fehlt, und das die rätselhafte, weil unvollständige Wirklichkeit erst zur vollen Realität gestaltet. Es muß all dem offenbar die Tatsache zugrunde liegen, daß der Mensch, wenn er sich beim Erwachen des Selbstbewußtseins von der Welt losgelöst vorfindet (wodurch die Zweiheit von Ich und Welt entsteht), vorbewußt in sein Selbst etwas mitgenommen und darin gleichsam verhüllt oder verschluckt hat, was er dann, selbstbewußt der Welt gegenübertretend, an ihr selbstverständlich vermißt und darum zunächst in ihr sucht. Solange er dies aber nicht in seinem eigenen Selbst durch das Denken ins Bewußtsein heraufholt, enthüllt und den Sinneserscheinungen entgegenträgt, müssen diese ihm rätselhaft und fremd bleiben.

Da wir somit im eigenen Innern verborgen und schlummernd dasjenige tragen, was zur Außenwelt hinzugehört, da sie ohne dasselbe eine Scheinwirklichkeit bleibt, müssen wir, um die unselige Scheidung von Ich und Welt, jene Entfremdung des Selbst gegenüber der Welt, endgültig zu überwinden, in den Tiefen des eigenen Ich dasjenige suchen und zum Bewußtsein erwecken, was mehr als das bloße Eigenwesen ist, was uns die Welt sinnvoll macht.

Wer die Lösung der Welträtsel nicht auf diesem Wege sucht, welcher zum Wiederzusammenschluß von Selbst und Welt führt, wird notgedrungen entweder zu dualistischen oder pseudomonistischen Spekulationen kommen. Wer nämlich nicht erkennt, daß Mensch und Welt eine Universaleinheit bilden, die lediglich infolge einer egoistischen Bewußtseinsemanzipation des Menschen vom Sein in die Zweiheit von Ich und Welt (Subjekt und Objekt) zerfallen scheint, wird ausschließlich von der bereits (vorbewußt) vollzogenen Tatsache dieser Loslösung ausgehend, und ihr Zustandekommen nicht durchschauend, zur irrtümlichen Annahme von zwei entgegengesetzten Weltprinzipien verführt werden, die dann nur künstlich wieder zu einer „Einheit" zusammengespannt werden können. Statt von einem Einheitlichen, das nur durch das Bewußtsein gespalten in Zweien erscheint, wird dann der Mensch sprechen von einer grundsätzlichen Zweiheit einer materiellen und geistigen Welt — abgeleitet aus dem Objekt und dem (geistigen) Subjekt.

Da wir aber unbewußt dennoch immer etwas fühlen von der Einheit der beiden Aspekte, sind viele nicht zufrieden mit solchem Dualismus und versuchen deshalb, Materie und Geist, die man fälschlich als Substanzen aus den zwei Aspekten abgeleitet hat, irgendwie äußerlich zusammenzukoppeln. Wer so veranlagt ist, daß er die Sinneserscheinungen wahrnehmend intensiver erlebt als die eigene Denktätigkeit, wird hierbei geneigt sein, das „Geistige", das erfahrungsgemäß doch nur im eigenen Inneren erfahrbar ist, der Außenwelt durchaus abzusprechen und es sogar im Eigensein als bloße Naturwirkung der Materie zu deuten. Er wird zum Materialisten. Umgekehrt wird, wer stärker das Denken im Ich erlebt, dazu neigen, die Materie als Ausfluß oder Wirkung eines Geistigen aufzufassen.

Dies konnte so formuliert werden, weil Rudolf Steiner in seiner Philosophie der Freiheit die für alle Erkenntnistheorie bahnbrechende Wahrheit ausgesprochen hat: „Der Dualismus richtet den Blick nur auf die *von dem Bewußtsein des Menschen vollzogene* Trennung zwischen Ich und Welt. Sein ganzes Streben ist ein ohnmächtiges Ringen nach der Versöhnung der Gegensätze, die er bald *Geist und Materie,* bald *Subjekt und Objekt,* bald *Denken und Erscheinung* nennt."

Um also den Dualismus in einem wahrhaften Monismus wirklich zu überwinden, ist es notwendig, voll zu durchschauen: Die geistige Wesensseite der Welt — das ist in Wirklichkeit der Makro-Anthropos, in welchem die denkende Ichheit des Menschen west. Das menschliche Innere ist das Innere der Welt. Der Mensch selbst ist, in seinen Geistestiefen und Weltenweiten erfaßt und ergründet, die Lösung der Welträtsel!

Äußere Weltphänomenalität einerseits und innere Mensch-Ichheit andererseits sind also die zwei Seiten ein und desselben Seins! Dies *eine* Sein nennt man mit Rudolf Steiner am besten das Universum, im Unterschiede zur Welt, dem einen Pol. Was in der Gegensätzlichkeit der äußeren Wahrnehmungen und der „ichlichen" Begriffe zur Erscheinung kommt, das ist in sich selbst *eine* Substanz, *ein* Sein: *Das* Sein.

Nur auf den unteren Stufen des Erkennens erscheint dies Eine als eine Zweiheit. Auf den höheren und höchsten schließt sich die Zweiheit immer mehr zur Einheit zusammen. In bedeutsamer Art hat dies SPINOZA geahnt, wenn auch keineswegs voll durchschaut. Spinoza ist dem wahren Monismus nahe gekommen, weil er ein echter Psychist war; Goethe und Schelling dagegen, weil sie echte Phänomenalisten waren. Wenn nämlich eine dieser beiden Weltanschauungen in reiner Art auftritt, dann leitet sie wie von selbst hinüber zu ihrem Gegenpol. Wir sehen dies auch bei Lotze. Ihre Synthese aber bedeutet das Sichzusammenschließen von Welt und Mensch durch den Erkenntnisakt, und das Resultat ist: Monismus. Jedes Unvermögen dagegen, die Polarität zum Ausgleich zu bringen, führt den Philosophen mit Notwendigkeit zu einem Dualismus.

Einen fast unbekannt gebliebenen Monismus der Natur- und Selbstschau, und zwar vom Psychismus her, hat, angeregt von Schelling, der goetheanistische Philosoph KARL CHRISTIAN FRIEDRICH KRAUSE entworfen. Ihm stellte sich das göttliche Urwesen als göttliches Menschentum dar, und zwar in der Polarität der Ganzheit (in der Natur) und der Individualität (im Menschenbewußtsein). Diese kosmisch-göttliche Weltseele gliedert sich, ähnlich wie bei Plotinos, in ein Geisterreich, dessen Urgesetz die Liebe ist mit dem Streben, alle Glieder desselben in Freiheit zur Einheit und Gemeinschaft zusammenzuführen. In Durchführung dieser Grundidee sind Krauses Vorschläge zu einer kosmopolitisch ausgeweiteten, assoziativen und föderalistischen Demokratie freigeblieben von allen Zentralisierungstendenzen, die in Fichtes Staatsidee gar sehr an den Kommunismus erinnern.

Wer nicht hingebend und vollmenschlich in das Ganze der Weltphänomene untertauchen kann, sondern sie nur kühl distanziert ins Auge faßt, verliert beim Anschauen aus ihnen ihr Übersinnliches und muß dieses, wenn er es überhaupt spürt, *ausschließlich* in den Menschen verlegen, womit schon der Keim einer dualistischen Weltanschauung gegeben ist. Darum werden Menschen, deren Denken mathematisch-berechnend, zurückhaltend-kritisch, kalt und skeptisch geartet ist, fast mit Notwendigkeit zu Dualisten. An DESCARTES und KANT zeigt sich das deutlich. Hier spielt also der Mathematismus, die Zwillingsweltanschauung, beim Zustandekommen des Dualismus eine wichtige Rolle. Aber auch Menschen, die egoistisch im Sinnenselbst befangen bleiben und außerstande sind, in reiner Denkintuition das Ich zu erfassen, müssen zu Dualisten werden. Da sie nicht in sich selbst ein Geistiges erleben können, müssen sie dieses, falls sie es überhaupt spüren, spekulativ in die Außenwelt verlegen, wie dies, allerdings in sehr sublimer Art, EDUARD VON HARTMANN getan hat, und zwar trotz seiner entschiedenen Anlage zu einem mystisch-intuitiven Erkennen.

Geister dagegen, die mit hingebungsvollen Gemütskräften begabt sind oder mit Phantasie, kommen vielfach zu einer monistischen Anschauung des einheitlichen Seins. Denn diese Seelenimpulse bringen das menschliche Selbst in eine lebendige und innige Beziehung zur Welt. Spinoza, Fichte, Schelling, Goethe und Krause waren derartige Naturen. Wir werden später aufzeigen, daß hier die Geistesimpulse des Schützensternbildes wirksam sind, des Ge-

gensternbildes der Zwillinge. Weil in diesen Seelen Denken und Anschauen sich einander nähern, wählen sie gerne solche Ausdrücke wie „sinnlich-übersinnlich", „sinnlich-sittlich", „Gott-Natur". Darin kommt das Erleben der Einheit von Mensch und Welt zum Ausdruck.

Wenn auch diese Ausführungen über den Phänomenalismus und Psychismus, über den Monismus und Dualismus keineswegs erschöpfend sind, so ist daraus doch wohl dieses deutlich geworden: Wir haben es hier mit den *Grundstellungen* der erkennenden Menschenseele zu tun, die sich eben einerseits nach außen auf die Welterscheinungen und andererseits nach innen auf die eigene Seelentätigkeit richtet. Alle Welterkenntnis geht am besten aus von einer phänomenalistischen Haltung, alle Selbsterkenntnis von einer intuitiv-psychistischen.

Fruchtbar werden wir aber in diesen entgegengesetzten Richtungen nur dann streben, wenn wir dies aus polar entgegengesetzten seelisch-moralischen Impulsen tun. Wir haben auf diese Grundhaltung schon zu Beginn dieser Betrachtungen hingewiesen. Das Weltensein sollten wir zu allererst in seiner Herrlichkeit und Vollkommenheit anstaunen und bewundern. Im eigenen Selbst dagegen müssen wir alles Unvollkommene und Unschöne zu überwinden trachten. Dann offenbart sich uns der Weisheitsglanz des Weltalls und der göttliche Liebekern im Ich. Darum können wir diese Ausführungen über den Phänomenalismus und Psychismus spruchartig in Kürze so zusammenfassen:

Bewunderst du den Schönheitsglanz der Welt,
Dann fällt vom Jungfrau-Bild der Sinnesschleier;
Und überwindest du den Trug des Selbst,
Dann aufersteht das Ich im Fische-Zeichen.

V.

DER SENSUALISMUS

Wenn im Hochsommer die Sonne mit voller Kraft allseitig Licht und Wärme verbreitet, dann scheint sie aus dem Löwensternbilde zur Erde hernieder. Weil sie dann ihre physischen Kräfte voll entfaltet, darf man wohl im Einklang mit der alten Sternenweisheit sagen: In diesem Löwensternbilde ist sie zu Hause, da ist sie der Herrscher.

Vom Frühling an wird der Sinnesteppich der Natur immer farbenreicher, leuchtender und eindringlicher. Im gleichen Maße fühlt sich die Menschenseele von Woche zu Woche mächtiger angezogen von den Sinnesoffenbarungen. Im Juli und August kann sie in eine träumerische Dumpfheit geraten, eben weil die Macht der äußeren Sinneseindrücke die Eigenkraft der selbstbewußten Seele herabdämpft. Das äußere Weltenlicht blendet gleichsam das Innenlicht des Denkens ab.

Aber andererseits fühlt sich nun das Ich wie vom Meere der kosmischen Licht- und Wärmekräfte aufgenommen und mit ihren Strahlungskräften kosmisch erweitert, wie befreit „aus enger Selbstheit Innenmacht". Dies zeitweilige Befreitsein der Seele von der begrenzten Subjektivität trägt zur Erholung im Sommer gewiß ebensoviel bei wie die gesundende Einwirkung der Naturelemente auf des Menschen Körper.

Von Mitte August an verändern sich in unseren Breiten, in welchen sich das eigentliche Kulturleben der Menschheit abspielt, die Konstellationen deutlich bemerkbar derart, daß wir aus den dumpfen Sinneträumen uns wieder aufraffen, zu uns selber kommen und zu neuen Initiativen uns angeregt fühlen. In der Michaelszeit spätestens sollte der Mensch zur vollen Aktionskraft des Ich wieder erwacht sein.

Das Verhältnis zur Welt, zu dem uns eine bestimmte Jahreszeit bringen kann, tritt auch unabhängig davon in bestimmten Menschen auf, wenn sie in ihrer Gesamtnatur besonders für das Wahrnehmen und Sinnesempfinden veranlagt sind.

In verschiedener Art kann der Mensch zu den Sinneswahrnehmungen und zum Sinnesempfinden stehen. Je nachdem dies der Fall ist, wird er zum Phänomenalismus, Sensualismus oder Materialismus neigen. Phänomenalisten sind wir, wenn wir die Sinneseindrücke so empfangen, daß wir zwar ganz selbstlos an sie hingegeben sind, aber dabei doch nicht restlos im bloßen Empfinden des Sinnlichen aufgehen, vielmehr in demselben die Ankündigung eines Nichtsinnlichen spüren, eine Offenbarung eines Nichtsinnlichen, eines Übersinnlich-Ideellen ahnen. Darum erlebt der Phänomenalist etwas Rätselhaftes, etwas noch nicht voll zum Bewußtsein Gebrachtes in den Sinneserscheinungen. Dies Gefühl erzeugt die philosophische Verwunderung und dann das Bedürfnis, durch die bewußte Ideen-Erzeugung das geahnte Übersinnliche sich zum Bewußtsein zu bringen.

Es gibt aber auch eine Seelenanlage, die beim Erfahren der Sinneswahrnehmungen ganz und gar im Empfindungserlebnis der sinnlichen Sensationen aufgeht und zufrieden dabei stehen bleibt. Man wird dann vom Sinnlichen so ergriffen, daß man von ihm beinahe fasziniert und gebannt ist, ohne daß die philosophische Verwunderung auftritt, das Gefühl des Rätselhaften der Wahrnehmungen. Das Empfinden fühlt sich so restlos durchdrungen von der Gewalt des Sinnenseins der Empfindungselemente, des Wärmehaften vor allem, des Farbig-Lichten, Tönenden, Geschmackshaften, daß es im Sinnensein gleichsam träumerisch verharrt. Die eigene seelische Sinnlichkeit verschwimmt gleichsam mit dem herandringenden Strom der sinnlichen Empfindungssubstanzen zu einem Ganzen.

Aus der typischen Grunderfahrung, die zum Sensualismus führt, hat Wilhelm Wundt bemerkt: „Erst nachträglich trennt der Mensch mit Hilfe logischer Zergliederungen die Vorstellungen von den Gegenständen selbst ab, auf die sie sich beziehen. So wie die sogenannten Objekte der unmittelbaren Erfahrung gegeben sind, bilden sie *eine unzertrennliche Einheit mit den Sinnesempfindungen, die wir von ihnen haben.*" Weil eine Empfindung als solche weder als etwas Gegenständlich-Dingliches, noch als etwas Geistiges erfahren wird, deutet der Sensualist dasjenige, was er mit den Sinneseindrücken zusammenlebend erfährt, weder als Erscheinung eines Übersinnlich-Geistigen noch als etwas Stoffliches. Zwischen dem Phänomenalisten und Materialisten nimmt er eine Mittelstellung ein.

Sensualisten sind Naturen mit einem ursprünglichen, kräftigen Empfindungs- und Gefühlsleben, mit einer gesunden Sinnlichkeit und mit sicheren Seeleninstinkten. Vielfach zugleich echte Herzensmenschen, feinempfindende, edle Seelen mit Takt und Fingerspitzengefühl. Unter Aristokraten finden wir diese Seelenanlage besonders häufig. In England ist dieser Menschenschlag weit verbreitet. Denn die Engländer sind eine typisch aristokratische Rasse. Kein Wunder, daß in einem Zeitraum von etwa 250 Jahren, nämlich von 1588 bis zur Mitte des 19. Jahrhunderts, dort mindestens 34 Ethiker aufgetreten sind, die alle mehr oder weniger Sensualisten gewesen sind. Wir nennen von diesen hier zunächst nur einige Hauptfiguren: Lord Bacon, den klassischen Begründer der Sinnesempirie, Herbert von Cherbury, Berkeley, Locke, Hume, Shaftesbury, Mill.

Zum Sensualismus neigen aber auch naiv-sinnliche Künstlernaturen, die auf das natürliche Empfinden viel mehr geben als auf verstandesmäßige Erwägungen oder hohe Vernunftspekulationen. Was Friedrich Schiller in seinen Briefen über die ästhetische Erziehung des Menschen als den „sinnlichen Trieb“ in der weitesten Bedeutung des Wortes charakterisiert, das disponiert den Menschen zum Sensualisten. Keineswegs die „niedere Sinnlichkeit“ ist hiermit gemeint, vielmehr alles natürliche Empfinden, das im Künstlerischen nach sinnlicher Anschaulichkeit verlangt. Es ist sehr bemerkenswert, daß Schiller in diesem Werk den sensualistisch orientierten Ästhetikern den Vorzug gibt vor den rationalistischen, obwohl er die Einseitigkeit beider Standpunkte nachweist. Vorzüglich die Ästhetik der Engländer war sensualistisch gerichtet, wobei in erster Linie Edmund Burke und Graf Shaftesbury zu nennen sind. Aber auch Alexander Gottlieb Baumgarten, der deutsche Begründer der Ästhetik, hat von seinem Lehrer Christian Wolf sensualistische Elemente übernommen.

Im Altertum finden wir Sensualisten vor allem unter den Römern, den Vorläufern der Briten. Auch da treffen wir auf aristokratische Naturen, wie Kaiser Marcus Aurelius oder Seneca. Fast alle *Stoiker,* auch die griechischen, waren Sensualisten. Alles was aus der natürlichen Empfindung kommt, galt ihnen zugleich als das Geistig-Vernünftige. „Folge deiner und der allumfassenden Natur, beide haben ja denselben Weg“, so lautet eine der Maximen des edlen Marcus Aurelius. Auch unter den Anhängern des Epikur finden wir Sensualisten. Ihr Glückseligkeitsideal ist keineswegs so einseitig und sinnlich-verwerflich, wie manche Abstraktlinge und Pflichtethiker behaupten. Die ethisch-weltanschauliche Haltung der Stoiker und Epikuräer finden wir in ungemein sympathischer Weise erneuert in den Lebensanschauungen eines Wilhelm von Humboldt, Ralph Waldo Emerson und Bartholomäus von Carneri.

Den letztgenannten österreichischen Aristokraten darf man geradezu einen modernen Ehrenretter des Epikur nennen. Carneri war naturwissenschaftlich entscheidend von Darwin, philosophisch von Wundt angeregt. Wundt ist ein typischer Sensualist. Der Kampf ums Dasein ist eine elementare Äußerung der mehr tierisch-instinktiven Empfindungsseelenkräfte, die sich im sinnlichen Egoismus konzentrieren. Carneri hat aber in sehr feinsinniger Art nachgewiesen, daß es auch einen höher metamorphosierten Egoismus gibt, aus dem große ethische Impulse hervorgehen können. Wenn nämlich das Triebwesen des Menschen mit seinem natürlichen Glückseligkeitsstreben, das man Egoismus nennt, veredelt und geläutert wird, dann gehen aus diesem natürlichen Luststreben die schönsten Antriebe zu sozialen und idealen Handlungen ganz von selbst hervor. Carneri billigt ganz und gar Wundts Überzeugung: „Der Altruismus ist nichts anderes als ein erweiterter Egoismus.“ Ihm ist es eben eine natürliche Lust, wohlwollend das Glück der Mitmenschen zu fördern.

Weil beim Sensualisten das natürlich-instinktive Empfinden die vorwaltende Seelenkraft ist, erfährt er auch die anderen Seelenvermögen, sogar das Denken, als ein verfeinertes Empfindungsleben. So hat schon John Locke gelehrt: Auf dem äußeren Sinn (Sensation) beruht die Sinnesempfindung, auf dem inneren Sinn das Vorstellen, die Reflexion. Die gesamte englische Philosophie, vor allem auch David Hume, baute auf dieser Grunderfahrung ihre Lehren auf.

In Frankreich war der klassische Vertreter des Sensualismus der Edelmann Etienne Bonnet de Condillac. Durchaus im Sinne der englischen Schule leitete er aus den Sinnesempfindungen alle Seelenregungen ab. Auch Vorstellungen, Ideenkombinationen und Willensimpulse sind ihm nur umgewandelte Sinnesempfindungen. Wir wissen von nichts anderem als von unseren Eindrücken. Unser Bewußtsein ist ausschließlich passiv-empfindend. Eine wissenschaftliche Analyse der Empfindungen kam für Condillac nicht in Betracht, ebensowenig eine materialistische Deutung der Sinneswahrnehmungen. Das mathematische Erkennen lehnte er ab. Das ist alles durchaus konsequent für die sensualistische Seelenhaltung.

Gleichzeitig war in Deutschland der Sensualismus ebenfalls durch einen Aristokraten vertreten, nämlich durch den Baron Dietrich von Holbach. Er ging allerdings zum Materialismus über.

Die auffallende Tatsache, daß Aristokraten so oft zum Sensualismus neigen, hängt mit der spirituellen Tatsache zusammen, daß der Sensualismus die Löwe-Weltanschauung ist, und mit der anderen Tatsache, daß echte Aristokraten typische Brust- und Herzmenschen sind, das aber heißt, Menschen, in welchen die Brust-gestaltenden Löwenkräfte vorwiegend walten. Das Herz ist der innere Löwe des Menschen. Und der Löwe ist der König unter den Tieren, der Herrscher, das Adelstier. Wir können auf derartige Zusammenhänge hier nur ganz flüchtig hindeuten. Sie sind für die Psychologie aber sehr wichtig.

Auch die deutschen Sensualisten des 19. Jahrhunderts, vor allem Heinrich Czolbe, charakterisieren das Vorstellen als ein verfeinertes Sinnesempfinden. — Carneri denkt sich das so: Im Zentralorgan des Menschen lösen die Sinnesempfindungen (nämlich in gewissen „Seelenzellen") höhere Empfindungen aus, das heißt Vorstellungen. Die Vorstellung ist also Empfindung oder *Gefühl des Ganzen.* „Sie ist eine empfundene Empfindung oder ein vergeistigtes Gefühl." Demzufolge sei das Vorstellungs- oder Denkorgan gleichsam das Sinnesorgan aller Sinnesorgane oder der allgemeine, zentrale, *innere Sinn.*

Hierdurch ist der Sensualismus einer wichtigen Wahrheit auf der Spur, die wohl zuerst der universelle Aristoteles ausgesprochen hat. Er bemerkt in seiner Psychologie: „In jedem der einzelnen Sinnesorgane ist sowohl etwas Spezifisches als auch etwas Allgemeines vorhanden. So eignet dem Sehsinn speziell das Sehen, dem Gehörsinn das Hören usw. Aber es gibt auch ein Gemeinschaftliches, alle Sinne begleitendes Vermögen, durch das man wahrnimmt, d a ß man sieht und hört. Denn nicht mit dem Gesicht sieht man, daß man sieht. Auch unterscheidet man und kann unterscheiden, daß das Süße verschieden ist vom Weißen, weder mit dem Geschmackssinn noch mit dem Sehsinn, noch mit beiden zusammen, sondern mit einem *beiden gemeinschaftlichen Teile derselben.* Es gibt nämlich einen *Allgemeinsinn,* und das ursprüngliche

Sinnesorgan ist ein gemeinschaftliches." Das gemeinschaftliche Prinzip aber aller Sinne, das Wesen somit dieses *einen*, zentralen Allgemeinsinnes bezeichnet Aristoteles mit dem Wort *„Bewegung"*. Das Herrschende aller Bewegung, so fährt er fort, sei bei den mit Blut versehenen Lebewesen *im Herzen:* „So muß denn im Herzen das gemeinschaftliche Sinnesorgan aller Sinnesorgane sein. Dort kann die Bewegung für alle Sinnesorgane geschehen."

Mit diesen Ausführungen durchaus übereinstimmend hat Rudolf Steiner den Gesamtsinn und seine Funktionen folgendermaßen charakterisiert: Jeder Sinn nimmt ein bestimmtes Gebiet der Welt wahr. Aber schon der Sprachgebrauch weist uns auf die Tatsache hin, daß wir im Innern ein Prinzip haben, das diese verschiedenen Sinnesgebiete zusammenfaßt. Sprechen wir doch z. B. von kalten oder warmen Farben. Damit drücken wir aus, daß uns die Gesichtsempfindungen im Innern verschmelzen mit Wärme- oder Tonempfindungen. Es ist da also etwas, was aus den einzelnen Sinnesbezirken für die Seele ein Ganzes macht. Sensitive Menschen können sogar seelische Eindrücke, die sie etwa von der geistigen Atmosphäre eines Menschen, einer Versammlung oder einer Stadt gewinnen, durch Farbenvergleiche ausdrücken oder durch andere Sinnesqualitäten. In einem *inneren Sinn* faßt also der Mensch alle verschiedenartigen Empfindungseindrücke zentral zusammen.

Diesen inneren *Zentralsinn* kannte besonders gut die indische Weisheit und Philosophie; das *Sankhya-System* nennt ihn Manas. Im Sinne dieser indischen Philosophie differenziert sich dieses zentrale Prinzip zu einem seelischen Kräftesystem, das die einzelnen Sinnesorgane konstituiert und sich in ihnen empfindend betätigt. Die moderne Geisteswissenschaft Rudolf Steiners macht hierbei darauf aufmerksam, daß es nicht bloß fünf, sondern zwölf Sinneskräfte gibt, wovon die Naturwissenschaft schon ein gut Teil entdeckt hat.

Indem dann der individuelle Geist des Menschen (puruscha) in dieses Manasprinzip untertaucht, hängt er durch die einzelnen Sinnesbezirke empfindend, begehrend und kraftmäßig mit der Sinneswelt zusammen. Diesen den verschiedenen Sinnesorganen und Sinnesbezirken zugewandten seelischen Kräftekomplex nennt die Sankhya-Philosophie Kama. Wir modernen Menschen sprechen dann im erkenntnistheoretischen Sinn von der „Sinnlichkeit", die natürlich auch ihren Zusammenhang hat mit der moralisch gemeinten Sinnlichkeit.

Die indische Philosophie lokalisiert, genau wie Aristoteles, den Zentralsinn Manas im Herzen. Aber sie charakterisiert dies Manas andererseits auch als das geistige Denkerwesen des Menschen, ja als das eigentliche Menschenwesen. Nennt doch die indische Weisheit den Menschen das Manas-Wesen: manuschya. Mit dem Sanskritwort Manas hängt unmittelbar die lateinische Bezeichung „mens" für „Sinn" und „Geist" zusammen. Hiervon kommt das Wort Mensch.

Auch Aristoteles lehrt, daß das Denkerwesen, der aktive Verstand des Menschen im Herzen wohnt. Im schaffenden Denken nimmt der Mensch augenblicksweise teil an der kosmischen Intelligenz, dem Welt-Noys. Weil auch Thomas von Aquino diese Anschauung vertreten hat, wurde er im Mittelalter mit einer strahlenden Sonne im Herzen abgebildet: zum Zeichen, daß der intellectus agens von sonnenhafter Natur ist.

Wenn sich Manas als gemeinsame Kraftquelle aller Seelenbewegungen einerseits nach den (zwölf) verschiedenen Sinnesbezirken hin differenziert und erstreckt, so nimmt dies Manas als die geistige Denkkraft andererseits auch in zwölffacher Weise an der Geisteswelt teil. *Dieser zwölffache Zusammenhang* mit der Wahrheitswelt kommt eben im Gesamtumfang aller Weltanschauungen zum Ausdruck. Hier zeigt es sich, wie *die innermenschliche Sonne*, die übersinnliche Denkbewegung des Ätherherzens mit dem *Tierkreis* verbunden ist.

In Wahrheit hat man sich die *geistige* Sonne im Weltall auch so zu denken, daß sie aus den zwölf Richtungen des Tierkreises konzentrisch nach innen zu scheint. Im Mittelpunkt desselben, in der „Sonne“ vereinigen sich ihre zwölf Inspirationsstrahlen.

Wie wunderbar sind doch diese Zusammenhänge von Makrokosmos und Mikrokosmos: Die Sonne im Herzen. Die Sonne als Beherrscherin des Löwe-Sternbildes, das Herz als Ausdruck der Löwenkräfte. Das Prinzip alles Sensualismus im Herzen, aber aus der Kraft des Löwe-Sternbildes. Und alle Sinneserfahrung verdanken wir der Sonne, die uns die sonnenbeschienene Welt überhaupt sehen läßt!

Nicht wie Carneri meint, im Zentralnervensystem des Gehirns, sondern im übersinnlichen Herzen haben wir also den gemeinschaftlichen zentralen Tätigkeitsquell für alle Denk- und Sinnesempfindungs-Bewegung zu suchen: eben den sinnlich-übersinnlichen Allgemeinsinn.

Das Manas ist also sowohl der Quell der Denkbewegungen wie auch die Kraft, die allem Sinnesempfinden zugrunde liegt. Indem Manas sich nach den Sinnesbezirken hinwendet und sich dementsprechend differenziert, die Sinnesorgane aufbaut und empfindend durchseelt, ergießt sich seine Kraft in die „Sinnlichkeit“. In dieser Eigenschaft ist das Manas genau genommen: Kama-Manas, ein sinnlich gerichtetes Sinnen. Es ist dasselbe, was man im Abendlande die Astralität oder das empfindende Prinzip nennt. *Aus den Geistern der Bewegung ist das Astralische entstanden. Bewegung* ist also in der Tat das Prinzip aller *Sinnesempfindung.* Als reines Manas ist das Manas die geistige Denkkraft, das Pneumatische im Menschen. Den vom Ich vergeistigten Astralleib nennt Rudolf Steiner „Geistselbst“ oder „Manas“. Manas und Kama-Manas, Astralleib und Geistselbst, Sinnenselbst und Geistesselbst: das sind die zwei unzertrennlich miteinander verbundenen Seiten des Selbst, die untere, sinnliche, und die obere, urbildlich-geistige.

Diese Doppeleigenschaft des Manas kommt trefflich zum Ausdruck in den Strophen einer der Upanischads:

Das Manas, sagt man, ist zweifach,
Entweder unrein oder rein,
Wenn wunschbefleckt, ist's unrein;
Rein, wenn es von Wünschen frei ist.
Das Manas also ist Ursache
Der Bindung und Erlösung uns:
Der Bindung, am Objekte hängend;
Von ihm Freiheit Erlösung heißt.

Es gibt mehr Denker, als man zunächst vermuten sollte, welche auch in der neueren Philosophie die Doppelnatur des inneren Sinnes erkannt haben. Wir nennen hier den geistvollen Jakob Frohschammer: „Ehe es aber zur Bildung der äußeren, objektiven Sinnesorgane kam oder kommen konnte, mußte sich zuvor ein innerer oder allgemeiner Sinn bilden, der zugleich Quelle der Empfindung, des Bewußtseins und der äußeren Sinne wurde. Es mußte also für die Sinnesbildung zuerst ein Innerliches sich bilden, ein Sinnendes, Sinnliches und Geistiges vereinigend, das nach außen strebte aus psychischem Drang, um sich zu individualisieren eben durch die Bildung der Sinne." Frohschammer leitet diesen inneren Sinn des Menschen aus dem göttlichen Prinzip der Weltphantasie oder kosmischen Imagination ab.

Da also, wie wir dargelegt haben, das Empfinden und Denken in der Tat einer (unbewußt waltenden) gemeinschaftlichen Geistesquelle entströmen, kann man es gut verstehen, wenn vorwiegend empfindende und feinfühlige Naturen das Denken selbst als ein verfeinertes Empfinden beschreiben. Man könnte allerdings auch umgekehrt das Empfinden als ein abgestumpftes und veräußerlichtes imaginativ-geistiges „Sinnen" oder „Nachsinnen" kennzeichnen.

Aber erst von diesen Gesichtspunkten aus versteht man voll das eigentlich leitende Prinzip der ganzen englischen Philosophie: den common sense. Man sollte dies Wort nicht mit „gesunder Menschenverstand" übersetzen. Es handelt sich um einen S i n n , um einen Denksinn, ja um einen allgemeinen *Denkinstinkt.* Mit dem common sense hängt aufs engste zusammen der „Moral Sense", das ist ein sittlicher Instinkt, wovon Wohlwollen und Taktgefühl des Gentleman die wichtigsten Äußerungen sind. Hierauf beruht die gesamte englische Ethik. Seitdem Lord Edward Herbert von Cherbury aus dem moralischen Sinn erstmals eine „natürliche Moral", die unabhängig von allen biblischen Sittengeboten und der göttlichen Offenbarung ist, abgeleitet hat, blieb dies Prinzip in der englischen Philosophie herrschend. Hierauf hat vor allem Carneri in seiner Grundlegung der Ethik nachdrücklich hingewiesen. Nach Herbert war es Cumberland, welcher der Morallehre des Hobbes das Prinzip des *allgemeinen Wohlwollens* entgegengestellt hat, „das der rote Faden ist, der von da an die gesamte englische Ethik durchzieht". Nimmt man an, der Mensch sei von Haus aus gutmütig, dann ist es ein Leichtes, ihm einen moralischen Sinn, moral sense, zuzuschreiben, der zur Tugend geneigt macht. Shaftesbury hat in der Bekämpfung Lockes, dessen Moral er als eine rein konventionelle Modesache erkannte, die Bezeichnung moral sense in Schwung gebracht, und wir begreifen vollkommen den Enthusiasmus, den HUTCHESON zu wecken gewußt hat, indem er, daran anknüpfend, mit der Wärme seines Gemütes das Wohlwollen darstellte als für die moralische Welt genau das, was für die körperliche Welt die Gravitation ist (Carneri).

Das Wohlwollen entspringt als eine natürliche Äußerung aus dem moral sense, der als ein innerer Sinn und ein angeborener Gemeinschaftssinn bezeichnet werden kann. Auf einem feinsinnigen Mitempfinden mit den Mitmenschen, auf einem natürlichen, sensitiven Herzenstakt beruht dieses Wohlwollen, die Wohlgesinntheit. Das Sichregen des moral sense ist eine seelisch-sittlich sublimierte Äußerung der sensualistischen Geistesanlage.

Carneri war tief davon überzeugt, daß bei so veranlagten Naturen das Glückseligkeitsstreben gar nicht egoistisch bleiben kann, da es sich wie selbstverständlich auf die Mitmenschen ausdehnen muß. Das ist eben das Charakteristische des Wohlwollens. Der wohlwollend Gesinnte sieht geradezu sein eigenes Glück darin, dem Gemeinwohl zu dienen. „Die Gemeinnützigkeit ist der Grund, aus welchem die verschiedenen Tugenden als notwendige Folge der wahren Glückseligkeit sich entwickelt und behauptet haben."

GRAF SHAFTESBURY hat viel weiter und nachhaltiger auf das Geistesleben der Nachwelt eingewirkt, als man im allgemeinen weiß. Zu den von ihm entscheidend angeregten Geistern gehört auch der wohl bedeutendste Philosoph des holländischen Volkes. Wir meinen FRANS HEMSTERHUIS. (Spinoza war ja ein Portugiese.) Er hat so eindringlich von einem inneren moralischen Sinn des Menschen gesprochen, dem sich durch Intuition eine Geisteswelt offenbart, daß er einen tiefen Eindruck auf HERDER, JACOBI, SCHILLER und GOETHE gemacht hat, vor allem aber auf NOVALIS. Wir kommen hierauf zurück, wenn wir den Ergänzungsgegenpol des Sensualismus, die Manas-Weltanschauung des Pneumatismus behandeln werden. Insoferne sich nämlich das Manas als Kama-Manas nach außen wendet, entsteht die sensualistische Denkweise; kehrt es sich in sich selbst, dann führt dies durch die Geistigkeit der imaginativen Denkbewegungen zur *Wassermann*-Weltanschauung des *Pneumatismus.*

Die polare Gegensätzlichkeit und Ergänzungsbedürftigkeit zweier Völker, des englischen und deutschen, wird uns deutlich, wenn wir bemerken, wie das eine Volk entschieden für den *Sensualismus*, das andere für den *Pneumatismus* veranlagt ist. Auch das wiederholt erwähnte Werk von H. E. LAUER weist auf diese Polarität hin.

Unter deutschen Denkern ist der Sensualismus verhältnismäßig ebenso selten wie unter den englischen häufig. Aber von den verschiedenen deutschen Volksstämmen, deren Wesensanlagen viele Gegensätze aufweisen, ist es der österreichische, der noch am meisten dazu neigt, und zwar weil beim Österreicher das Denken sehr gemüthaft, gefühlsdurchtränkt und herzlich ist. Neben Carneri ist hier vor allem der edle Dichter-Denker ROBERT HAMERLING zu nennen. In seiner „Atomistik des Willens" läßt er seine sensualistische Geistesart deutlich erkennen: „Wenn Kant selbst einmal sagte, ganz unmöglich sei es am Ende nicht, daß Sinnlichkeit und Verstand aus einer gemeinsamen Wurzel entsprängen, so erleuchtete ein Blitz der Ahnung sein Gehirn."

Voll von Lob und Anerkennung ist Hamerling für die britischen Sensualisten, weil sie die begriffliche Anschauung aus der sinnlichen ableiteten: nihil est in intellectu, quod non fuerit in sensu (Nichts ist im Verstande, was nicht schon vorher im Sinne gewesen ist). Der Begriff, den der Mensch z. B. von einem Pferde habe, sei nichts anderes als die Verschmelzung aller Einzelvorstellungen von Pferden zu einer einzigen (!).

Auch in ethischer Hinsicht spricht Hamerling wie ein echter Sensualist. Indem der Mensch seinen „Ichsinn" zum „All-Sinn", zum Sinn für das große Ganze erweitert, verwirklicht er das Ideal des Guten. „Sind doch schon die Liebesinstinkte in der Natur und im Menschen zu erklären aus einem über das Individuum hinausgehenden höheren Egoismus, vermöge dessen das Erzeugende das Erzeugte, das aus ihm Hervorgegangene instinktmäßig noch als einen Teil seines Ich betrachtet." In hervorragendsten Geistern der englisch-germanischen Rasse käme das Gefühl des moral sentiment, das Gefühl für das Gute, Rechte und Schöne zum kräftigsten Ausdruck. So bei Milton, Carlyle und Emerson.

Der echt sensualistische Mensch geht so völlig im Erfahrungserlebnis der Sinnesempfindungen selbst auf, daß es ihm gar nicht einfällt, diese im Sinne der herrschend gewordenen Theorien dynamistisch in mechanische Schwingungsvorgänge aufzulösen. Da jedoch diese Anschauungen noch immer übermächtig wirksam sind, sei hier dasjenige vorgebracht, was gegen diese Interpretation, welche dem Menschen auf die Dauer das gesunde Erleben der Sinneswelt rauben muß, zu sagen ist. Hierbei wollen wir zugleich — in Anlehnung an grundlegende Ausführungen Rudolf Steiners — untersuchen, was es denn eigentlich ist, was man im Erleben der Sinneseindrücke unmittelbar erfährt. Denn unmittelbar erfahren werden im rein sensualistischen Erleben weder stoffliche Dinge noch viel weniger mechanische Schwingungen. Verfolgen wir also den Sinneswahrnehmungsvorgang in seinem gesamten Verlauf.

Wenn ich eine Sinnesempfindung habe, dann verbinde ich mit ihr eine bestimmte örtliche Gegebenheit, der ich dasjenige, was die Empfindung ausdrückt, zuschreibe. Was dort ist, das sei zunächst der Träger des Empfindungselementes (rot, heiß, usw.) genannt. Nun habe ich zwei Hauptfragen zu stellen:

1. Was spielt sich in diesem Träger selbst ab, während er mir mit dem betreffenden Empfindungselement behaftet erscheint? Das, was sich dort chemisch, mechanisch usw. an Bewegungsvorgängen abspielt, das ist doch wohl die Art und Weise, wie sich das Empfindungselement in seinem Träger selbst darlebt und auswirkt. Diese physikalischen Vorgänge sind zwar die Form, die Art und Weise, in welcher das von uns empfundene Empfindungselement sich kundgibt. Diese Vorgänge sind jedoch dieses Element selbst nicht.

2. Was spielt sich nun ab im Zwischenraum zwischen dem Träger des Empfindungselementes, das heißt dem Erreger meiner Empfindung, und mir selbst, dem Empfänger, und vermittelt somit dies Empfindungselement meinem Empfindungsvermögen? Auch da kommen Bewegungsvorgänge physikalisch-chemischer Art in Betracht, sowohl in der Atmosphäre des Zwischenraumes, als auch auf dem weiteren Wege vom Sinnesorgan bis zur Empfindungszentrale in mir selbst. Was auf diesem Wege durch all jene Vorgänge vermittelt wird, das ist überall das Empfindungselement, das ich als Empfindender von einer bestimmten Richtung ausgehend erlebe. Wie sich das Empfindungselement überall auf diesem Wege darstellt, den es als Vorgang vom Empfindungserreger bis zum Empfindungsempfänger durchläuft, das hängt von der Natur der Medien ab, die unterwegs durchlaufen werden.

Entscheidend ist die Feststellung: Was da unterwegs vermittelt wird durch allerlei Vorgänge in den Medien, das ist ein und dasselbe Empfindungselement, das zuletzt in mir als Empfindung auftritt. Als eine Aktion lebt es sich dar im Träger des Empfindungselementes, ferner im Medium der Zwischenräume und des Sinnesorganes, um zuletzt in mir als Empfindung zum *Bewußtsein* zu kommen.

Untersuche ich die Natur der Dinge, worinnen sich das Empfindungselement von seinem Träger oder Erreger bis zum Empfänger hin auslebt und kundgibt, dann erfahre ich dadurch lediglich etwas *über die Art und Weise, wie diese Medien reagieren* auf den lebendigen Vorgang des Empfindungselementes selbst, der mir als Empfindung zum Bewußtsein kommt. Diese physikalisch-chemischen Vorgänge in den Medien dürfen wir aber keineswegs als die *Ursachen* betrachten, die etwa in mir die Empfindung auslösen oder gar in mir erst zur Empfindung sich umwandeln. Diese Vorgänge sind umgekehrt *Wirkungen,* die als Reaktionen auf die Aktionen (Vorgänge) des Empfindungselementes in den Medien zustande kommen.

In verschiedenartigen Formen oder Metamorphosen kommt das Empfindungselement im Träger, in den Medien des Zwischenraumes und der eigenen physiologischen Organisation zur *Erscheinung.* Was da überall zur Erscheinung kommt, das ist immer ein und dasselbe *Wesenhafte:* vom Träger des Empfindungselementes bis zu mir, dem Empfänger der Empfindung, ist es die Wesenheit und Wirksamkeit des Empfindungselementes, die in den verschiedenartigen Medien naturgemäß verschiedenartige Bewegungsvorgänge hervorruft. Diese sind lediglich *Vermittler* des Empfindungselementes, das sich in ihnen gleichsam darstellt oder verkörpert.

Wenn man durch solche Erwägungen zur Überzeugung kommen kann, daß es das sinnliche Wahrnehmen wirklich mit objektiven *Sinnesqualitäten* zu tun hat (nicht bloß mit mechanischen Bewegungs-Quantitäten), dann ist es andererseits eine Tatsache, daß sensualistisch veranlagte Naturen wenig geneigt sind, den Theorien zuzustimmen, welche behaupten, daß es „objektiv" nur quantitative Vorgänge, Schwingungen usw. gäbe, die sich erst im Menschen selbst in sogenannte „Sinnesqualitäten" umsetzen, die aber dann einen subjektiven Charakter tragen. Als ein Zeuge hierfür mag Czolbe angeführt werden. Er wandte sich in seiner „Neuen Darstellung des Sensualismus" gegen die Voraussetzungen der Physiologen, „daß die in der Physik als mitgeteilte Bewegungen erkannten äußeren Agenten der Sinne nur quantitativ verschieden seien und von anders woher gewisse Qualitäten im Gehirn sich mit ihnen verbinden". Nein, qualitativ spezifisch verschieden seien die „Bewegungen", welchen den Sinnesqualitäten zugrunde liegen, mit welchen stets sympathische oder antipathische Gefühle verbunden seien. „Die Beschaffenheit der mitgeteilten Bewegung an sich kann uns allein durch die *innere* Erfahrung zum Bewußtsein kommen. Dies sagt uns aber, daß mitgeteilte Bewegungen von verschiedener Geschwindigkeit uns als die spezifisch verschiedenen Sinnesqualitäten bewußt werden." Diese verschiedene Geschwindigkeit der mitgeteilten Bewegung sei aber nicht eine mathematisch-quantitative, sondern eine qualitativ-spezifisch verschiedene.

Nichts bewahrt den Menschen so sicher vor einer quantitativ-dynamistischen Auflösung aller Sinnesqualitäten im Sinne der Schwingungstheorien als eine gesunde sensualistische Anlage. Andererseits gibt es auch extreme Fälle. Ein Forscher, der von den sinnlichen Empfindungen oder Affektionen als solchen beinahe fasziniert worden ist, war Ernst Mach. Sein Sensualismus entstand primär nicht aus theoretischen Erwägungen. Ihm hat sich diese typische *Sommer-Weltanschauung* schon in seiner Jünglingszeit als ein entscheidendes Grunderlebnis an einem Sommertage aufgedrängt. Er war siebzehn Jahre alt, als er folgendes erlebte: „Ich empfand plötzlich die müßige Rolle, welche das Ding an sich spielt. An einem heiteren Sommertage im Freien erschien mir einmal die Welt samt meinem Ich als eine zusammenhängende Masse von Empfindungen, nur im Ich stärker zusammenhängend. Obgleich die eigentliche Reflexion sich erst später hinzugesellte, so ist doch dieser Moment für meine ganze Anschauung bestimmend gewesen." Wer weiß, ob es nicht der Löwen-Monat des Sommers gewesen ist, in welcher die Sommersonne die in Machs Geist schlummernde Weltanschauung des Löwensternbildes plötzlich wachgerufen hat? Wir haben einleitend gezeigt, daß jeder Mensch im Hochsommer durch die Naturumstände selbst zum Sensualismus gestimmt wird. In bestimmten Fällen kann dies entscheidend wirken.

Das Empfindungsleben von Mach geht so völlig auf im Ergriffensein von den Sinneselementen, daß die durch die Vorstellungsbildung bewirkte Scheidung des Bewußtseins (Ich) von der Außenwelt (Materie) wieder verschwindet. In Wahrheit gäbe es weder Materie noch das Ich. „Die Natur setzt sich aus den durch die Sinne gegebenen *Elementen* zusammen. Nicht die Dinge, die Körper, sondern Farben, Töne, Drücke, Räume, Zeiten (was wir gewöhnlich Empfindungen nennen), sind die eigentlichen Elemente der Welt. Nicht Körper sind es, die in uns Empfindungen erregen, sondern, was wir gemeinhin Körper nennen, sind in Wahrheit Empfindungskomplexe." Und so ist auch das sogenannte „Ich" nicht eine wesenhafte Einheit, sondern nur ein *Komplex von Empfindungselementen,* die von den anderen, von außen kommenden, nicht abgelöst und unterschieden werden können. Aus diesen Elementen setzt sich *das Ich* zusammen.

Gerade das radikal-sensualistische Erleben Machs rechtfertigt den von uns gewählten Ausdruck „Empfindungselement". Wir haben ihn zunächst gewählt, um eine ganz allgemeine, nichts festlegende Bezeichnung für dasjenige Inhaltliche zu haben, was im Sinnesempfinden erfahren wird. Es zeigt sich aber, daß schwerlich ein treffenderes Wort hierfür gefunden werden kann.

Dennoch wollen wir noch einen Schritt weitergehen und genauer zu bestimmen versuchen, um was es sich da eigentlich handelt. Wir wollen also auszusprechen versuchen, als was sich uns jene Empfindungselemente des Farbigen, Tönenden, Schmeckenden usw. im unmittelbaren Erfahren darstellen, b e v o r wir uns durch die vollbewußte Vorstellungsbildung davon losgelöst, gleichsam distanziert haben. In diesem Urstadium der Sinnesempfindung ist ja der Mensch ganz träumerisch in die Empfindungselemente ergossen bzw. von ihnen ergriffen. Der Mensch fühlt sein seelisches Sein von etwas bewegt, durchwogt und durchsetzt, was von mannigfaltigen Gefühlsregungen angenehmer und unangenehmer Art begleitet ist. Womit er da zusammenlebt, das fühlt der Mensch als etwas seinem eigenen Seelenwesen Urverwandtes, eigentlich sogar Gleichartiges. Es ist etwas, womit auch das eigene Seelische sich selbst bezeichnen könnte. Obwohl die Augenblicke eines solchen vorstellungsfreien Sinnenempfindens normalerweise sehr selten sind, können feinfühlige Menschen manchmal doch in Worte fassen, wovon sie sich dann berührt und bewegt fühlen. GOETHES Beschreibungen der sinnlich-sittlichen Wirkungen der Farben sind hierfür ein hervorragendes Zeugnis. Aber viel schwieriger als gegenüber der Skala der Farben ist es, Ausdrücke zu finden für das, was man in sich spürt, wenn man von Klängen, Tonarten, Tonfolgen, Harmonien, oder gar von Geschmacks- und Geruchsqualitäten durchsetzt wird. Am ehesten wird man bei besonders feinempfindenden Dichtern hierfür treffende Bildvergleiche finden.

Wenn es schon schwierig ist, das Gemeinsame dessen mit einem Ausdrucke zu bezeichnen, was so reich differenziert aus dem Reiche des Farbigen zur Seele spricht, dann versagen uns fast alle Begriffe und Worte, wenn wir versuchen, das Gemeinsame dessen, was beim Wahrnehmen bzw. Empfinden von a l l e n Sinnesqualitäten unser Gefühlsleben erregt, begrifflich auszudrücken. Was ist denn also das Empfindungselement ganz allgemein? Wir könnten es nennen *das Sinnenhaft-Seelisch-Erregende*, oder das heranflutende Sinnesreizelement, oder das uns berührende Seelenbewegende. Und die Grundeigenschaft des Empfindungselementes, für das Empfundenwerden geeignet zu sein, könnten wir nennen *„fließende Reizbarkeit"*, ein von Rudolf Steiner geprägter Ausdruck. Daß das Empfindungselement bei aller Sinnenhaftigkeit dennoch von seelenhafter Natur ist, steht für die unmittelbare Erfahrung außer Zweifel. Darum könnte man auch von *„Weltseelenelement"* sprechen.

Hiermit ist gekennzeichnet, was in den geisteswissenschaftlichen Werken Rudolf Steiners im allgemeinen das *Astralische* genannt wird. Seine Grundwesenheit, sein Prinzip ist Bewegung. In anderen Werken wird dies Astralische auch das *Ätherisch-Elementarische* genannt. Denn von der gesamten seelischen Welt ist die in den Sinnesqualitäten sich ausdrückende unterste „Sphäre" eben das Ätherische, das die Elemente konstituiert. In Wirklichkeit sind alle Sinnesqualiäten „Seelengebilde" oder Seelenelemente. Die Grundkräfte des Seelischen, in denen sein Bewegungsprinzip zum Ausdruck kommt, sind Sympathie und Antipathie, anziehende und fliehende Bewegung, Verschmelzungsdrang und Selbstbehauptungskraft. EMPEDOKLES hat von Liebe und Haß der Elemente gesprochen.

Das Charakteristische derjenigen Seelenelemente, welche Sinnesreize erregen und empfangen, ist, daß bei ihnen diese beiden entgegengesetzten Bewegungen neutralisiert sind. Sonst würde der Mensch Sinneswahrnehmungen gierig verschlingen oder sich in Ekel von ihnen abwenden. Das ist aber im allgemeinen nicht der Fall. Jene Seelenelemente, mit denen wir es beim Sinnesempfinden zu tun haben, wirken, wie Steiner bemerkt, als verwandt auf andere Seelenwesen, ohne diese besonders anzuziehen oder abzustoßen. „Sie ziehen gleichsam keine festen Grenzen zwischen sich und der Umwelt. Fortwährend lassen sie andere Gebilde in der Umgebung auf sich einwirken. Man kann sie deshalb mit den flüssigen Stoffen der physischen Welt vergleichen." Darum die Bezeichnung „fließende Reizbarkeit".

Das Astralische ist das übersinnliche Urwesen alles Flüssigen, Beweglichen. Es ist von der Wesensart der Geister der Bewegung, aus der es entstanden ist. Aus uralter Weisheit stammend ist deshalb das Wort des ARISTOTELES, daß das Prinzip alles Sinneswahrnehmens, also des Empfindbaren und Empfindenden, die „Bewegung" sei.

Auf diesem Hintergrunde zeigt es sich, wie richtig CZOLBE in späteren Werken dasjenige gekennzeichnet hat, was als Sensuelles auf unser Sinnesempfinden einwirkt. Er sah sich genötigt, nicht bei der Annahme einer Materie stehen zu bleiben, sondern als ebenso wesentlich zu betrachten „die im Raum verborgenen Empfindungen und Gefühle oder die Weltseele". Er kennzeichnet ein objektives Empfindungsseelenelement im Weltraum, ein Weltseelisches. Czolbe war stolz darauf, auf völlig anderen Wegen als Platon im Timaios zur Annahme einer Weltseele gekommen zu sein!

Von anderen Gesichtspunkten aus hat der schon erwähnte bedeutende Seelenforscher und Philosoph KARL FORTLAGE die Sinnesqualitäten charakterisiert. „Aus der Beobachtung des inneren Sinnes" ist sein „System der Psychologie als empirische Wissenschaft" (1855) geschrieben, wie der Untertitel vermeldet. In zahlreichen, künstlerisch geschriebenen Werken hat er in gemeinverständlicher Art viele Seelenrätsel bedeutsam erhellt. Von den Sinnesqualitäten aber schrieb er: „Farben, Gerüche, Geschmäcke, Töne sind aus demselben Stoff, aus welchem die Träume gemacht sind, Stoff der Phantasie." Eine ungemein treffende Charakteristik! Als gleichwertig den innerlichbildhaften wogenden Seelengebilden, die uns beim Träumen und Phantasieren durchströmen, betrachtet er die von „außen kommenden" Sinnesqualitäten. Und so ist es in der Tat.

Wir könnten sogar gar keine Sinnesqualitäten empfinden, wenn nicht unser eigenes Selbst oder Seelisches das Seelenhaft-Innerliche alles Farbigen, Tönenden usw. in sich trüge. Beim Sinnesempfinden fließen zusammen das seelenfarbig-innere Gefühlswesen und das sinnenfarbig von außen Erregende. Draußen allerdings ist dies flutende Element des Seelisch-Farbigen im Räumlichen und Dinglichen fixiert, gleichsam erstarrt, da es sich zugleich in den oben erwähnten Stoffesmedien verkörpert. Dennoch kann das feine Empfindungsvermögen den seelenhaften, den moralisch-gemüthaften Charakter der Sinnesqualitäten auffassen.

Wie ein Seelisches aus den Farben, den Tönen spricht, so kann auch umgekehrt alles rein-innerlich Seelische in Farben zum Bewußtsein kommen, eine Erfahrung, die den Dichtern wohl vertraut ist. Da hat man es dann mit dem aufkeimenden Imaginationsvermögen zu tun. Dies verbildlicht in seelisch-empfundenen Farbenerlebnissen Reinseelisches und auch Reingeistiges. Hierauf beruht auch der Expressionismus, wie Hermann Bahr richtig geahnt hat. Er will die Seelenqualitäten der Menschen in Farben offenbaren und für die Anschauung zum Bewußtsein bringen.

Obwohl in den Sinnesqualitäten ein seelenhaft-imaginatives Element gleichsam fixiert oder erstarrt vorliegt, ist dem Menschen auf diesem Wege nur ein Bruchteil vom Gesamtumfang des Seelischen empfindbar, gleichsam nur die äußerste Peripherie oder das Vorgründige. In ihrer Gesamtheit ist die Seelenwelt viel umfassender. Es ist eine Welt von beweglich-strömenden, immer in Wandlung begriffenen Regungen, von Trieben, Begierden, Wünschen, Reizen usw. Ganz allgemein könnte man von willenhaft-begehrend-bewegenden Regungen sprechen. Weil sich also in den astralischen Sinnesreizen tatsächlich das Vordergründige einer solchen seelischen Willenshaftigkeit ausdrückt, hat der Sensualist Wundt eine richtige Empfindung ausgesprochen, wenn er das Wesenhafte des Seins, das er eben auf sensualistische Weise erfahren hat, als eine Gesamtheit von Willensäußerungen charakterisiert. Diese Erfahrung hat Rudolf Steiner durch den folgenden Satz bestätigt: „Der ergebene Mensch läßt die Sinneswelt zunächst auf die Sinne wirken, dann aber fühlt er, wie von den Dingen waltender Wille auf ihn überströmt, wie er gleichsam schwimmt mit den Dingen in einem gemeinschaftlichen Meer von waltendem Willen. Alles ist strömender, waltender Wille, insofern wir der Sinneswelt entgegentreten." Und hiezu bemerkt er dann noch, Schopenhauer habe diese Erfahrung nur einseitig in der Tonwelt gemacht.

Nunmehr erkennen wir einen feinen Unterschied, trotz gewisser Übergänge, zwischen dem, was sich dem Phänomenalismus und dem Sensualismus ergibt. Der Phänomenalist bleibt nicht im sinnlich-übersinnlichen Empfinden hängen, sondern spürt, daß durch das Erscheinende ein Geistwesenhaftes leuchtet, das sich selbst in Ideenform aussprechen will.

Ein Ätherisch-Weisheitsvolles leuchtet ihm durch den Sinnesschleier hindurch. Der Sensualist dagegen ist viel „sinnlicher". Das Astralisch-Begehrende spricht in ihm stärker. Seine Erfahrung ist zwar auch keine bloß-sinnliche, sondern eine sinnlich-übersinnliche. Er aber spürt darin nicht ein leuchtendes Weisheitselement, sondern ein triebhaftes Willenselement, nicht etwas Geistiges, sondern etwas Seelisches.

Und dennoch, auch dieses Seelische ist nur der Ausdruck von etwas Geistigem, dessen Natur aber nicht göttliche Weisheit, sondern geistig-göttlicher Wille ist. Allem Seelisch-Astralischen liegt nämlich schöpferisch zugrunde diejenige Region des Geistgebietes, in welcher die höchsten Willenswesen des Kosmos walten. Es sind die T h r o n e oder Geister des Willens, die Regenten der Saturn-Sphäre. Diese Hierarchie ist zugleich wirkend aus der Richtung des Löwensternbildes.

Die Throne sind es gewesen, die im Weltenurbeginn — im Ursaturnzustand der Welt — zum Entstehen des *physischen Leibes* die ersten Wärmeätherkeime gelegt haben, jenes physischen Leibes, der im wesentlichen zur *Sinnesorganisation* geworden ist. Dieser erste Schöpfungsakt vollzog sich aus derjenigen Richtung des Tierkreises, die uns heute durch das *Sternbild des Löwen* anschaulich ist. Das ist der zodiakale Weltenort der Throne und zugleich das *Sternbild des Sensualismus,* der Weltanschauung der Sinneswahrnehmung und Sinnesempirie.

Andererseits aber drückt sich die geistige Schöpferkraft des Löwensternbildes — mit Bezug auf die Gesamtformung des Menschen vom Kopf bis zu den Füßen — in der Herzorganisation aus, die vom Brustkorb (Krebs) umschlossen ist. Und diese seelisch-geistige Herzorganisation haben wir als das Aktivitätszentrum aller Sinnesempfindungs-Bewegungen erkannt. Wiederum schließt sich eine Reihe von Erkenntnissen zu einem großen Ganzen zusammen!

Die Throne bilden zusammen mit den Cherubim und Seraphim die höchste und erhabenste der drei Hierarchien. Es ist diejenige, durch welche sich die göttlichen Schöpfer- und Willenskräfte des Vatergottes unmittelbar kundtun. Im Hinblick auf diese ihnen gemeinschaftliche Willensnatur und Schöpfermacht nannte sie Rudolf Steiner auch die „Kräftegeister".

Die Betrachtungen über den Phänomenalismus und das Jungfrausternbild haben uns zuletzt zu den höchsten Weisheitswesen, den leuchtenden, mit Flammenschwertern die Geistesschwelle hütenden Cherubim geleitet. Die Throne erkennen wir jetzt als die Hierarchie des Löwen, und im Krebs werden wir den Weltenort der Seraphim finden.

Jungfrau, Löwe und Krebs, die drei Sommersternbilder, bilden eine gewisse Einheit im Tierkreis, weil sich aus diesen Richtungen die Geister der ersten Hierarchie offenbaren. Aus dieser Weltenrichtung, genau genommen aus der des Löwen, der die Mitte bildet, hat die Vaterhierarchie die *Urgrundlage alles Seins* erzeugt — als mit dem Ursaturn das rein-geistige Sein in offenbare Weltzustände überzugehen anfing. Die Sommersternbilder, aus welchen die Kräftegeister wirken, nannte man in alten Zeiten die Regionen der Weltenhöhen, denen gegenüberstehen die Zeichen der Wintertiefe: Fische, Wassermann und Steinbock.

Die den Sommersternbildern entsprechenden drei Weltanschauungen des *Wahrnehmens* durch den physischen Leib, beziehen sich, äußerlich genommen, auf die äußerlichsten und niedersten Aspekte des Seins, auf das Physisch-Körperliche des Seins, in Wirklichkeit aber auf Allerhöchstes: auf die *geheimnisvoll-schweigsamen Urgegebenheiten des Seins.* Denn gerade diese machtvollsten Gottesgeister haben die Kraft, aus den allerhöchsten Weltenhöhen bis in die Tiefen des physischen Erdenseins hinunterzuwirken.

Die noch seherischen älteren Griechen haben den göttlichen Regenten der Saturn-Sphäre Kronos (Chronos) oder die Zeit genannt. Das ist wieder eine der Kategorien des Aristoteles. Nun ist es sehr bemerkenswert, daß diese Kategorie in der Tat mit dem Prinzip des Sensualismus viel zu tun hat. Verschiedene Denker haben darauf aufmerksam gemacht, daß mit dem Sinneswahrnehmen eng zusammenhängt die Zeit. Im elften seiner Briefe über die ästhetische Erziehung des Menschen entwickelt FRIEDRICH SCHILLER seine bedeutsamen Anschauungen über die zwei entgegengesetzten „Triebe" oder Impulse des Menschen, den auf sinnliche Anschaulichkeit gerichteten Sinnesimpuls und den auf geistige Formung ausgehenden vernünftigen Denkimpuls. Durch den einen ist der Mensch ein zeitlich-sinnliches, durch den anderen ein geistig-ewiges Wesen. Durch den Sinnesimpuls erfährt er die allzeit sich verändernden Zustände oder Bestimmungen des bleibenden Seins, während dieses selbst durch den Denk- oder Formimpuls erfaßt wird. Der Sinnesimpuls, sagt Schiller, setze also voraus, daß wechselnde Zustände stattfinden, das heißt die Zeit erfüllen. Der Seelenzustand des bloßen Erfülltseins der Zeit ist nichts anderes als: Empfindungsleben, das die sich verändernden Zustände auffaßt. Der Geistes- oder Denkimpuls überwindet diese Zeitgebundenheit, indem er zum unveränderlich bleibenden Sein durchdringt, zu den ewigen Gesetzen der Dinge.

Diese Ausführungen Schillers können wir ergänzen durch die bedeutsamen Untersuchungen des wiederholt genannten, viel zu wenig beachteten Denkers AFRIKAN SPIR. Er hat auf die Tatsache aufmerksam gemacht, daß alles Wahrnehmen sukzessiv stattfindet. Wir müssen, um einen Gegenstand genau zu besehen, bei dem einen Ende anfangen und der Länge und Breite nach erst eine Fläche durchlaufen, dann die Kehrseite betrachten. „Verschiedenes kann folglich in der Empfindung in keiner Weise zugleich, sondern nur nacheinander, nur sukzessiv vorkommen. Kurz, die Zeit, die Sukzession, ist die Form des Gegebenen als solchen, in welcher die erscheinende Wirklichkeit in der Tat und Wahrheit besteht; dagegen gehört der Raum nicht zu dem wahren Wesen der erscheinenden Wirklichkeit, sondern zu dem sie begleitenden und bedingenden Schein."

Noch tiefer hat RUDOLF STEINER vom Wesen der Zeit gesprochen. Seine Ausführungen sind auf dem Hintergrunde der Ideen von Schiller und Spir leichter verständlich: „Man glaubt die Welt zum wesenlosen Schein zu verflüchtigen, wenn man der *veränderlichen* Summe der Geschehnisse nicht ein in der Zeit Beharrendes, ein Unveränderliches untergelegt dächte, das bleibt, während seine Bestimmungen wechseln. Aber die Zeit ist ja nicht ein Gefäß, in dem die Veränderungen sich abspielen, sie ist nicht v o r den Dingen und außerhalb derselben da. Die Zeit ist der *sinnenfällige Ausdruck* für den Umstand, daß die Tatsachen ihrem Inhalte nach voneinander in einer *Folge abhängig* sind. Nehmen wir an, wir hätten es mit dem wahrzunehmenden Tatsachenkomplex a^1 b^1 c^1 d^1 zu tun. Von diesen hängt mit innerer Notwendigkeit der andere Komplex a^2 b^2 c^2 d^2 ab; ich sehe den Inhalt dieses letzteren ein, wenn ich ihn *ideell aus dem ersteren hervorgehen lasse*. Nun nehmen wir an, beide Komplexe treten in die Erscheinung. Denn was wir früher besprochen haben, ist ihr ganz unzeitliches und unräumliches *Wesen*. Wenn a^2 b^2 c^2 d^2 in der Erscheinung auftreten soll, dann muß a^1 b^1 c^1 d^1 ebenfalls Erscheinung sein und zwar so, daß nun a^2 b^2 c^2 d^2 auch in seiner Abhängigkeit davon erscheint. Das heißt die Erscheinung a^1 b^1 c^1 d^1 muß da sein, der Erscheinung a^2 b^2 c^2 d^2 Platz machen, worauf die letztere auftritt. Hier sehen wir, wie die Zeit erst da auftritt, wo das *Wesen* einer Sache in die *Erscheinung* tritt. Die Zeit gehört der Erscheinungswelt an. Sie hat mit dem Wesen noch nichts zu tun. Dieses Wesen ist nur ideell zu erfassen."

Eben diesen Sachverhalt hatte Spir im Auge, als er feststellte: „In der Zeit ist alles so disponiert: w e n n das Eine ist, dann ist das andere nicht. Was seinem Wesen nach in die Zeit gehört, das ist nicht (wie das im Raum Existierende) ein unabhängig Existierendes, d. h. kein Ding; es hängt mit Anderem (mit seinen Bedingungen) unzertrennlich zusammen und kann nur solange dauern, als seine Bedingungen fortbestehen."

Aus dem Dargelegten ergibt sich die wichtige Einsicht: Von „Zeit" kann erst da gesprochen werden, wo Wesenhaftes ins Erscheinungsdasein getreten ist, wo aus dem Unoffenbaren ein Offenbares geworden ist. Dann erst geht aus dem zeitlosen Dauer-Sein der Zeitenverlauf, das Werden hervor. Damit wird auf die Urbeginne alles Weltenwerdens hingewiesen, die Steiner als das Hervorgehen des Ursaturn aus dem Göttlich-Geistig-Hierarchischen in seiner „Geheimwissenschaft im Umriß" beschrieben hat. Erst als die Throne aus ihrem göttlichen Opferwillensfeuer den ätherischen Urzustand der Wärme oder des Feuers hervorgehen ließen, wodurch das unoffenbare Geistig-Wesenhafte allererst ein Erscheinungsdasein bekommen hat, ward eben hiermit Chronos, das ist die Zeit.

„Zuvor" spielte sich alles in der Gleichzeitigkeit der Dauer oder Ewigkeit ab. Da hat man es mit einem reinen Innenwesen, mit vollendetem göttlich-intuitiven Insichselbstwesen und Durchsichselbstsein zu tun: Mit Gottes Aseïtät. Darum wird hier ein weiteres Fragen nach einem „Woher" und „Vorher" wesenlos.

In anderen Zusammenhängen charakterisierte der Geistesforscher die Geburt der Zeit, das heißt den Übergang vom Geistig-Wesenhaften zum Erscheinungssein als das Ergebnis eines Opfers, das die Throne den Cherubim gebracht haben. Das deutet uns abermals auf die Tatsache hin, daß Urgeheimnisse des Weltenwerdens mit den Hierarchien in den Sternbildern der Jungfrau und des Löwen verbunden sind.

Es ist wohl selbstverständlich, daß diese Urschöpfungstaten letzten Endes die Taten des Göttlichen Weltenwortes, des Logos sind. Denn die Hierarchien sind die Werkmeister des Logos, die verselbständigten und doch göttlich-bewegten Kräfte Gottes selbst. Insoferne sich dann in späteren Weltenaltern der Logos vorzüglich aus der Sonne geoffenbart hat, kann man wohl auch begreifen, daß die Sonne der Herrscher ist in dem Sternbilde des Weltenurbeginnes und des Hervorgehens der Zeit aus dem Dauersein, Dauerwesenhaften. SCHELLING hat auch in dieser Hinsicht tiefe Ahnungen. In seinem fast mysterienhaften Gespräch „Bruno“ sagt er hierüber das Folgende: „Ein Wesen, welches selbständig, gottgleich ist, ist nicht der Zeit untergeordnet, sondern zwingt diese, ihm untertänig zu sein und macht sie sich selbst untertan.“

Je vollkommener einem Ding die *Zeit* eingeboren sei, desto mehr sei es sich selbst gleich. Desto weniger bedürfe es der Einheit außer sich. Die *Sonne* aber sei die Einheit und Indifferenz aller Dinge, sie sei das Maß und der Zeiger der Zeit. Aber d i e s e Zeit sei nur das Spiegelbild des Ewigen innerhalb der Erscheinungswelt. Schelling meint hiermit nun die Zeit, die wir mit Hilfe unserer Raumesvorstellungen erfassen.

Rudolf Steiner hat in seinem letzten Pfingstvortrag im Jahre 1924 Tiefsinnigstes über Raum, Zeit und die Göttliche Dreieinigkeit ausgesprochen. Wir können davon nur Weniges kurz andeuten. Auf Erden erleben wir die Zeit immer nur durch und mit Hilfe des Raumes, nicht als solche selbst. Weil Räumliches sich vor unseren Augen *verändert*, ahnen wir die Zeit. Stellt man sich jedoch die Zeit in ihrer Reinheit, in ihrem Eigenwesen, in ihrer Unräumlichkeit vor, dann erkennt man geisteswissenschaftlich: „Im Innern der Sonne ist die Zeit.“ Aus der Sonne, aus ihrem innersten Sein, brachte der *Christus* in den Raum der Erde die Zeit. Der Vatergott ist der Gott des Raumes. Der Sohnesgott kommt von der Sonne, von der Zeit. So erkennen wir den kosmischen Christus als den Sonnen-Löwen.

Hier kommt also zu den Kategorien „Substanz“ (Ursein bzw. Wesen-Erscheinung) und Zeit auch noch als drittes und beinahe Unabtrennbares hinzu der R a u m. Diese Drei bilden eine geheimnisvolle Dreieinheit, die uns wiederum auf die Dreigestaltigkeit der obersten Hierarchie und die Dreiheit der benachbarten Weltenorte hinweist. Denn wir werden in einem folgenden Kapitel darzulegen haben, daß „Raum“ die Kategorie des Krebssternbildes ist, das mit Löwe und Jungfrau zusammen eine gewisse Einheit bildet.

Was wir oben als „die Zeit“ charakterisiert haben, ist eben doch nicht das Urwesen der Zeit — nämlich in ihrer Raumlosigkeit, sondern die Zeit, insoferne wir sie mit Hilfe des Raumes, das heißt innerhalb der physischen Welt auffassen. D i e s e Zeit ist „die Form des Gegebenen als solchen“, in welcher alles Sinnesempfinden nur sukzessiv stattfinden kann. In diesem Sinne betrachtete Czolbe als die e i n e Substanz der Welt: Raum und Zeit.

Ohne die *Zeit in ihrer Raumhaftigkeit,* die uns in der *äußeren* Sonne gegeben ist, ist keine Sinneswahrnehmung, kein *Sensualismus* denkbar. In der absoluten, niemals aufgehellten Finsternis wäre nicht nur nichts zu sehen, sondern würden sich auch nie Augen ausgebildet haben und würden die Erscheinungen der Welt niemals Farbe bekommen haben. Die Augen sind, wie Goethe so schön gesagt hat, am Lichte und durch das Licht aus gleichgültigen Organen gebildet worden. Ohne diese Raumessonne gäbe es also durchaus keine Sensualität. Die Sinneswelt ist eben, wie Rudolf Steiner es so trefflich ausgedrückt hat, durchaus *„die sonnenbeschienene Welt"*. Dessen ist man sich im allgemeinen viel zu wenig bewußt. Darum möchte man sogar sagen: Die *Sinnenwelt ist die Sonnenwelt.*

Sinneswahrnehmung und Sinneserfahrung beruhen durchaus auf dem Sonnendasein. Und diese Sinneserfahrung bildet doch den *Ausgangspunkt,* die erste *Anregung* zum Gewinnen von allen anderen Erfahrungen. Das Erfahren ist das unmittelbare Berührtsein vom Gegebenen, das unmittelbare Gewahrwerden, Erleben oder Empfinden desselben. Wenn Czolbe fortwährend an die „innere Erfahrung" appelliert, dann meint er damit die seelische Erfahrung beim Wahrnehmen und „anschaulichen Denken". Weil das Berührtsein vom Gegebenen im allgemeinen am intensivsten und unmittelbarsten am Sinnlich-Wahrnehmbaren geschieht, gehört zum Sensualismus unablösbar die Seelenhaltung des *Empirismus;* nicht aber darf man sagen: alle Erfahrung ist beschränkt auf Sinneswahrnehmung. Denn es gibt auch eine Empirie, das heißt ein Gewahrwerden, Erleben und Wahrnehmen von Übersinnlichem, in erster Linie des Denkens selbst. Aber für den Sensualismus ist urwesentlich diese Haltung des Erfahrens. Der Sensualismus ist dann ein reiner, wenn er zugleich Empirismus ist. Hier kommt es entscheidend darauf an, daß man sich der Sache aussetzt, ihren Eindruck ausprobiert.

Die sonnenhafte Natur des Sensualistisch-Empirischen hat der Naturalist bzw. Sensualist Ludwig Feuerbach radikal, aber charakteristisch zum Ausdruck gebracht: „Wahr und Göttlich ist nur das Tatsächliche, was unmittelbar sich selbst gewiß ist, unmittelbar für sich selbst spricht und einnimmt, unmittelbar die Bejahung, daß es ist, nach sich zieht, das schlechthin Entschiedene, schlechthin Unzweifelhafte, das *Sonnenklare. Aber sonnenklar ist nur das Sinnliche;* das Wirkliche in seiner Wirklichkeit oder als Wirkliches ist das Wirkliche als Objekt des Sinnes, ist das Sinnliche; Wahrheit, Wirklichkeit und Sinnlichkeit sind identisch. Das Ich ist lebendige, sinnlich-empfindende Person, der sich selbst fühlende, seiner selbst bewußte Leib. Aber auch Gefühle und andere *seelenhafte Elemente* sind sinnlich wahrnehmbar. All unsere Ideen entspringen aus den Sinnen." Es ist durchaus konsequent, wenn Feuerbachs religionsphilosophische Ideen von bestimmten Gefühlsurteilen des *Herzens* ausgehen. Wir erinnern hier wieder an die Herzensethik eines Carneri und der britischen Sensualisten.

Es ist nun wohl deutlich geworden, inwieferne auch der Sensualismus dem Menschen wichtige Zugänge zu gewissen Gebieten des Seins eröffnet. An das Sinnensein fesseln wird er nur solche Menschen, die ausschließlich für diese Betrachtungsart veranlagt sind oder ihre Auskünfte allein gelten lassen wollen. An Hamerling, Carneri, Shaftesbury und vielen anderen Sensualisten zeigt sich aber, daß der Sensualismus es keineswegs ausschließt, daß man zugleich, aus anderen Weltanschauungsimpulsen, auch ein Geistiges anerkennt. Es kann aber sogar umgekehrt als nötig empfunden werden, daß ein Mensch, der zu wenig vom Sensualismus in sich trägt und darum zu wenig von den Seelenkundgebungen des Sinnenseins in sich aufnimmt, diesen Mangel behebt. Darum darf wieder die Frage gestellt werden: Wie kann sich die menschliche Seele für das Erkennen im Sinne des Sensualismus schulen? Wie entwickelt man bewußt diejenigen Seelenkräfte, aus welchen natürlicherweise der Sensualismus hervorgeht, durch welche die sensualistische Beziehung zum Sein zustande kommt? Eine solche Schulung und Selbsterziehung kann naturgemäß, da sie von anders gearteten Seelenanlagen ausgeht, niemals zu einem einseitigen, leicht zum Materialismus überleitenden Sensualismus eines Holbach, Condillac, Feuerbach oder Mach führen. Wohl aber zu Geistesfähigkeiten, aus welchen geniale Künstler-Denker wie Shaftesbury, Schiller, Hamerling und Carneri gewirkt haben.

Aus allem hier Dargestellten ist es ohne weiteres ersichtlich, daß es bei einer Schulung entscheidend ankommen wird auf eine sehr intime und allseitige Ausbildung der Herzenskräfte, der Herzenstugenden. Denn die geistig-seelischen Herzkräfte sind der zentrale Quell aller Sinnesempfindungsregsamkeit.

Durch das rhythmische Leben seines Herzens ist der Mensch in den *Zeitenverlauf* lebendig eingeschaltet, und als fühlender Herzensmensch steht er in der Mitte zwischen dem Vergangenen, das betrachtet und erinnert wird, und dem Zukünftigen, das erstrebt und gewollt wird — oder auch nicht; jedenfalls aber zwischen dem Vorstellen und Wollen, zwischen der Vergangenheit und der Zukunft. Innerhalb dieses Zeitlebens muß der Mensch, wenn er das hier angedeutete Erkenntnisziel erreichen will, danach streben, das Prinzip der Dauerhaftigkeit und Stetigkeit in sich zur Herrschaft zu bringen. Gegenüber den immerwährend wechselnden und *veränderten Zuständen* des Seins im Zeitenverlaufe kommt es auf die Entwickelung des Bleibenden, Dauernden, Insichberuhenden an. Je mehr der Mensch aus der Mitte seines Wesens, aus den Herzenskräften lebt, desto mehr gewinnt er Seelengleichgewicht und Gleichmut. Er übe sich zu diesem Behufe in Gleichmäßigkeit und Gleichmut, in Toleranz und Positivität, im Unterschied zum einseitigen Positivismus, der gepaart geht mit dem Sensualismus eines Comte, Feuerbach, Mach und Ernst Laas. Die Seele dieses wahren Positivismus aber ist die Herzensgesinnung des Wohlwollens, die als das instinktive Moral-Organ den britischen Sensualisten eigen gewesen ist.

Rudolf Steiner beschreibt in seinem Werk „Wie erlangt man Erkenntnisse der höheren Welten?“, wie durch die hier beschriebenen Übungen — es sind sechs an der Zahl — das „Gedankenauge" oder der „innere Sinn" entwickelt wird: das Organ, welches imaginativ beschrieben wird als die zwölfblättrige Lotosblume in der Herzgegend. Wird dieses Geistorgan zur vollen Erkenntnistätigkeit erweckt, dann wird hierdurch der Mensch allerdings nicht allein zu einem „idealen" Sensualisten, sondern zugleich zu einem Empiriker des Geistes, zu einem echten „Pneumatiker" im Sinne des Neuen Testamentes. Denn das Manas ist das Geistorgan, welches dann schauend untertaucht in die leuchtenden Imaginationsfluten der ätherisch-astralischen Welt. Wir kommen hierauf im folgenden Kapitel zu sprechen.

Nach dem Manas ist nicht nur der Mensch benannt, manuschya, sondern vor allem auch der erhabene Menschheitsurlehrer, der *Manu.* Er ist der höchste eingeweihte Hüter der Sonnen-Mysterien, von Zeitalter zu Zeitalter, durch alle Zeiten hin. Aus den Sonnen-Orakeln hat er am Ende der atlantischen Zeiten, als der Frühlingspunkt der Sonne sich im Löwensternbilde befand, in einem auserlesenen Teil der Menschheit den Keim des Manas-Ich-Funken entzündet, welcher zugleich Denkkraft und Sinneswahrnehmungsfähigkeit ist. Erst als *Noah* den Regenbogen sehen konnte, gab es eine sonnenbeschienene Welt für die Sinneswahrnehmung des Menschen. In den atlantischen Epochen war die Sinnenwelt vernebelt. Zum Sinneswahrnehmen und Denken wurde die Menschheit durch die Sonnenmysterien seit dem Untergang des alten Nebellandes Atlantis erzogen.

Aber der Manu war auch der Inaugurator der indischen Veda-Weisheit, der Logos-Weisheit.

In der Veda- und Vedanta-Schule bis in späte Zeiten hinein wurde viel gesungen von dem geistigen Sonnenauge im Herzen, von der zwölfblättrigen Lotosblume. Wir führen zunächst eine Strophe des Yoga-Tattva-Upanischad an:

Die Lotosblüte, die einnimmt
Des Herzens Raum, gesenkt den Kelch,
Hoch den Stiel, niederwärts tauend,
Darin hat Manas seinen Sitz.

Und Mundaka-Upanischad bringt in großartigem Stil zum Ausdruck, wie in diesem geistigen Herzens-Organ der Sonnen-Weltengeist Brahma als der Geistes-Mensch oder Atma lebt:

Der Allkenner und Allwisser,
Dessen Größe die Welt euch zeigt,
In der himmlischen Brahmanstadt,
Im Herzensraum als Atman weilt.
In goldner herrlichster Hülle
Staublos und teillos Brahman thront,
Glanzvoll, der Lichter Licht,
Und dies kennt, wer Atman kennt.

Endlich gibt es in der indischen Weisheit eine kürzeste Formel, welche die Einheit von Mensch und Welt im Manas (als Brahman-Atman) zum Ausdruck bringt. Sie steht im Taitrya-Upanischad und lautet:

Er, der hier im Menschen wohnt,
Und jener dort in der Sonne,
Sie sind eins.

Der Logos, der Geist der Sonne, hat die Sinnenwelt geschaffen, und das Licht der Sonne macht diese Sinnenwelt sichtbar, wahrnehmbar für die sonnenerzeugten Augen. Die Sinnenwelt ist eigentlich die Sonnenwelt. Das Licht der Sonne rief im Menschen das Augenlicht hervor, und der Geist der Sonne ist es, der als Lichtbewegung des inneren Sinnes seine Fühlhörner empfindend und denkend in diese sonnenbeschienene Welt erstreckt und sie ins Bewußtsein aufnimmt. So fühlt der Mensch empfindend und erlebend in sich selbst die Welt. Abschließend sei wiederum in Spruchform auf das Wesen des Sensualismus hingedeutet.

Durchwärmt die Seelenkraft des Sinnenseins
Dein Herz, dann wirst du selbst zum Sonnen-Löwen.

VI.

DER PNEUMATISMUS

„Uns allen wohnt ein geheimes, wunderbares Vermögen bei, uns aus dem *Wechsel der Zeit* in unser innerstes, von allem, was von außen her hinzukam, entkleidetes *Selbst* zurückzuziehen und da unter der Form der *Unwandelbarkeit* das *Ewige* anzuschauen. Diese Anschauung ist die innerste eigenste *Erfahrung*, von welcher allein alles abhängt, was wir von einer *übersinnlichen* Welt wissen und glauben." Mit diesen bedeutsamen Worten weist Schelling auf dasjenige Prinzip im Menschen hin, das die Inder Manas nannten und wir heute wissenschaftlich am besten den „inneren Sinn" des Geist-Selbst nennen. Er verfügt über das innere Wahrnehmen der übersinnlichen Welt. Es ist die „intellektuelle Anschauung" oder „anschauende Urteilskraft", von welcher SCHELLING und GOETHE gesprochen haben. Die Geisteswissenschaft STEINERS beschreibt dieses im leibfreien Geistesselbst erweckbare Geistesvermögen als das imaginative Bewußtsein. Es ist ein geistig anschauendes Denken, ein denkendes Geistesschauen. In diesem Vermögen haben wir die ungeschiedene „Einheit des Anschauens und Denkens", auf welcher Schellings Gespräch „Bruno" aufgebaut ist.

Ja, wir dürfen noch einen Schritt weitergehen und geradezu feststellen, daß Manas als der gemeinsame Quell aller Sinnes- und Denkbewegungen im Menschen das Prinzip der Identität und Indifferenz ist, der Ungeschiedenheit und Ununterschiedlichkeit des „Sinnlich-Übersinnlichen". Denn ein und dasselbe Wesen ist es, das äußerlich anschauend die Sinneswelt und, innerlich schauend, die Geisteswelt sich zum Bewußtsein bringt, welche „zwei Welten", wie wir dargelegt haben, ebenfalls nur die zwei *Aspekte* ein und desselben Grundwesens sind.

Insoferne sich Manas nach „unten" zu differenziert und in die verschiedenen Sinnesbezirke erstreckt, lebt der Mensch in seinem Sinnenselbst und kommt zum *Sensualismus*. Insoferne Manas sich seiner Eigenwesenheit als „geistiger Innensinn", als Imaginationsvermögen lebendig bewußt wird, ist der Mensch in sein Geistesselbst versetzt und kommt zum *Pneumatismus*. Hiermit wird er erst wahrhaft zum Menschen (manuschya), zum Manasträger. Als solcher taucht er unter in den lebendigen Geistesstrom der übersinnlichen Welt, und seine Weltanschauung wird Pneumatismus. Er kommt zum Erleben der alldurchflutenden Weltgeistigkeit.

Das Imaginationsvermögen waltet in allem Denken als dessen verborgene und lebendige Tiefen- und Leuchtekraft. Aus halbbewußten Geistestiefen wird es entbunden, wenn der Mensch die Seelenkräfte des Denkens, Fühlens, und vor allem auch des Wollens übend zusammenfaßt, indem er meditiert und kontempliert. Hierzu ist es notwendig, daß das Denken streng konzentriert willentlich geführt und unter voller Einschaltung des Herzensfühlens innerlich e r l e b t wird. Weil somit beim Meditieren alle Seelenkräfte gesammelt sind und vereinigt zusammenwirken, darf von dem neuen Bewußtsein, das hieraus hervorgeht, mit RUDOLF STEINER gesagt werden: „Wer zum *wesenhaften* Denken sich hinwendet, der findet in demselben sowohl Gefühl wie Willen, die letzteren auch in den Tiefen ihrer Wirklichkeit." Es handelt sich eben dann nicht mehr um ein „bloßes" gleichsam „neutrales" Denken, sondern um ein solches, das ganz und gar von moralischen Gefühls- und Willensimpulsen durchströmt ist. Darum darf man mit FRANS HEMSTERHUIS die intellektuelle Anschauung den „moralischen Sinn" nennen.

Der tiefsinnige, durchaus pneumatische NOVALIS hat mit großem Nachdruck von diesem Geistorgan und seinem Verkündiger Hemsterhuis gesprochen: „Hemsterhuis' Erwartungen vom moralischen Sinn sind echt prophetisch. Die größten Wahrheiten unserer Tage verdanken wir dem Kontakt der lange getrennten Glieder der Totalwissenschaft Hemsterhuis'. Die magischen Wissenschaften entspringen nach Hemsterhuis durch die Anwendung des moralischen Sinns auf die übrigen Sinne, d. i. durch Moralisierung des Weltalls und der übrigen Wissenschaften. — Hemsterhuis' Mutmaßungen von der Perfektibilität und dem unendlich möglichen Gebrauch dieses Sinnes."

Der innere, moralische Sinn des Hemsterhuis ist das übersinnliche Herz: das Wahrnehmungsorgan für alles Schöne, Wahre und Gute, für das Göttliche.

Wir haben bereits darauf hingewiesen, daß von dem moral sense in einer einfacheren Form schon die sensualistischen Philosophen Englands gesprochen haben. Graf Shaftesbury hat diesen Begriff in der Ästhetik heimisch gemacht, wo er sich bis Friedrich Schiller als sehr fruchtbar erwiesen hat.

Bei Schiller, Hemsterhuis und Shaftesbury gewinnt man den Eindruck, daß sich die zwei Seelenimpulse, die zum Sensualismus und Pneumatismus führen, das Gleichgewicht halten. Dementsprechend hat Steiner die weltanschaulichen Konsequenzen der Seelenhaltung Shaftesburys in seinen „Rätseln der Philosophie" — und zwar im Anschluß an die Besprechung des geistesverwandten Hemsterhuis — wie folgt gekennzeichnet: „Könnte die Menschenseele durch ihre eigene Kraft, ohne äußere Sinne, die Welt betrachten, so läge vor ihr ausgebreitet das Bild der Welt in einem einzigen Augenblicke. *Die Seele wäre also dann unendlich im Unendlichen."*

Hiermit ist das Wesen des Pneumatismus gekennzeichnet! Und er fährt fort: „Hätte die Seele keine Möglichkeit, in sich zu leben, so wäre vor ihr in endloser *zeitlicher* Ausbreitung die Welt. Die Seele lebte dann, ihrer selbst nicht bewußt, im Meere der *sinnlichen* Grenzenlosigkeit."

Das ist ein Kennzeichen des Sensualismus. Wer dächte nicht an das Verschwimmen und Verschwinden des Ich in den Empfindungselementen bei Mach, Feuerbach und anderen Sensualisten!

„Zwischen diesen beiden Polen, die nirgends wirklich sind, sondern wie zwei Möglichkeiten das Seelenleben begrenzen, lebt die Seele wirklich: Sie durchdringt ihre Unendlichkeit mit der Grenzenlosigkeit."

Sehr klar hat HEINRICH RITTER den geradezu theosophischen Charakter des Pneumatismus von Shaftesbury erkannt und herausgestellt: „Das Ganze der Welt ist für ihn ein Organismus, durchdrungen von einem *inneren Lebensprinzip*, das alles Mannigfaltige zur *allgemeinen Einheit* verbindet. Alle schöne Ordnung der Welt muß aus einem einzigen geistigen Ursprung abgeleitet werden, welcher das Gute will. Der Urgrund ist *ein lebendiges, kosmisch-göttliches Selbst*, das wir Gott nennen. In diesen Lehren Shaftesburys regen sich Gedanken der Theosophie. *Leben und Seele kommt in die ganze Natur.*"

Da der „magische Idealismus" des NOVALIS aus dem Vermögen der Imagination hervorgeht, kann man seine Weltanschauung als eine klassische Ausprägung des Pneumatismus kennzeichnen. Kaum jemand hat v o r Steiner das imaginative Vermögen — und zwar aus der *Erfahrung* — so zutreffend beschrieben wie Novalis: „Die höchste Aufgabe der Bildung ist, sich seines transzendentalen Selbst zu bemächtigen, das Ich seines Ich zu sein. — Alles kann Ich sein und ist Ich oder soll Ich sein. — Ich = Nicht-Ich: höchster Satz aller Wissenschaft und Kunst. *Tätige Vernunft ist produktive Imagination. In der intellektuellen Anschauung ist der Schlüssel des Lebens. Sind unsere Sinne nichts anderes als Modifikationen des Denkorganes, des absoluten Elementes, so werden wir mit der Herrschaft über dieses Element auch unsere Sinne nach Gefallen modifizieren und dirigieren können.*"

Ganz genau beschreibt Novalis die Eigenart des imaginativen Bewußtseins: „Es ist kein Schauen, Hören, Fühlen; es ist aus allen dreien zusammengesetzt, mehr als alle drei: eine Empfindung unmittelbarer Gewißheit, eine Ansicht meines wahrhaftigsten, eigensten *Lebens*. Und so entstehen bald *Gedanken oder eine neue Art von Wahrnehmungen*, die nichts als zarte Bewegungen eines färbenden Stiftes oder wunderliche Zusammenziehungen und Figurationen einer *elastischen Flüssigkeit* zu sein scheinen, auf eine wunderbare Weise in ihm. Sie verbreiten sich nach allen Seiten mit *lebendiger Beweglichkeit* und nehmen sein Ich mit sich fort. Sie scheinen nichts als Strahlungen und Wirkungen, die jenes Ich nach allen Seiten zu in einem elastischen Medium erregt."

Vom Gesichtspunkt der geisteswissenschaftlichen Beschreibung, die RUDOLF STEINER von der Entfaltung und Eigenart dieses imaginativ-hellseherischen Erlebens gegeben hat, erscheinen alle diese, wenn auch noch so aphoristischen Andeutungen des Novalis höchst bedeutsam. Das oben beschriebene meditative und intuitiv erlebte Denken ist die Vorstufe zur Imagination. Schon dabei tritt die Erfahrung auf, daß das eigene Wesen mit dem Erlebten zusammenströmt, verschmilzt, eins wird. Sie ist durch die folgenden Sätze Steiners umschrieben: *„Ich empfinde mich denkend eins mit dem Strom des*

Weltgeschehens." „Das Denken ist das *Element,* durch das wir das *allgemeine Geschehen,* den Kosmos mitmachen. Indem wir empfinden, fühlen und wahrnehmen, sind wir Einzelne, indem wir denken, *sind wir das all-eine Wesen, das alles durchdringt.*"

Je mehr das intuitiv-erlebte Denken sich zur Imagination steigert, desto deutlicher wird die Erfahrung, daß in diesem neuen Bewußtsein die Scheidung in Subjekt und Objekt, jedenfalls in bestimmten Erlebnisaugenblicken, aufgehoben ist. Indem das Ich nun nicht mehr im wesentlichen durch den physischen Leib sein Bewußtsein hat, sondern durch den ätherischen Leib, der gegenüber dem physischen freier geworden ist, verschwimmt beim Imaginieren das Subjekt mit den Erkenntnisobjekten: „Insoferne der Mensch sich als ätherisches Wesen in der elementarischen Welt erlebt, verschwimmt das eigene (Ich-)Wesen mit gewissen Vorgängen und Wesenheiten der Umgebung. Die ätherische Menschenwesenheit muß s i c h auch in dem finden, was nicht in der Art ihr Inneres ist, wie sie sich gewöhnt hat, dieses „Innere" in der Sinnenwelt anzusehen. Es gibt in der elementarischen Welt Kräfte, Vorgänge und Wesenheiten, welche man, trotzdem sie in gewisser Beziehung „Außenwelt" sind, doch so ansprechen muß, als ob sie zu dem eigenen „Ich" gehörten. Man ist als ätherisches Menschenwesen in die elementarische Weltwesenheit eingesponnen."

Hier wird eben zur vollen Erlebnisrealität — im Menschen! —, was dem genialen Schelling mit der Identität und Indifferenz von Subjekt und Objekt vorschwebte. Zahlreiche Denker der Goethezeit verfügten eben über ein Denken, das halbimaginativ, halbhellsichtig war. Aus dem in ihnen keimenden Imaginationsvermögen haben sie dann nicht bloß von diesem Identischwerden des Ich mit dem Nicht-Ich des denkenden Subjektes mit dem objektiven Lebensstrom des Weltenseins vieles geahnt, sondern auch von der Natur und Eigentümlichkeit der ätherischen Bildekräfte, in welche die Imagination schauend untertaucht. Darum sprach Novalis von der Anschauung seines „wahrhaftesten, eigensten Lebens". Und bei FICHTE lesen wir: „Das Element der Äther, die substanzielle Form des wahrhaften Lebens ist der Gedanke." Und bei HEGEL: „Zunächst halten wir uns an das, was wir vor uns haben, dieses *Eine, Allgemeine,* diese Fülle, die dieser sich gleich bleibende *Äther* ist. Die reine Religion des *Allgemeinen* ist das *Denken.* Gott ist wesentlich im Denken."

Aber was ist nun eigentlich diese Ätherwelt, die auch dem Naturphilosophen SCHELLING einigermaßen vertraut gewesen ist? Was für ein Element ist dieser Äther? Er ist, wie wir schon früher ausführten, das fünfte, oder besser gesagt, das allererste, uranfängliche Element oder „Wurzelhafte", dasjenige, was bildsam-gestaltend den vier Elementen und damit allen Naturvorgängen und Naturgestaltungen zugrunde liegt als ein urflüssiges, im Werden lebendes Lichtströmen. Es ist aber andererseits auch jene Empfindungssubstanz, und zwar in ihrer ureigenen Übersinnlichkeit, deren Seelenhaftigkeit wir bei jedem vollmenschlich erlebten Wahrnehmen und Empfinden von Sinnesqualitäten in einer unendlich reich differenzierten Gefühlsskala primitiv erspüren. Aber dieses Astralisch-Ätherisch-Elementarische ist auch die übersinnliche Lichtwesenheit, die unseren Gedankengebilden zugrunde liegt als ihr eigentliches Weisheitsvoll-Lebendiges.

Weil diese übersinnliche Welt in immer quellenden und wogenden, sich verwandelnden Geistbildern zum Bewußtsein gebracht wird, in einem immer bewegten Meer von dahinflutenden Imaginationen, hat man sie in aller Geistesweisheit immer wieder mit dem allbelebenden und flüssigen beweglichen Wasserelement verglichen und demzufolge schlechthin das „Meer" oder den „großen Ozean" genannt.

Schauend kann in diesem Meer nur ein Selbst untertauchen, das von seinen sinnlichen Trieben und Begierden einigermaßen gereinigt ist. Insofern ist dieses Untertauchen in die erleuchtenden „Geisteswasser" der imaginativen Welt zugleich eine reinigende „Geistestaufe", eine Heiligung des Selbst. Das Sinnenselbst wird hierdurch zum Geistes-Selbst. Das kosmische Urbild hierfür ist der Engelmensch oder der „Wassermann" — das Sternbild der Geistestaufe.

Die altgriechischen Weisen kannten, als ihr Seelenwesen noch nicht tief in die Sinnesorganisation untergetaucht war, diese Sphäre sehr gut. Die Elementenphilosophie der sogenannten „Naturphilosophen" ist aus diesem Erleben hervorgegangen. Als die lebendig-schöpferischen Werdekräfte, Wurzelzustände und Uranfänge (Prinzipien) der gewordenen, erstarrten Welt, des Irdischen, Erdenhaften, erkannten sie die sinnlich-übersinnlichen Elemente des „Wassers", der „Luft" und des „Feuers". Sie meinten damit nicht eigentlich die Aggregatzustände der Materie, als vielmehr die darin waltenden, sie in Wahrheit konstituierenden, allbelebenden, allbeseelenden und immer umgestaltenden ätherisch-astralischen Wesenskräfte. Darum nannte man bis ins Mittelalter hinein die Ätherwelt zumeist die „elementarische Welt". Steiner hat diesen Ausdruck wieder zu Ehren gebracht. Darum sprach er vom ätherisch-elementarischen Lebensleib der Erde.

Dieses Ätherwesen ist wirklich, wie wir schon früher zeigten, ein Mittleres, ein Medium zwischen der reinen Geistigkeit (des Hierarchisch-Wesenhaften) und des Stofflichen. Hier vollzieht sich fortwährend der geheimnisvolle Übergang vom Übersinnlichen zum Sinnlichen.

Einerseits ist also die Ätherwelt das konstituierende Prinzip sowohl der Sinnesqualitäten der Naturelemente als auch der menschlichen Sinnesorganisation, also das Lebensprinzip der „unteren" Welt, andererseits aber — gegenüber der „oberen" Welt — das Mittel oder Medium, worin die hierarchischen Geister sich und ihre „Ideen" und Impulse zum Ausdruck bringen. Die jeweilige Beschaffenheit des Ätherisch-Elementarischen in den einzelnen kosmischen und tellurischen Regionen wird bestimmt durch die Art und Weise, wie die Inspirationskräfte der höheren Hierarchien die Seelenwesen der unteren Hierarchien, vorzüglich der Engel oder Angeloi, erfüllen und dazu veranlassen, sich darin gleichsam schaffend zu spiegeln und als Imaginationen zum

Bewußtsein zu bringen. Wenn sich also dem Seher die Ätherwelt in der Gestalt von Imaginationen kundgibt, dann sind diese übersinnlichen Bildgestaltungen letzten Endes die schöpferischen Selbstoffenbarungen der inspirierten Innenerlebnisse der Engel-Hierarchie, die als wirkende Bildekräfte von ihnen in die Reiche des Sinnendaseins gestaltgebend und lebenspendend ausströmen. Dieses Nachaußenscheinen des Geistigen, dieses glanzvoll in Imaginationen Aufleuchten und Sich-kundtun der Engel oder Ätherwesen im flüssigen Lichte des Äthers nannte die Kabbalah: Hod, d. i. Glanz.

Während die eigentlich geistige Welt aus *individuellen Wesenheiten,* göttlich übermenschlichen Monaden besteht, kann man die Ätherwelt, in der sie sich schöpferisch kundgeben, als eine *allgemeine Geistigkeit* charakterisieren. Wir erinnern hier noch einmal an den Ausdruck von dem „all-einen Wesen, das alles durchdringt" und im Menschendenken aufleuchtet. Es ist ein alldurchströmendes, allverbindendes, allgestaltendes, allbelebendes Element, mit dem die imaginierende Seele bis zu einem gewissen Grade verschwimmt, verschmilzt, womit sie darin ganz untertauchend eins wird.

Etwas von dieser besonderen Art, das Geistige und Göttliche des Universums zu erleben, liegt allen pantheistischen Empfindungen und Weltanschauungen zugrunde. Darum fallen die Begriffe Pantheismus und Pneumatismus fast zusammen. Das klassisch-pantheistische Wort des Xenophanes von dem All-Einen oder dem „Ein und Alles" gehört hierher. Dasselbe gilt von den schon genannten Elementenphilosophen, besonders von Thales von Milet, dem das Flüssig-Lebendige das Urprinzip gewesen ist, und von Diogenes von Apollonia, dem Philosophen des undifferenzierten Ätherelementes.

Auch in der Goethezeit gab es außer Novalis und Hemsterhuis noch so manchen anderen Geist, der zu diesem pantheistisch-pneumatischen Geist-Erleben stark hinneigte. Friedrich Hölderlins ekstatisches und ganz im Unbestimmten bleibendes Erleben der Geist-Natur, des „heiligen Äthers", ist ein künstlerisch besonders anziehendes Beispiel. Der nachfolgende Abschnitt aus dem zweiten Teil seines Romanes „Hyperion" läßt dies deutlich erkennen. Wir sehen ihn hier, trotz seiner *platonischen* Berührungspunkte mit Robert Hamerling, als einen geistigen Antipoden desselben. Denn Hölderlin hatte nichts vom Sensualismus in sich. Am liebsten würde Hölderlin ins allgemeine Ätherleben der Natur, der Pflanzenwelt selig aufgehen: „Ich hab' es gefühlt, das Leben der Natur, das höher ist denn alle Gedanken — wenn ich auch zur Pflanze würde, wäre denn der Schade so groß? Ich werde sein. Wie sollte ich mich verlieren aus der Sphäre des Lebens, worin die ewige Liebe, die allen gemein ist, die Naturen alle zusammenhält? Wie sollte ich scheiden aus dem Bunde, der die Wesen alle verknüpft? Der bricht so leicht nicht, wie die losen Bande dieser Zeit. Der ist nicht wie ein Markttag, wo das Volk zusammenläuft und lärmt und auseinandergeht. Nein! bei dem Geiste, der uns einiget, bei dem Gottesgeiste, der *jedem eigen ist und allen gemein*! Nein! Nein!, im Bunde der Natur ist Treue kein Traum. Wir trennen uns nur, um inniger einig zu sein, göttlich-friedlicher mit allem, mit uns. Wir sterben, um zu leben."

Der mit Hölderlin in seiner Studentenzeit tief befreundete Hegel kann zwar keineswegs ausschließlich als Pneumatist gekennzeichnet werden, aber wir finden in seiner Geistesart und Gedankengestaltung doch gar manches Pneumatisch-Pantheistische, fast möchte man sagen Theosophische. Besonders interessant ist in diesem Zusammenhange eine Beschreibung von der Art, wie Hegel beim Vortragen seine Gedanken hervorgebracht hat. Dabei gewinnt man den Eindruck, als habe er sich beim reinen Denken wie schwimmend in dem Äthermeer der Weltgedanken gefühlt. Einem seiner vielen, ihm mit großer Begeisterung zuhörenden polnischen Schüler, Joseph Kremer, verdanken wir diese Beschreibung: „Der Anblick des erleuchteten Saales war wunderlich. Auf den Bänken eine Menge Jugend, insbesondere polnischer, mit geröteten frischen Gesichtszügen, voller Leben und Stolz. Auf dem Katheder hinter dem Stuhle Hegel wie eine Erscheinung aus anderen Welten. Das Gesicht blaß ohne einen Tropfen Blut, die Augen geschlossen, die Bewegungen der Hände wie die eines in schaukelndem Wasser Schwimmenden. Sobald er zu sprechen begann, wurde es mäuschenstille, wir lauschten in andächtiger Spannung jedem Wort. Hegel sprach nicht glatt, nicht fließend, fast bei jedem Ausdrucke krächzte er, räusperte sich, hustete, verbesserte sich ständig, kehrte zu den bereits gesprochenen Sätzen zurück, suchte mit Mühe im Kopf nach einem passenden Ausdruck. Seine Vorlesung war eher ein Monolog, es schien, als vergäße er seine Hörer, als spräche er zu sich selbst, als sei er mit seinem Geiste ganz allein. Oft jedoch, wenn er sich räusperte, hielt er in seinem Vortrage inne; es war zu erkennen, daß sein Gedanke untertauchte in die Tiefe der Welt, also stöhnte er, sein Geist litt schwer und rang in abschüssigen Tiefen, bis er von neuem angesichts unser an die Oberfläche, an das Tageslicht kam und im Triumph die teuren Perlen hervorbrachte, die er in den *dunklen Tiefen des Alls* erbeutet hatte. In solchen Augenblicken war er von großer Poesie, in solchen Augenblicken sprach er glatt, und seine Worte fügten sich zu einem Bild voll unvorhergesehenen Zaubers zusammen. In solchen Augenblicken überzog eine rosenfarbene Wolke, eine Röte des Entzückens sein blasses, kreideweißes Gesicht — wie eine Blüte aus den Tiefen des Geistes selbst."

Die ersten klassischen Pantheisten finden wir im Mittelalter unter den arabischen Weisen. Es handelt sich um eine interessante Spielart des Pneumatismus. Eben weil die großen Araber des Mittelalters eine Weltanschauung vertraten, in welcher das Individuell-Seelische pantheistisch im All verschwimmt und verschwindet, wurde sie von den christlichen Scholastikern unerbittlich bekämpft. Seitdem betrachtet man in christlichen Kreisen den Pantheismus als etwas typisch Unchristliches, und nicht mit Unrecht.

Untersuchen wir, worauf dieser Pantheismus eines Averroes und Moses Maimonides zurückgeht. Alle arabischen Philosophen waren begeisterte Verehrer des Aristoteles; Averroes sagte geradezu: „Aristoteles ist das musterhafte Vorbild, das die Natur erfunden hat, um die höchste menschliche Vollkommenheit zu zeigen. Die Lehre des Aristoteles ist die höchste Wahrheit, weil sein Geist die Vollendung des menschlichen Geistes ist."

Noch aus älteren Mysterientraditionen war sich ARISTOTELES dessen bewußt, daß die geistige *Denkkraft im Herzen,* wenn sie tätig ist, mit der ätherisch-elementaren Welt, der Sphäre der Weltgedanken, zusammenlebt, obwohl sie eigentlich von sonnenhafter Natur ist und das Weltendenken des Gottesgeistes mitmacht. Solche Vorstellungen haben in der alexandrinischen Fortsetzung des Aristotelismus weitergelebt und wurden von den Arabern modifiziert und ausgearbeitet in dem Sinne, wie es ihren geistigen Lebensquellen entsprach. Der *Koran* ist durch den Erzengel *Gabriel,* die Mondenintelligenz, gegeben. Der *Islam* ist eine *Mondenreligion.* Unter diesen Einflüssen entstand bei den arabischen Philosophen des Mittelalters die folgende Auslegung der aristotelischen Lehre von der tätigen Denkkraft (noys poietikos): Dieses Prinzip ist nichts Menschlich-Individuelles, sondern eine Allgemein-Intelligenz, etwas Überirdisch-Kosmisches, und zwar die Essenz der Mondensphäre. So wie der Mensch beim Einatmen etwas von der allgemeinen Luft der Umwelt in sich hineinnimmt und davon lebt, so nimmt der entstehende Menschenleib, der eigentlich etwas durchaus Tierisch-Sinnliches ist, bei der Inkarnation etwas von jener allgemeinen ätherisch-weisheitsvollen Mondengeistigkeit auf. Diese Mondenintelligenz erleuchtet dann beim Denken den Kopf mit den Gedanken. Darum verschwimmt des Menschen Denken mit dem Weltendenken. Denn es ist nur ein Reflex des allgemeinen Mondendenkens im Kopf. Wenn dann beim Tode der Leib zugrunde geht, dann hört der Reflex, die Abspiegelung in diesem einen Leib auf; der Schein einer individuellen Intelligenz hört auf. Es gibt also keine unsterblichen Menschengeister. Der Mensch selber verfügt nur über den „leidenden Verstand" (noys pathetikos), über die passive Vorstellungskraft, über die Fähigkeit, Empfänger eines Geistigen zu sein, er ist eigentlich ein Tier. Die tätige Denkkraft gehört nicht dem Menschen an, sondern ist eine *allen* Menschen gemeinsame, es ist die Intelligenz der Mondenäthersphäre, der Engel-Sphäre.

In der Tat verschwimmt, wenn der Mensch zum Imaginieren aufsteigt, seine denkend-schauende Ätherorganisation mit der Äthersphäre der Angeloi. Ist doch der Mensch durch das entwickelte Geist-Selbst den reinen Ätherwesen oder Engeln ähnlich geworden und macht deren imaginatives Vorstellen mit. Der Mensch ist dann ein „Engelmensch" oder (ätherisch) ein „Wassermann". Eben weil man sich dieses Hineinwachsenkönnen der Menschenseele in das imaginierende Engelbewußtsein im Mittelalter noch gut vorstellen konnte, nannte man den größten, den erleuchtetsten Scholastiker, THOMAS VON AQUINO, den Doctor Angelicus. Will man sich dieses Verschwimmen im allgemeinen Weltenäther recht vorstellen, dann kann dies durch den folgenden Vergleich geschehen. Wenn in einem Wasserbecken Schwämme schwimmen, die man hineingeworfen hat, dann ist das von jedem einzelnen Schwamm aufgesogene Wasser gleichsam „sein" Wasser, gleichsam individualisiert, und doch ist es das allgemeine Wasser; denn ohne Trennung geht das allgemeine Wasser in das Wasser in den Schwämmen über und umgekehrt. Mit den Schwämmen sind hier natürlich die physischen Leibesorganisationen der Menschen gemeint.

Was die arabischen Weisen vorgebracht haben, ist also keineswegs durchaus verkehrt, es ist nur einseitig. Es ist ihnen nämlich entgangen, daß die eigentliche Denktätigkeit nicht vom Ätherleib oder der allgemeinen Ätherwesenheit des Kosmos ausgeht, sondern von der Ichkraft, die den Ätherleib zu seinen Denkbewegungen impulsiert. Diese Ichkraft ist sonnenhafter Natur. Hiervon sprechen die arabischen Philosophen nicht mehr. Diese Ichkraft ist es, welche bewirkt, daß vom allgemeinen Äthermeer der Weltimaginationen bestimmte Bilder zum Aufleuchten im eigenen Ätherleib gebracht werden, die dann allerdings normalerweise nur reflektiert am physischen Gehirnorganismus zum Bewußtsein kommen. Die Ichwesenheit verläßt zwar nach dem Tode zusammen mit der Ätherorganisation den physischen Leib, löst sich aber nicht wie diese im allgemeinen Weltenäther auf, sondern bleibt als geistbewußte Entelechie bestehen. Dessen waren sich die christlichen Aristoteliker bewußt, die arabischen jedoch nicht. Denn sie waren am Ich-Impuls des Christus vorbeigegangen und hatten sich durch den Islam religiös einseitig mit der ätherischen Mondensphäre verbunden. Die Scholastiker dagegen konnten aus ihrer Verbindung mit dem Christus die individuelle Unsterblichkeit der Seele vertreten. Sie sind hierdurch die Retter von Individualität und Freiheit vor einer sehr verführerischen, weil durchaus pneumatischen Auflösung des Ich in pantheistische Geist-Vorstellungen geworden.

Trotz dieser tiefen Gegensätze hätten sich Männer wie ALBERTUS MAGNUS und MOSES MAIMONIDES die Hände reichen können bei ihrer Interpretation der ekstatisch-pneumatischen Geisteszustände, durch welche der Mensch in die Äther- und Engelsphäre des Mondes versetzt wird. In dieser Hinsicht sind die Anschauungen des Maimonides sehr bemerkenswert. Es zeigt sich da, wie spirituell diese jüdisch-arabische Weisheit des Mittelalters gewesen ist.

Eine sehr bemerkenswerte, jedoch ebenfalls genial-einseitige Erneuerung des averroistischen Pantheismus trat in EDUARD VON HARTMANN auf. Es handelt sich wohl nicht um eine bewußte Übernahme von Ideen des Averroes, sondern um eine ursprüngliche Geistesverwandtschaft der Individualitäten. Denn man kann in E. v. Hartmann viel Gnostisch-Neuplatonisches finden, ebenso wie bei den Arabern. Statt von einer Mondenintelligenz spricht Hartmann in der heute üblichen abstrakt-philosophischen Weise von dem göttlichen „Unbewußten". Dies ist Hartmanns pantheistisch-pneumatisches Weltprinzip. Indem das „All-Eine" des weisheitsvollen göttlichen „Unbewußten" in die Menschenköpfe hereinscheint, reflektiert es sich in ihnen, kommt dort ausschließlich zum Bewußtsein und gibt sich als Genialität kund, in besonderen Fällen sogar als Hellsichtigkeit. Den nicht-individuellen Charakter der menschlichen Intelligenz bringt Hartmann mit den folgenden Worten deutlich zum Ausdruck: „Wir haben ja gesehen, daß das e i n e Unbewußte in der Tat der Träger oder das *Subjekt aller* Individualbewußtseine ist, und daß die Individuen als solche nur phänomenale Kombinationen eines leiblichen Organismus mit den auf diesen gerichteten Aktionen des Unbewußten sind. Wer also *eigentlich* das Bewußtsein des Peter und Paul h a t, ist nicht Peter und Paul, in welchen Namen eben jene phänomenalen Kombinationen bezeichnet werden, sondern das *all-eine Unbewußte selber.*"

Nebenbei gesagt ist es für den innerlich unchristlichen Charakter der Individualität Hartmanns vielleicht doch bezeichnend, daß er, um die Unpersönlichkeit der Intelligenz darzulegen, beispielshaft ausgerechnet den Namen Paul (und Peter) wählt, also ausgerechnet den Namen derjenigen Individualität, die das große Wort der christlichen Individualitätsentwickelung ausgesprochen hat: „Ich lebe, doch nicht ich, sondern der Christus in mir."

Hartmanns genialer Forschersinn breitete sich mit bewundernswerter Universalität über alle Gebiete der Kultur aus. Aber in seiner *„Philosophie des Unbewußten"* geht er doch von der Betrachtung der unbewußt in den organischen Naturreichen waltenden Weisheit aus. Sein Blick ist also auf die allgemeine Ätherwelt gerichtet. Diese ätherischen Bildekräfte walten in der Tat schlafend-unbewußt in den Lebens- und Instinktregungen der lebendigen Natur. Und dieses weise Walten des Unbewußt-Geistigen in allen organischen Bildeprozessen, in den Instinken der Tiere und in anderen halbbewußten Seelenregungen hat Hartmann wirklich glänzend dargestellt. Er war allerdings in dieser Hinsicht von dem genialen Goetheanisten CARL GUSTAV CARUS wohl weitgehend angeregt, obwohl dies aus seinen Darstellungen nicht ohne weiteres ersichtlich ist. Mit seiner unverhohlenen Sympathie für gnostisch-ekstatische und visionär-hellseherische Seelenzustände der Neuplatoniker hat er CARL DU PREL entscheidend angeregt und darf somit wohl zu den bedeutendsten Repräsentanten des pantheistischen Pneumatismus gezählt werden. Andererseits war er viel zu universal veranlagt, als daß er nur in dieser Weise hätte philosophieren können. Außer den pneumatischen Elementen finden wir in ihm auch Züge des Dynamismus, Realismus und Phänomenalismus. Aber in erster Linie möchten wir ihn doch mit Rudolf Steiner als einen Vertreter des *Idealismus* im Sinne Goethes und Hegels sehen.

Die Impulse der arabischen Weisen haben unter den Juden in Spanien und Portugal noch lange nachgewirkt. Sie treten uns wieder entgegen im Pantheismus des genialen SPINOZA. Er beruht auf einem gewissen Gleichgewicht zwischen Sensualismus und Pneumatismus, wozu allerdings noch starke Einschläge des Mathematismus und Psychismus kommen. Allen theologisch-konfessionell beeinflußten Weltanschauungen seiner Zeit wagte Spinoza einen pantheistischen Monismus entgegenzustellen: in jenem Jahrhundert eine unerhörte Ketzerei! Das Sein ist laut Spinoza e i n e s. Von den Seinsweisen oder Eigenschaften dieses *einen* Seins erfassen wir Menschen nur zwei: Ausdehnung oder sinnliches Dasein im Raume, erfaßt in den Wahrnehmungen und Empfindungen, und: Denken oder Geistigkeit, erfaßt vom urverwandten Menschendenken, das eigentlich das Denken der göttlichen Weltsubstanz selber ist. Hieraus folgt: „Alles was ist, ist in Gott, und nichts kann ohne Gott sein, noch begriffen werden. Der menschliche Geist hat eine vollentsprechende Erkenntnis des ewigen und unendlichen Wesens Gottes."

Obwohl dies bei Spinoza doch mehr These und Postulat als „Erreichnis" geblieben ist, wirkte es doch ungeheuer belebend und anregend auf die ersten Vertreter des Goetheanismus: auf Lessing, Jacobi, Mendelssohn, Fichte, Schelling, Goethe, Schleiermacher und viele andere Zeitgenossen. Der anonyme Einfluß des Spinozismus auf die deïstischen Denker des 17. Jahrhunderts ist wahrscheinlich ebenfalls viel größer, als man dies im allgemeinen vermutet. Vermied man es doch vor der Aufklärung sehr sorgfältig, sich auf den jüdischen „Atheisten" zu berufen.

Zuerst hat auf Spinoza die Aufmerksamkeit der Deutschen gerichtet ein Geist, der ihm nahe verwandt war: FRIEDRICH HEINRICH JACOBI, einer der Jugendfreunde von Goethe. Er stellt fest: Es gibt keine andere Philosophie als die des Spinoza. Aber: der Spinozismus führt zum Fatalismus und Atheismus, darum auch alles Philosophieren. Trotz dieser Ablehnung gelangte Jakobi, eben weil er dem Spinoza weltanschaulich tief verwandt war, zu einer Weltanschauung, welche ebenfalls als eine Kombination von Sensualismus und Pneumatismus bezeichnet werden kann. Nicht umsonst war Jacobi auch entscheidend angeregt worden von Hemsterhuis und dessen Lehre vom moralischen Sinn. Diesen interpretierte dann Jacobi in seiner eigenen, mehr religiösen Weise als das Herzensorgan des Glaubens. Dies „Vermögen der Gefühle" sei *identisch* mit der Vernunft, und das Höchste im Menschen: das Organ für das Übersinnliche, für das Göttliche. Der „Glaube" im Sinne des Jacobi ist also nichts Dogmatisches, sondern die Fähigkeit der inneren Herzenserfahrung, die ebenso als Geist-Gefühl wie als Vernunftsanschauung bezeichnet werden kann. Die Erfahrung richtet sich also nach zwei Seiten: die Sinnesempfindung erfährt die äußere, natürliche Welt, das Herzensfühlen dagegen die innere, übernatürliche, übersinnliche. Und zwar beide mit unmittelbarer Gewißheit, die viel überzeugender sei denn alle begriffliche Beweisführung.

Vollendet ausgeglichen traten Sensualismus und Pneumatismus in FRIEDRICH SCHILLER auf, der als Ästhetiker und Philosoph noch längst nicht genügend gewürdigt wird. Er war keineswegs nur von Immanuel Kant angeregt, sondern mindestens ebenso von Fichte, Goethe und Novalis, und zwar auf Grund von freundschaftlichem Umgang. Durch seine Studien war er aber auch angeregt vom Grafen Shaftesbury und Hemsterhuis. Ohne diese entscheidenden Befruchtungen hätte er wohl niemals seine genialen Briefe über die ästhetische Erziehung des Menschen schreiben können, die zum Allerbedeutendsten gehören, aber auch zum begrifflich Schwierigsten, was die neuere Geistesgeschichte hervorgebracht hat.

Ähnlich wie Novalis war Schiller eine Natur, in welcher eine tief spirituelle Anlage vereinigt war mit einer gesunden, kräftigen, erotischen Sinnlichkeit. Im Gegensatz aber zu Novalis waren in Schiller diese zwei Anlagen zunächst keineswegs zu höherer Einheit versöhnt, sondern in heftigem Widerstreit. Um diese Spannung zu überwinden, hatte Schiller einen gewaltigen Geisteskampf in sich selbst auszufechten. Hierbei bedurfte er zunächst der unerbittlich strengen ethischen Gesetzgebung des Kantianismus. Er meinte die natürlichen Neigungen unterdrücken zu sollen, gehorsam den Pflichtgeboten der praktischen Vernunft.

Aber an Goethe hat er später gelernt, daß wahres Menschentum gerade darin besteht, die beiden Grundtriebe des Menschen versöhnend auszugleichen, den sinnlichen Trieb (Stofftrieb), der auf das Anschauliche dringt, und den vernünftigen Formimpuls (Formtrieb), der auf das Geistige geht. Dieser Ausgleich gelingt, wenn zwischen diesen beiden Grundtrieben ein dritter entwickelt wird, der *Spieltrieb*. Er wird in der Fähigkeit zur künstlerischen Kontemplation entwickelt. In der ästhetischen Seelenhaltung sind Sinnlichkeit und Geistigkeit miteinander versöhnt. Wer den Stoff- und Formtrieb auf diesem Wege der Selbsterziehung in sich zum schöpferischen Ausgleich bringt, der wird zu einer „schönen Seele". Der Spieltrieb ist ein Impuls des Zusammenspiels der entgegengesetzten Kräfte. Er bringt Geistigkeit in die instinktive Sinnennatur und veredelt sie. Er verwandelt die natürlichen Empfindungen und Sinnesregungen dergestalt, daß sie das Zwingende von Naturimpulsen verlieren und natürlicherweise den Geistesimpulsen entsprechend wirksam werden. Und er bringt andererseits Natürlichkeit, Ursprünglichkeit, Impulsivität und vor allem Anschaulichkeit ins bloß Gedankliche. Er verwandelt das Walten der Geistesgesetze so, daß sie das logisch und ethisch Zwingende und Gebietend-Verpflichtende verlieren und mit den spirituell-instinktiven Edeltrieben übereinstimmen.

Im 18. Brief behandelt Schiller die damals bekannten Spielarten der Ästhetik und weist das Einseitige ihrer Standpunkte und Prinzipien nach. Hierbei zeigt er, inwiefern die sensualistisch orientierten Gefühls- und Empfindungs-Ästhetiker dem Wesen des Schönen und Künstlerischen doch noch näher kommen als die abstrakten Rationalisten, die als bloße Verstandesdenker das einheitliche Sein dualistisch zerspalten. Er hat bei den sensualistischen Ästhetikern hauptsächlich die englischen im Auge.

Die Ideen der ästhetischen Briefe weiterbildend und auf die Dichtkunst anwendend, hat Schiller ein Jahr später die schöne Abhandlung „Über naive und sentimentalische Dichtung" geschrieben. Dies Werk klingt in einer sehr bedeutenden Charakteristik einer Weltanschauungspolarität aus, die er selbst mit den Worten „Idealismus und Realismus" bezeichnet. Diese Ausdrücke waren damals in aller Munde. Sieht man aber genauer zu, was für Weltanschauungen und Geisteshaltungen er darstellt, dann zeigt es sich, daß er das Weltanschauungspaar des *Sensualismus* und *Pneumatismus* im Auge hat. Zweifellos betrachtet er hierbei Goethe und sich als typische Repräsentanten dieser beiden entgegengesetzten Geistesarten. Es wird dann ganz deutlich, daß er zum Bewußtsein bringen will: alle beide Weltanschauungen sind einseitige, aber durchaus gleichberechtigte Standpunkte. Jedoch erst dann, wenn sie sich wechselseitig ergänzen, wird in dieser Verbindung das wahre, volle Menschentum verwirklicht: eben die schöne, die künstlerisch-kontemplative Seele, in welcher Sinnlichkeit und Geistigkeit vermählt sind.

Uns an Schillers Ausführungen fast wörtlich anschließend, dürfen wir feststellen: Der Sensualist würde, wenn er bei seinem Standpunkt verharrt, den Horizont des Menschen niemals über die Grenzen der Sinnlichkeit hinaus erweitern. Aber der Pneumatist oder Pneumatiker würde, bei seinem Standpunkte allein verharrend, niemals die Sinnenwelt würdigen und lieben können. Sein Streben geht weit über das Sinnliche und über das Gegenwärtige, *Zeitliche* hinaus; er will nur für die Ewigkeit pflanzen.

Und wie leicht wird der Sensualist zum Materialisten, wie leicht der Pneumatist zum mystischen Schwärmer, zum Phantasten, wenn sie die entgegengesetzten Prinzipien ganz aus dem Auge verlieren, der Sensualist das Geistige, der Pneumatiker das Sinnliche.

Die meisten der westeuropäischen Naturalisten oder Sensualisten waren mehr oder weniger Materialisten, und so mancher der deutschen und osteuropäischen Romantiker verlor sich doch in mystischen Phantasien!

Wo aber Sinnlichkeit und Geistigkeit harmonisch zusammenwirkend im Lebenskünstlertum ineinanderspielen, da wird der freie Mensch, die schöne Seele, die *reine Menschlichkeit* geboren.

Indem Schiller die mittlere, die künstlerische Seelenkraft entfaltete, hatte er den Sinnesimpuls in sich nicht zu unterdrücken, sondern konnte ihn umwandeln und vergeistigen. Die Veredelung des Sinnenselbst zum Geistselbst, die Carneri mit seiner Glücksethik gemeint hat, war hier bis zu einem gewissen Grade vollzogen.

Je mehr der Mensch auf diesem Pfade der Selbstverwandlung erreicht, desto mehr hört der moralische Widerstreit der Vernunftgebote gegen die Sinnestriebe auf, der Kampf der Pflichten gegen die Neigungen. Denn es wird dem Menschen zur zweiten Natur, zur tiefeingewurzelten Gewohnheit und Neigung, das Gute und Rechte zu tun. Im Unterschied zu den jeweils einzelnen guten Taten und besonderen Tugenden können wir diesen höchsten Stand der Tugendhaftigkeit die *Gerechtigkeit* oder *Vollkommenheit* nennen, wie dies schon Platon getan hat. Auf Platon fußend hat der geniale Philon von Alexandrien drei Stufen des sittlichen Lebens unterschieden: die Sittlichkeit aus der Erkenntnis, die Sittlichkeit aus der Übung, das heißt aus der Anstrengung und dem fortwährenden Kampf des Geistigen gegen das Sinnliche in der Seele — und dann die Sittlichkeit aus „Natur", womit der Stand des Gutseins gemeint ist, die habituell gewordene Tugendhaftigkeit, der edle Charakter, die Sittlichkeit als Habitus. Dies ist die Frucht der Gerechtigkeit, der sittlichen Vollkommenheit des Menschen, die volle *Menschwerdung*.

Mit dem Begriffe Habitus sind wir wieder zu einer der zehn Kategorien des Aristoteles gekommen. Man bezeichnet sie zumeist mit den Worten „Haben" oder „Verhalten", gelegentlich auch mit „Bekleidung". Es handelt sich eben um das, was ein Wesen „an hat", an sich trägt, um seinen *Habitus*, um die Gesamtheit dessen, was sich ein Wesen zu eigen gemacht hat, sei es jetzt oder in abgelaufenen Entwickelungsstufen, etwa in früheren Verkörperungen. Dies Habituelle ist das Gewohnheitsmäßige, selbstverständlich Anhaftende, das bleibende Charakterologische. All dieses ist, geisteswissenschaftlich formuliert, im ätherischen Organismus, in der Zeitenorganisation verwurzelt, sitzt also viel tiefer in den bewußten Untergründen des Seelenlebens als die bewußten, immer wechselnden Seelenregungen.

Zur Geisteshaltung des Pneumatismus gehört, wie wir haben sehen können, ein gewisses Gleichgewicht der Seelenkräfte, eine Harmonisierung der polar entgegengesetzten Seelenimpulse und eine meditativ-kontemplative Seelenhaltung. Das Denken muß sich in ein beschauliches Sinnen verwandeln, das Sinnesanschauen durch die ästhetische Kontemplation sich vergeistigen.

Wird diese Seelenstimmung zur völligen Ausreifung gebracht, dann führt das zuletzt zur *Gnosis.* Jene Seelenstimmung der gelassenen Beschaulichkeit lebte in vielen Seelen des verklingenden Altertums — bald nach dem Erscheinen Alexanders des Großen. Erst im zweiten und dritten nachchristlichen Jahrhundert ging dies gnostische Geistesleben in die Mystik des *Neoplatonismus* über. Die gnostisch-beschauliche Seelenstimmung kam zuerst in der *Stoa* klassisch zum Ausdruck, auch wenn sie da noch nicht zu spirituellen Erkenntnissen geführt hat wie später in der urchristlichen Gnosis. Die stoische Philosophie des Kleanthes, Chrysippos, Marcus-Aurelius ist nach außen hin ein Naturalismus, der auf sensualistischen Prinzipien beruht, innerlich aber doch ein gewisser Pneumatismus. Beide Impulse halten sich ein gewisses Gleichgewicht. Gott-Natur ist das eine, universelle *Lebewesen.* Die ganze Welt ist von göttlichem Leben erfüllt. Sittlich ist der Mensch, wenn er im Einklang mit der göttlichen Natur lebt, indem er seine Triebnatur zügelt und veredelt.

Diese *stoische Ethik* ist wieder lebendig geworden in den bedeutenden Geistern wie Schiller, Wilhelm von Humboldt, Ralph Waldo Emerson und Carneri. Humboldt lebte ganz in der Greisen-Beschaulichkeit, meditierend über Schicksal, Zeit und Ewigkeit. Besonders anziehend ist der echte, das heißt durchaus gnostisch-kontemplative Pneumatismus von Emerson. Auch dieser Amerikaner gehört zu den noch viel zu wenig gewürdigten Denkern der Menschheit. Würde sich die Fachphilosophie, wie sich das geziemt, mehr auch mit den *Lebensanschauungen* beschäftigen, nicht bloß mit den theoretischen Weltsystemen und Erkenntnistheorien, dann würde sie Emerson sehr in den Vordergrund rücken müssen. Wir finden bei Emerson manchmal Sätze, in welchen er beinahe im Stile eines Eingeweihten die Grunderfahrung des Pneumatismus ausspricht, die Steiner in der Schrift über „Die Schwelle der geistigen Welt“ unter die Meditationsformel gebracht hat: „Nicht ich denke bloß, sondern es denkt in mir; es spricht das Weltenwerden in mir sich aus. Ich empfinde mich denkend eins mit dem Strom des Weltgeschehens.“ Auf der zweiten Seite der Essays „Over Soul“, wo der mit dem Weltgeist zusammenlebende Genius des Menschen und dessen pneumatisches Vermögen behandelt wird, lesen wir: „Der Mensch ist ein Strom, dessen Quelle verborgen ist. Unser Sein steigt in uns hernieder, wir wissen nicht, woher. Ich muß zu allen Augenblicken einen höheren Ursprung der Ereignisse anerkennen, als den Willen, welchen ich den meinen nenne. Und wie mit den Ereignissen, so verhält es sich auch mit den Gedanken. Wenn ich diesen fließenden Strom betrachte, der aus Regionen, die ich nicht sehe, eine Zeitlang seine Fluten in mich ergießt, so sehe ich, daß ich nur ein Gastgeber bin, daß ich nicht die Ursache, sondern nur ein überraschter Zuschauer dieser *ätherischen Wasser* bin, daß ich wünsche und emporschaue und eine empfangende Haltung einnehme; aber einer mir fremden Energie entstammen diese *Visionen.*"

Es ist ganz offenkundig, daß Emerson etwas davon gespürt hat, daß wir es bei den Gedanken des Menschen eigentlich mit einströmenden Imaginationen der Ätherwelt zu tun haben.

Diese ganze Studie Emersons handelt von göttlichen Offenbarungen, von den „Einströmungen des göttlichen Geistes in unseren Geist". Die großen Dichter seien überragende Geister „infolge des freien Strömens, das sie der bildenden Weltseele gestatteten, die nun die Dinge, die sie geschaffen, durch ihre Augen wiederschaut und segnet". Schließlich bekennt Emerson: „Unaussprechlich ist die Vereinigung von Gott und Mensch in jedem Akte der Seele. Und doch ist dieses Einströmen dieses besseren und universellen Ich immer wieder neu und unerforschlich."

Wer so wie Emerson von dem Einströmen höherer Geistesoffenbarungen in die Menschenseele spricht, ist damit bis zu einem gewissen Grade ein Prophet des kommenden Zeitalters, das anbrechen wird, wenn der Frühlingspunkt der Sonne ins Wassermann-Sternbild vorgerückt sein wird. Wer die Zeichen jenes Zeitalters zu beurteilen vermag, und zu diesen gehören wieder bis zu einem gewissen Grade Schelling und Novalis, der weiß, daß dann die Geistesimpulse des Johannes diejenigen des Petrus und Paulus ablösen werden. Die große Individualität des Täufers ist der Urträger der Inspirationskräfte des Wassermann-Sternbildes.

Erst in jenem Zeitalter werden große Teile der Menschheit mit dem imaginativen Bewußtsein untertauchen in die erleuchtenden Geisteswasser der Äther-Lebenswelt. Dies wird die Geistestaufe der Menschheit sein. Der Mensch wird aus einem bloßen Ichwesen zu einem Engelmenschen oder „Wassermann" werden. Dann erst kann die Weltanschauung des Pneumatismus ausreifen, so wie im gegenwärtigen *Fische-Zeitalter* die *Ich-Philosophie* des *Psychismus* tonangebend sein soll.

Aber als Vorboten jenes zukünftigen Zeitalters sind in vergangenen Jahrhunderten immer wieder große erleuchtete Geister erschienen, welche jene pneumatischen Gaben der zukünftigen Menschheit vorweggenommen haben.

Eine dieser Persönlichkeiten war der „engelgleiche" Schlesier Johannes Scheffler, genannt Angelius Silesius oder „der schlesische Engel". Viele seiner tiefsinnigen Sprüche aus dem „Cherubinischen Wandersmann" bringen ebenso treffend wie schlicht die Grunderlebnisse des *Pneumatismus* zum Ausdruck. Zunächst zwei Sprüche, welche großartig treffend die Polarität der Löwe- und Wassermann-Weltanschauung kennzeichnen:

Zwei Augen hat die Seel', eins schauet in die *Zeit*,
Das andre richtet sich hin in die *Ewigkeit.*

Du selber machst die *Zeit:* das Uhrwerk sind die *Sinnen;*
Hemmst du die Unruh nur, so ist die Zeit von hinnen.

Sodann ein Spruch, welcher das Geheimnis des imaginativen Zentral- und Allgemein-Sinnes ganz einfach formuliert:

Die Sinnen sind im Geist all *ein* Sinn und Gebrauch:
Wer Gott beschaut, der schmeckt, fühlt, riecht und hört ihn auch.

Endlich das typische Imaginationserleben und Einswerden des Eigenwesens mit der Weltengeistigkeit:

Ich selbst muß Sonne sein, ich muß mit meinen Strahlen
Das farbenlose Meer der ganzen Gottheit malen.

Der Geist, den Gott mir hat im Schöpfen eingehaucht,
Soll wieder wesentlich in ihm stehn eingetaucht.

In Gott wird nichts erkannt: er ist ein einig Ein.
Was man in ihm erkennt, das muß man selber sein.

Gott wohnt in einem Licht, zu dem die Bahn gebricht;
Wer es nicht selber wird, der sieht ihn ewig nicht.

Das Zeitalter des Wassermannes oder der Geistestaufe der Menschheit wird nicht allein die wahre Geburt des Menschenwesens, sondern in inniger Wechselwirkung damit auch die Testamentserfüllung des Christentums, das Zeitalter des ewigen Evangeliums bringen. Denn die *pneumatischen* Gaben des Heiligen Geistes, von denen PAULUS gesprochen, werden dann erst vielen Menschen eigen sein. Auch dies haben viele bedeutsame Denker vorausgeahnt. EMERSON sprach das kühne Wort aus: „Falsch ist die Annahme der Theologen, daß die Zeit der Inspiration vorüber und die Bibel abgeschlossen sei."

NOVALIS brachte dieselbe Überzeugung in seinen Fragmenten noch deutlicher zum Ausdruck: „Wer hat die Bibel für geschlossen erklärt? Sollte die Bibel nicht noch im Wachsen begriffen sein? In den Evangelien liegen die Grundzüge künftiger und höherer Evangelien. Der Heilige Geist ist mehr als die Bibel. Er soll unser Lehrer des Christentums sein, nicht toter, irdischer, zweideutiger Buchstabe."

Ist es nicht, als ob sich Novalis selbst als ein Wegbereiter für das Hineinschreiten der Menschheit in dies johanneische Zeitalter gefühlt hätte?

Nachdem wir nun auch die Polarität von Sensualismus und Pneumatismus an mancherlei Beispielen zum Bewußtsein gebracht haben, sei auch diese Weltanschauungs-Opposition der Löwen- und Wassermann-Impulse spruchartig angedeutet:

Durchwärmt die Seelenkraft des Sinnenseins
Dein Herz, dann wirst du selbst zum Sonnen-Löwen;
Doch atmest du des Denkens Willensstrom,
Dann schwimmt dein Geist in Ätherlichtesfluten.

VII.

DER MATERIALISMUS

Wer sich unbefangen und voll erlebend dem erschließt, was sich dem passiven und aktiven Erkenntnisvermögen beim Hinwenden zur Außenwelt ergibt, wird in diesem Erleben selbst keine Veranlassung finden können, von stofflichen Dingen zu sprechen. Denn sowohl die Sinnesqualitäten werden vom äußeren Wahrnehmen als auch die Regungen der Empfindungen, Gefühle und Vorstellungen vom inneren Wahrnehmen so erfahren, daß der Eindruck, man habe es nur mit Stofflichem, ganz und gar Unseelischem oder Ungeistigem zu tun, nicht entstehen kann. Wir haben uns dies bei den Betrachtungen über den Phänomenalismus und Sensualismus zum Bewußtsein gebracht. Wie kommen aber dennoch so viele Menschen dazu, Materialisten zu werden und zu behaupten, alles Sein sei rein stofflicher Natur? Darum ist dies der Fall, weil die Menschen nicht auf Grund ihres unmittelbaren Erlebens urteilen, sondern auf Grund von Deutungen, die sich dazwischen schieben. Und diese Deutungen entstehen letzten Endes alle aus dem berechtigten, jedoch unbewußten Urdrang des menschlichen Erkenntnisstrebens, das ganze Sein als ein Einheitliches, also monistisch aufzufassen.

Nun aber ist uns das universelle Sein, wie wir dargelegt haben, *zunächst* nicht als ein einheitliches, *eines* gegeben, sondern es stellt sich uns in zweifacher Art dar: von außen her als ein Komplex von Wahrnehmungen, Sinnesempfindungen usw., und von innen her als ein Komplex von Begriffen, Ideen. Nicht nur treten diese zwei Faktoren in entgegengesetzter Art auf, von außen dem passiven Bewußtsein als ein Nur-Gegebenes, und von innen dem tätigen (Denk-)Bewußtsein als ein Hinzuerzeugtes, sondern beide scheinen auch von durchaus entgegengesetzter Essenz zu sein. Wir drücken diese Gegensätzlichkeit im allgemeinen mit den Worten „sinnlich“ und „nichtsinnlich“ (unsinnlich, übersinnlich) aus. Als eine solche gegensätzlich geartete Zweiheit muß sich das Gesamtsein dem Menschen darstellen, seitdem dieser sich als ein selbstbewußtes Wesen vom Natursein losgelöst und diesem gegenübergestellt hat, wodurch der Urgegensatz von Subjekt und Objekt notwendigerweise gegeben war.

Hier liegt, wie wir schon erwähnten, die Urwurzel aller dualistischen und auch einseitig-monistischen Theorien. Rudolf Steiner brachte diesen Tatbestand zum Bewußtsein: „Der Dualismus richtet den Blick nur auf die vom

Bewußtsein des Menschen vollzogene *Trennung* zwischen *Ich* und *Welt.* Sein ganzes Streben ist ein ohnmächtiges Ringen nach der Versöhnung dieser Gegensätze, die er bald *Geist* und *Materie,* bald *Subjekt* und *Objekt,* bald *Denken* und *Erscheinung* nennt. Er hat ein Gefühl, daß es eine Brücke geben muß zwischen den beiden Welten, aber er ist nicht imstande, sie zu finden. Der Dualismus sieht Geist (Ich) und Materie (Welt) als zwei *grundverschiedene* Wesenheiten an, und kann deshalb nicht begreifen, wie beide aufeinander wirken."

Je tiefer auseinanderklaffend das Seelenbewußtsein eines Menschen diese zwei Pole erlebt, desto gegensätzlicher geartet erscheinen sie ihm und desto unüberbrückbarer wird ihm die Gegensätzlichkeit des Sinnlich-Materiellen und des Seelisch-Geistigen, draußen und drinnen. Wir können hierbei drei Hauptstufen unterscheiden. Wer aus der Polarität der Jungfrau-Fische-Weltanschauung lebt, kommt fast notwendigerweise zu einem gesunden Monismus. „Erscheinung" und „Bewußtsein" sind als Polaritäten gleichsam unabtrennbar innig miteinander verknüpft, weil eben nur im Bewußtsein etwas Wesenhaftes zur Erscheinung werden kann.

Beim zweiten Gegensatzpaar, bei der Polarität der Löwen- und Wassermann-Weltanschauung haben wir es mit der Gegensätzlichkeit des sinnlich und des übersinnlich-imaginativ Wahrgenommenen zu tun. Aber als den gemeinsamen Quell beider Arten des Wahrnehmens haben wir den Zentral- oder Allgemein-Sinn aufgewiesen. Wer aus ihm erkennend lebt, der kommt zu einem ausgeglichenen Erleben eines „Sinnlich-Übersinnlichen", wie wir es vor allem an SCHILLER aufgezeigt haben. Hier ist die Zweiheit auch noch einigermaßen überbrückbar.

Unmöglich erscheint jedoch ein Brückenschlagen beim dritten Gegensatzpaar der Weltanschauungen: Materialismus und Spiritualismus. Hier hat man es offenkundig mit einer radikalen Gegensätzlichkeit zu tun. Sie findet ihren kosmischen Ausdruck in der Opposition des Krebs- und Steinbock-Sternbildes.

Je vollständiger sich die Menschenseele vom Weltensein losgelöst und emanzipiert hat, desto mehr ist sie zu sich selbst gekommen. Desto heller wurde der Mensch ichbewußt. Aber desto unversöhnlicher wurden die dualistischen Gegensätze erlebt; desto tiefer aber auch die Sehnsucht nach ihrer Überbrückung, weil eben die Wirklichkeit doch nur *eine* einheitliche *ist* und die Seele nicht befriedigt sein kann, bevor sie diese Einheit findet. Je tiefer aber die Kluft klafft, desto größer wird die Neigung der Seele, um der gesuchten Einheit willen die Phänomene einheitlich sensualistisch oder materialistisch zu deuten, manchmal allerdings auch, dies pneumatisch oder spiritualistisch zu tun.

Weil die Menschheit seit dem 15. Jahrhundert einen hohen Grad des Persönlichkeits- oder Selbst-Bewußtseins erlangt hat, mußten seitdem einerseits die radikal-dualistischen Systeme eines DESCARTES, MALEBRANCHE und GEULINCX, andererseits die sensualistischen und materialistischen Weltanschauungen herrschend werden — neben einseitig spiritualistischen, wie etwa bei BERKELEY.

Da aber die Zwiespältigkeit der dualistischen Theorien um so tiefer empfunden worden ist, je tiefer sie klaffte, mußte zugleich die Sehnsucht anschwellen, durch monistische Interpretationen die Dualismen zu überwinden. Gerade hierdurch aber sind die radikal materialistischen Weltbilder entstanden. Denn von welcher Art sind denn beinahe alle monistischen Weltbilder, die seit jener Zeit aufgekommen sind? Es handelt sich laut RUDOLF STEINER um die folgenden drei: „Der *Monismus* hat sich bis jetzt in einer dreifachen Art zu helfen gesucht: entweder er *leugnet den Geist* und wird zum *Materialismus,* oder er *leugnet die Materie* und wird im *Spiritualismus* sein Heil suchen; oder aber er behauptet, daß schon in dem einfachsten Weltwesen Materie und Geist *untrennbar verbunden* seien."

Je nachdem nämlich eine Seele so veranlagt ist, daß sie intensiver im sinnlichen Wahrnehmen oder im aktiven Denken lebt, wird ihr Streben, die gegebene Zweiheit zu überbrücken oder aufzuheben, dazu führen, entweder das nur noch ganz schwach empfundene Übersinnliche ins Sinnlich-Materielle hinein verschwinden zu lassen, oder aber das wenig Eindruck machende Sinnliche spekulativ in das innerlich stark ergriffene Übersinnliche aufzulösen. Demzufolge entsteht der *materialistische Monismus,* wie ihn die französischen Enzyklopädisten vertreten haben, und daneben der *spiritualistische Monismus* etwa im Stile eines BERKELEY oder FICHTE. Daneben traten sensualistisch-materialistische Weltdeutungen auf, wie etwa die von LORD BACON, VON HOLBACH und anderen, sowie endlich pantheistisch-spirituelle Weltanschauungen, wie etwa bei SPINOZA. Sowohl die pan-sensualistischen als auch die pan-pneumatisch-pantheistischen Weltanschauungen neigen zum materialistischen oder spiritualistischen Monismus. In wieder anderen Systemen endlich versuchte man die Gegensätze in spekulativen Synthesen aufzuheben. Diese Systeme nähern sich zuweilen in bedeutsamer Weise dem wahren Monismus, den wir zuletzt als die Weltanschauung der rechten Mittehaltung, als den *Realismus,* darzustellen haben. Gegenüber zwei seelisch-spekulativen Abirrungen wird hier die rechte Gleichgewichts- oder Waage-Haltung zwischen den dualistischen Gegensätzen von Geist und Stoff, Subjekt und Objekt usw. geahnt oder gefunden. Spinozas Grundkonzeption und Schellings Identitätsphilosophie kommen dieser Lösung ziemlich nahe.

Um das Wesen des Materialismus zu verstehen, müssen wir zu seiner Urwurzel zurückgehen: zum allerersten Aufklaffen des Dualismus bei der Loslösung der nach Selbstbewußtsein und Eigenständigkeit strebenden Menschenseele vom Weltensein, in das sie ursprünglich ununterscheidbar eingebettet war. Und da muß dann gefragt werden: Wohinein hat sich eigentlich die Menschenseele zurückgezogen, als sie sich vom Weltensein loslöste? In sich selbst, wird man antworten. Aber diese Antwort genügt nicht. Sagen wir dann: in ihr Schneckenhaus, in ihren Leib. Hiermit werden wir zum Richtigen geführt, wenn wir zugleich bedenken, wodurch denn eigentlich das Subjektbewußtsein und damit auch das uns heute so geläufige Gegenstandsbewußtsein zustande kommt. Es kommt dadurch zustande, daß die Seele durch die Sinnes- und Nervenorganisation des Gehirns erlebt. In diese ist seitdem das ursprünglich ins Universum ausgebreitete Seelenbewußtsein hineingezogen und immer mehr darin gleichsam untergetaucht und verschwunden. Indem der Menschengeist aufhörte im Weltenbewußtsein zu leben und sich auf sich selbst richtete im Subjektbewußtsein, hat er, ohne sich dessen bewußt zu werden, allererst sein Vorderhirn ausgebildet und zu dem Wunderwerkzeug des Wahrnehmens und Denkens ausgestaltet. Hierdurch wurde das Nervensystem, besonders das Gehirn zu einem Apparat, in dem sich die Außenwelt in einer ähnlichen Art (erkenntnismäßig) abspiegelt, wie das Licht der Sonne am Monde. Darum ist der Ausdruck „reflektives Denken" sehr zutreffend. Erst als der Mensch zum verstandesmäßigen Reflexions- oder Spiegeldenken gekommen ist mit Hilfe des Gehirnes, kam er auch zur Reflexion seiner selbst, das heißt zum Selbstbewußtsein. Das Gehirn vermittelt dem Menschen die Spiegelbilder der Welt und des eigenen Selbst — in den vorgestellten Gegenständen und im Vorstellungsbilde vom Subjekt. Subjekt- und Objektbewußtsein aber sind Korrelate.

Diese Bewußtseinswandlung hat sich jedoch nur sehr allmählich vollzogen. Darum gibt es in der Bewußtseinsgeschichte der Menschheit und auch heute noch bei den verschiedenen Persönlichkeiten verschiedene Grade des Losgelöstseins des Menschenseins vom Weltensein und damit auch der schattenspiegelhaften Abstraktheit der Welt-Vorstellungen. Bei keinem Menschen ist der Grad der Geschiedenheit des Subjekts vom Objekt ganz derselbe. Immer haben sich die Menschen unterschieden durch den Grad, in welchem ihr Geist mit dem Weltensein zusammenlebt oder von ihm distanziert ist. Mit hiervon hängt es ab, ob man Phänomenalist, Sensualist oder Materialist wird. Zum Phänomenalisten wird der Mensch, wenn sein Geist noch etwas von der paradiesischen Ungeschiedenheit von Menschen- und Weltensein bewahrt hat, wenn er noch in gewisser Beziehung in den Dingen drinnen lebt. Darum resultiert aus dem Phänomenalismus ein Erkenntnisverhältnis des Menschen zur Welt, das, wie man bei Goethe beobachten kann, zu einer monistischen Weltauffassung führt.

Ist der Mensch weiter distanziert vom Weltensein, dann erlebt er die Erscheinungen viel weniger als übersinnlich-sinnliche, sondern als sinnliche Empfindungselemente: er wird zum Sensualisten. Hat die Seele sich radikal vom Weltensein distanziert, dann wird dem Menschen bei völliger Geschiedenheit des Subjekts vom Objekte die Welt ganz seelenlos und tot. Da in diesem Falle unbewußt alle Weltgeistigkeit ins eigene Selbst-Bewußtsein hinein „verschluckt" worden ist, muß diese dort leicht verborgen oder verkannt bleiben; so bleibt dem Menschen „draußen" eine ganz seelenlose und geistentblößte Objektwelt, die er als „Materia" anspricht. Infolge dieses Bewußtseinswandels ist der Materialismus erst lange nach dem griechischen Phänomenalismus und dem Sensualismus der römischen und Renaissance-

Zeit entstanden: seit dem 18. Jahrhundert erst. Erst infolge der vollständigen Herauslösung des Menschenwesens aus dem Weltensein (für das *Bewußtsein* des Menschen!) entstand im 19. Jahrhundert das zweipolige Urphänomen aller „Welträtsel", nämlich das Korrelat „Bewußtsein und Materie", das DUBOIS-REYMOND als ein schlechthin unauflösbares betrachten mußte, weil das passive Denken jener Zeit nicht mehr erleben konnte, daß in den *Tiefen* des Bewußtseins dasjenige schlummert, ohne dessen Bewußtwerdung die geistentblößte Materie als ein undenkbares Rätselhaftes draußen bleiben m u ß. Wird man sich dieser Tiefen des Ichs bewußt, dann wird man dort finden, was *mehr* als „Ich" ist: im Geist-Erinnern wird man spiritualistisch die Wahrheit finden: Materie ist Licht oder Geist, draußen aber in der Form ihrer Selbstentfremdung, nämlich als das erloschene Bewußtseins-Licht, als Nicht-Ich, als Bewußtlosigkeit oder Finsternis. Diese ist das Undenkbare, Undurchdringliche, Bewußtlos-Sichselbst-Dunkle, während das Licht das Sichselbst-Durchsichtige ist.

Je weiter sich also das Menschenselbst (unwillkürlich) im Laufe der Zeiten vom Weltensein distanziert hat, das Weltbewußtsein mit dem Selbstbewußtsein vertauschend, desto abstrakter und bleicher wurden seine Begriffe und Vorstellungen. Desto tiefer aber verband sich der Geist mit dem Gehirn, desto mehr waren seine Tätigkeiten an dessen leibliche Funktionen gebunden. So hat sich der Menschengeist allmählich ganz und gar in seinem Leibeshause, insbesondere im Nervensinnessystem verschanzt. Desto ungeistiger und materieller aber erscheint dem Bewußtsein die Außenwelt. Aus dem Wahrnehmen entschwindet immer mehr das übersinnliche Element, das imaginative. Und das Denken wird immer mehr gehirngebunden. Das Menschengeistige zog sich auf diese Weise aus den Weiten des Weltenseins ins Gehirn immer tiefer zurück, wird dort zum Subjektbewußtsein mit dem Korrelat des physischen Gegenstandsbewußtseins.

In langen Zeiträumen hat sich also das ursprünglich traumhaft-seherische Weltenbewußtsein des Menschen immer mehr verengt: zum Selbstbewußtsein. Je weltumfassender es gewesen ist, desto dumpfer, traumhafter, somnambuler war das Selbstbewußtsein. Je mehr es sich, sich konzentrierend, verengte, desto heller und selbstbewußter wurde der Mensch. Man kann diesen Bewußtseinsvorgang durch einen Vergleich verdeutlichen. Je nach dem Abstand, in dem ich durch eine Lupe das Sonnenlicht auf das Papier scheinen lasse, desto weiter oder enger wird der Lichtkreis, den die Sonne durch dieselbe auf das Papier wirft. Je kleiner der Lichtkreis, desto heller ist er, bis er zuletzt in den Brennpunkt hinein verschwindet. So hat sich das weltallweite Seelenbewußtsein des Menschen seit den atlantischen Zeiten und während der nachatlantischen Kulturperioden immer mehr verengt und zuletzt konzentriert im selbstbewußten, vollwachen Brennpunkt des „Ich". Eben hierdurch aber ward die einstmals geisteshelle Umwelt des Menschen immer dunkler und dunkler, das heißt aber, für das Bewußtsein immer mehr geistentblößt oder stofflich-dinglich. Als die menschliche Bewußtseinsentwickelung beim Auftreten des „Brennpunktes" angelangt war, etwa in der Mitte des 18. Jahrhunderts, da konnte — durch FICHTE — eine einseitig-spirituelle, aber völlig *akosmische* Wissenschaftslehre und Ich-Philosophie geschrieben werden, in welcher geahnt wurde, daß *ins Ich hinein die ganze Weltgeistigkeit verschwunden ist*, während andererseits BARON DIETRICH VON HOLBACH im „Système de la nature" das klassische Grundbuch des Materialismus schuf, in welchem das Ich in Stofflichkeit sich selbst ganz aufgegeben hat.

Weil Fichte einseitig im reinen Denken lebte, fast gar keine Neigung hatte, auf die sinnliche Wahrnehmungswelt einzugehen, spürte er im selbsterschauten tätigen Ich oder Denkwesen die potentielle Fülle der Geisteswelt konzentriert, löste die Außenwelt zum abstrakten Nicht-Ich auf, zum Nicht-Licht oder Nicht-Sein und schuf einen *spiritualistischen Monismus*. Dem steht gegenüber der *materialistische Monismus* der Enzyklopädisten, welcher alles Geistige, und zwar vom Menschengeistigen aus auch das Weltgeistige, ins Physiologisch-Stoffliche und in Stoffesbewegungen hinein verschwinden ließ, dabei ausgehend von den leiblichen Bedingungen des Vorstellens.

Solange der Menschengeist als denkender noch nicht ganz ins Gehirn untergetaucht und darinnen gefesselt war, wie Prometheus an den Felsen des Kaukasus, waren seine Begriffe und Ideen noch leuchtend, lebendig und geistgesättigt. Da konnte kein Materialismus entstehen. Darum gibt es in der antiken Philosophie in Wirklichkeit noch kein materialistisches System. Selbst DEMOKRIT ist nicht eigentlich ein Materialist gewesen. Seine „Atome" sind, von halbseelenhafter Wesenheit, fast eher Monaden als Atome zu nennen. Als aber das Denken schließlich ganz und gar gehirngebunden geworden war, da war der Geist im Stoffe nicht nur gefesselt, sondern darin so weitgehend zu einem Schattendasein erstorben, daß er, obwohl im Ichbewußtsein sich ankündigend, unfähig geworden war, sich selbst als ein selbständiges Geistiges gegenüber dem Leiblichen zu erkennen. *Im Gehirn völlig untertauchend und gefesselt wird der Geist sich selber verborgen — okkult. Da hat er sich selber vergessen und sich gleichsam vor sich selbst so gut versteckt, daß er sich nicht mehr finden, das heißt als Geist anerkennen kann.* Das ist die Paradoxie des Materialismus, daß sich die Geisteskraft des Menschen, ihr Denkwerkzeug aufbauend, durchorganisierend und gebrauchend, so tief darinnen verloren hat, daß sie die Fähigkeit eingebüßt hat, sich ihrer Eigenart als Denkkraft oder Geistwesenheit bewußt zu werden!

Kommt es nicht einer unbewußten Selbstverzauberung des Geistes gleich, wenn er, das Denkerwesen, sich selbst verleugnet, indem er als Resultat seiner Gedankenbetätigung (!) behauptet: nicht bin ich es, der da denkt, sondern der Stoff bewirkt in den Gehirnfunktionen, daß es mir so scheint, als ob ich selbst dächte?

Von der Gehirnphysiologie aus ist im 18. Jahrhundert erst der eigentliche Materialismus entstanden. HOLBACH unterschied zwei Arten von Bewegungen oder Veränderungen: die sichtbaren oder offenbaren draußen in der Natur, und die unsichtbaren, verborgenen drinnen in der eigenen Leiblichkeit.

Diese letzteren lernen wir nur in ihren *Auswirkungen* kennen, in den sogenannten Seelenerlebnissen, eben weil diese Verkörperungen sich in den allerinnersten und feinsten Teilen des Körpers abspielen. Hiermit sind gemeint die Wachstums- und Generationsvorgänge, aber auch die Stoffesbewegungen im Gehirn beim Empfinden und Denken. Diese beruhen auf den feinsten und verborgensten Bewegungen oder Veränderungen, die uns von außen her gar nicht zugänglich, sondern ganz verborgen sind. Aber, so meint Holbach, indem diese sich selbst innerlich wahrnehmen, kommen die Seelenäußerungen zustande. Aber das eigentliche Problem ist ja hiermit nur umgangen. Denn es handelt sich vor allem darum, zu erklären: wie kommen die innersten Bewegungen des Gehirnstoffes dazu, sich in sich selbst zu reflektieren, und zwar in solcher Art, daß hierdurch nicht der Eindruck von räumlichen Bewegungen oder prozessualen Veränderungen entsteht, sondern eben der Eindruck von Seelenregungen?

Seit Holbach und dem Physiologen P. J. G. Cabanis sind alle materialistischen Weltauffassungen von der Ansicht ausgegangen, daß alles Seelisch-Geistige im Menschen lediglich Funktionen der stofflichen Gehirnvorgänge seien. Gedanken werden dann zu physiologischen Sekreten des Zentralnervensystems. Wenn so alle im Menschen auftretenden Ideen zu leiblich physiologischen Erzeugnissen gemacht werden, wo sollte man noch irgend etwas anderes haben, was auf ein Geistiges in der Welt draußen deutete, da ja dieses Geistige niemals an der Natur draußen selbst wahrgenommen werden, sondern nur im Menschen-Ich aufleuchten kann? So müssen denn alle Naturvorgänge ebenfalls als bloß stoffliche gedeutet werden. Bei den „beseelten" und lebendigen Wesen *schließt* man dann vom Menschen auf die Naturreiche: sogenannte „seelische" Regungen sind auch dort nur materielle Leibesfunktionen.

Welche Bewandtnis hat es nun aber mit jenen stofflichen Veränderungen im Nervensystem, welche die Wahrnehmungs- und Vorstellungsvorgänge unzweifelhaft begleiten? Sind wirklich sie es, welche das Entstehen der Gedanken physiologisch-funktionell bewirken? Wenn es sich so verhält, dann wäre der Mensch ein restlos bewirktes Wesen, das völlig unfreie Ergebnis von bewußtlos-mechanischen Naturvorgängen. Rudolf Steiner hat in seiner „Philosophie der Freiheit" dargelegt, wie es sich damit in Wirklichkeit verhält. Und hiermit erst ist die Axt an die Wurzel des Materialismus gelegt, weil eben aller Materialismus letzten Endes auf diesem Problem beruht. Ohne die stofflichen Veränderungen kommen allerdings bewußte Seelenäußerungen nicht zustande. Aber nicht diese Prozesse erzeugen die Vorstellungen, sondern der leibfrei-übersinnlich lebende Geistesteil des Menschenwesens; das höhere Selbst oder Manas wirkt, wenn er einen Gedanken fassen will, vorbewußt so auf die Gehirnstruktur ein, daß die darin bewirkten Veränderungen (Abbauprozesse sind es) das Gehirn zu einer Spiegelapparatur machen, an welcher eine unbewußte Imagination in der Form des gesuchten Gedankens reflektiert, abgespiegelt, d. h. zum Bewußtsein gebracht wird. Hierbei erstirbt dann allerdings das Lebendige des Ideellen zu einem toten Schatten- und Scheindasein, eben dem Begrifflich-Reflektiven.

Das Gehirn dient uns als Reflektor für die Geistesimaginationen wie draußen der Mond als Reflektor des Sonnenlichtes und aller anderen geistig-kosmischen Entitäten. SCHOPENHAUER, der sich ganz an CABANIS' materialistische Gehirnphysiologie angelehnt hat, fühlte etwas von diesem okkulten Tatbestand, als er das tiefe Wort aussprach: „Begriffe haben nur wie der Mond geborgtes Licht." Als das Sonnenhaft-Leuchtende betrachtete er sensualistisch die „Anschauungen", worunter er aber, ähnlich wie Schiller, nicht nur sinnliche verstanden wissen wollte, sondern auch imaginativ-anschauliche „Ideen". Jedoch war er nicht wie Fichte imstande, in der Denktätigkeit des übersinnlichen Ichs das wahrhaft Sonnenhafte zu erkennen.

Im Gehirn also wird die geistige Weltenweisheit (Kochmah) zum Sinnen- und Erdenverstand (Binah). Weil der Geist mitsamt seinen Imaginationen im Laufe der neueren Zeiten in den Gehirnreflexionen immer mehr zu einem Schattendasein erstorben ist, hat der Geist, obwohl er mit Hilfe des Gehirnes das Selbstbewußtsein errungen hat, darin das Bewußtsein des auf sich selbst bestehenden Seins bis zu dem Grade eingebüßt, daß er zuletzt der Materie (dem Gehirn) dasjenige zuschrieb, was er als spirituelles Denkwesen aus der inneren Selbsterfahrung mit Recht sich selbst zuschreiben sollte: die Fähigkeit, denkend ein Geistiges sich zum Bewußtsein zu bringen.

Aber, so fragen wir hier mit Rudolf Steiner: „Wie kommt die Materie dazu, über ihr eigenes Wesen nachzudenken? Warum ist sie nicht einfach mit sich zufrieden und nimmt ihr Dasein hin? Von dem bestimmten Subjekt, *von unserem eigenen Ich hat der Materialist den Blick abgewandt, und auf ein unbestimmtes nebelhaftes Gebilde ist er gekommen.*" Wenn der Materialismus auf einem Sichabwenden des Geistes von sich selbst beruht, dann müssen wir noch genauer fragen, was dies eigentlich heißt. Der Geist oder das Ich ist Denk-Aktivität, das bewußte Leben im hervorbringenden Denken. Wenn aber der Mensch zwar die Resultate des Denkens, die Vorstellungen, im Bewußtsein hat, nicht aber den Denkvorgang selbst zu beobachten trachtet, dann sieht er sich als Geist nicht mehr. Er hat sich von sich selbst abgewandt. Hierzu mußte es kommen, je einseitiger der Mensch seinen denkenden Blick auf die äußerlich wahrnehmbare Welt gerichtet hat. Im allgemeinen will man ja nur noch denken, wozu uns die sinnlichen Wahrnehmungen unmittelbar veranlassen, oder gar nötigen. Hierdurch ist das Denken immer passiver geworden und zuletzt sogar halbautomatisch. Sobald aber das Denken in Passivität erlahmt und sich nicht mehr in der Denkaktivität selbst als das Gedanken hervorbringende Wesen zu erleben vermag, hat man sein Geistes-Ich schon aus dem Auge verloren. Dann aber muß man den Gebilden des Denkens, den halbautomatisch entstandenen Vorstellungen gegenüber das Gefühl bekommen, als seien sie ganz ohne unser Zutun durch ein in uns hereinragendes und hereinwirkendes Naturgeschehen (Nicht-Ich) zustande gekommen und bewirkt. Wir fühlen uns dann selbst als passive Objekte bzw. Produkte des Naturgeschehens. Diese unterbewußte Erfahrung ist es, die den geheimen Anstoß dazu gibt, daß wir die von der Gehirnphysiologie festgestellten Prozesse so interpretieren: Die Gedanken sind durch außermenschliche Naturprozesse im Leibe *bewirkt,* während es richtig wäre zu sagen: diese Prozesse sind die *Bedingung* für die Bewußtwerdung der von uns selbst überbewußt konzipierten Intuitionsgedanken. Die Bedingung darf aber nie mit der Ursache verwechselt werden! Das sonnenhafte Ich gebraucht das Gehirn als einen Spiegelreflektor seiner Erzeugnisse! Der überbewußte (leibfreie) Geist ist es, der sein *Erscheinen* oder das Bewußtwerden seiner Inhalte und Erzeugnisse vorbereitet. Steiner verdeutlichte dieses Verhältnis sehr lichtvoll durch einen Vergleich. Wer ihn durchmeditiert, kommt zur einzig möglichen Überwindung des Materialismus: „Wer über einen erweichten Boden geht, dessen Fußspuren graben sich in den Boden ein. Man wird nicht versucht sein zu sagen, die Fußspurenformen seien von Kräften des Bodens, von unten herauf, getrieben worden. Man wird diesen Kräften keinen Anteil an dem Zustandekommen der Fußspuren zuschreiben. Ebensowenig wird, wer die Wesenheit des Denkens unbefangen beobachtet, den Spuren im Leibesorganismus an dieser *Wesenheit* einen Anteil zuschreiben, die dadurch entstehen, daß das Denken sein *Erscheinen* durch den Leib vorbereitet." Wenn aber das Denken passiv wird, kann es sich nicht selbst beobachten. Dann kann sich der Mensch nicht mehr *als Geist selbst* sehen. Und wenn ihm damit auch das Weltgeistige an dem einzigen Orte, wo es zur Erscheinung kommen kann, nämlich im Ich, nicht mehr als solches bewußt wird — weil man die Ideen für subjektive Gebilde oder Ich-Erzeugnisse der Gehirnfunktionen hält, dann wird die Umwelt diesem Ich notwendigerweise zur finsteren bloßen Stofflichkeit, weil dann das Ich nicht mehr in Aktion ist, den Blick von sich selbst abwendet, somit in den Gehirnprozessen sich vor sich selbst versteckt.

Und umgekehrt können wir feststellen: Mit reiner Materie hat es das Bewußtsein nur da zu tun, wo das Denken zum Stillstand gekommen ist, und gegenüber der bloßen Materie muß es zum Stillstande kommen. Denn die Materie ist das eigentlich Undenkbare. Wo dies nicht der Fall zu sein scheint, indem man ihre Eigenschaften begrifflich bestimmt, da erfaßt man hierbei nicht den Träger dieser Eigenschaften. Zumeist verliert man dabei die Materie selbst aus dem Bewußtsein, löst sie in Kräfte auf, wie dies der Dynamismus tut. So tat es auch SCHOPENHAUER, indem er die Materie als das *Wirkende* schlechthin und also als die Sichtbarkeit des Willens definierte: „Mithin, wo gewirkt wird, ist Materie, und das Materielle ist das Wirkende überhaupt. Allein eben im Wirken, d. h. in der Kausalität überhaupt besteht das Wesen der Materie als solcher. Sie ist durch und durch lauter Kausalität." Von der Materie wird hier gesagt, was viel eher von der Substanz gilt.

In positiv bestimmten Begriffen kann die Materie durchaus nicht gedacht werden, denn sie ist dem Bewußtsein — als bloße Materie — eben nur dann gegeben, insoferne das Denken gleichsam stillsteht, d. h. sich aller eigentlichen

Aussagen enthält. Reine Materie ist das, was als ein undenkbarer Rest übrig bleibt, wenn alle begrifflich-positiven Bestimmungen des Wesenhaften aufgegeben worden sind, da sie auf die Materie nicht zutreffen. Die Materie ist das schlechthin Unwesenhafte. Die griechische Philosophie sprach darum vom Nichtseienden, vom Unbestimmten, vom Formlosen, vom Wesenlosen. Als „ein unbestimmtes, nebelhaftes Gebilde" hat Rudolf Steiner die Materie oben bezeichnet. Das Nicht-Ich, sagte Fichte, ist das schlechthin Unsetzbare, Undenkbare. Es ist das Nichtige, das Leere, die Lichtlosigkeit, die Finsternis. Zwar sagte Schopenhauer, es gäbe von der bloßen Materie nur einen Begriff, aber keine Anschauung. Aber wie wird sie denn von ihm gedacht? Schopenhauer selbst sagte es: „Als das absolut Träge, Untätige, Formlose, Eigenschaftslose, welches jedoch der Träger aller Formen, Eigenschaften und Wirkungen ist." Lauter negative Bestimmungen, lauter Aussagen, was sie eben n i c h t ist.

Die romantischen Naturphilosophen um SCHELLING, OKEN, ENNEMOSER, STEFFENS und andere sagten, daß Materie in Wahrheit Nicht-Licht oder Finsternis ist und eben darum das Undenkbare, Nichtideelle. Auch GOETHE wußte das. Licht, das in sich selbst zurückstürzt, sagt SCHELLING, wird zur Schwere, zur Finsternis, zum Stoff. Im Menschen entspricht dieser Vorgang dem Übergang vom schauenden Denken zum Verstandesdenken des Gehirns. Ganz ähnlich charakterisierte STEINER die Materie als verdichtetes Licht, als zersplitterte oder zertrümmerte Geistesformen. Auch in dieser Bestimmung liegt der Begriff einer Selbstaufhebung des Wesenhaft-Geistigen. Das Verdichtete ist das Gegenteil des Durchsichtigen (Lichten), das Zertrümmerte das Gegenteil des Formhaften und Formgebenden. Nur durch Bezeichnungen, welche ausdrücken, was die Materie n i c h t ist, kann man indirekt eine Ahnung von dem vermitteln, was sie ist.

Sogar Materialisten müssen immer wieder zugeben, daß der Stoff als solcher das Undenkbare, Unbegreifliche ist. Wir führen FRIEDRICH ALBERT LANGE an, der trotz seinem neukantianischen Subjektivismus ein Materialist gewesen ist: „Abstrahiert man von der Bewegung eines Meteorsteines, so bleibt unserer Betrachtung der Körper selbst übrig, der sich bewegte. Schließlich kann ich mir die elementaren Stoffe in Gedanken in Atome zerlegen, dann sind diese der alleinige Stoff und alles andere ist Kraft. Löst man nun mit Ampère auch das Atom noch auf in einen Punkt ohne Ausdehnung und die Kräfte, die sich um ihn gruppieren, so müßte der Punkt ‚das Nichts', der Stoff sein. Gehe ich in der Abstraktion nicht so weit, so ist mir ein gewisses Ganzes noch schlechthin Stoff, was mir sonst als eine Verbindung stofflicher Teile durch zahllose Kräfte erscheint. Mit einem Worte: der unbegriffene oder unbegreifliche Rest unserer Analyse ist stets der Stoff, wir mögen nun so weit vorschreiten als wir wollen."

Wir begreifen es nun, warum für die ersten, noch tief schauenden Denker, für PLATON und ARISTOTELES der Stoff das Nichtseiende, Wesenlose, weil schlechthin Formlose und Ungeordnete, aber eben darum unendlich — vom

Geiste her — Formbare, Formempfängliche gewesen ist. Noch ältere Weise nannten dieses Nichtseiende das Chaos. Und in der Theogonie des Hesiod, welche alte Mysterienweisheit offenbarte, ist das Chaos vor allem anderen entstanden:

„Früher denn alles entstand das Chaos, aber sodann ward
Gaia mit breiter Brust eine ewige Feste für alle,
Eros zugleich, weitaus von den ewigen Göttern der Schönste,
Erebos dann und die dunkele Nyx entsproßten dem Chaos;
Nyx erwuchs als weiterer Sproß Hemera und Äther,
Die sie, umarmt von Erebos, hatte geboren.
Gaia zeugte zuerst dann den gestirnten Himmel."

Eros ist die Sehnsucht, der Drang: kosmischer Schöpfungstrieb, Weltastralität. Erebos ist der finstere Abgrund; Nyx die Nacht. Aus der Finsternis entstand das Licht, der Tag und der Äther.

Was ist nun eigentlich das Chaos? Laut Aristoteles der — *Raum* —, also das schlechthin formlose Substrat von allem. Aber der Bruder des Chaos ist Eros — der Schöpfungsdrang, die Ursehnsucht, Kama, die Weltastralität, aus welcher erst später die Ätherwelt hervorgegangen ist. Der Raum ist die formlose Urgrundlage alles endlichen Seins. Mit ihm geht das rein-geistige Sein mit allen seinen unendlichen, ideellen Schöpfungsmöglichkeiten über in das *endliche* Sein der „Wirklichkeit".

Da alles Materielle eine gewisse Ausdehnung im Raume hat, einen gewissen Raumteil „ausfüllt" oder „behauptet", so ist der Raum offenbar das Urprinzip der Materie. Auch hierüber finden wir bei Afrikan Spir bedeutsame Auseinandersetzungen: „Im Raum ist alles so disponiert: *Wo* das Eine ist, da ist das andere nicht. In der Zeit ist alles so disponiert: *Wenn* das Eine ist, dann ist das andere nicht. Das eigentliche Wesen des Raumes besteht darin, die allumfassende Form des *absoluten Außereinander* zu sein." Das Nebeneinander, das Gesondertsein und Voneinandergetrenntsein ist also ein Wesentliches des Raumes. „Aber dem Raum ist zugleich ein anderes, gerade entgegengesetzes Moment der *Einheit*, des *Zusammenhanges* wesentlich, dessen Formulierung die Geometrie bietet. Ein Auseinander kann ohne Kontinuität gar nicht vorgestellt werden. Die Kontinuität und das Außereinandersein sind gleichwesentliche Momente jeder Ausdehnung. Das ganze Wesen der Ausdehnung wird auch charakterisiert dadurch, daß dasselbe ohne Ende teilbar ist."

Noch deutlicher hat das Wesen des Raumes Rudolf Steiner herausgearbeitet in seinen Ausführungen über den Goetheschen Raumbegriff. Wir führen hier nur die grundlegenden Bestimmungen an: „Wer sich fragt, welcher *Übergang* von einem Ding zum anderen gefunden werden kann, wenn dabei das Ding selbst gleichgültig bleibt, der muß sich darauf unbedingt die Antwort geben: der R a u m. Jedes andere *Verhältnis* muß sich auf die *qualitative* Beschaffenheit dessen gründen, was *gesondert* im Weltensein auftritt.

Nur der Raum nimmt auf gar nichts anderes Rücksicht als darauf, daß die Dinge eben *gesondert* sind. Was unser Geist will, wenn er an die Erfahrung herantritt, das ist: er will die *Sonderheit überwinden,* er will aufzeigen, daß in dem Einzelnen die Kraft des Ganzen zu sehen ist. Bei der räumlichen Anschauung will er sonst gar nichts überwinden, als die *Besonderheit als solche.* Er will die *allgemeinste Beziehung* herstellen. Daß A und B nicht eine Welt für sich sind, sondern einer Gemeinsamkeit angehören, das sagt die räumliche Betrachtung. Dies ist der Sinn des *Nebeneinander.* Wäre jedes Ding ein Wesen für sich, dann gäbe es kein Nebeneinander. Ich könnte überhaupt einen Bezug der Wesen aufeinander nicht herstellen. Der Raum ist also eine Ansicht von Dingen, eine Art, wie unser Geist sie (durch die allerallgemeinste Beziehung) *in eine Einheit zusammenfaßt.* Der Raum ist eine *Idee.* Nicht, wie Kant glaubte, eine Anschauung."

Wie nahe HERMANN LOTZE dieser Anschauung gekommen ist, erhellt aus seinen Betrachtungen über den Raum im dritten Bande seines „Mikrokosmos". Wir führen nur das Nötigste an: „Fassen wir das Gesagte zusammen, so erscheint uns der Raum als eine Art von *Integral,* welches das Ganze angibt, das aus der Summierung aller unendlich vielen Anwendungen des Gesetzes des Nebeneinander hervorgeht, wenn wir es gänzlich von der Natur des Realen, das in den Beziehungen desselben stehen soll, abstrahieren und anstatt seiner die leeren Bilder bezogener Punkte einsetzen. Nun, nachdem wir seine Anschauung so besitzen, erscheint uns der Raum als das umfassende Ganze, in welchem und durch welches die Mannigfaltigkeit aller der Verhältnisse möglich sei, aus deren Summation er eigentlich selbst entstanden ist."

Zwei entgegengesetze Prinzipien gehören also zum Wesen des Raumes, einerseits das Außer- und Nebeneinander, das Sondersein also; andererseits die Grundvoraussetzung aller Beziehungsmöglichkeiten und damit der Urzusammenhang, die Urgemeinschaft, die Ureinheit alles Gesonderten. Es handelt sich hier um eine Polarität. Der eine Pol ist das Sondersein, ein egoistisches Prinzip. Es bleibt aber nicht bei einem Sondersein in einer unendlichen Leere, sondern die Besonderheit ist durch die Raumes-Idee als dem Schema der allgemeinen Bezogenheit oder Zusammengehörigkeit doch auch wieder aufgehoben. Wir kommen hier wieder zu den zwei Grundtrieben des Astralischen, die EMPEDOKLES als die Urkräfte der Elemente, also der Materie gekannt hat: Der „Haß" oder die „Antipathie" ist das Prinzip des Sonderseins, und die „Liebe" oder die „Sympathie" ist der Zug zur Einheit und Gemeinschaft in Beziehungen, in Zusammenhängen, das Prinzip des Verbunden- oder Bezogenseins. Indem Empedokles auf diese Weise die zweipolige Seelenwesenheit oder Idealität des Raumhaften bzw. Materiellen erkannt hat, erweist er sich als ein tiefeingeweihter Materialist.

Mit diesen zwei entgegengesetzten Raumprinzipien oder Seelenbewegungen naturwissenschaftlich arbeitend, können wir elementar etwas von den Aggregatzuständen der Materie verstehen. Es sei hier nur angedeutet. Die festen oder harten Stoffe sind ganz und gar Sonderwesen und Selbstbehauptungstrieb. Sie grenzen und schließen sich gegeneinander völlig ab. Hier ist das Prinzip des Neben- und Außereinander, die Sonderheit oder Antipathie voll verwirklicht. Entgegengesetzt geartet ist das Wärmewesen; es ist allverbreitend, alldurchdringend, allverbindend; es repräsentiert die Sympathie, das liebende Sich-zur-Einheit-Zusammenschließen. Aber auch das Gasig-Luftige hat viel von diesem Prinzip der Gemeinschaft und des Zusammenhanges. Atmen doch wir Menschen wechselseitig ein und dieselbe Luft. Die flüssigen Stoffe dagegen zeigen in ihrer Kohäsion, wie z. B. bei der Oberflächenbildung des Wassertropfens, noch etwas von der Sonderheit oder Egoität, sind aber andererseits teilweise fähig, sich miteinander zu verbinden und zusammenzuschließen — in den chemischen Prozessen. Eine solche Betrachtung des Stofflichen sollte allmählich das Gegengewicht bilden zu der nuratomistischen Ansicht der Dinge.

Friedrich Albert Lange stellte den Satz auf: „Die Welt besteht aus Atomen und dem leeren Raum. In diesem Satz harmonieren die materialistischen Systeme des Altertums und der Neuzeit.“ In dieser Form gewiß eine sehr gewagte Abstraktion! Und doch wird es der Materialismus immer wieder mit diesen zwei Begriffen zu tun haben: Raum und Atome. Es ist selbstverständlich unmöglich, auf die Probleme des Atomismus hier einzugehen. Wir wollen uns damit begnügen, einen ganz kurzen Hinweis aus der Geisteswissenschaft zu geben, der von geisteswissenschaftlich gerichteten Physikern zum Ausgangspunkte neuer Forschungen genommen werden könnte. In einer Beantwortung von naturwissenschaftlichen Fragen gab einmal Rudolf Steiner die folgenden Begriffsbestimmungen der Atome: „Atome sind anzusehen als ideelle Rauminhalte. Das Inhaltliche ist das Ergebnis von sich begegnenden Kraftrichtungen.“ Gewiß eine Formulierung, die den Ausgangspunkt für tiefgreifende Untersuchungen bilden kann. Aber soviel ist ohne weiteres ersichtlich: was man als die kleinsten Teile des Stoffes zu betrachten pflegt, und somit auch die Materie selbst, hängt mit der Raum-Idee unmittelbar zusammen.

Nur im Raume kommen die Wesenheiten zu einem leiblichen, materiellen Dasein. Entstehen im physischen Sinne ist ein Sichhineinbilden von Übersinnlichem in das Raumesdasein. Was sich *räumlich* darlebt, ist von *stofflicher* Art. Das b l o ß räumliche Dasein ist das Physisch-Materielle. Denn die organisch-pflanzlichen Wesen treten zwar, insoferne sie einen physischen Leib haben, im Raume auf, haben aber ihr Wesen nicht eigentlich im Raume, sondern in der Zeit, weil ihr Wachstum, ihr Gestaltenwandel, ihr Leben sich im Zeitenstrome abspielt. Materie ist, ganz allgemein gesprochen, das Raumerfüllende. Die Kategorie Raum deutet auf das Wesen der Materie; Raumesdasein annehmend, entfremdet sich das Geistige seiner selbst, übergehend ins Stoffliche.

Das Materielle ist das in den Raum Hineingeborene. Auch von den anorganischen Materien gilt dies. Denn letzten Endes sind diese, wie der geniale Heinrich Preuss zuerst erkannt hat, allesamt Ausscheidungsprodukte aus organisch-lebendigen Wesen. Diese aber sind aus Geistkeimen allmählich zu räumlichem Dasein gekommen. Im punktartigen Urzustand hat man den Ausdruck des Geborenseins zum Raumesdasein. Je mehr aber das Geistige sich in den Raum hineingestaltet und ins Raumessein hineinverwandelt, desto mehr gibt dieses dem an sich Formlos-Räumlich-Materiellen Formen, Gestaltungen. Je jünger ein Organismus ist, desto weniger hat sich von den geistigen Formkräften im Raume verwirklicht, desto ungeformter, chaotischer ist er. Aber desto mächtiger ist in ihm noch die formende Kraft, die sich als gestaltende Wachstumskraft äußert. Je älter und ausgeformter dagegen ein Organismus ist, um so mehr haben die Formkräfte abgenommen. Und zuletzt erschöpfen sie sich ganz. Es ist dann so, als ob die Formkräfte, die Gestaltungstendenzen nicht nur ins Stoffliche hineinkristallisiert, sondern darin erstorben wären. Wenn es so weit ist, dann beginnt auch schon wieder das Zerfallen der Form, das allmähliche Hinsterben, die Auflösung der geformten Materie, die zuletzt wieder in chaotischen Zustand übergeht. Das Verwesen ist das Zerfallen der Form, das Hinfälligwerden der Form zur Formlosigkeit. „Verwesung“ ist „Entwesentlichung“, das Entweichen des Wesenhaften, das Schwinden des Formwesens aus dem an sich Formlosen des bloß Räumlichen.

Wir können also feststellen, daß mit dem Stofflichwerden der geistigen Formwesenheit gepaart geht eine fortwährende Abnahme ihrer Kräfte zugunsten der äußeren, im Raume materiell verwirklichten Formen. Indem sich das Geistige im Raumessein darstellt und verwirklicht, verliert es sich darin. Es verschwindet in sein Gegenteil hinein, eben ins Materielle. Alles Entstehen, Geborenwerden, Wachsen und Werden in sinnlichen Raumesformen ist ein Hineinsterben der geistigen Formwesen in diese äußeren Formen. Das materielle Dasein im Raume ist somit das Hineinverschwundensein des Geistig-Formenden in sein Gegenteil. Aber nur auf diese Weise wird dem Unbestimmten, Wesenlos-Nichtseienden ein wesenhaftes Sein verliehen, und das schöpferisch-geistige Formwesen findet seinerseits in den äußeren Raumesformen seine Verwirklichung, sein erscheinendes Dasein. Somit können wir sagen: Materie ist diejenige Seinsweise des Geistigen, in der dieses durch seine Selbstverwirklichung sich als Geistiges opfernd verborgen und aufgegeben, weil in sein Gegenteil verwandelt hat. Der Materialismus ist also die Weltansicht von dem okkult gewordenen Geistigen. Er ist Okkultismus in dem Sinne, daß für ihn die selbstbewirkte Verborgenheit des Geistes verborgen bleibt.

Wenn in der Jugend der allmähliche Inkarnations- oder Verleiblichungsprozeß des Menschengeistes noch nicht zum Abschluß gekommen ist, dann hat sich das Geistige noch nicht tief ins Leibliche hineinverwandelt und hineinverloren. Darum kann das Kind eigentlich noch kein Materialist sein, obwohl es sich nach der Materie zu entwickelt. Erst wenn in der Lebensmitte das Geistige sich weitgehend in sein Gegenteil verwandelt hat, dann ist zwar der Leib, vor allem das Gehirn, in hohem Grade geistig durchformt und zu einem feinsten Denkwerkzeug ausgestaltet, aber zugleich ist nun das Geistige so fest an dies Leibliche gebunden, daß ihm die Aussicht nach der Geistseite des Universums weitgehend verdunkelt ist. Deshalb neigt der Mensch in der Lebensmitte zum Materialismus. Je mehr dies der Fall ist, desto wahrer und wahrer *wird* es, was die Materialisten als etwas Allgemeingültiges behaupten: daß die Gedanken lediglich Gehirnfunktionen sind. Sie sind es ursprünglich nicht. Aber sie werden es, je mehr der Mensch sich rein materialistischen Gedanken hingibt, da nur spirituell gerichtete Gedanken dem denkenden Geiste eine gewisse Unabhängigkeit gegenüber dem Gehirn gewährleisten. Solange das Denken restlos gehirngebunden bleibt, ist es unmöglich, einen wirklich spirituellen Gedanken zu konzipieren. Es ist deshalb ein völlig verkehrtes Beginnen, wenn man den Materialismus begrifflich-logisch widerlegen will. Das hat gar keinen Sinn. Man muß dem Materialismus seine Grundlagen entziehen, indem man die geistige Aktivität des Denkens erhöht, verstärkt und intensiviert. Hierdurch befreit sich der Geist immer mehr von seiner Gehirngebundenheit und die Folge davon ist, daß das Denken auch für Geistiges empfänglich wird. Aktiv-schöpferischen, lebendig-regsamen Geistern ist es fast gar nicht möglich, die Welt als etwas Nur-Stoffliches zu erleben.

Was ist also die Wahrheit des Materialismus? Die Tatsache, daß der Geist, indem er zum Raumesdasein geboren ist, sich selbst verloren oder aufgegeben hat. Weil das Materielle das Ergebnis einer Selbstaufgabe, einer Selbstaufopferung des Geistigen ist, eines Sichabwendens von seiner Eigenwesenheit, und die Materialisten kein Organ für das Rein-Geistige haben, wird die Materie von niemandem so wenig verstanden wie von den — Materialisten.

Materie ist also der Ausdruck für das Eingeborenwerden des Geistig-Wesenhaften in das Raumesdasein, das zu einem Sich-darin-Offenbaren und einem Sich-darin-Verlieren führt. Das Geborenwerden oder Zum-Daseinkommen der Wesen im Raumessein ist ein Umschlagen des Geistes in sein Gegenteil. Die Weltenkräfte, die uns zur Inkarnation und Geburt treiben, sind dieselben, die den Anlaß dazu geben, daß wir von einer materiellen Welt sprechen können: im Materialismus.

Die Sternenweisheit der alten Zeiten wußte noch, welche kosmischen Kräfte es sind, die alle Wesenheiten durch die Geburt ins materielle Raumesdasein führen. Man nannte, zuletzt noch im Manichäismus, das Krebs-Sternbild die Pforte der Geburt, durch welche die Seelen aus den Himmeln zur Inkarnation herniederstiegen. Aus dieser Richtung des Tierkreises wirken in der Tat die zum Raumessein hinleitenden Impulse.

Der Krebs ist das Urbild aller „Materialisation" oder des Geborenwerdens der Wesen im Raume. Aber wir müssen noch von einer anderen Pforte der Geburt sprechen. Physiologisch ist es der Mutterschoß, geistig aber die Mondensphäre, von welcher der Mutterschoß das mikrokosmische Gegenstück ist. Durch die Mondensphäre treten die aus den Himmelssphären herabsteigenden Menschenseelen in die Erdenraumeswelt ein. Wenn nach der Konzeption und Inkarnation die Verleiblichung des Seelenwesens beginnt, die sich nach Mondenrhythmen und Gesetzen vollzieht, dann entsteht embryonal zuerst der Kopf mit dem Gehirn, das Organ des Sinnenverstandes. Und zu einer vollständigen Inkarnation des Geistigen im Leiblichen kommt es auch während des ganzen Erdenlebens eigentlich nur im Kopf. Eben in dieses Gehirn hinein verschwindet, wie wir dargelegt haben, das Geistbewußtsein des Menschen, so daß ihm vielfach zunächst nur ein Stoffliches gegeben zu sein scheint. Dies ist in vollem Umfang erst seit dem 15., 16. Jahrhundert der Fall. Man wird das besser begreifen, wenn man durch die Geisteswissenschaft weiß, daß in den vier Jahrhunderten von 1500 bis 1900 der Monden-Erzengel Gabriel die Menschheit geführt hat. Unter dem Einfluß besonders stark wirkender Mondenimpulse hat sich immer einseitiger das gehirngebundene Denken ausgebildet, das zur Natur- und Stoffwissenschaft hat führen müssen. Diese Naturwissenschaft gipfelte dann im 18. und 19. Jahrhundert in den biologischen Anschauungen von der Vererbung und Abstammung und einer Entwicklungslehre, die ihrerseits Ausgangspunkt und Hauptstütze der materialistischen Weltanschauung geworden sind.

Der Urantrieb zu allen materialistischen Weltauffassungen liegt also in dem Umstande, daß die Menschenseelen durch die Mutter in die Raumeswelt geboren werden. Vom lateinischen Wort für Mutter, mater, ist das Wort *materia* abgeleitet. Die Materie ist das mondenhaft-mütterliche, das schlechthin chaotisch-formlose, aber unendlich formempfängliche Prinzip, im Unterschied zum sonnenhaft-geistigen Formprinzip der Exusiai, von dem wir bei der Darstellung der benachbarten Zwillinge-Weltanschauung werden sprechen müssen. Den Raum aber haben alle Okkultisten die *Matrix* genannt, das Mutterprinzip alles Daseienden.

Aber das Geborenwerden des Geistigen im Raume ist das Dahinsterben seiner Übersinnlichkeit. Indem Raum und Zeit entstanden sind im Urbeginne des Weltendaseins, ist das unendliche Gottessein, die Substanz, teilweise in endliches Dasein übergegangen. Die Schöpfungsurtat Gottes war ein Akt der allerhöchsten Selbstaufopferung. Wir können sie vielleicht andeuten als das Aussichheraustreten und als das Sichauseinanderlegen des Insichseienden, des Einen, des Urpunktes, des göttlichen Urwesens zum offenbarenden, erscheinenden Dasein in der Mannigfaltigkeit.

Der Urpunkt ist absolutes Insichselbstsein, intuitives Einssein mit sich selbst, absolutes Ineinander. Indem das Urwesen schöpferisch sich zu entäußern entschloß, hat es in Liebe neben sich und doch wiederum in ihm selbst bleibend ein Anderes gesetzt. Der Urpunkt hat sich vervielfältigt, die Einheit ward zur Vielheit, ohne indes das Prinzip der Einheit aufzugeben. Durch eben diesen Akt war die Urvoraussetzung gegeben dafür, daß das Eine auf das Andere bezogen ist. Der Raum aber ist, wie wir darlegten, die allgemeinste Form des Außereinander- und Nebeneinander-Seins, und damit die Urvoraussetzung alles Bezogenseins der Sonderwesen untereinander; er ist, mit Spir zu sprechen, zugleich die Form des Außereinander und des Zusammenhangs oder der Einheit des Außereinanderseienden.

Wenn wir so von der höchsten Gottesliebe sprechen, dann wird hiermit zugleich auf das höchste der göttlichen Wesensglieder, auf die Geister der Liebe oder *Seraphim* gewiesen. Denn die Gotteseigenschaften sind letzten Endes Wesenheiten. Die göttliche Urzeugung des Weltendaseins begann mit dem Übergehen des reingeistigen Urpunktes, des intuitiven In-sich-selbst-Seins in den äußeren Urpunkt des Raumes, der dann auseinander getreten ist in andere viele Punkte, in mannigfaltigstes Sondersein. Derselbe Vorgang spiegelt sich immer wieder ab beim leiblichen Werden eines Lebewesens, wenn der Urpunkt des Keimes, der durch einen Akt der leiblich-seelischen Liebe entsteht, sich unendlich vielfältig auseinanderlegt. Durch diese Zellteilungen, der Punktvervielfältigungen vollzieht sich das Hineingestalten des Wesens in das leibliche Raumesdasein. Und es sind dieselben höchsten Geister der Liebe, die in den Menschen, und damit auch in die anderen Geschöpfe, die sich aus dessen Urbild nach unten zu herausgebildet haben, die Uranlage für die Fortpflanzung gelegt haben, nachdem sie sich noch früher der ätherischen Urbilder der menschlichen Sinnesorgane zum Anschauen der Weltvorgänge im Saturnleben selbstlos bedient haben. Wir dürfen hierbei aber noch nicht im entferntesten an die geschlechtliche Fortpflanzung denken, die ein allerletztes Produkt der Entwicklung ist.

Indem so durch einen Akt der allerhöchsten Gottesliebe das absolute Ineinander des Seins zu einem Nebeneinander und Außereinander im Raume geworden ist, kam es zwar zum Sondersein von Wesen und zum Getrenntsein derselben voneinander im Raume, der Form des Neben- und Außereinander. Aber zugleich war eben hierdurch die Voraussetzung geschaffen für die Entfaltung des Prinzips der Liebe, die auf die Einheit und Einigkeit des Getrennten geht. Denn die Sonderwesen sind eben durch das Raumessein nicht bloß Wesen für sich, sondern auch füreinander und mit Bezug aufeinander. Und nur insoferne die Ureinheit in gewisser Hinsicht in vielfältiges Sondersein sich auseinandergelegt hat, kann es zu einem wirklichen Füreinander, Mit-Bezug-aufeinander und Zu-einander kommen. Im absoluten Insichselbstsein und ursprünglichen Ineinander alles Seins kann hiervon keine Rede sein. In diesem anderen Prinzip des Raumes aber, im Prinzip des Zusammenhanges und der Einheit des allgemeinen Aufeinanderbezogenseins, haben wir es in Wirklichkeit mit dem Wesen der Liebe zu tun, die eben auf die Einheit und das Einswerden geht. Die höchste Form der geistigen Liebe ist die Intuition, eine leibliche Abschattung davon findet bei der Fortpflanzung statt. Eine Art von physischer Intuition ist das liebende Einswerden der Zeugenden.

Der Raum ist nur eine von den drei Urvorbedingungen und Urgegebenheiten des äußeren Seins und Werdens. Die beiden anderen sind Zeit und Kausalität. Diese Kategorien sind der unserem Begriffsvermögen zunächst zugängliche Ausdruck der drei höchsten Geistesreiche, durch welche das Vaterwesen schöpferisch sich hingebend aus sich herausgetreten ist, der Seraphim, Cherubim und Throne. Sie offenbaren sich durch die aneinander anschließenden Sternbilder des Krebses, des Löwen und der Jungfrau-Waage. Versuchen wir, dies noch näher anzudeuten. Im Sinne des Kausalitätsbegriffes zu den ersten Ursachen aufsteigen, heißt nichts anderes, als von der Erscheinungswelt zurückzutranszendieren zur Wesenswelt oder Substanz, wie dies in der Jungfrau-Weltanschauung geschieht. Die Zeit ist der Ausdruck für das Heraustreten der äußeren Erscheinungen aus dem rein-innerlichen ewigen Dauersein des Wesenhaften, der Ausdruck für den Übergang des Seins in das *Werden,* in die Veränderung und Entwickelung, aber auch in die Vergänglichkeit des Sinnlichen. Ein äußeres Bild für die Zeit ist die Linie, die erste Dimension des Raumes. Das Bild des ewigen Dauerseins ist der in sich zurückkehrende Kreis, der zugleich als die Ausweitung des Punktes, unter Beibehaltung der Einheit, zu betrachten ist. Der Punkt ist der Ausdruck des intuitiven Insichselbstseins. Der Raum endlich ist das Prinzip des Außereinander- und Nebeneinanderseins, womit die Abscheidung und Urtrennung des Einen Seins in die Sonderwesen gegeben ist, aber so, daß deren Einheit dank jener räumlichen Urbezogenheit aufeinander dennoch gewährleistet bleibt.

Den Wesenszusammenhang dieser Urkategorien in der Weltengenesis kennzeichnete Rudolf Steiner folgendermaßen: „Das ‚Frühere' und ‚Spätere' verwandelt sich und wird so, daß es sich verwandelt in ‚Inneres' und ‚Äußeres'. Der Raum ist (aus der Zeit) geboren. Jetzt haben wir den Raum, aber zunächst nur in zwei Dimensionen: noch nicht ‚oben' und ‚unten', noch nicht ‚rechts' und ‚links', sondern nur ‚Äußeres und Inneres'." (Damit ist offenkundig gemeint: „Vorderes", das heißt Erscheinung, und „Hinteres", das heißt Wesenhaftes.) Erst später im Weltenwerden kommt es dann zum dreidimensionalen Raum: er ist eine Offenbarung der astralischen Mondenevolution, des dritten Weltalters.

Erkennen wir also die kosmischen Urbilder von Raum, Zeit und Kausalität in Krebs, Löwe und Jungfrau, die eine gewisse Einheit bilden, dann finden wir in den Oppositionssternbildern die Gegenpole jener Kategorien. In den Fischen urständet die Ichwesenheit, das ist die kausalitätslose Aseität des sichselbstsetzenden Wesens, die Fichte im „Ich" gefunden hat. Der Wassermann ist die Imagination für die flutende Ätherwelt der Imaginationen, in welchen die Zeit „elastisch" wird, indem Vergangenes und Zukünftiges geistgegenwärtig werden. Für den Pneumatismus ist somit die Zeit in gewisser Beziehung aufgehoben, da sie eben zum Prinzip des sinnlichen Empfindens der vergänglich-veränderlichen Zustände gehört. Der Steinbock ist das Sternbild des Spiritualismus, welcher erkennt, daß es für die geistigen Individualitäten in den Himmelskörpern und Naturreichen keine Geschiedenheit im Räumlichen gibt, weil sie durch ihre mannigfaltigen Geistesverwandtschaften und gemeinsamen Schicksalsanlagen tief miteinander verbunden sind.

Wenn der Raum mit seinem ersten Urpunkt der Anfang der Schöpfungswege Gottes ist, dann ist die Materie im dreidimensionalen Raume das „Ende der Wege Gottes". Der theosophisch gerichtete Theologe Fr. Chr. Ötinger konnte dies tiefsinnige Wort noch aus den Überlieferungen des Rosenkreuzertums aussprechen, das noch so tief eingeweiht war in die Mysterien der Materie. Jene Naturweisheit des Mittelalters war eine christliche Wiedergeburt der hermetischen Weisheit Ägyptens. In der Zwischenzeit hatte die Gnosis das Umgekehrte von dem getan, was der materialistische Agnostizismus unserer Tage versucht: Wenn dieser — im Grunde genommen blasphemisch — das Entstehen des „Geistigen" aus dem Stofflichen zu erklären versucht oder auch daran verzweifelt, dann haben die Gnostiker den Versuch gewagt, jene hierarchischen Selbstentfaltungen und Selbstentäußerungen des höchsten Gotteswesens zu beschreiben, an deren allerletztem Ende das Entstehen der Materie steht. Darum sprechen die Gnostiker von den langen Ketten der Emanationen oder „Ausgeburten" des Göttlich-Geistigen von „oben" nach „unten" zu bis zum Übergehen der untersten Äonen in das „Nichtseiende" des Stofflichen. Aber wahrlich: Um die Mysterien der Materie zu durchschauen, hierzu bedarf es höchster Gnosis, hierzu ist nötig: Spiritualismus.

Hermes Trismegistos, der große Schüler des Zarathustra im alten Ägypten, war derjenige aus dem Kreise der großen Zwölf, der, wie Rudolf Steiner sich ausdrückte, von Zarathustra mit dessen astralischer Organisation überkommen hatte „die Raumeslehre und die Geheimnisse alles dessen, was gleichzeitig unseren Sinnesraum durchdringt". Das aber sind die Mysterien der erdenmütterlichen Prinzipien, der Matrix alles äußeren Daseins. Im langen Entwickelungsgang der ägyptischen Geschichte hat der dreimal große Hermes — im Einklang der Sternenschrift der Sothysperioden — dreimal diese Raumes-Stoffes-Weisheit geoffenbart, wodurch dann in der letzten Gestaltung die alchimistische Elementenwissenschaft entstanden ist, von der noch solche Weisen wie Empedokles haben zehren können. Den Grundzug dieses Hermeswissens könnte man mit dem Wort „okkultischer Materialismus" kennzeichnen. Diesem aber verbirgt sich das Geistige *nicht* im Stofflichen, wie dem gewöhnlichen, gleichsam „heruntergekommenen" Materialismus, der in einem anderen Sinne auch ein „Okkultismus" ist, wie wir gezeigt haben. Der hermetischen Wissenschaft wird das Geistige des Stofflichen offenbar. Und zwar dadurch, daß sie von den vier Elementen zurückgeht zu den vier Ätherarten und von diesen zur Quintessenz, dem Astrallicht, der Urmaterie, dem Chaos, das man auch mit dem Raum identifiziert hat. Und von da steigt dieser okkultistische Materialismus aufwärts in der Reihe der äonischen Emanationen, geht gleichsam erkennend zurück auf den längst vergangenen Schöpfungswegen Gottes. So wurde erkannt, daß die Materie das „Ende der Schöpfungswege Gottes" ist. So wurde erkannt, wie das „Untere", „Stoffliche" doch eigentlich wie das „Obere" ist, von dem es *abstammt.*

Im Altertum war die Elementenwissenschaft des Empedokles eine philosophische Ausprägung dieser hermetischen Weisheit. Mit diesem Weisen zeigte in der Neuzeit ein höchst geistvoller Forscher eine gewisse Verwandtschaft, nämlich Lorenz Oken. B. H. L. Lommatzsch hat in seinem ebenso beachtenswerten wie seltenen Buch über Empedokles auf diese Verwandtschaft hingewiesen (1830). Auch Okens Weltanschauung kann man einen okkultistischen Materialismus nennen. In tiefsinnigen, kurz geprägten Formeln, die etwas von Mysteriensprüchen oder Orakelworten haben, hat dieser bedeutende Naturforscher, der seine enzyklopädische Zeitschrift gewiß nicht zufällig „Isis" genannt hat, seine eigenartigen Gedanken-Imaginationen und Inspirationen mehr angedeutet als wissenschaftlich dargelegt. Skizzieren wir sein Weltbild. Der setzende Urakt ist die Zeit, der gesetzte der Raum. Raum ist stehengebliebene Zeit. Gott ist der Raum selbst; indem er handeln wollte, wurde Zeit, indem er aber Zeit war, wurde er Raum. Real gewordene Zeit ist Äther oder Chaos. Die Urmaterie ist Äther. Das räumliche Null ist der Punkt. Drückende Punkte sind Materie. Das Streben nach dem Zentrum oder Urpunkt ist *Schwere*. Gott in sich seiend ist Schwere, handelnd aus sich heraustretend: *Licht;* in sich zurückkehrend: *Wärme*.

Die Materie muß also erkannt werden als der Endpunkt der göttlichen Emanationen. Wahrer Materialismus sollte sein das Wissen um die Ausgeburten und Entwickelungsreihen vom Höchstgeistigen bis zu seinem Übergang ins Gegenteil, bis zum lebendigen Sichselbstaufgeben des Geistes.

Der klassische Materialismus der Entwicklungstheoretiker des 19. Jahrhunderts faßte von der ungeheuren Kette aller Evolutionen nur diese allerletzten Glieder ins Auge: die Fortpflanzungs- und Abstammungsvorgänge der sinnlichen Lebewesen. Diese aber sind aus den Triebkräften der ätherisch-elementarischen Mondensphäre abzuleiten. Diese ist der wahre Mutterschoß aller Naturwesen. Aufgabe einer sich mehr und mehr vervollkommnenden Naturwissenschaft wird es sein, von den letzten Gliedern in der Reihe der göttlichen Ausgeburten oder Emanationen aufzusteigen. Von den leiblichen Stammbäumen muß man übergehen zu den geistigen, von den Generationen und Sinnesvorfahren zu den hierachischen Äonen und den Geistesvorvätern im Sinne der Gnosis.

Das Geheimnis der Materie wird sich erst entschleiern im Lichte eines Spiritualismus, einer neuen Gnosis. Dieses Naturwissen wird sich im Lichte der weiteren Entfaltung des Rosenkreuzertums ausbilden. In diesem Sinne sagte Rudolf Steiner in seinem Buche über „Die geistige Führung des Menschen und der Menschheit": „So sonderbar es erscheinen mag: Es werden Chemiker und Physiker kommen, die Physik und Chemie nicht so lehren, wie man sie heute lehrt unter dem Einfluß der zurückgebliebenen ägyptisch-chaldäischen Geister, sondern welche lehren werden: Die Materie ist aufgebaut in dem Sinne, wie der Christus sie nach und nach *angeordnet* hat. Man wird den Christus bis in die Gesetze der Chemie und Physik hinein finden. Eine *spirituelle Chemie*, eine *spirituelle Physik* ist das, was in der Zukunft kommen wird." Mit dem Christusgeist sind hier zugleich die Elohim, die Form- oder Lichtgeister gemeint, welche tatsächlich das Ungeformte „anordnen".

Nichts steht einem solchen Zurückgehen von den letzten Gliedern der Entwickelungsvorgänge bis zu den ursprünglichen Geburtskräften der Materie hinderlicher im Wege als das von Ernst Häckel als ein neues Dogma verkündigte „Substanzgesetz“: Die Summe des Stoffes, die den Weltraum erfüllt, und die Summe der Energien, die im Weltraum alles durchwirken, seien absolut und unveränderlich.

Diese These verbaut den Weg zu der Erkenntnis, daß Geistiges gleichsam dahinsterbend zu Stofflichem wird, und daß aus zerstiebender Materie Geist gleichsam aufersteht. Erste Andeutungen, wie man auf naturwissenschaftlichen Wegen zu solchen Vorstellungen kommen kann, findet man in dem Buch über „Geist und Stoff“ von dem schon genannten Wilhelm Heinrich Preuss.

Was aber ist es, was uns so hemmt, was wir vom Stofflichen und seinen Metamorphosen nicht im Erkennen rekurrieren in seine übersinnlichen Werdeprozesse? Welch hemmende Kraft bannt uns in der Finsternis des Stofflichen? Es ist die Trägheit — nicht des Stoffes, sondern die Trägheit, Schwerfälligkeit und Bequemlichkeit unseres Denkens, das allerdings noch so stark gebunden ist an das Gehirn. Eben diese Trägheit wurde aber als ein höchstes methodisches Forschungsprinzip proklamiert. Wir meinen das Prinzip von Ernst Mach vom kleinstmöglichen Kraftaufwand beim wissenschaftlichen Denken und Erklären. Neben dieser Trägheit ist es die Schwäche und Furchtsamkeit der Seele, und nicht zuletzt eine gewisse lieblose Kälte im Denken, die uns fortwährend hemmt, die angedeuteten Wege der Erkenntnis zu beschreiten. Es ist mit einem Worte der „Geist der Schwere“, der „Vater aller Hindernisse“, der Dämon des lieblosen Egoismus: Mephistopheles-Ahriman, der sich in unser Denken eingenistet hat, ohne daß wir es bemerkt haben, und der dieses immer mehr und mehr an den Stoff, an das Gehirn ketten will. Er möchte gerne alles Menschengeistige im Gehirn endgültig ersterben lassen und alles Stoffliche draußen durch sein „Substanzgesetz“ verewigen, so daß es sich nicht wieder zu den früheren Emanationsformen umbilden kann.

Nicht die Materie selbst ist das Werk des Finsternis- und Haßgeistes, wohl aber der einseitige Materialismus, der seinen Ergänzungsgegenpol, den Spiritualismus, ausschließen möchte.

Solange wir unter der undurchschauten Gewalt dieses Stoffesherrschers stehen, solange der „finstre Ahriman“, die Weisheit dämpfend, des Chaos Dunkelheit verbreiten will, wird die Seelenlage des Menschen, der sich der materialistischen Weltanschauung ergibt, so zu kennzeichnen sein:

> Betastest du den Stoffesbau im Raum,
> So kriechst du wie ein Krebs im Erdendunkel.

VIII.
DER SPIRITUALISMUS

Je spiritueller ein Mensch ist, desto mehr erscheint es ihm so, als träten die Gedanken und Ideen wie halbvergessene Geisteserinnerungen ins Bewußtsein oder strömten ihm aus einer realen Geisteswelt zu. Auf einer solchen inneren Seelenerfahrung beruht des PLATONS großes Wort: „Alle Erkenntnis ist Wiedererinnerung an das geistig-anschauende Wissen des Geistes vor seiner Einkörperung." Die Zeit ist vorbei, in der man diese Idee von Platon für eine seltsame Schrulle gehalten hat, die auf abergläubischen Überlieferungen des Orientes beruhe. Die Philosophie der Gegenwart nähert sich wieder der Anerkennung eines vorgeburtlichen Geisteslebens des Menschen. Immer häufiger begegnet man Menschen, die unabhängig von allen diesbezüglichen Lehren aus sich selbst heraus von den Lebensgesetzen der Wiederverkörperung und der Schicksalsbildung überzeugt sind.

Die neuere Philosophie hat sich in SCHELLING, IMMANUEL HERMANN FICHTE und anderen Denkern erneut zur Überzeugung hindurchgerungen, daß Erkenntnis in Wahrheit eine Wiedererinnerung eines einst gewußten Wissens ist. Schelling hat als Jüngling, mächtig angeregt von Kant und Fichte dem Älteren, aus der Polarität des Phänomenalismus und Psychismus zu philosophieren angefangen. Allmählich ging er zu einem pneumatischen Pantheismus über. Als er nach der Lebensmitte immer spiritueller wurde — durch schwerste Schicksalsschläge gereift —, da bildete er die Philosophie immer mehr zu einer Theosophie um. Hierbei wurde er angeregt von PLOTIN, BRUNO, BÖHME und FRANZ VON BAADER. Die Weltdeutungen Schellings aus seinem letzten Entwickelungsabschnitt sind im Geiste eines theosophischen Monadismus und gnostischen Spiritualismus gehalten.

In einer *Trilogie* wollte SCHELLING sein Meisterwerk leisten. Diese Trilogie sollte das Vergangene, Gegenwärtige und Zukünftige behandeln. Aber alles ist Fragment geblieben. Die Konzeption war zu gewaltig. Die Urzeit behandelt die geniale Schrift über „Die Weltalter". Mit der Urzeit ist aber gemeint die göttliche Äonen-Entwickelung v o r dem Entstehen der Welt. Das zweite Buch über die Gegenwart sollte eine Naturphilosophie werden, welche übergeht in eine Geschichte und Philosophie der Geisteswelt. Hiervon wurde nichts geschrieben. Der abschließende dritte Teil sollte die Zukunft behandeln. Vermutlich finden wir die vorbereitenden Ideen hierzu niedergelegt in dem tiefsinnigen Gespräch, welches dann unter dem Titel „Clara oder über den Zusammenhang der Natur mit der Geisterwelt" — ebenfalls als Fragment — veröffentlicht worden ist. Dies letztere Werk entwickelt in wunderbarer Weise und durchaus selbständig die Anschauung von der Trichotomie des Menschen nach Leib, Seele und Geist, entfaltet sich dann als eine Pneumatologie und ist wesentlich ein Gespräch über die Verwandlung des Menschenbewußtseins und Menschenwesens nach dem Tode. Im Erdenleben, so wird ausgeführt, sei die Seele „von der Materie verzaubert". Nach dem Tode jedoch werde nicht nur die Seele ganz geistig, sondern auch die Geistnatur des Leibes werde sich entfalten: „Nicht daß wir sagten, die Seele werde nach dem Tode geistig, als ob sie das nicht schon zuvor gewesen wäre, sondern das Geistige, das schon in ihr ist und das hier mehr gebunden erscheint, werde befreit und vorherrschend über den anderen Teil, wodurch sie dem Leiblichen näher ist, und der in diesem Leben der herrschende ist. So sollten wir dann auch nicht sagen, daß der Leib in jenem höheren Leben geistig werde, als wäre er das nicht von Anfang gewesen, sondern, daß die *geistige Seite des Leibes, welche hier die verborgene und untergeordnete war, dort die offenbare und herrschende werde.*" Schelling selbst hat diesen Satz unterstrichen.

Keime zu einer Auferstehungs-Philosophie haben wir in diesem einzigartigen philosophischen Gespräch.

Auch die Schrift über die Weltenalter gehört zu den tiefsinnigsten Erzeugnissen einer philosophischen Theosophie.

Die ersten zehn Seiten ihrer Einleitung sind für die zukünftige Entwickelung der Philosophie mehr wert als manchmal ganze Bände von erkenntnistheoretischen Auseinandersetzungen. Denn hier werden durchaus neue und bedeutendste Perspektiven eröffnet. In ebenso tiefsinniger wie schlichter Art und Weise wird dargelegt, wie die Philosophie in der Zukunft übergehen kann und soll in Theosophie. Der Stil dieser Einleitung ist schlechthin vollendet in seiner Bewußtheit, Klarheit und Einfachheit. So lauten die ersten Sätze: „Das Vergangene wird gewußt, das Gegenwärtige wird erkannt, das Zukünftige wird geahnt. Das Gewußte wird erzählt, das Erkannte wird dargestellt, das Geahndete wird geweissagt. Die bisher geltende Vorstellung von der Wissenschaft war, daß sie eine bloße Folge und Entwickelung eigener Begriffe und Gedanken sei. Die wahre Vorstellung ist, daß es die Entwickelung eines lebendigen, wirklichen Wesens ist, die in ihr sich darstellt. Das Lebendige der höchsten Wissenschaft kann nur das Urlebendige sein, das Wesen, dem kein anderes vorausgeht, also das älteste der Wesen."

Dies Urlebendige ist das göttliche Wesen, der Quell aller Dinge. Mit diesem Wesen steht das Tiefste im Menschen in unmittelbarer Verbindung: „Dem Menschen muß ein Prinzip zugestanden werden, das *außer und über der Welt ist*, denn wie könnte er allein von allen Geschöpfen den langen Weg der Entwickelungen von der Gegenwart bis in die tiefste Nacht der Vergangenheit zurückverfolgen, er allein bis zum *Anfang der Zeiten* aufsteigen, wenn in ihm nicht ein Prinzip von dem Anfang der Zeiten wäre? *Aus der Quelle der Dinge geschöpft und ihr gleich, hat die Seele eine Mitwissenschaft der Schöpfung.* In ihr liegt die höchste Klarheit aller Dinge, und nicht sowohl wissend ist sie, als vielmehr selber die Wissenschaft. Aber nicht frei ist im Menschen das überweltliche Prinzip noch in seiner uranfänglichen Lauterkeit, sondern an ein anderes geringeres Prinzip gebunden. Dies andere ist selbst ein Gewordenes und darum von Natur unwissend und dunkel; und verdunkelt notwendig auch das höhere, mit dem es verbunden ist. Es ruht in diesem die Erinnerung aller Dinge, ihrer ursprünglichen Verhältnisse, ihres Wesens, ihrer Bedeutung. Aber dieses Urbild der Dinge schläft in der Seele als ein verdunkeltes und vergessenes, wenngleich nicht völlig ausgelöschtes Bild. Vielleicht würde es nie wieder erwachen, wenn nicht in jenem dunkeln selbst die Ahndung und die Sehnsucht der Erkenntnis läge."

In philosophische Sprache ist hier umgesetzt, was Jakob Böhme den entrüsteten Theologen geantwortet hat, die ihm vorwarfen, wie er sich unterstehen könnte, von den Schöpfungstagen, vom Paradies und vom Sündenfall der Menschheit selbständig etwas auszusagen: „Ich weiß, daß der Sophist mich allhie tadeln und mir es für ein unmögliches Wissen ausschreien wird, dieweil ich nicht sei dabei gewesen und es selber gesehen. Dem sei gesagt, daß in meiner Seelen- und Leibesessenz, da ich noch nicht der Ich war, sondern da ich in Adams Essenz war, bin ja dabei gewesen und meine Herrlichkeit in Adam selber verscherzet habe. Weil mir sie aber Christus wiedergebracht, so sehe ich im Geiste Christi, was ich im Paradiese gewesen bin und was ich in der Sünde worden bin und was ich wieder werden soll; und soll uns niemand für unwissend ausschreien, denn Christus weiß in mir, und ich bin wahrhaftig dabei gewesen, aber noch nicht als Creatur, sondern in Gott."

Wie aber kann das Vergangene gewußt oder zum Bewußtsein gebracht werden, gleichsam durch eine Geisterinnerung, fragt sich weiter Schelling. Der Geist des Menschen ist zwar zunächst gebunden an die leibliche Sinnesorganisation. Aber er kann davon auch frei und unabhängig werden. Dies hatte schon Sokrates im Auge, als er sagte, der Philosoph befinde sich immer im Zustande des „Sterbenwollens". Hiermit war ein relatives Leibfreiwerden des Geistes beim wahren Philosophieren gemeint.

Inkarnation und Geburt binden die Menschenseele an Leib und Sinnlichkeit. Hiermit ist der Uranlaß zu materialistischer Weltbetrachtung gegeben. Ihr steht gegenüber der Spiritualismus. Er beruht auf einem gewissen Leibfreiwerden des Geistes, welches sogar normalerweise mit den natürlichen Exkarnationsvorgängen beim Altern verbunden ist. Diese Seelenlage kann aber auch dadurch gegeben sein, daß jemand durch die Schicksalsanlagen zeit seines Lebens nicht sehr tief und fest in seinen Leib hineinverkörpert ist.

Wir erkennen also den Materialismus als die Weltanschauung der Geburt und des Sinnenseins, den Spiritualismus als diejenige des Greisenalters und des Sterbenwollens der am tiefsten suchenden Weisheitsforscher.

Schelling faßt das Unabhängigwerden des Geistes gegenüber dem leiblichen Werkzeug ins Auge, wenn er dann fortfährt: „Nun haben von jeher einige gemeint, es sei möglich, jenes Untergeordnete ganz beiseite zu setzen und alle Zweiheit in sich aufzuheben, so daß wir gleichsam nur innerlich seien und ganz im Überweltlichen leben, alles unmittelbar erkennend. Wer kann die Möglichkeit einer Versetzung des Menschen in sein überweltliches Prinzip und demnach einer *Erhöhung der Gemütskräfte ins Schauen* schlechthin leugnen? Ein anderes aber ist, die Beständigkeit dieses anschauenden Zustandes verlangen, welches gegen die Natur und Bestimmung des jetzigen Lebens streitet. Also um keinen Preis aufzugeben ist jenes beziehungsweise äußere Prinzip; denn es muß alles erst zur wirklichen Reflexion gebracht werden, damit es zur höchsten Darstellung gelangen kann. Hier geht die Grenze zwischen Theosophie und Philosophie, welche der Wissenschaftsliebende keusch zu bewahren suchen wird. Die erste hat an Tiefe, Fülle und Lebendigkeit des Inhaltes vor der letzteren gerade so viel voraus, als der wirkliche Gegenstand vor seinem Bilde, die Natur vor ihrer Darstellung voraus hat."

„Hindurchgehen also durch Dialektik muß alle Wissenschaft. Eine andere Frage aber ist, ob nie der Punkt kommt, wo sie frei und lebendig wird, wie im Geschichtsschreiber das Bild der Zeiten, bei dessen Darstellung er seiner Untersuchungen nicht mehr gedenkt? Kann nie wieder die Erinnerung vom Urbeginn der Dinge lebendig werden?"

Im Grunde genommen ist Schelling tief davon überzeugt, daß diese Frage bejaht werden muß. Aber er weiß auch nur zu gut: es ist hierfür noch nicht an der Zeit. Und so beschließt er denn seine großartige Einleitung zu den „Weltaltern" mit den folgenden prophetischen Sätzen: „Vielleicht kommt der noch, der das größte Heldengedicht singt, im Geist umfassend, wie von Sehern der Vorzeit gerühmt wird, was war, was ist, und was sein wird. Aber noch ist die Zeit nicht gekommen. Verkündiger derselben, wollen wir ihre Frucht nicht brechen, ehe sie reif ist, noch die unserige verkennen. Noch ist sie eine Zeit des Kampfes. Noch ist des Untersuchens Ziel nicht erreicht. Nicht Erzähler können wir sein, nur Forscher, abwägend das Für und das Wider jeglicher Meinung, bis die rechte feststeht, unzweifelhaft, für immer gewurzelt."

Daß schon ein Jahrhundert nach seinem Tode in Rudolf Steiner dieser vorausgeahnte Mensch erscheinen werde, hat Schelling wohl kaum zu hoffen gewagt. Nehmen wir aber ein Buch wie „Die Geheimwissenschaft im Umriß" zur Hand, dann finden wir darinnen, wie aus dem geist-erinnernden Schauen in der Tat erzählt wird, was war, was ist und was sein wird.

Wenn Rudolf Steiners Theosophie und Anthroposophie diese gewaltigen Weltenüberblicke gegeben hat, dann haben wir darin ein umgekehrtes Wiederaufleben dessen zu erblicken, was aus den verklingenden Kräften der vorchristlichen Hellseherkräfte und Mysterieneinweihungen noch die Gnostiker über die Weltursprünge und Weltenalter zu sagen hatten. Sie waren noch keineswegs ganz durch das Sinnensein hindurchgeschritten und hatten das Absterben des Seelisch-Geistigen im Sinnenleibe noch nicht in vollem Umfange erfahren. Dies konnte erst das Schicksal späterer Geschlechter und Zeiten sein. Inzwischen aber reifte in der Menschheit der das Ich zu neuem Leben erweckende Christusgeist so heran, daß ein Jakob Böhme so sprechen konnte, wie wir es eben gehört haben, und daß im 20. Jahrhundert eine große Individualität aus den Auferstehungsimpulsen Christi das Wissen um die vergangenen Weltalter selbständig wieder erringen konnte, aber nun bereichert um das Wissen vom Mysterium von Golgatha und von den von ihm durchleuchteten zukünftigen Weltaltern.

Wenn wir nach dem Gemeinsamen in den klassischen Systemen der alten Gnosis eines Valentinus, Basilides, Bardesanes, der Pistis-Sophia usw. fragen, dann ist es dieses: Aus hellseherischen Geist-Erinnerungen überblicken sie die Emanationen oder Ausgeburten der Hierarchien oder Götter (Äonen) im Übersinnlichen, welche zuletzt zum Entstehen der sinnlich-materiellen Welt geführt haben. Es handelt sich bei den Gnostikern letzten Endes immer um die *Urbeginne, Urprinzipien, Äonen* des Weltenwerdens. Gewiß überschauen sie dabei immer mehr oder weniger das Pleroma, die Gesamtfülle der himmlischen Hierarchien. Da aber, wie Rudolf Steiners „Geheimwissenschaft" zeigt, die Hierarchie der Archai oder die Urbeginne den Urbeginn alles Weltenwerdens (im Saturnzustande) gesetzt haben, und zwar dadurch, daß sie, intuitiv von den 12 Thronen aus den 12 Äonen durchdrungen, die „Zeit" haben entstehen lassen, darf man doch sagen: Der gnostische Spiritualismus blickt vorzüglich auf jene wesenhaften Urprinzipien oder Urgründe des Weltendaseins, die wir archai, principia und principatus nennen können.

Weil dieselben saturnischen Wesenheiten zur Grundlegung und Ausbildung des Persönlichkeitsprinzipes durch alle Weltenalter hindurch das Entscheidende beigetragen haben, nannte Rudolf Steiner diese Hierarchie der Archai nicht bloß die Zeitgeister, sondern auch die Geister der Selbstheit oder Persönlichkeit. Sie sind in Wahrheit das principium individuationis, allerdings im Zusammenhang mit dem Urprinzip des physischen Leibes, das in der Saturn-Urwelt von den Thronen oder Willensgeistern ausgeströmt ist.

Durch den Blick für das Individuell-Geistige in der Struktur der übersinnlichen Welt unterscheidet sich die hier gekennzeichnete Weltanschauung von einer anderen, ihr sonst nahe verwandten, die wir als Pneumatismus dargestellt haben. Auch der Pneumatismus beruht auf den „pneumatischen Gaben", die durch das Leibfreiwerden des Geistig-Seelischen zustande kommen und sich vorzüglich im Imaginationsbewußtsein äußern. Der Pneumatiker taucht, wie wir zeigten, schauend in das flutende Meer der erleuchtenden Geistbilder unter, in welchen sich die hierarchischen Wesenheiten wie durch geistige Gebärden und Gesten anschaulich offenbaren. Aber dem pneumatisch-pantheistischen Erleben ist eine gewisse Verschwommenheit des geistigen Blickes eigen. Ein Vergleich kann verdeutlichen, was gemeint ist. So wie wir auf große Entfernung oder infolge von Kurzsichtigkeit einen großen Schwarm von Vögeln nicht als eine Fülle von Einzelwesen erkennen, sondern ihn vielleicht sogar für eine Rauchfahne halten, so erblickt das spirituelle Bewußtsein auf den unteren Stufen noch nicht deutlich eine Vielheit von göttlich-geistigen Einzelwesenheiten und deren schaffendes Zusammenwirken, sondern bekommt einen allgemeinen Eindruck *einer* göttlichen Geistigkeit. Je mehr sich dann das Geist-Erleben vertieft und verinnerlicht, desto deutlicher lernt es im Meere der imaginativen Geistigkeit, durch Inspirationen und Intuitionen, die verschiedenartigen einzelnen Geistwesenheiten und ihre hierarchisch gestuften Gruppen unterscheiden. Diese Weltanschauung, die es nicht nur mit einer allgemeinen Geistigkeit, mit einem göttlichen Allgeiste, sondern mit vielerlei Geistern (natürlich nicht mit den spirits der Spiritisten) zu tun hat, nannte Rudolf Steiner eben darum *Spiritualismus*. Sie steht dem Monadismus mindestens ebenso nahe wie dem Pneumatismus.

Aus dem hier Vorgebrachten könnte man vielleicht die Schlußfolgerung ziehen: Also können nur wirkliche Seher, wie etwa ein Böhme oder Paulus oder Steiner, Vertreter des Spiritualismus sein. Dies ist aber keineswegs der Fall. Denn auch diese Weltanschauung kann ihr ureigenes Prinzip, die Vielfalt individueller Geister, in verschiedenen Realitätsgraden aussprechen, so daß mehr oder weniger bildhaft-deutliche oder abstrakt-intellektuelle Vorstellungen von solchen Wesenheiten gegeben werden. Auch nichtseherische Denker können, falls ihr Denken einigermaßen leibfrei-inspiriert oder intuitiv geartet ist, spiritualistische Weltanschauungen hervorbringen. Wir werden hierfür Beispiele anführen.

Es ist also durchaus gerechtfertigt, wenn man in den Handbüchern der Philosophiegeschichte GEORGE BERKELEY zu den Spiritualisten zählt, obwohl seiner Weltanschauung jeder seherische Einschlag fehlt, ihr vielmehr sogar ziemlich viel vom britischen Sensualismus beigemischt ist. Berkeley lehrte: Die Dinge bestehen lediglich in ihrem Vorgestelltwerden. (Ein Keim des illusionistischen Phänomenalismus.) Vorstellungen von Phänomenen können nur in geistigen Wesen auftreten. Es gibt also in Wahrheit nichts anderes als Geister. Die ganze Welt besteht aus individuellen Substanzen. Sehr treffend charakterisierte HEINRICH RITTER diese Anschauungen: „In seinen Meinungen wandte sich Berkeley der theosophischen Auffassungsweise zu. Er sieht alles voll von Leben, weil die geistigen Prinzipien nicht ohne Leben sein können. Den einzelnen Substanzen teilt er spezifische Qualitäten zu, in welchen sie Leiden und Tun untereinander wechseln und zur Vermittlung ihrer Wechselwirkung auch körperliche Werkzeuge gebrauchen müssen. Von einer allgemeinen Weltseele werden sie zusammengehalten, welche von oben herab bis in die unteren Schichten der Welt herabsteigt und ihnen Leben mitteilt. Es ist wenig Eigenes in dieser absterbenden Theosophie, welche alle ihre Meinungen nur als Hypothesen gibt, weil sie von der sensualistischen Erkenntnistheorie den Flug ihrer Anschauungen nicht unterstützt sieht. Für die Theologen konnten diese theosophischen Meinungen keine Stütze bieten."

Wenn Philosophen ohne Sehergaben die spiritualistische Lehre von geistigen oder kosmischen Intelligenzen vertreten, dann beruht das entweder, wie im Falle des Berkeley, auf geistig-religiösen Glaubenstraditionen, oder aber auf der Tatsache, daß auch in den gewöhnlichen Erkenntnisfähigkeiten keimhaft etwas von den höheren wirksam sein kann. Außerdem gilt immer und überall das Wort des EMPEDOKLES: Gleiches wird nur von Gleichem erkannt.

In einem sind aber die Menschen den Wesen der höheren Hierarchien, obwohl diese doch so viel höher stehen, dennoch gleichartig. Das ist die Eigenschaft des Individuell-Seins, verbunden mit aktiv-schöpferischem Bewußtsein.

Die Menschen sind — auf Erden — Geist-Individualitäten, deren Fähigkeiten allerdings leiblich-sinnlich mehr oder weniger gebunden sind. Die himmlischen Geister sind — in überirdischen Sphären — reingeistige Individualitäten, die mit höheren Bewußtseinsgraden und umfassenderen Geisteshorizonten viel tiefer und weiter in das Weltgefüge schauen können, als selbst die genialsten Menschengeister.

Wie allen Menschen etwas Gemeinsames eignet, eben die vernünftige Geistbewußtheit, wie aber dennoch jeder ein Eigenwesen ist, geistiger oder ungeistiger, beschränkter oder umfassender, flacher oder tiefer als seine Mitmenschen, so verhält es sich in ähnlicher Art auch mit den Wesenheiten in den Reichen der übersinnlichen Geist-Individualitäten. Auch da sind durch gemeinschaftliche Bewußtseinsgrade die Angehörigen von bestimmten Hierarchien, etwa der Angeloi, Archangeloi oder Archai, einander wesensverwandt. Und doch ist jedes dieser Wesen vom anderen wieder verschieden. Denn sie stehen alle doch wieder auf verschiedenen Entwickelungsstufen. Und je nach dem Bewußtseinsgrade ihrer Individualität umfassen sie mit ihren übersinnlichen Weisheits- und Willensvermögen engere oder weitere Bereiche der Sphärenwelt und der Menschheitsgeschichte, sind mit diesen oder jenen Planetensphären und Erdengebieten verbunden. Durch die Gradunterschiede ihrer geistigen Bewußtseinszustände, Vollmachten und Herrschaftsbereiche unterscheiden sich die Geister voneinander. Im Hinblick auf ihre Herrschaftsbereiche und Geistesränge werden sie „Hierarchien" genannt, im Hinblick auf ihr Entwickelungsalter jedoch „Äonen". Aber in allen gemeinsam sind: Eigenwesenhaftigkeit, Selbständigkeit und freie Herrschervollmacht.

Nur Menschen, die etwas von dem Eigentümlichen des Geistig-Genialischen und Geistig-Souveränen haben, also originelle, produktive und spirituelle *Persönlichkeiten,* nicht aber sterile Schablonenseelen, besitzen ein Organ für dieses Individuell-Wesenhafte in der Geisteswelt. Darum sind auch im allgemeinen nur Philosophen mit ausgeprägter Geist-Individualiät, in deren Organisation der göttliche Geist-Genius einigermaßen frei und schöpferisch geworden ist, zur Konzeption von Weltbildern fähig, in welchen alles beseelt ist von einem reichgestuften Organismus von geistig-göttlichen Individualiäten oder hierarchischen Wesenheiten.

Die inspirierte Mysterienweisheit der vorchristlichen und urchristlichen Jahrhunderte sprach immer und überall von einem von Gottesgeistern erfüllten Weltall. Sie nannte die übermenschlichen Individualitäten, und auch die nach dem Tode leibfrei weiterlebenden Menschengenien, mit Recht Götter. Unter den großen Philosophen der Antike, die noch unmittelbar mit dem Mysterienwesen zusammenhingen, haben besonders eindringlich von dem göttererfüllten Kosmos gesprochen: Empedokles, Pythagoras und Heraklit. Drei größte Inauguratoren der Philosophie.

Am Ende der griechischen Philosophie-Entwickelung vertraten in der Neuplatonischen Theosophie vor allem Jamblichos und Proklos noch einmal in philosophischem Stil die Mysterienlehre von den Göttern und Genien (Dämonen), und zwar jetzt unter besonderer Betonung der leibfrei-ekstatischen Seelenzustände. Dieser hellenistische Spiritualismus trägt eben wegen seiner einseitigen Neigung zu asketischer Weltflucht und wegen seiner Geringschätzung alles Leiblich-Materiellen stark luziferische Züge. Als Seher und Eingeweihte waren alle diese Weisen von der Ewigkeit und Reinkarnation der Menschengeister überzeugt.

Empedokles hegte die höchste Verehrung für Pythagoras. Seine Naturanschauung beruht auf den tiefsten Einsichten in die Geist-Genesis und Geist-Natur des Stofflichen. Aber mit diesem „okkulten Materialismus" verband er einen tiefsinnigen Spiritualismus. Den Menschengenius betrachtete er als eine wesentlich göttliche Individualität. Im Sinnenleibe verkörpert muß sie getrennt von den Göttern leben. Wenn aber der Mensch sich von den sinnlichen Leidenschaften läutert, dann wird er in der aufsteigenden Folge seiner Inkarnationen allmählich zu einem Mitgenossen der Götter werden. Jedoch schon jetzt ist der Menschengenius zwischen dem Tode und einer Neugeburt ein Dämon oder Gott:

> Wenn du den Leib verlassend dich zum freien Äther schwingst,
> Wirst ein unsterblicher Gott du, dem Tode entronnen.

In dieser Gewißheit stürzte sich dieser Seher-Priester in den Ätna, um seinen Leib bewußt opfernd den Elementen zu übergeben und seine Seele mit deren ätherischen Bildekräften zu vereinigen.

Unter den Neueren war übrigens Leibniz der erste und einzige, der es gewagt hat, die menschlichen Seelen „kleine Götter" zu nennen. Seine Weltanschauung gilt als ein klassisches Beispiel für die Monadologie oder den *Monadismus*. Da aber, wie Heinrich Ritter zutreffend feststellte, auch bei ihm die theosophische Denkweise einen erheblichen Anteil an der Entwickelung seiner philosophischen Gedanken gehabt hat — und zwar die Rosenkreuzerische Theosophie —, und da Leibniz die Monaden sich als verschiedenartige Mikrokosmen vorstellte, kann man im Zweifel darüber sein, ob er sich diese nicht als hierarchische Wesenheiten gedacht hat, nämlich noch viel konkreter, als man zumeist vermutet. Dann aber wäre Leibniz' Weltanschauung zutreffender Spiritualismus zu nennen.

In der Grundüberzeugung, daß der Tod ein Wiederaufleben des ewigen göttlichen Genius aus den Sinnesbanden des Erdenlebens ist, die Geburt aber eine Grablegung der Seele, wurzelt die Weisheit des Pythagoras und des Heraklit von Ephesus. Die Eingeweihten der Mysterienstätten von Ephesus waren als letzte Ausläufer von gewissen orientalischen Geistesströmungen besonders tief eingeweiht in die Geheimnisse der Geburt und der Inkarnation sowie der Erden-Mutter. Man könnte von Mysterien einer echt-okkultistischen Materie-Erkenntnis sprechen. Aber hierzu gehört als ausgleichender Gegenpol eine rechte Weisheit vom Tode, sowie von dem, was die Geburts-

und Todesmysterien zusammenschließt: Die Erkenntnis vom ewigen Genius, der aus früheren Erdenleben die Schicksalstendenzen in sich trägt für das gegenwärtige Erdenleben und für zukünftige. Aus solchen Einsichten stammt der tiefsinnige Spruch des Heraklit: Des Menschen Dämon (Genius) ist sein Schicksal.

Jeder Menschenseele wohnt ihr höheres, geistiges Selbst ein, der ewige Genius. Plutarch beschrieb ihn noch als den göttlichen „Dämon", der über dem Menschenhaupte als ein „Stern" schwebt, dieses inspirierend. Mit dem Heiligenschein deutete noch der mittelalterliche Maler dies eigentlich Übermenschliche an, obwohl die römische Kirche damals schon nicht mehr vom Geistprinzip im Menschen sprach.

Das Geistselbst ist über die Leiblichkeit erhaben. Es überragt das Sinnenselbst oder Ego. Diese Erhabenheit und relative Leibfreiheit des Genius bringt das griechische Wort für „heilig", hágios, zum Ausdruck. Es ist das Manas-Wesen. Hier aber charakterisieren wir das Manas nicht als den gemeinsamen Quell aller Sinnes- und Denkbewegungen. Denn hiermit wird nur seine *allgemeinmenschliche* Natur ins Auge gefaßt. Darüber hinaus ist aber eines jeden Menschen ewiges, schicksaltragendes Selbst ein durchaus individuell-eigenartiges Wesen, ein Genie oder Genius, der sich eben im Laufe der Inkarnationen zu einer ganz bestimmten Geist-Individualität ausgestaltet hat. Entsprechend der ureigenen Wesenheit eines Menschen sind auch die Schicksalslagen, in die er versetzt wird. Und über das Reich der Menschengeister hinausgehend darf man sagen: Eine jegliche Geistindividualität befindet sich nach moralischen Geistgesetzen innerhalb des Weltganzen in der ihrem Wesen entsprechenden Lage. Vom Menschen gilt dies selbst dann, wenn sein subjektives Urteil hierüber ganz anders lauten sollte. In der Lage, in der besonderen Konstellation, in der sich sein Eigenwesen zu allen übrigen findet, spricht sich geradezu seine Eigentümlichkeit, die besondere Beschaffenheit seines Genius aus. Wir haben es hier mit der Kategorie der *Lage* zu tun, deren hebräisches Gegenstück im Sephirotsystem die Eigenschaft „Jezod" ist, was dasselbe wie „Lage" bedeutet.

Es gibt Individualitäten, die für dies schicksalhafte Prinzip der Lage ein besonders feines Organ haben. Wir nennen hier zuerst Wilhelm von Humboldt, der in seinen Briefen auffallend häufig Betrachtungen über die „Lage" seiner ihm verbundenen Mitmenschen anstellt. Oft und tief hat er über das Wesen der in sich selbst gegründeten und monadisch abgerundeten, geistig-autarken Persönlichkeiten nachgesonnen, sowie über den Zusammenhang der seelischen Grundimpulse der Menschenindividualität mit ihren besonderen Schicksalslagen. Humboldt war ein echter Spiritualist, beinahe ein „Theosoph" — ähnlich wie sein Freund Schiller, der geniale dramatische Erschauer und Darsteller von weltgeschichtlichen Schicksalskonstellationen.

Unter den Philosophen, die in der Gegenwart sich fruchtbar mit der sich selbst gestaltenden Persönlichkeit des Menschen beschäftigen, hat Nicolai Hartmann die Kategorie „Lage" bedeutsam beleuchtet, ohne dies wohl zu beabsichtigen: „Das Leben der Person ist eine einzig ununterbrochene Kette von *Situationen*, in denen sie sich durchfinden muß. Die Person sucht sich die Situation nicht aus; sie kommt ungerufen, ungewählt, schicksalhaft über sie. Einmal hineingeraten, kann der Mensch ihr nicht mehr ausweichen. Er muß handelnd durch sie hindurch. So zwingt ihn die Situation zur Entscheidung. Wie aber er sich entscheiden soll, das sagt ihm die Situation nicht; er hat einen Spielraum, so oder so zu handeln. Darin hat er also Freiheit. Er ist von der Situation zur Entscheidung gezwungen. Aber zur freien Entscheidung. Er ist also von ihr geradezu zur Freiheit gezwungen. Von hier aus kann man das Wesen der Person in einem zentralen Grundzug bestimmen. *Person ist das, was in Situationen gerät und sich durchfinden muß*. Person ist dasjenige Wesen, das durch die jederzeit neue Situation zur freien Entscheidung gezwungen ist."

Je vielfältiger und reicher die Lebenslagen sind, in welche das Schicksal einen Menschen versetzt, desto umfassender ist seine Individualität. Die empirische Persönlichkeit sucht sich zwar, wie Hartmann richtig bemerkt, die Lebenssituationen keineswegs aus. Diese kommen „ungerufen schicksalhaft über ihn". Aber die ewige Individualität hat in ihrem Geistesleben vor der Geburt, zwischen dem letzten Erdentode und einer Neugeburt, aus den Tatenfrüchten ihrer früheren Verkörperungen die Lebensschicksale über sich beschickt, natürlich im Einklang mit den moralischen Gesetzen der Weltgerechtigkeit, welche von den himmlischen Hierarchien verwaltet werden. Das Schicksalswesen, das uns in die Lebenslagen bringt, das sind wir also selbst, das ist unser Genius, unser Geistselbst. „Des Menschen Genius ist sein Schicksal." Der Genius oder der göttliche Dämon des Menschen ist das Überindividuelle innerhalb der Persönlichkeit, der Geistes-Stern.

Dieser Genius bleibt während des ganzen Erdenlebens des Menschen, sein Haupt überschwebend; er taucht niemals vollständig in den Leib unter; er identifiziert sich nicht mit dem Gehirn. Darum haben wir auch im Sinnesbewußtsein kein Wissen von unserer ewigen Schicksals-Wesenheit. Eine Individualität wird jedoch um so spiritueller sein, je lebendiger die inspirierende Kraft ihres Geist-Selbst das persönliche Seelenbewußtsein durchdringt. Menschen dieser Art nennen wir genial, seherisch, inspiriert oder dämonisch im besten Sinne des Wortes.

Durch besondere Seelenübungen ist es möglich, sich mit dem wissenden Ichbewußtsein in den leibfreien lebenden Schicksalsgenius zu erheben. Dann ergeben sich dem übersinnlichen Bewußtsein Erkenntnisse von früheren Erdenleben samt ihren Schicksalstendenzen. Hiermit wird auf ein Kernstück der Anthroposophie Rudolf Steiners hingewiesen.

Es gibt jedoch viel mehr Menschen als man gemeinhin denkt, die infolge einer gewissen Leibfreiheit ihres Geisteslebens die Realität von Reinkarnation und Karma und auch bestimmte Schicksalsnotwendigkeiten unmittelbar innerlich erfahren. Solche Menschen sind Repräsentanten des Spiritualismus und im Keimzustande bereits „Anthroposophen", ob sie das nun wissen oder zugeben wollen oder nicht. Denn Anthroposophie ist keine theoretische Lehre, sondern das sich entwickelnde Bewußtsein von geistigen Wirklichkeiten.

Unter den Philosophen im engeren Sinne können wir auf solche „anthroposophische" Denker hinweisen, die längst vor dem Auftreten der Anthroposophie gewirkt haben. Wir nennen außer FRIEDRICH SCHILLER, W. v. HUMBOLDT, SCHELLING und EMERSON hier die bedeutendsten, nämlich HEINRICH ZSCHOKKE, IMMANUEL HERMANN FICHTE, IGNAZ PAUL VITALIS TROXLER, sowie die polnischen Hegelianer KAROL LIBELT, FERDINAND TRENTOWSKI, GRAF AUGUST CIESZKOWSKI, sowie ihren gemeinsamen Inspirator, den seherischen ANDREAS TOWIANSKI. All diesen Geistern schwebte eine Philosophie vom Menschen-Genius oder Geistselbst vor, welche mit übersinnlichen Erkenntnisvermögen rechnet. Bei ihrem Bemühen, diese auszuarbeiten, haben sie die Philosophie zu einer Theosophie und Anthroposophie erhöht. Manche von ihnen waren auch von der Existenz der himmlischen Intelligenzen überzeugt, sowie von Reinkarnation und Karma.

Der zweite Teil von ZSCHOKKES Autobiographie „Selbstschau" ist eine durchaus theosophisch-spirituelle „Welt- und Gottesanschauung". Was er darinnen „Gemüt" nennt, wird von ihm als „die durchgeistigte Seele", als der Genius gekennzeichnet. Zschokke ahnt oder weiß, daß dieser immer freier und lebendiger werden kann durch Übungen der Konzentration und Meditation. „Der Mensch trägt", so bekennt diese Theosophie, „in seinem Ich eine übernatürliche Offenbarung, ein Wissen von Gott. Der menschliche Geist weiß, er sei unmöglich selber das Allerhöchste in der Wesenskette, sondern nur wieder ein Mittelglied, welches die Natur mit dem Reiche des Allerheiligsten verbindet. Er ist gleichsam Bürger zweier Welten, die beide in seiner Sphäre schon ineinander rinnen. Und wo endet diese unendliche Himmelsleiter?"

Philosophisch viel strenger und breiter baute der Schweizer Arzt TROXLER seine „Anthroposophie" auf, indem er das Erkenntnisvermögen des übersinnlichen Bewußtseins, das wahrhaft göttliche Hellsehen, das in den Menschenseelen heute im allgemeinen noch schlummert, untersuchte. Das Ziel der weiteren Menschheitsentwickelung ist die freie Entfaltung dieses spirituellen Erkenntnisvermögens und demzufolge die Umbildung der Philosophie zu einer Anthroposophie: „Was demnach der Mensch sinnlich und geistig, und untergeistig und übersinnlich empfindet und wahrnimmt, ahnt und fühlet, dichtet und denkt, erkennt und weiß, glaubt und schaut, dies alles, so wie es in seinem Ergebnis die in Anthroposophie verklärte Philosophie ist, wird in seiner Offenbarung und Darstellung zur Anthropologie, und so diese zur philosophischen Ur- und Grundwissenschaft, zur philosophischen Ein- und All-Erkenntnis in dem göttlich-selbständigen und freitätigen menschlichen Selbst."

Eine theosophische Philosophie vom Geistselbst! Dasselbe gilt von der noch viel zu wenig bekannten und gewürdigten Weltanschauung des JÜNGEREN FICHTE, die in sehr zahlreichen Werken niedergelegt ist. Als das Hauptwerk mag seine „Anthropologie“ betrachtet werden, die aber in Wirklichkeit in einer philosophischen Theosophie und Anthroposophie gipfelt. Aus der Grundüberzeugung, daß alles Geistige von individueller Wesenheit ist, hat sich Fichte gegen den pantheistischen Grundzug des Hegelianismus gewandt und dabei auch Goethes ernstes Witzwort gebraucht: „Der Professor ist eine Person, und Gott ist keine?“

In ähnlicher Art wie Schelling, jedoch auf durchaus selbständigen Erkenntniswegen hat I. H. Fichte die uralte, aber seit einem Jahrtausend durch einen Konzilbeschluß verloren gegangene Erkenntnis wieder erneuert: *Der Mensch ist Leib, Seele und Geist.* Diese Trichotomie ist seit dem 8. Konzil von 869 im römischen Christentum verpönt!

Der Geist des Menschen ist der ewige, schon vor der Geburt existierende Genius, das Göttliche in ihm. Er ist jedoch etwas individuell Ausgeprägtes in jedem einzelnen Menschen. Dies eigentlich Individuelle ist keinesfalls aus den Vererbungselementen der Eltern und Vorfahren abzuleiten. Es kommt als etwas Ureigenes zum Vererbten hinzu.

In den Naturreichen entsprechen den individuellen Menschengenien die artgestaltenden Gattungsseelen. Jeder Mensch ist also seine ureigene Gattung.

Im Geiste des Menschen finden sich nicht nur apriorische Elemente vor: er ist vielmehr seinem ganzen Bestande nach ein apriorisches, vorempirisches, weil wesentlich präexistentes Wesen. In dem gewöhnlichen Bewußtsein, das wir im allgemeinen kennen, ist jedoch das Geistige fest an die Leibesorganisation gebunden. Dennoch kündigen sich die wahren, die übersinnlichen Vermögen des Geistes in den höheren Geistesleistungen des Menschen an, bei genialen Ideenkonzeptionen, künstlerischen Inspirationen und religiösen Erfahrungen oder Offenbarungen. Sie werden freier und freier in den visionär-seherischen und inspirierten Ausnahmezuständen des Seelenlebens. „Und so dürfen wir die weitere Behauptung anreihen, *daß ein gebundenes Hellsehen in uns allen liege,* gebunden eben durch die Bedingungen der gewöhnlichen, leiblich-sinnlichen Rezeption, — welches in dem Grade in der bestimmten Stufenfolge frei wird, als jene Bedingungen vorübergehend oder bleibend suspendiert werden.“

In gewissem Sinne ist der Geist gegenüber dem Leibe immer unabhängig. Er ist eigentlich allzeit ein schauender. Nur in dem Maße als er an das leibliche Werkzeug gebunden bleibt, ist seine Schaukraft zu den halbseherischen Vermögen der künstlerischen Phantasie, des Wahrheitsgefühls und intuitiven Denkens abgeschwächt: „Das allgemeine Vermögen der Perzeption und des Wirkens auf Anderes, welches die Seele an sich schon und unabhängig von ihrer sinnlichen Leiblichkeit besitzt, wird durch letztere lediglich in bestimmte Grenzen eingeschlossen und dadurch in seinem Gesamtzustande vermindert und beschränkt. Die Verbindung der Seele mit dem Stofflichen wäre daher zugleich einer Depotenzierung ihres intelligenten Vermögens gleichzustellen, und zwar ebenso nach der Seite ihres Wahrnehmens wie ihres Wirkens hin.“

Erst nach der Abstreifung des Leibes im Tode werden also die eigentlichen Vermögen des Geistes, die hellsichtigen, inspirierten, völlig frei hervortreten. „Wir werden künftig somit *Geister* sein im eminenten Sinne, weil dann jene Verdunkelung völlig von uns weicht, welche in den sinnlich organischen Medien als notwendig Mitbedingendes enthalten ist.“ Dann wird sich ganz enthüllen, was der Mensch an sich „in der tiefen Verborgenheit seines Wesens schon ist oder war: ein vor- und übersinnliches, das Ewige in der Welt der Erscheinung ausgestaltendes Geisteswesen, ein Offenbarer der göttlichen Geheimnisse der Geistwelt, in deren Reich die Sonne neuer Schöpfungen nie untergeht“.

Aber auch innerhalb des irdischen Menschheitslebens soll und wird der Genius mit seinem übersinnlichen Geistesschauen immer freier und freier sich entfalten. Die Philosophie wird sich hierdurch zu einer Theosophie und Anthroposophie vergeistigen. Wenn der ewige Geist im Menschen sich selbst erfaßt, dann erlebt er sich zugleich in Gott: „so vermag endlich die Anthroposophie nur in Theosophie ihren letzten Abschluß und Halt finden. So gewiß wir sind, ist Gott der höchste Geist. Denn wir geisten und denken in ihm.“ In diesen Überzeugungen klingt Fichtes „Anthropologie“ aus.

Als den zweiten Teil dieses Werkes gab Fichte seine „Psychologie“ heraus, „die Lehre vom bewußten Geist des Menschen oder Entwickelungsgeschichte des Bewußtseins, begründet auf Anthropologie und innerer Erfahrung“. Auch hier wird derselbe Ausblick gegeben: „Durch die Erkenntnis des eigenen Wesens in ihrem Abschlusse wird der Geist zugleich seines Befaßtseins im ewigen, unendlichen Wesen inne: die Anthroposophie wird zur Theosophie.“ Es ist eben eine Grundüberzeugung Fichtes, „daß das göttliche Denken dem menschlichen sich aufschließt und aufs eigentlichste in dasselbe eingeht“.

Für eine Weltanschauung vom ewigen Menschengenius ist dies eigentlich selbstverständlich. Von diesem Gesichtspunkt aus betrachtet dann auch Fichte die gesamte Weltgeschichte: „Ohne den steten, hinter dem Bewußtsein wirkenden Einfluß des göttlichen Geistes in den menschlichen, ohne wahre Offenbarung und Einsenkung neuer, seine Begeisterung entzündender Gedanken, wäre kein historischer Fortschritt, überhaupt keine Geschichte möglich. Die eigentlichen geschichtlichen, ein neues Geistesdasein hervorrufenden Taten sind in letzter Instanz göttliche Taten und Geisteserweisungen.“ Diese Überzeugung hatte Fichte mit Schelling und Henrik Steffens gemein, welcher sagte: „Die Geschichte ist ewig inspiriert“!

In abermals höher entwickelter Form tritt in unserer Zeit diese Erkenntnis besonders eindringlich hervor in der Schrift über „Die geistige Führung des Menschen und der Menschheit“ von Rudolf Steiner. Da handelt es sich um eine ausführliche Darstellung, wie ganz bestimmte Wesenheiten der göttlichen Hierarchien von Zeitalter zu Zeitalter die Menschheit in anderem Sinne (durch große Persönlichkeiten) inspiriert haben. Um solches darzustellen, sind die vollbewußten Sehergaben unerläßlich.

Weil diese bei den erwähnten polnischen Hegelianern zumeist nicht vorlagen, sind ihre Weltbilder doch nicht voll befriedigend. Zwar wußte Towianski aus der eigenen Geist-Anschauung von den Hierarchien, aber zu einer echten Geisteswissenschaft vermochte er sein Sehertum doch nicht zu entwickeln. Cieszkowski wußte von der Reinkarnation, Libelt und Trentowski sprachen in ähnlicher Art wie Troxler von höheren, seherisch-inspirierten Erkenntnisvermögen des Geistes, brachten es aber doch auch noch nicht zu einer wirklichen Anthroposophie. Es war einerseits hierfür noch nicht an der Zeit, und andererseits hat die besondere Seelenlage des Polentums für die Exaltation und Extase bewirkt, daß diese Formen des Spiritualismus unverkennbar einseitige Züge tragen, die man als luziferische bezeichnen kann. Allzuwenig verbindet sich diese Geistesart mit der Natur- und Sinneswissenschaft. Schon Hegels pneumatischer Pantheismus hatte sich in der Richtung eines Supranaturalismus entwickelt. Als Reaktion hierauf folgte der Gegenschlag des Sensualismus, Naturalismus und Materialismus der Hegelschüler Marx und Feuerbach.

Völlig anders liegen die Dinge bei Schiller, und noch mehr bei Humboldt und Goethe. Insoferne auch diese Persönlichkeiten von der Reinkarnation des Menschengenius und den Schicksalsgesetzen des Lebens mehr oder weniger überzeugt waren, können auch sie als Vertreter eines, allerdings sehr maßvollen Spiritualismus betrachtet werden. Das luziferische Element fehlt hier ganz. Für Goethes spirituellen Schicksalsglauben zeugen vor allem seine tiefsinnigen „Orphischen Urworte“. Sie bringen das Schicksalstragende des Genius in feierlicher Weise zum Ausdruck; führen wir nur die erste Stanze an:

> Wie an dem Tag, der dich der Welt verliehen,
> Die Sonne stand zum Gruße der Planeten,
> Bist alsobald und fort und fort gediehen
> Nach dem Gesetz, wonach du angetreten.
> So mußt du sein, dir kannst du nicht entfliehen,
> So sagten schon Sibyllen, so Propheten;
> Und keine Zeit und keine Macht zerstückelt
> Geprägte Form, die lebend sich entwickelt.

Mit der „geprägten Form“ ist das Ureigene der Individualität, der Genius gemeint, dasselbe, was Schiller in seinem tiefsinnigen Gedicht über „Die Ideale und das Leben“ die „Gestalt“ genannt hat:

> Aber frei von jeder Zeit Gewalt,
> Die Gespielin seliger Naturen,
> wandelt oben in des Lichtes Fluren
> Göttlich unter Göttern die Gestalt.

Wenn auch die Individualität Schillers unmittelbar am besten aus der Polarität von Sensualismus und Pneumatismus begriffen werden kann, so finden sich bei ihm daneben doch auch noch andere Weltanschauungsimpulse. In seiner Jugend neigte er ausgesprochen zu einem gnostisch-theosophischen Spiritualismus, wie übrigens auch Goethe. Manches der beinahe ekstatisch-neuplatonischen Gedichte Schillers wäre hier anzuführen. Aber wichtiger sind die viel zu wenig bekannten „Philosophischen Briefe". Darin ist das eigenartige Kapitel „Die Theosophie des Julius" eingeschaltet. Eine ganz und gar gnostisch-spiritualistische Weltanschauung wird hier entrollt. Wir können aus diesem zehn Seiten langen, sehr unbekannten Stück nur ein wenig anführen: „Alle Vollkommenheiten im Universum sind vereinigt in Gott. Gott und Natur sind zwei Größen, die sich vollkommen gleich sind. Die ganze Summe von harmonischer Tätigkeit, die in der göttlichen Substanz beisammen existiert, ist in der Natur, dem Abbilde dieser Substanz, zu einzelnen Graden und Maßen und Stufen vereinzelt. Die Natur ist ein unendlicher, geteilter Gott. Wie sich im prismatischen Glase ein weißer Lichtstreif in sieben dunklere Strahlen spaltet, hat sich das göttliche Ich in zahllose empfindende Substanzen gebrochen. Wie sieben dunklere Strahlen in e i n e m hellen Lichtstreif wieder zusammenschmelzen, würde aus der Vereinigung aller dieser Substanzen ein göttliches Wesen hervorgehen. Die vorhandene Form des Naturgebäudes ist das optische Glas und alle Tätigkeiten der Geister nur ein unendliches Farbenspiel jenes einfachen göttlichen Strahles. Die Anziehung der Elemente brachte die körperliche Form der Natur zustande. Die Anziehung der Geister, ins Unendliche vervielfältigt und fortgesetzt, müßte endlich zur Aufhebung jener Trennung führen oder, darf ich es so aussprechen, Gott hervorbringen. Eine solche Anziehung ist die Liebe. Also Liebe, meint Raphael, ist die Leiter, worauf wir emporklimmen zur Gottähnlichkeit. Ohne Anspruch, uns selbst unbewußt, zielen wir dahin:

Tote Gruppen sind wir, wenn wir hassen,
Götter, wenn wir liebend uns umfassen,
Lechzen nach dem süßen Fesselzwang,
Aufwärts durch die tausendfachen Stufen
Zahlloser Geister, die nicht schufen,
Waltet göttlich dieser Drang.
Arm in Arm, höher stets und höher
Vom Barbaren bis zum griech'schen Seher,
Der sich an den letzten Seraph reiht,
Wollen wir einmüt'gen Ringeltanzes,
Bis sich dort im Meer des ew'gen Glanzes
Sterbend untertauchen Maß und Zeit.
Freundlos war der große Weltenmeister,
Fühlte Mangel; darum schuf er Geister,
Sel'ge Spiegel seiner Seligkeit.
Fand das höchste Wesen schon kein Gleiches,
Aus dem Kelch des ganzen Wesenreiches
Schäumt ihm die Unendlichkeit."

Nicht von einer allgemeinen Geisteswelt spricht diese Theosophie, sondern von einer Welt von gestuften Geistern. Mit diesem Aufblicken zu höheren

Geister-Reichen hängt Schillers besondere Veranlagung für das Erhabene eng zusammen. Die künstlerische Wirkung des Erhabenen tritt — nach Schillers ästhetischen Untersuchungen — dann ein, wenn drei Vorstellungen zusammentreffen: diejenige von der objektiven Übermacht einer äußeren Gewalt; diejenige von der Ohnmacht des sinnlich-natürlichen Menschen gegenüber dieser Übermacht; und endlich das Bewußtsein von der moralisch-geistigen Überlegenheit des inneren Geistesmenschen. Nun haben wir aber gesehen, daß das ewige Geistes-Selbst des Menschen im Grunde genommen grundsätzlich und allzeit erhaben ist über alles sinnliche Dasein mit seinen Leiden und Prüfungen. Hat es doch die Schicksalsfügungen aus dem Ewigen heraus — entsprechend den Früchten früherer Erdenleben — vorgeburtlich bestimmt. Das Geistselbst überschwebt die Sinnenseele, ist erhaben über alle ihre subjektiv-begrenzten Wünsche und Egoismen.

Empfänglich für das Erhabene sind somit im allgemeinen nur solche Menschen, in deren Seelenleben der Genius mehr „Gestalt“ gewonnen hat als beim Durchschnittsmenschen. Um das Erhabene erleben zu können, muß man ein Mensch sein, der sich über sein eigenes sinnlich-gebundenes und subjektiv-begrenztes Seelensein einigermaßen erheben kann. Andererseits aber wirkt das Erhabene der Natur, der Geschichte oder eines Kunstwerkes auf den schlummernden Genius, indem er das Erhaben-Geistige in der Seele anspricht. Es ist also eine sehr tiefe Bemerkung von Schiller: Das Schöne mache sich bloß verdient um den Menschen (um die empirische Seele), das Erhabene aber um den reinen Dämon, d. h. um den göttlichen Genius über dem Menschen. Daher auch die vergeistigende Wirkung des Erhabenen. Die erhabene Seelenverfassung zieht, so sagt Schiller, allem was der Mensch behandelt, den Körper aus, um es zu Geist zu machen, so wie die naive Dichtung alles mit einem Körper umkleidet.

Die erhabene Seelenstimmung ist nur eine Steigerung der „sentimentalischen“ und damit auch das Gegenteil der naiven. Die naive Seele gibt sich in Unschuld und heiterer Freude allem Natürlichen, Sinnlich-Leiblichen hin. Sie tritt oft in Verbindung mit den Weltanschauungen des Naturalismus (Sensualismus) und Materialismus auf. Ist doch an dem Materialisten vielfach sehr anziehend seine naive Kindlichkeit. Wir denken hierbei vor allem an Ernst Häckel. Zur jugendlichen Seelenverfassung des Menschen und der Menschheit gehört das Naive, Sinnenfrohe, zur gereiften des Alters die sentimentalische und erhaben-geistige Seelenhaltung. Das Naive kann eigentlich nur in Seelen auftreten, die der naturhaft-jugendlichen, ungebrochen-sinnenfrohen vorchristlichen, und nicht-isrealitischen Welt angehören oder sich davon bis heute noch viel bewahrt haben. Die sentimentalische und erhabene Seelenverfassung dagegen setzt den Durchgang der Menschheit durch das Todeserlebnis und die Gewißheit voraus, daß durch Christus der Tod überwunden worden ist. Als Hauptvertreter dieser beiden Seelenlagen können wir — mit Schiller — Goethe und ihn selbst anführen.

Das Extrem des Naiven ist das Bloß-Naturalistische oder gar das Materialistische. Wenn dagegen die Empfänglichkeit für das Erhabene ins Übermaß gesteigert auftritt, oder kein Gegengewicht findet, dann kommt das Überspannte, das Exaltierte zustande. Dem entspricht auf dem Felde des Weltanschaulichen eine auf Extasen beruhende, schwärmerisch-luziferische Theosophie oder Gnosis. Damit gepaart geht zumeist ein übertriebenes oder unechtes Gefühl der Erhabenheit des eigenen Geistes über alles Sinnlich-Materielle, Natürliche und Irdisch-Vergängliche, das nichts anderes ist als eine hochmütige Selbstüberschätzung des Eigenwesens. In dieser radikal einseitigen Ausprägung des Spiritualismus versteigt sich der Mensch zu hoch. Und zwar angestachelt von luziferischem Hochmut. Ein treffliches Bild, ja sogar die exakte kosmische Imagination dafür ist der *Steinbock*, der höher und höher in den Felsen des Gebirges emporklimmt, dem Lichte entgegen. Der *Krebs* dagegen bleibt im Dämmerdunkel der Erdentiefen kriechend. *Spiritualismus* und *Materialismus* sind aus diesen zwei Sternbildern des Tierkreises inspiriert. Der Spiritualismus ist die „Höhen-Weltanschauung".

Wie der Materialismus ein beinahe notwendiges Ergebnis der Leibgebundenheit des bloßen Gehirndenkens der Seele ist, so ist der Spiritualismus die Erkenntnisfrucht eines gewissen Freiwerdens des Geistes vom Leibe. Auf zweifache Weise kann dies zustande kommen. Entweder durch die Erkraftung des Geistes oder durch die Abtötung des Fleisches, durch die Askese. Das asketische Streben des Menschen führt aber leicht zu dem angedeuteten luziferischen Hochmut und zum überspannten Spiritualismus. In diesem Zusammenhange darf wohl GRAF LEO TOLSTOI genannt werden. Er hat übertrieben-asketische Ideale verkündigt, z. B. die Ehe ohne Geschlechtsgemeinschaft. Dieser Asketismus weiß nichts von der Versöhnung von Sinnlichkeit und Geistigkeit in einer „schönen Seele", wie sie Schiller vorschwebte. Weil Tolstoi nicht durchschaute, daß das Leibliche nicht unterdrückt, sondern in echt-christlichem Sinne umgewandelt und vergeistigt werden kann und soll, war er dem anderen großen Russen, WLADIMIR SOLOWJOW, so fremd. Obwohl auch Solowjow vom Asketismus keineswegs frei war, war sein ganzes Streben doch darauf gerichtet, eine *Auferstehungsphilosophie* aufzubauen, was tausend Jahre vor ihm der hocherleuchtete JOHANNES SCOTUS ERIGENA getan hat.

Solowjow und Scotus Erigena dürfen wir zu den größten Spiritualisten zählen, obwohl sie zugleich Vertreter eines echten *Idealismus* gewesen sind. Johannes Scotus Erigena hat die typisch spiritualistische Anschauung des DIONYSIOS AREOPAGITA von den himmlischen Hierarchien dem Abendlande übermittelt. Beinahe 1000 Jahre lang hat diese Anschauung im religiösen und dichterisch-philosophischen Geistesleben der Menschheit nachgewirkt. Einer der Letzten, der sie noch im 19. Jahrhundert philosophisch zu vertreten gewagt hat, war MELCHIOR MEYR. Er tat dies in seinem philosophisch und künstlerisch glänzend geschriebenen Buch über „Gott und sein Reich". Wie sein Untertitel sagt, will dieser kühne Versuch „eine philosophische Darlegung der freien göttlichen Selbstentwickelung zum allumfassenden Organismus“ sein. Angeregt von Schelling stellte Meyr diese Selbstentfaltung zu einem großen Organismus von positiven (und negativen) göttlichen (und widergöttlichen) Geistern dar, welche als himmlische Naturen Bilder Gottes im Kleinen, gottähnliche Organismen, selbstseiende Wesenheiten sind. „Man muß“, sagt Meyr, „der Natur ihre Götter, ihre göttlichen Mächte wiedergeben, muß in ihr die Beseeltheit fühlen lernen, um sie wahrhaft ins Herz schließen zu können.“

Die Anschauung von den himmlischen Hierarchien, die das Kernstück der hier gekennzeichneten Weltanschauungsrichtung ist, hat seit Scotus Erigena die philosophische und allgemeine Geistesentwickelung der Menschheit sehr tiefgehend beeinflußt. Das gesamte mittelalterliche Geistesleben hat hiervon gezehrt. Darüber hinaus blieb sie in denjenigen christlichen Kreisen lebendig, welche das Spirituelle pflegten. Ohne sie sind Gestalten wie Bernhard von Clairvaux, Thomas Aquinas, Meister Eckhard und Dante gar nicht zu denken, aber auch nicht Geister wie Böhme, Vondel, Milton, Swedenborg und Klopstock. Sogar noch der Arzt Gustav Theodor Fechner stützte sich in seinem kühnen Werk „Zendavesta oder über die Dinge des Himmels und des Jenseits, vom Standpunkte der Naturbetrachtung“ auf diese Angelologie des Paulus und Dionysius.

Selbstverständlich mußten die traditionellen Vorstellungen im Laufe der Jahrhunderte verblassen und sogar entarten. Die Engellehre von Emmanuel Swedenborg ist gewiß kein geisteswissenschaftlicher Spiritualismus. Emerson hat dies sehr richtig empfunden, indem er Swedenborgs Weltbild so zeichnete: „Eine unendliche Kette von Zwischengliedern spannt sich vom Zentrum zu den äußersten Enden, die jeden Vorgang aller Freiheit und Selbständigkeit beraubt. Das Weltall, wie er es dichtet, liegt in einem magnetischen Schlaf und spiegelt nur den Geist des Magnetiseurs wieder.“ Dies schrieb ein durchaus spiritueller Mensch, der Swedenborg als den Repräsentanten des mystischen Strebens der Menschheit hochgeschätzt hat.

Nach den Anschauungen des Dionysios Aeropagita und Paulus, die jahrhundertelang auf der esoterischen Schule von Athen überliefert worden sind, bevor sie im 6. Jahrhundert aufgezeichnet wurden, ist das gesamte Geisterreich Gottes dreifach dreigegliedert. Am nächsten steht Gott die ganz und gar gottgestaltige erste Hierarchie der Seraphim, Cherubim und Throne. „Seraphim“ bedeutet die Entzünder des Feuers, „Cherubim“ die Fülle der Sophia; die Throne sind die erhabenen Thronenden. Unter diesen Gottesgeistern des Vaters steht die zweite Hierarchie, die des Sohnes: die Kyriotetes (Herrschaften, dominationes, Geister der Weisheit), die Dynameis (Kräfte, virtutes, Geister der Bewegung) und die Exusiai (Gewalten, potentates, Geister der Form oder Elohim). Dieser wieder untergeordnet ist die dritte Hierarchie, durch welche der Heilige Geist wirkt: Die Archai (Fürstentümer, principatus, Geister der Persönlichkeit oder Zeitgeister), die Archangeloi (Erzengel oder Volksgeister) und die Angeloi (Engel). Alle Hierarchien sind kosmische Intelligenzen, Lenker von Planetensphären. Als Regenten dieser Äthersphären walten, von der Mondensphäre aufsteigend bis zur Saturnsphäre, die Angeloi, Archangeloi bis zu den Thronen. Die Cherubim und Seraphim gehören dem Tierkreis und Kristallhimmel an. *Noch* CLEMENS *und* ORIGENES *von Alexandrien* haben aus ihrer Gnosis heraus — aber auch in Anlehnung an das Buch Daniel — Engel und Erzengel als die Schutzgeister und Lenker von Stadtbevölkerungen und Völkern betrachtet. Aber infolge des tiefgreifenden Bewußtseinswandels der Menschheit seit dem 4. christlichen Jahrhundert und der Romanisierung des Christentums verblaßten schnell die lebendigen Vorstellungen davon, wie diese und höhere Wesenheiten aus dem Kosmos heraus in der Menschheit inspirierend und führend walten. Am Ende des 19. Jahrhunderts war davon nichts mehr übrig geblieben. Aber kurz darauf hat RUDOLF STEINER dieses ganze Geisteswissen als einen Hauptbestandteil seiner Anthroposophie aufs neue, und zwar bedeutend erweitert, hervorgebracht.

In erster Linie sind es die Seraphim, Cherubim und Throne, die drei Hierarchien des Göttlichen Vaters, die als die Geistwesenheiten des Tierkreises bezeichnet werden dürfen. Aber andererseits offenbaren sich doch alle Hierarchien aus den verschiedenen Richtungen des Tierkreises. Demzufolge kann man auch statt von neun von zwölf Hierarchien sprechen. Dies ist unseres Wissens erstmals durch RUDOLF STEINER geschehen, obwohl auch er im allgemeinen von den dreimal drei Hierarchien gesprochen hat, die er aus der selbständigen Geistesschau erkannt und entsprechend ihrer Wesensart auch neu benannt hat. In den Aufsätzen „Aus der Akascha-Chronik" wird jedoch eine Zwölfzahl von Bewußtseinszuständen und Hierarchien charakterisiert. Es gäbe noch fünf allerhöchste Bewußtseinszustände über den sieben: dem Trancebewußtsein, dem Schlafbewußtsein, dem Traumbewußtsein, dem Gegenstands- oder Ichbewußtsein, der Imagination, Inspiration und Intuition. In diesem Zusammenhang spricht Steiner von vier Hierarchien, die schon in der alten Saturnzeit über den sieben Hierarchien der Angeloi, Archangeloi, Archai, Exusiai, Dynamis, Kyriotetes und Throne gestanden haben, so daß man insgesamt elf Hierarchien über der Menschheit zählen muß. Die 12. und unterste Hierarchie ist dann die Menschheit, zumeist als die 10. beschrieben. Die vier höchsten Geisterreiche haben jedoch, so fährt der Geistesforscher fort, ihre Entwickelungsziele schon vor der Saturnentwickelung erreicht und hängen insofern nur noch indirekt mit der siebengliedrigen Welt- und Menschheitsentwickelung zusammen. Von diesen vier höchsten Hierarchien (über den genannten sieben) nennt Steiner jedoch mit Namen nur die zwei der Cherubim und Seraphim, deren Namen durch die hebräische Geisteslehre bekannt geworden sind.

Diese Zwölfheit der Himmelsgeister offenbart sich aus den 12 Tierkreisregionen. Wir haben hierauf schon im einzelnen hingewiesen. Hier wollen wir davon eine Gesamtübersicht geben. Die zwei allerhöchsten Reiche der Gottesgeister, die noch über der Vaterhierarchie der Seraphim, Cherubim und Throne stehen, mögen wir erahnen in den Tierkreisregionen der göttlichen *Substanz und Trinität:* In der Waage, im Adler-Skorpion und in seinem Gegenpol der Jungfrau. Diese drei wurden früher als *ein* Zeichen betrachtet. Dies ist der zodiakale Aspekt der göttlichen Dreieinigkeit. In meinem Hauptwerke habe ich hierauf vielfach hingewiesen.

Sodann fanden wir die erste Hierarchie in der Tierkreisdreiheit: Jungfrau, Löwe, Krebs. Diese hoch erhabenen „Kräftegeister" sind die Sein-erzeugenden Vater- oder Ur-Götter. Die erhaben-schweigenden *Urgegebenheiten* des Seins berührt der Mensch, wenn er sich mit Hilfe des *physischen Leibes wahrnehmend* dem Weltensein erschließt.

Vom Krebs im Tierkreis weiterschreitend kommen wir in den Tierkreisbereich der zweiten Hierarchie der Exusiai, Dynameis und Kyriotetes. Dies ist die Hierarchie des Sohnes, des Logos, des Kyrios-Christos. Wir werden von diesen Sonnenwesen oder „Lichtesgeistern" zu sprechen haben, wenn wir die Tiefenperspektiven der Weltanschauungen der Zwillinge, des Stieres und des Widders charakterisieren. Bei diesen Weltanschauungen kommt es entscheidend auf das *lebendige Denken* unseres *Ätherleibes* an, das sich in den *Ideengehalt* der Welt einlebt.

Von der Hierarchie des Heiligen Geistes, den Archai, Archangeloi und Angeloi, haben wir schon gesprochen. Sie wirken aus den anschließenden Tierkreisrichtungen der Fische, des Wassermanns und des Steinbocks. Die mit ihnen zusammenhängenden Eigentümlichkeiten des Universums werden durch drei Weltanschauungen erfaßt, bei welchen das *spirituelle Fühlen* des Astralleibes eine große Rolle spielt. Auf religiöse Empfindungskräfte kommt es an, wenn der Mensch die göttliche *Allbeseelung* der Welt und Menschheit erfassen und mit den „Seelengeistern" der dritten Hierarchie in Berührung kommen will.

Vom Steinbock endlich kommen wir zum Sternbild des Schützen, dem kosmischen Urbilde von Malkuth, dem „Reich". Das ist der Weltenort der *Ichheit,* die zwar in der göttlichen Ursubstanz urständet, aber doch charakteristisch entwickelt wird von der *Menschheit,* und zwar im *Erden*-Reich, nicht in planetarischen Sphären. Weil also die Ichheit der Menschheit urständet in der göttlichen Ichheit, die über allen neun Hierarchien thront, dürfen wir auch das Schützensternbild, zusammen mit dem Adler und der Waage, zu einer vierten zodiakalen Dreiheit zusammenfassen und sie als die kosmische Urbildregion der göttlichen Ursubstanz oder Ichheit ansprechen.

In der nachstehenden Übersicht über die hierarchischen Weltenorte im Tierkreishimmel fügen wir auch die Kategorien des Aristoteles sowie die zehn Gotteseigenschaften des Adam Kadmon, die Sephirot ein, die wir bei allen sechs bisher dargestellten Weltanschauungen herauszuarbeiten versucht haben.

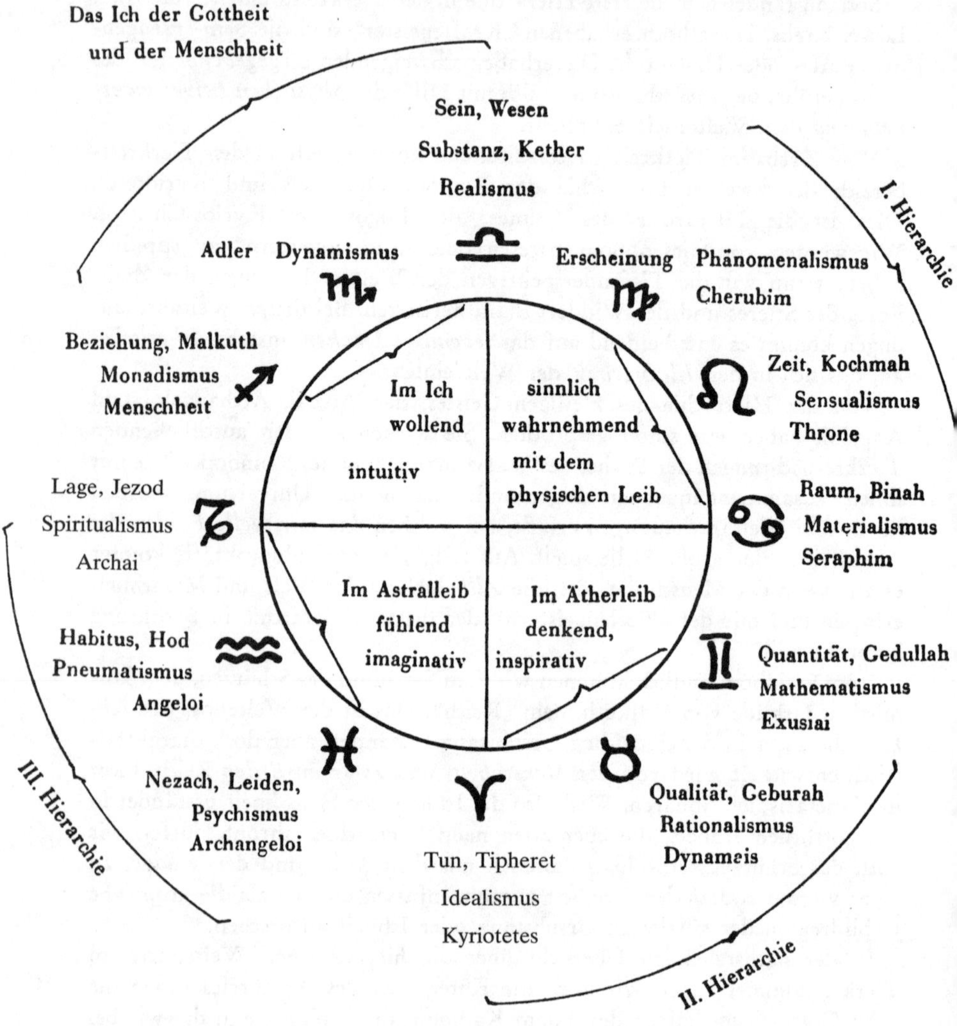
Das Ich der Gottheit
und der Menschheit
Sein, Wesen
Substanz, Kether
Realismus
Adler
Dynamismus
Erscheinung
Phänomenalismus
Cherubim
I. Hierarchie
Beziehung, Malkuth
Monadismus
Menschheit
Zeit, Kochmah
Sensualismus
Throne
Im Ich
wollend
intuitiv
sinnlich
wahrnehmend
mit dem
physischen Leib
Lage, Jezod
Spiritualismus
Archai
Raum, Binah
Materialismus
Seraphim
Im Astralleib
fühlend
imaginativ
Im Ätherleib
denkend,
inspirativ
Habitus, Hod
Pneumatismus
Angeloi
Quantität, Gedullah
Mathematismus
Exusiai
III. Hierarchie
Nezach, Leiden,
Psychismus
Archangeloi
Qualität, Geburah
Rationalismus
Dynameis
Tun, Tipheret
Idealismus
Kyriotetes
II. Hierarchie

Wie schon erwähnt, hat die Mysterienlehre des Dionysios Aeropagita von den neun Engelreichen auf die gesamte mittelalterliche Geistesentwickelung eminent belebend eingewirkt. Als aber seit dem 14. Jahrhundert die neue Seelenverfassung der vollen Selbstbewußtheit und damit das eigentliche (kritisch-püfende) Wissenschaftsbewußtsein anfing sich zu entwickeln, mußte diese Anschauung von neuen Eingeweihten erneuert werden. Dies ist durch Christian Rosenkreuz geschehen. Er wurde zum Inaugurator der neuzeitlichen Einweihungswissenschaft.

Das Rosenkreuzertum bildet in der gegenwärtigen, fünften Kulturperiode den weltgeschichtlichen Gegenpol zu den Hermes-Mysterien der dritten. In verchristlichter und ichbewußter Form müssen im gegenwärtigen Zeitalter tiefe Erkenntnisse vom Zusammenhang des Menschen und der Natur mit den kosmischen Geistwesen wieder heraufkommen. Die Rosenkreuzer des späteren Mittelalters haben allerdings noch vielfach an die Überlieferungen der Hermetischen Weisheit, die durch die Kreuzfahrer, Templer usw. nach dem Abendlande gekommen waren, angeknüpft.

Die ersten Auswirkungen des Rosenkreuzertums in dem allgemeinen und offenbaren Geistesleben der Menschheit liegen in der bedeutsamen Strömung der deutschen Theosophie des 15. und 16. Jahrhunderts vor, auf welche Rudolf Rocholl in einem Büchlein vom Jahre 1856 verdienstvoll aufmerksam gemacht hat. Neben Heinrich Ritter hat sie auch Moritz Carriere in seinem schönen Werk über die philosophische Weltanschauung der Reformationszeit gebührend gewürdigt. Es handelt sich hier hauptsächlich um Raimundus von Sabunda, Reuchlin, Agrippa von Nettesheim, Trithem von Sponheim, Theophrastus Paracelsus, Valentin Weigel, Jakob Böhme und die beiden van Helmont, Vater und Sohn.

Alle diese tiefsinnigen Natur- und Gottesweisen waren sich bewußt: die vorchristliche Weisheit der Menschheit, vor allem die hermetische, verdankt der Mensch dem Umstande, daß er *aus Gott geboren ist.* Durch lange Zeiten hindurch konnte die menschliche Seele kraft ihrer aus vorgeburtlichen Quellen gespeisten Weisheit die göttlichen Signaturen des Buches der Natur entziffern. Als dann die Menschheit ganz in das materielle Dasein *hineinzusterben* drohte, da brachte Christus das Buch der göttlichen Offenbarung, überwand den Tod und senkte seine Auferstehungskräfte ins Menscheninnerste. Durch den Heiligen Geist kann dadurch in der Zukunft das Geistige des Menschen in einer neuen Weisheitsoffenbarung *wiedergeboren* werden. Die neue Weisheit, die christliche, ist dem Tode abgerungen. Sie ist eine Auferstehungsweisheit, wie die alte eine Geburts-Weisheit gewesen ist.

In neuer Art durchschauten die Vertreter der rosenkreuzerischen Weisheit:

Wie Himmelskräfte auf und nieder steigen,
Und sich die goldenen Eimer reichen,
Mit segenduftenden Schwingen
Vom Himmel durch die Erde dringen,
Harmonisch all' das All durchklingen.

Das göttlich-hierarchische „Sternenwirken in Erdenstoffen“, das geistig-schaffende Walten der himmlischen Intelligenzen in allen natürlichen Dingen und Vorgängen, in den Metallen, Mineralien, Pflanzen, Tieren, in den Organen und Seelenkräften und sogar in den Tätigkeiten und Berufen der Menschen, das wurde in diesen Kreisen erkannt. Hier erneuerte sich der hermetische Grundsatz: Es ist alles unten wie oben. Jedoch die Erkenntnisrichtung hat sich gegenüber den vorchristlichen Zeiten umgekehrt. Die *hermetische Naturweisheit,* deren hervorragendster Erbe innerhalb der griechischen Philosophie EMPEDOKLES gewesen ist, fand die Erkenntniswege aus den Sternenhöhen zu den Erdentiefen und Naturelementen. Die *rosenkreuzerischen Alchemisten,* solche Naturen, wie sie uns noch Goethe in seinem DR. FAUST gekennzeichnet hat, erhoben gewaltsam sich vom Dust zu den Gefilden hoher Ahnen und wußten aufs neue: „O, es gibt Geister in der Luft, die zwischen Erd und Himmel herrschend weben!“ Es ist der Erkenntnisweg von den Erdensubstanzen zu den Himmelskräften, die sich in den Erdensubstanzen schöpferisch abspiegeln.

Alles Irdische, Leibliche, Stoffliche kann auch in der Tat nur dann verstanden werden, wenn man darin die wesenhaften Abspiegelungen des Geistigen, Kosmisch-Hierarchischen erblickt! Der Spiritualismus würde ganz und gar in der Luft schweben, wenn er das Geistige nicht auf die Dinge und Vorgänge der Sinneswelt beziehen könnte, wenn er das Obere nicht im Unteren wiederfände. Materialismus und Spiritualismus gehören, gerade weil sie äußerste Gegensätze bilden, als Polaritäten zueinander. Mit philosophischen Abstraktionen aber kann man das stoffliche Sein niemals begreifen. Die Rosenkreuzer sprachen weder vom Sinnlich-Materiellen, noch vom Übersinnlich-Geistigen in Begriffsabstraktionen. Sie wußten: Die neun Hierarchien, deren Namen wir in den Paulusbriefen finden, sind die schöpferischen Mächte, die aus den Himmelsbereichen der Planeten und Tierkreis-Regionen mit Hilfe der ätherisch-elementarischen Bildekräfte alles Irdische entstehen lassen, gestalten und erhalten. Die Materie ist das Ende der Schöpfungswege Gottes.

In unseren Tagen hat RUDOLF STEINER, obwohl als Individualität durchaus selbständig forschend, dennoch im Sinne des wahren Rosenkreuzertums gewirkt, indem er die Anthroposophie als eine *Geisteswissenschaft* auf den Grundfesten der *Naturwissenschaft* aufbaute. Als Geisteswissenschaft ist sie auch als Spiritualismus zu kennzeichnen, als echte Gnosis oder Theosophie. Sie überwindet als solche radikal den verderblichen Agnostizismus. Aber sie ist nicht ausschließlich Spiritualismus. Neben rosenkreuzerischen Inspirationen leben in ihr auch andere Geistesimpulse, welche Glieder sind einer universellen Weisheit, jedoch nicht im eklektischen oder synkretistischen Sinne, sondern als ursprüngliche Schöpfung eines universalen Geistesorganismus. In diesem finden wir auch diejenigen Weisheitsimpulse, welche in den vorchristlichen Zeiten von großen Individualitäten ausgegangen sind, von Zarathustra, Manu und Hermes, von Abraham, Buddha und Moses, und in den frühchristlichen Zeiten von Jesus, Johannes, Paulus und Manes. Alle diese Weisheitsströme sind in der Anthroposophie mitumfaßt und zeitgemäß weiterentwickelt.

Dieser schlechthin allumfassende Charakter der Anthroposophie macht es möglich, zu erkennen, in welcher Art jede der zwölf Weltanschauungen von ihrem Gesichtspunkte aus in das Reich der Wahrheit eindringt.

Anthroposophie ist untrennbar von aller Wahrheitserkenntnis der Vergangenheit, obwohl sie nicht daraus entstanden ist. Darum kommt sie in ihrer Universalität auch nur dann zur Geltung, wenn sie im Zusammenhang mit allen Kulturleistungen der Menschheit dargestellt wird. Nichts liegt einer allseitigen Wahrheitsforschung ferner als Einseitigkeit und Ausschließlichkeit der Gesichtspunkte und der Auffassungsart. Alles was jemals Menschengeister aus dem universellen Wahrheitsreich sich zum Bewußtsein gebracht haben, anerkennt sie dankbar und gliedert es als Glied der Universalwissenschaft ein. Wenn dagegen durch einzelne Vertreter der Geisteswissenschaft zuweilen ein anderer, vielleicht sogar entgegengesetzter Eindruck, nämlich der einer dogmatischen Ausschließlichkeit entsteht, dann liegt das nicht am Werke Rudolf Steiners, sondern an einer einseitigen Interpretation desselben.

Es ist selbstverständlich, daß ein jeder Menschengeist, entsprechend seiner besonderen Veranlagung, Schicksalslage und Weltanschauungsrichtung, auch seinen besonderen, individuell bedingten Zugang zur Anthroposophie findet. Demzufolge wird er diese auch in einer bestimmten Seelennuance auffassen und nach bestimmten Richtungen hin ausarbeiten und vertreten. Das ist keineswegs etwas Nachteiliges, vielmehr ebenso notwendig wie begrüßenswert. Anthroposophie kann gar nicht vielfarbig und vielseitig genug vertreten werden. Und auch gar nicht selbständig genug. Niemals aber sollte das Bestreben aufkommen, die eigene Art des Auffassens und Vertretens als die alleinberechtigte auszugeben. Entsprechend den zwölf grundsätzlich gleichwertigen Weltanschauungsimpulsen, die einen zwölffachen Zugang zur Wahrheit eröffnen, muß damit gerechnet werden, daß es auch zwölf sehr verschiedenartige und doch durchaus gleichwertige Arten gibt, dies universelle Geistesgut aufzunehmen und zu vertreten.

Obwohl es dabei einen gleichsam klassischen Ausgangspunkt gibt — aus der noch zu besprechenden Grundstellung, von der aus Rudolf Steiner selbst zu seinen allumfassenden Erkenntnissen gekommen ist —, so wird man doch keinen von diesen völlig verschiedenen Auffassungsarten die Bedeutsamkeit und Berechtigung absprechen dürfen. Wo solches dennoch geschieht, indem man die eigene, doch ebenfalls individuell bedingte und begrenzte Auffassungsart und Methode des Studiums und Erkennens als die einzig richtige und alleinberechtigte ausgibt, da hat man das Allumfassende und Weltweite der Anthroposophie bereits aufgegeben.

Ein rechtes Verarbeiten der Anthroposophie ist demzufolge eigentlich nur insoferne möglich, als man wenigstens danach trachtet, die eigenen, ursprünglich mitgebrachten Seelen- und Geistesanlagen so zu erweitern und umzugestalten, daß man für immer mehr Weltaspekte empfänglich wird. Wessen Denken und Empfinden im innersten Kern materialistisch gesinnt bleibt, kann Anthroposophie entweder gar nicht aufnehmen oder wird sie materialistisch verfälschen. Aber auch wer einseitig spiritualistisch veranlagt ist, kann, wenn er seine Interessen und Gesichtspunkte nicht allmählich erweitert und damit auch seine Seelenanlagen umwandelt, ebensowenig das volle Wesen der Anthroposophie aufnehmen. Wir machen z. B. die Anthroposophie zu etwas anderem, als was sie bei ihrem Schöpfer ist, wenn wir etwa von den Anschauungen der Hierarchien oder von der kosmischen Christus-Wesenheit keine Brücke finden zur Sinneswirklichkeit in der Natur und Geschichte, indem uns diese nicht interessieren. Das vielmehr ist ein echt rosenkreuzerischer und anthroposophischer Spiritualismus, der gerade seinen Blick auch voller Interesse auf die Materie und die äußeren Vorgänge richtet. Dann werden wir in allem Stofflichen, Äußeren, das Ende der Schöpfungswege Gottes erblicken. In diesem Zusammenhang wollen wir noch einmal das Wort Rudolf Steiners aus seiner „Geistigen Führung des Menschen und der Menschheit" anführen: „Künftig werden Chemiker und Physiker kommen, welche lehren werden: die Materie ist aufgebaut in dem Sinne, wie der Christus sie nach und nach angeordnet hat."

Keines der Weltanschauungspaare im Tierkreis ist so *extrem gegensätzlich* geartet wie dasjenige von *Krebs* und *Steinbock*. Aber eben dadurch haben wir es auch mit der stärksten Spannung in der Polarität zu tun. Die Gegenpole verlangen wegen ihrer äußersten Gegensätzlichkeit am meisten nach einander. Bei keiner der Tierkreis-Oppositionen kommt ihre Gegensätzlichkeit auch schon durch die Stern-Imaginationen so sprechend zum Ausdruck, wie gerade beim Krebs und Steinbock. Der Krebs kriecht in den dunklen Niederungen der Erde und scheut das Licht. Der Steinbock steigt stolz höher und höher auf lichte Bergesgipfel. Mit beiden Standpunkten sind polar entgegengesetzte Versuchungen verbunden. Im Zeichen des Krebses kann der Mensch dem Stoffdämon und Finsternisgeist, dem Ahriman verfallen. Im Steinbock, dem Zeichen der höchsten Vergeistigung, droht ihm die Verführung durch das hochmütig machende trügerische Licht des Luzifer!

Reine Formen des Spiritualismus wie des Pneumatismus entstehen, wie wir dargestellt haben, aus der saturnisch beschaulichen Seelenstimmung der *Gnosis*. Diese aber beruht, wie ebenfalls dargelegt, auf einem geist-erinnernden Denken, das, wenn es voll entfaltet wird, hellseherisch in die Urbeginne zurückschaut, in das Walten der Archai und in die hierarchischen Emanationen der Götter. Einer solchen echten Gnosis wird bewußt, daß der Rang und die *Stellung*, welche die einzelnen Hierarchien im Weltenganzen einnehmen, ihre *Lage*, davon abhängt, wie „alt" sie sind. Denn je älter sie sind, desto höher stehen sie im allgemeinen in ihrer Entwickelung, in ihrem hierarchischen Rang. Einer der genialsten Gnostiker, VALENTINUS, hat nicht weniger als dreißig solcher aufeinanderfolgenden Äonen-Wesen überschaut. Auf diesen

Wegen sahen die Gnostiker das Entstehen der Materie als das Ende der äonischen Schöpfungswege Gottes.

Als die Kategorie der Materie oder des Materialismus haben wir den Raum aufgewiesen. Durch ihn ist die *äußere Lage* der Dinge bestimmt. Aber in den äußeren Lagen drückt sich vielfach etwas von den inneren Lagen aus, nämlich von der Art und Weise, wie die den Dingen zugrunde liegenden Wesen zueinander „stehen". Auch in der räumlichen Lage, in der sich ein Mensch befindet, z. B. in einem bestimmten Lande, in einer bestimmten Stadt usw., kommt etwas von seiner inneren Schicksalslage zum Ausdruck. Daß Kant niemals über Königsberg hinausgekommen ist, Leibniz dagegen viel von der großen Welt gesehen hat, das gehört doch wesentlich zu dem besonderen Schicksalsgrund ihrer Individualitäten. Das war sogar mitbestimmend für die Entwickelung ihrer Geistesart.

Im Kosmos sind alle räumlichen Stellungen der Himmelskörper eine Manifestation der geistigen Zustände, in welchen ihre kosmisch-hierarchischen Lenker-Wesen sich befinden, und auch der Art und Weise, wie sie zueinander stehen. Steiner bemerkt diesbezüglich in seiner „Geheimwissenschaft", „daß die Bewegungen der Himmelskörper als Folge der Beziehungen entstehen, welche die sie bewohnenden geistigen Wesen zueinander haben. Die Himmelskörper werden durch geistig-seelische Ursachen in solche *Lagen* und Bewegungen gebracht, daß im Physischen die geistigen *Zustände* sich ausleben können." Darum sind auch die dauernd bleibenden Lagen der Tierkreisbilder zueinander, die quadratischen und trigonischen Stellungen ein bedeutsamer Ausdruck ihrer geistigen Konstellierungen. So ist z. B. die Opposition der Ausdruck der Polarität.

Die hierarchischen Wesen, welche die Sternenbewegungen regeln, nennt Steiner die „Geister der Umlaufzeiten". Es sind Archai oder Urbeginne oder Zeitgeister. Geister, die zusammen mit den Thronen den Saturnzustand konstituiert haben. Seit dieser Zeit waren aber die Archai zugleich auch für alle Wesen die Inspiratoren der Selbstheit und Persönlichkeit. Zu den Grundeigentümlichkeiten des Menschengeistes aber gehört, wie wir gesehen haben, das Stehen in Lebenslagen und die Notwendigkeit, mit diesen in freien Entscheidungen fertig zu werden. Es sind also dieselben Geister, welche als Sternenbeweger die Schicksalslagen in äußeren Konstellations-Stellungen zum Ausdruck bringen und welche die Menschheit mit der Kraft der Persönlichkeit begaben, damit sie in Freiheit die Inspirationen der geschichtsbildenden Zeitenimpulse wie aus ihrem eigenen Innern hervorbringen können.

Das Schicksalhafte wirkt aus der Vergangenheit. Aus der Freiheit wird mitgestaltet die Zukunft. Im ewigen Schicksalsgenius aber bilden die beiden „Seiten" der Zeit, das Vergangene und das Zukünftige, eine Einheit. Denn gegenwärtige Lebenslagen sind nur die andere Seite von vergangenen, aber dennoch moralisch weiterwirkenden Lebenstaten; und Taten von heute sind in Wirklichkeit schon heute die Keime zukünftiger Lebenslagen. Wiederum können wir Nicolai Hartmann anführen, der als Philosoph dargelegt hat, inwiefern im Zeitengefüge der Geschichte „Vergangenes" keineswegs absolut verschwunden ist, „sondern im Gegenwärtigen noch irgendwie lebendig bleibt", in dieses und in die Zukunft hineinwirkend. So ist es ja auch beim individuellen Geist. Und so stehe der Mensch nicht nur im Strome des zeitlich-geschichtlichen Geschehens, er sehe ihn auch auf sich zukommen. „Alles Erwarten von Künftigem ist von dieser Art, alles Gefaßtsein auf etwas, alles Bereitsein zu etwas, alles Hoffen, Ersehnen, Fürchten, Sichängstigen."

Und der Mensch sei der Vorsehung fähig, sagt Hartmann. Er könne — im begrenzten Umfang — vorausschauen. „In dem Schleier, der ihm die Zukunft verhüllt, ist nur ein winziger Riß. Aber der genügt. Ein größeres Maß von Vorsehung würde er schwerlich tragen können, das Vorbetroffensein würde ihn erdrücken. Er hat ungefähr das Maß an Vorsehung, das er braucht und das er erträgt."

Vom geisteswissenschaftlichen Standpunkt aus müssen wir Hartmann ergänzen: Je stärker und reifer eine Geistesindividualität wird, desto mehr erträgt sie von dieser Vorsehung, und desto mehr zerreißt auch für sie der Schleier der Zukunft. Zuletzt erwacht der Genius in seinen ewigen Wesenstiefen, dann stehen die früheren Inkarnationen vor dem Geistesauge, die aus ihren Lebensfrüchten gereiften Schicksalslagen von heute und die Schicksalstendenzen für die zukünftigen Verkörperungen.

Wenn einmal das Intuitionsvermögen erweckt sein wird, dann entwickelt sich daraus das Geistesorgan, mit dem die Gnostiker in die Urvergangenheiten des Weltenwerdens zurückgeschaut haben. Geist-Erinnerung oder hellseherisches Weltengedächtnis wird es, indem es sich in die Intuitionen der Archai einlebt, im Strome des Zeitenwerdens bis in die Urbeginne und bis hinauf in die Saturnsphäre zurückgeführt, und dabei wird der gesamte Organismus der Himmelsgeister, die schaffend am Werden der Menschheit mitgewirkt haben, überblickt. Das Saturnbewußtsein ist das Intuitionsbewußtsein für die ewige Zeitensphäre der Akascha-Chronik, in welcher das Weltengedächtnis oder die Geisterinnerung lebendig wird für alles was war, was ist und was sein wird.

Abschließend können wir die Weltanschauungspolarität des Materialismus und Spiritualismus spruchartig so kennzeichnen:

Betastest du den Stoffesbau im Raum,
Dann kriechst du wie ein Krebs im Erdendunkel;
Doch übst du sinnend Geisterinnerung,
Beklimmest du der Geister Himmelsleiter.

IX.

DER MATHEMATISMUS

Schon im zweiten Kapitel haben wir darauf hingewiesen, daß die drei Weltanschauungen der Frühlings-Sternbilder (Zwillinge, Stier und Widder) diejenigen sind, bei welchen es mehr als bei allen anderen auf das reine Gedankenelement ankommt. Der Idealismus geht auf die Ideenstruktur der Welt, der Rationalismus auf das Wahre, das zugleich das Rechte und Gute ist, auf das Sittlich-Vernunftgemäße, und der Mathematismus beruht auf der „Mathesis". Dies griechische Wort, von dem dann Mathematik abgeleitet ist, bedeutet nichts anderes als Wissenschaft oder Erkenntnis; im Evangelium heißen die Schüler Christi, die von ihm lernten, Mathetai.

In der ursprünglichen Bedeutung des Wortes bezeichnet somit das Wort „Mathematismus" noch nicht einmal eine „mathematische" Weltanschauung, sondern eine solche, welche es mit dem Wissenschaftsprinzip schlechthin, mit dem Erkennen als solchem zu tun hat, und dies ist das *reine Denken*. Demzufolge ist die Wissenschaft vom Denken, die „Wissenschaftslehre", ein Kernstück des „Mathematismus", und das Mathematische im engeren Sinne ist eine besondere Ausprägung dieser Wissenschaft schlechthin.

In Wahrheit ist die Philosophie die Wissenschaft der Wissenschaften. Denn sie hat alles Einzelwissenschaftliche denkerisch zu einem Ganzen zu gestalten. Insoferne dürfen wir auch sagen: Alle Philosophie ist wesentlich Mathematismus oder Ausübung der Mathesis. Die Grundwissenschaft aller Philosophie aber ist die Erkenntnislehre, die Wissenschaft vom Wesen des Wissens, die „Wissenschaftslehre".

Wie eine jede Wissenschaft, so kann auch vorzüglich diese Grundwissenschaft gar nicht anders als untersuchend, forschend, prüfend, kritisch sein. Der Standpunkt des Naiven muß aufgegeben werden. Das ist der Grundsatz aller Erkenntnistheorie. Das Naive ist das Impulsive, das Instinktive, und insofern das eigentlich Unwissenschaftliche, oder wenigstens Vorwissenschaftliche. Das Kritische dagegen, das Besonnene, Prüfende, Untersuchende wird sich der Methode und Gesetzmäßigkeit seines Verfahrens bewußt. Wissenschaftlichkeit ist Bewußtheit.

Immanuel Kant hat sein kritisches Verfahren, das zum Skeptizismus geführt hat, dem Dogmatismus entgegengestellt. Mit diesem meinte er nicht eigentlich die kirchlich-theologische, sondern die angeblich nichtkritische, spekulative Philosophie seiner Vorgänger, die aus dem reinen Denken vertrauensvoll philosophiert haben. Aber so darf die Antithese eigentlich nicht gestellt werden. Das Gegensatzpaar muß vielmehr lauten: kritisch-naiv. Das Naive ist das Natürliche, Ursprüngliche, das Unbefangene, Impulsive. Wo es allein waltet, da führt es gewiß zur Leichtgläubigkeit, oder auch zum Dogmatischen. Wo dagegen ausschließlich das kritische Bewußtsein herrscht, da führt dies sehr leicht zum Skeptizismus und Agnostizismus. Rudolf Steiner hat das Gegensatzpaar des Naiven und Kritischen in seinem erkenntnistheoretischen Werk „Wahrheit und Wissenschaft" folgendermaßen gekennzeichnet: „Bei aller Tätigkeit, die wir vollbringen, kommt zweierlei in Betracht: die Tätigkeit selbst und das Wissen um deren Gesetzmäßigkeit. Wir können in der ersten völlig aufgehen, ohne nach der letzteren zu fragen: Der Künstler, der die Gesetze seines Schaffens nicht in reflexionsmäßiger Form kennt, sondern sie dem Gefühle, der Empfindung nach übt, ist in diesem Falle. Wir nennen ihn naiv. Aber es gibt eine Art von Selbstbeobachtung, die sich um die *Gesetzmäßigkeit* des eigenen Tuns fragt, und welche für die soeben geschilderte Naivität das *Bewußtsein* eintauscht, daß sie genau die Tragweite und Berechtigung dessen kennt, was sie vollführt. Diese wollen wir *kritisch* nennen. Kritische Besonnenheit ist demnach das Gegenteil von Naivität. Wir nennen ein Verhalten kritisch, das sich der Gesetze der eigenen Tätigkeit bemächtigt, um deren Sicherheit und Grenzen kennenzulernen. Die Erkenntnistheorie kann aber nur eine kritische sein."

Volle Besonnenheit und Bewußtheit sind Kennzeichen des reinen Denkens. Es gibt keine kritische Besonnenheit ohne Wachheit des Geistes, ohne Selbstbewußtheit und Selbstbeobachtung. FORTLAGES „Psychologie aus der Beobachtung des inneren Sinnes" charakterisiert treffend das Wesen des wissenschaftlich forschenden Bewußtseins: „Wir empfinden den Zustand des Wachens oder Bewußtseins als eine innere Helligkeit, das Einschlummern als eine hereinbrechende innere Dämmerung. Das Bewußtsein hat keine andere Intensität als seine eigene *Klarheit, Helligkeit* und *Deutlichkeit*."

Jedermann weiß aus der Selbstbeobachtung, daß es sich so verhält. Überdies charakterisiert der Sprachgeist das Gedanken-Element, in welchem sich der Mensch seiner selbst bewußt wird („ich denke, also bin ich") durch Bildvergleiche, die auf dessen Lichtcharakter hinweisen. Bestimmte Gedanken nennen wir „lichtvoll", „sonnenklar" und „einleuchtend", andere, die nicht genügend bewußt und durchformt sind, bleiben uns „dunkel". Wo wir Gewißheit im Erkennen erleben, da stehen wir im Lichte. Wenn es uns aber nicht gelingt, Klarheit über etwas zu gewinnen, dann breitet sich Finsternis über die Seele aus. Und wenn wir zweifeln, dann schwanken wir zwischen dem Erkenntnislichte des Wissens und der Finsternis des Nichtwissens hin und her. Das Denken kann uns zur Gewißheit, aber auch zum Zweifel führen, gerade wenn es sehr kritisch ist. Es ist offensichtlich eine Zwillingswesenheit, zugleich licht und schattenhaft. In weitaus den meisten Fällen werden die Gedanken als blasse, unwirkliche Schatten erfahren. Zuweilen aber erlebt man blitzartig das Erleuchtende, Lichtbringende von Erkenntnissen. Im Hinblick auf diese Erfahrungstatsachen habe ich in meinem Hauptwerk das Zwillingssternbild als das kosmische Urbild des reinen Denkens, der Wissenschaft und Philosophie und des Mathematismus aufgewiesen. Unter den zwölf Aposteln heißt THOMAS (oder Tammuz) der Zwilling. Denn er war der Zweifelnde, der Ungläubige, der die Dinge kritisch untersuchen wollte.

Kritisches Untersuchen beginnt zwar nicht unmittelbar mit dem Zweifeln, wohl auch mit dem Fragen und Prüfen. Wiederum folgen wir FORTLAGE: „Alles Fragen bewegt sich innerhalb eines Entweder-Oder oder innerhalb der Regel eines disjunktiven Urteils. In jeder Frage ist eine Disjunktion enthalten. Denn wenn ich einer Frage die Wendung zufüge: Ja oder Nein?, so verstärke ich dadurch nur die Frage, ohne ihr irgend etwas Neues hinzuzusetzen. Hingegen ist noch nicht in jeder Disjunktion eine Frage enthalten. Denn die Disjunktion für sich allein genommen versetzt uns wohl nur in den *zweifelnden* Zustand, ob ein Ding dieses oder jenes, ob gefahrvoll, eßbar und dergleichen mehr sei, aber noch nicht in den fragenden oder prüfenden, welcher in dem Bestreben besteht, durch Affirmation des einen Gliedes der Alternative das andere Glied als unmöglich abzuschneiden und so dem Zustande des Zweifelns ein Ende zu machen. Die Frage enthält die gleichschwebende Disjunktion verschiedener Möglichkeiten oder Vorstellungen in sich, aber zugleich das Bestreben, dieses Gleichgewicht zugunsten der einen oder anderen zu stören." Es ist ohne weiteres ersichtlich, daß auch hiermit der dual-zwillingshafte Charakter des wissenschaftlichen Denkens zum Bewußtsein gebracht wird. Dazu kommt noch der wichtige Umstand, daß wir uns vieler Begriffe nur in Gegensatzpaaren bewußt werden können. Wenn wir wissen, was krank, gut oder schön ist, dann wissen wir damit zugleich auch, was gesund, böse und häßlich ist, und umgekehrt.

Wer keine Fragen hat, kommt zu keinen Antworten, zu keinen Erkenntnissen. Wer aber immer nur beim Fragen bleibt, kommt über das Zweifeln nicht hinaus und erlangt keine Erkenntnis. Ob das eine oder andere der Fall sein wird, hängt von dem Grade der Vertiefung oder Versenkung in den Erkenntnisgegenstand ab. Hiermit kommen wir zum Ergänzungsgegenpol des Prüfens, der damit eigentlich unzertrennlich verbunden ist. Beim Vorgang des Untersuchens und Fragens spielt die Aufmerksamkeit eine entscheidende Rolle. Fortlage kennzeichnet diese sehr zutreffend als „Lauersamkeit", „Erwartsamkeit" und vergleicht sie mit dem Aufpassen und Auflauern eines Jägers, der auf dem Anstand liegt. Es ist ein suchendes Hinzielen des beweglichen Vorstellens oder der Phantasie, und zwar geführt vom gespanntesten Interesse für den Erkenntnisgegenstand: Ohne eine gewisse Hingabe an dies „Metier" wird dabei wenig zustande kommen. Während das disjunktive Schwanken des Urteils zwischen der Position (begriffliche Bejahung oder Bestimmung) und der Negation (begriffliche Aberkennung), sowie das Zweifeln sein kosmisches Urbild in den Zwillingen hat (in gewisser Beziehung auch in der Waage, weil es sich um ein prüfendes Erwägen handelt), sehen wir im Schützensternbilde, im Urbilde des Jägers, das Urbild der ausspähenden Aufmerksamkeit der vorstellenden Phantasiekraft, durch welche sich die Seele mit dem zu Erkennenden allererst in *Beziehung* setzt. Alles Erkennen beruht auf einem fortwährenden Zusammenwirken und Ineinanderspielen dieser zwei polar entgegengesetzten Seelenbewegungen. Wir werden hierauf im folgenden Kapitel zurückkommen, wenn die Schützenweltanschauung darzustellen ist.

Kehren wir zum Wesen des Mathematismus zurück. Das reine Denken in sinnlichkeitsfreien Vernunftbegriffen, wie wir es bei den *Eleaten,* bei PLATON, ARISTOTELES, den *Scholastikern,* bei KANT, FICHTE, SCHELLING, HEGEL und unzähligen anderen Philosophen finden, läßt sich in der Tat der mathematischen Begriffsbildung vergleichen. Denn es bringt seine Gebilde mit derselben logischen Notwendigkeit nach unverbrüchlichen Gesetzen hervor, wie das Speziell-Mathematische die seinigen. Darum sprach STEINER gern von dem „mathematisierenden reinen Denken“ und kennzeichnete von ihm aus die Natur des geisteswissenschaftlichen Erkennens, obwohl sich dessen Tätigkeit auf höherem Bewußtseinsniveau bewegt als das philosophische und mathematische Denken.

Die erkenntniswissenschaftlichen Grundlagen seiner Geisteswissenschaft hat STEINER in den Werken „Wahrheit und Wissenschaft“ sowie „Die Philosophie der Freiheit“ dargestellt. Diese zwei Werke sind Musterbeispiele für den Mathematismus im weitesten Sinne des Wortes. Ihre Grunderkenntnisse sind die folgenden. Es gibt zwei Quellen der Erkenntnis: Wahrnehmen und Denken. Die Wahrnehmung offenbart „Wahrheit“, denn die Sinne trügen nicht. Aber sie gibt uns nicht die Erkenntnis der ganzen Wirklichkeit. Hinzukommen muß die „Wissenschaft“ oder das Denken (Mathesis). Zunächst, vor dem Zustandekommen der Wirklichkeitserkenntnis, hat es der Mensch mit dem „Unmittelbar-Gegebenen“ zu tun. Dies ist ein zusammenhangloses Chaos von Eindrücken, in welchem nichts unterschieden, bestimmt und aufeinander bezogen ist. Aber dies Gegebene gliedert sich im Verlaufe des Erkennens in zwei Gebiete: der e i n e Teil erweist sich als n u r gegeben, der andere, nämlich die im Bewußtsein auftretenden Begriffe, als zugleich von uns *hervorgebracht.* Nur durch die menschliche Tätigkeit tritt die Begriffsseite der Wirklichkeit ins Bewußtsein: durch das Denken. Dies Denken ist es, das das Chaos des Gegebenen zu Einzeldingen gliedert und bestimmt und ihre wechselseitigen Beziehungen zum Bewußtsein bringt. „Das Denken tritt also als *formendes* Prinzip an den gegebenen Weltinhalt heran... Im Gegebenen ist eigentlich kein Einzelnes, sondern alles in kontinuierlicher Verbindung. Diese gesonderten Einzelheiten bezieht nun das Denken nach Maßgabe der von ihm produzierten Formen aufeinander und bestimmt zuletzt, was sich aus dieser *Beziehung* ergibt.“ Was dem bloßen Beobachten und Wahrnehmen als ein unbestimmtes, ungeformtes Chaos gegeben ist, erhält bestimmte Formen, Gliederung und Zusammenhang in Beziehungen durch die Begriffsbestimmungen des Denkens. Die denkbegabte Seele ist somit wirklich das Wissenschaftsprinzip. „Nicht sowohl wissens ist sie, als vielmehr selber die Wissenschaft“, sagte SCHELLING.

Und FICHTE erkannte im Ich (der reinen Denktätigkeit) das Prinzip der „Wissenschaftslehre".

Zu Recht hat STEINER die Bezeichnung des ARISTOTELES für die objektiven (wiewohl subjektiv auftretenden) Begriffe und Ideen erneuert: „Formen". Bringen doch die Begriffe in der Tat die konstituierenden Form-Kräfte zum Bewußtsein, welche den Dingen ihre Gestalt geben. Die Gestaltungen der Sinnesdinge sind die Kristallisationen und Verwirklichungen im Räumlichen (Stofflichen) von jenen gestaltenden Formwesen, deren Gedankenwesenheit der Menschengeist sich in den Begriffen von den Dingen zum Bewußtsein bringt. Diese Formenwesen kommen also in zwiefacher Art zur Erscheinung: draußen und drinnen. Sie verwirklichen sich im Raume, den Stoff gestaltend zu den äußeren Raumesformen der Sinnesdinge, und sie werden in sich zu Gedankenformen verinnerlicht durch das Denken.

Wenn also das Denken aus dem Chaos des Gegebenen in ganz bestimmter Art herausgliedert die Einzeldinge und sie begrifflich bestimmt, dann geschieht dieses Formen durchaus in Gemäßheit der wirklichen, die Sinnesdinge im Raum gestaltenden Formwesen, und zwar deshalb, weil die formende (denkende) Ichwesenheit in Wirklichkeit mit diesen Formwesen zusammenlebt und im Anblick der geformten Dinge deren ideelle Gegenstücke sich zum Bewußtsein zu bringen veranlaßt sieht. Diese Formwesen sind die „Naturen", die Entelechien oder wesenhaften Ichkerne der Dinge. Nicht die ätherischen Bildekräfte derselben, sondern die architektonischen Formgedanken, Planideen, Urtypen oder Urbilder, die Konstruktionsentwürfe bestimmter Wesen, welche den plastisch-bildenden Ätherkräften die Richtungen ihres Bauens geben. Das sind aber keine freischwebenden Ideen, sondern wesenhafte Substanzen, Gedankenwesenheiten.

Letzten Endes gehen diese Formen aus dem Gottesgeiste hervor, von dem Platon sagte, daß er allzeit geometrisiere. Genauer gesprochen sind diese Geistesformen die Ausflüsse jener schaffenden Tätigkeit des Logos, welche durch die zweite Hierarchie geschieht, vorzüglich durch die *Geister der Form* (Exusiai), aber auch durch die Geister der Weisheit oder Kyriotetes. Die Exusiai sind die Elohim oder „Lichtgeister" des Alten Testamentes. Man kann sie im Hinblick auf ihre schaffende Tätigkeit auch Naturgewalten, und im Hinblick auf ihre innere Natur „Gedankenwesenheiten" nennen. Sie sind die lichtvoll mathematisierenden Weltenformer. „Die Wesenheiten, deren Gedanken dem sinnlichen Bewußtsein als Naturkräfte sich offenbaren, kann man ‚Geister der Form' nennen" (Steiner).

Die Wesen dieser Hierarchie sind, zusammen mit den Kyriotetes und Dynameis, die eigentlichen Sonnen- und Logos-Geister. Ihr höchster Gedanke ist das Ich des Menschen, die denkende formende Wesenheit des Menschen, welche teilhat am formenden Weltendenken oder Mathematisieren Gottes. Das Ich ist unter den Gottesgedanken, welche in der Natur Formen angenommen hat, derjenige, welcher diese Naturgedanken Gottes sich zum Bewußtsein bringen kann, sie denkend und künstlerisch schaffend nacherzeugend. Das Ich ist das unmittelbare Ebenbild der elohimischen Ich-Formkräfte Gottes, das mikrokosmische Schöpferlicht. Und die menschliche Leibesform im Raume, das Haus und Werkzeug des Ich, ist die sinnliche Verwirklichung dieses höchsten aller Formgedanken der Formgeister. Nur weil der Mensch als Ich-Formwesen wesensverwandt ist allen Formwesen der Natur, ja sogar deren geistigen Mittelpunkt bildet, kann er sich das Wesen der Dinge, ihr Formprinzip, denkend zum Bewußtsein bringen. Gleiches wird nur von Gleichem erkannt.

Das Ich, der Denkstrahl aus dem Weltenlicht,
Erlichtet denkend sich das Ich der Welten;
Und Gott-Ich ist's, das in der Ichheit spricht,
Sobald das Ich das Weltlicht sich entzündet.
Nur weil das ICH das All der Dinge ist,
Kann ich das ALL verinnern in Begriffen.

Von Aristoteles bis zu Kant — zweitausend Jahre lang — war man mehr oder weniger fest davon überzeugt, daß sich das Denken der allgestaltenden und ordnenden Gewalten und Formkräfte des Daseins bemächtigt, und zwar ausgehend von gewissen allgemeinen Urbegriffen, welche die Urbestimmungen oder Grundeigenschaften des Seins bezeichnen. *Kategorien* nennt man seit Aristoteles diese auf die Ureigenschaften der Wirklichkeit deutenden reinen Urbegriffe. Man war sich dessen bewußt, daß man sie sich zwar im Angesichte der Sinneswahrnehmungen zum Bewußtsein bringt, weil sie darinnen physiognomisch-architektonisch abgeprägt sind, daß man sie aber nicht aus der Sinneserfahrung gewinnt, sondern aus der Tiefe des mit der Geisteswelt zusammenlebenden Menschengeistes heraufholt. Sie liegen also a priori im Menschengeiste. Jene sinnlichkeitsfreien *Urbegriffe* sind nach der Formulierung des Aristoteles: *Sein* (Substanz oder Wesenheit), *Zeit, Raum, Quantität, Qualität, Tun, Leiden, Habitus, Lage* und *Beziehung.*

Wenn man anerkennen kann, daß diese Urbegriffe nicht aus der sinnlichen Anschauung oder Erfahrung stammen, indem sie diese vielmehr erst durchlichten und ordnen, dann ist damit noch keineswegs gesagt, daß diese apriorischen Begriffe auf keinerlei Erfahrung beruhen, sondern, wie Kant behauptete, nur subjektive „Formen" der Menschenseele seien, welche diese über die Welt hinstülpt, wodurch Erfahrung allerdings erst möglich werde. Diese Anschauung beruht auf der einseitigen Auffassung der Erfahrung: daß es nur *Sinnes*erfahrung gäbe. Die Tatsache, daß die Kategorien aus den Tiefen des Subjektes geschöpft werden, daß sie also subjektiv auftreten, diese Form ihres Auftretens schließt keineswegs aus, daß sie einen objektiven, auf sich beruhenden Inhalt haben. Aristoteles war von dem objektiv-kosmischen Charakter der Kategorien unerschütterlich fest überzeugt. Erst seit dem Auftreten des Nominalismus, ja eigentlich sogar erst seit Kant, ist immer mehr die Neigung aufgekommen, sie als subjektive Formen des transzendentalen Ich zu betrachten. Verstünde man unter dem „transzendentalen Ich" den präexistenten Geist des Menschen, der von den Geistesformen der Welt unabtrennbar ist, dann wäre diese Formulierung sogar sehr brauchbar. Denn das Apriorische ist in Wirklichkeit das aus der Präexistenz des Ich und Ätherleibes Mitgebrachte.

In Wahrheit sind die Kategorien die dem menschlichen Denk-Bewußtsein zunächst nur in d i e s e r Form zugänglichen Ausdrucksformen für die geistig-göttlichen Grundgedanken, Urbestimmungen und Ureigenschaften des Seins, die dem göttlichen Weltendenken schaffend entströmen und sich dem Raumes-Sinnessein einprägen. Weil es sich so verhält, finden wir dieselben Urgedanken nicht bloß bei Aristoteles, sondern auch in anderen Weisheitsströmungen. Den zehn Kategorien entsprechen die zehn Urbegriffspaare, welche PYTHAGORAS aus seinem durchaus inspirierten Mathematismus heraus in anderer Weise formuliert hat. Wir werden hierauf noch zurückkommen. Viel deutlicher ist die Übereinstimmung der Kategorien mit den *zehn Sephirot* des „Buches der Zahlen" (Sepher Jezira). Diese bringen die zehn Eigenschaften des göttlich-kosmischen Logos-Urmenschen zum Ausdruck, welchen die hebräische Esoterik „Adam Kadmon" nennt.

Alle diese begrifflichen Urbestimmungen stammen ursprünglich aus den denkbar höchsten *Geist-Erfahrungen,* aus denjenigen des Inspirationsbewußtseins, welches *vollbewußt* im „Denken" des Weltenwortes, im Geometrisieren und Mathematisieren Gottes lebt.

Die Weisheit von den Sephirot kommt aus den Mysterien von Hebron, mit welchen ABRAHAM tief verbunden gewesen ist. Die Überlieferung nennt ihn sogar den Verfasser des „Buches der Zahlen". Auch auf diese große Geist-Gestalt werden wir noch zurückkommen. Hebron heißt eigentlich Chabir-on, das ist die „Kabir-Stadt". Dort waren die Kabiren-Mysterien zu Hause. Die von Samothrake waren davon eine spätere Abzweigung. Aus den Kabirenmysterien von Samothrake hat Aristoteles — zusammen mit seinem Schüler Alexander d. Gr. kraft einer besonderen Inspiration — die Kategorien konzipiert. Hierauf hat Rudolf Steiner aufmerksam gemacht. Und er war es auch, der die volle Bedeutung der Kategorien wieder aufs neue zum Bewußtsein gebracht hat. Es hat einen ungeheuren Eindruck auf mich gemacht, als ich in einem seiner Vorträge las, daß die Kategorien gleichsam das Alphabet sind, oder die Buchstaben, mit denen man geistig die Sternenschrift lesen kann: „Lernen Sie mit diesen Begriffen, die zuerst Aristoteles dem Alexander vorgeführt hat, dasselbe vollführen, was Sie gelernt haben mit a, b, c, d, e, f... usw., dann lernen Sie für den Kosmos aus Qualität, Quantität, Relation, Raum, Zeit, Lage, Tun, Leiden, — lesen im Kosmos... Und im Grunde genommen ist dasjenige, was *Anthroposophie hervorgebracht hat und jemals hervorbringen kann, aus diesen Begriffen erlebt. Denn alle Geheimnisse der physischen und geistigen Welt sind in diesen einfachen Begriffen als Weltenalphabet enthalten.*" Diese Worte waren es, die mich dazu veranlaßten, mit dem kategorialen Buchstabieren wieder einen Anfang zu machen. Und in diesem Werk versuchen wir, ein klein wenig die Sternenschrift mit Hilfe dieses Alphabetes zu entziffern. Aber zuerst haben wir das Buchstabieren zu lernen.

Wiederholt haben wir hier die Sephirot neben die Kategorien gestellt. Hier, wo wir den Mathematismus behandeln, ist auf die Kategorie *Quantität* oder Größe hinzuweisen, deren Gegenstück im Sephirotbaum Gedullah lautet, was ebenfalls Größe, aber auch Majestät bedeutet. Es ist das Prinzip der Elohim-Gottheit, welche allzeit mathematisierend Formen schafft.

Größen und Quantitäten werden durch Zahlen und Zahlenverhältnisse ausgedrückt. Die mathematische Naturwissenschaft ist die bloß quantitativ forschende. Sie ist Mathematismus im engeren Sinne des Wortes. Seitdem die moderne Astronomie aufgekommen ist, wurde sie immer mehr und mehr die alleinherrschende Form der Naturerkenntnis. Hat man doch auch für die Erforschung des Stoffes die „mathematisch-astronomische Erkenntnismethode" empfohlen. Wir haben jedoch schon in der Einleitung bemerkt, welch eine unmögliche Einseitigkeit es ist, alle Vorgänge und Erscheinungen der Welt und gar des Menschenseins lediglich rechnerisch und messend quantitativ erfassen zu wollen, wie dies seit dem 17. Jahrhundert unter dem mächtigen Einfluß des französischen Geistes immer mehr der Fall ist. Die Quantität ist eben, wie inzwischen wohl deutlich genug geworden ist, nur e i n e von vielen Welteigenschaften, welche Ausdruck sind von Gottes Schöpfungsurgedanken. E i n e r dieser Urgedanken ist eben der: Das Universum sei aufgebaut und in seinem Ablaufe geordnet nach Maß, Zahl und Gewicht, nach Formen und Formeln. Mathematische Struktur ist dem Weltall eingeprägt, sie ist Kristallisation des Formwesens. Und weil der geistige Gedankenorganismus des Menschen geboren ist aus dem Gedankenkosmos oder Logos der Elohim, weil er teilhat an ihren Urgedanken, ja weil er als ein Kind und Ebenbild dieser Elohim (als Ich) in gewisser Beziehung dieser Adam Kadmon selbst ist mit allen seinen Eigenschaften, bringt er im Angesichte des Sinnenseins die in dieses hineinkristallisierten Formimpulse des göttlichen Mathematisierens sich zum Bewußtsein in reinen Verstandesbegriffen, wobei die apriorischen Gebilde der Mathematik am leichtesten und klarsten zu konzipieren sind.

Alles Apriorische, nicht bloß das der Mathematik, beruht also auf dem Umstande, daß unserem Gedankenorganismus aus dem vorgeburtlichen Geist-Erleben die gesamte Göttermathematik einverwoben ist, wozu nicht allein alles das gehört, was jemals in den mathematischen Wissenschaften zutage gefördert worden ist und noch werden wird, sondern auch alle anderen kosmischen Formbegriffe oder Welt-Entitäten, die aus Geisteswelten heraus als Naturgewalten das Weltensein durchwirken. Nur ganz allmählich bringt die Menschheit sich all diese Geistesordnungen zum Bewußtsein in Form von Axiomen, Formeln, Begriffen, Ideen und Naturgesetzen.

Hat es doch schon in den vorchristlichen Jahrhunderten lange gedauert, bis das Menschen-Ich die Bewußtseinskraft erlangt hat, die in den unterbewußten (inspirativen) Geistestiefen seines Ätherorganismus schlummernden Gedankengesetzmäßigkeiten als Urbegriffe und logisch-dialektische Formen sich bewußt zu machen. Durch dieses Untertauchen des Ich in den Ätherleib, in welchem der Mathematismus schlummert, bildete sich — gleichsam zwischen dem Ich und Ätherleib — die Verstandesseele, das Organ des philosophisch-begrifflichen Weltschauens. Seitdem wurde immer mehr von den inspirativen Göttergedanken in reine Verstandesbegriffe umgesetzt, die zwar überaus schattenhaft-abstrakt, aber dennoch vollbewußt überschaubar sind. In Aristoteles, dem Schöpfer der Logik, gipfelte diese Bewußtwerdung. Angefangen hat sie bei den Weisen von Elea, bei XENOPHANES und PARMENIDES. Betrachtet man ihr monistisches Weltprinzip, das „Ein und Alles", das reine Sein, welches mit dem Weltendenken oder Logos identisch ist, sowie ihre anderen dialektischen Erzeugnisse, dann scheint man es mit blutlosen Abstraktionen zu tun zu haben. Auch in Hegels „Logik" entsteht dieser Eindruck nur allzuleicht. Und doch handelt es sich in beiden Fällen um bedeutsame Sublimationen des Kategorialen aus den inspirierten Tiefen des Ätherleibes, in welchen zugleich die Formgewalten des Ich und die Weisheitsordnungen der Kyriotetes walten.

Dasselbe gilt in einem noch höheren Grade von PYTHAGORAS, der einer der eingeweihten Urbegründer sowohl der Philosophie als auch der Mathematik gewesen ist. Zu Babylon war er der Schüler des ZARATHAS ZARATHUSTRA geworden, der mit dem Einweihungsprinzip der Jungfrau seit dem urpersischen Zwillingszeitalter dasjenige der Zwillinge verbunden hat und hierdurch zum Begründer der mathematischen Sternenwissenschaft geworden ist. Des Pythagoras Kategorientafel ist eine Umsetzung des Zarathustrischen Dualismus aus der Sphäre des Inspiriert-Kosmischen der Sphärenharmonien in diejenige des Begrifflich-Mathematischen, sowie seine Durchführung in den zehn Kategorien-Bereichen. Wenn wir seine zehn Gegensatzpaare hier anführen, dann stellen wir auf die linke Seite die Prinzipien des Irdischen, Unteren, Dunklen, Stofflichen, Passiv-Empfangenden, auf die rechte dagegen diejenigen des Himmlischen, Oberen, Lichten, Geistigen, Aktiv-Schöpferischen:

Das Unbegrenzte	—	Das Grenzengebende
Die gerade Zahl	—	Die ungerade Zahl
Die Vielheit	—	Die Einheit
Das Linke	—	Das Rechte
Das Weibliche	—	Das Männliche
Das Bewegt-Veränderliche	—	Das Bleibend-Ruhende
Die Finsternis	—	Das Licht
Das Böse	—	Das Gute
Das längliche Viereck	—	Das Quadrat

Schon bald nach Pythagoras ist der Menschheit der wahre Begriff des Mathematischen, nämlich der mystisch-philosophisch-inspirierte, verloren gegangen. NOVALIS sagt deshalb mit Recht: „Im Morgenlande ist die echte Mathematik zu Hause. In Europa ist sie zur bloßen Technik geworden." Die pythagoräische Mathematik ist in Wirklichkeit noch ganz die orientalisch-chaldäische. Novalis war einer der ganz seltenen Geister der modernen abendländischen Menschheit, die aufs neue den wahren Begriff des Mathematischen herausgearbeitet haben. Führen wir einige seiner Aphorismen an: „Man kann ein großer Rechner sein, ohne die Mathematik zu ahnen. — Der echte Mathematiker ist Enthusiast per se. Ohne Enthusiasmus keine Mathematik. — Das Leben der Götter ist Mathematik. — Alle göttlichen Gesandten müssen Mathematiker sein. — Reine Mathematik ist Religion. — Wer ein mathematisches Buch nicht mit Andacht ergreift und es wie Gottes Buch liest, der versteht es nicht. — Zur Mathematik gelangt man nur durch eine Theophanie. — Echte Mathematik ist das eigentliche Element des Magiers."

Wer auch nur etwas von dieser Art in sich trägt, den Geist der Mathematik zu erleben, der weiß auch, daß das Mathematische im engeren Sinne und das wahrhaft Philosophische, das Element des reinen Denkens, nur zwei Zweige ein und desselben Baumes sind. Die Folge davon ist, daß eine Opposition des mathematischen Denkens gegen das philosophische gar nicht in Betracht kommt. Das der speziellen Mathematik und der Philosophie gemeinsame Prinzip deutete Novalis mit der Bezeichnung „schöne Mathematik" an, oder auch mit „mystische Mathematik", „musikalische Mathematik". Er meinte das Inspirationselement der Götter. Jene Einheit des Philosophischen und Mathematischen sprach Novalis so aus: „Höhere Mathematik und Philosophie (oder Theorie der Ideen, des Unendlichen usw.) haben sehr viel Analogie. *Philosophie ist die Universal- oder höhere Mathematik, das belebende Prinzip der Mathematik, die poetische Mathematik. Der Begriff der Mathematik ist der Begriff der Wissenschaft überhaupt. Alle Wissenschaften sollen daher Mathematik werden. Ihre Verhältnisse sind Weltverhältnisse. Die reine Mathematik ist die Anschauung des Verstandes, als Universum.*" Obwohl die letzten Sätze Kant nahezu in derselben Weise ausgesprochen hat, meinte er doch beinahe das Entgegengesetzte von dem, was Novalis vor dem Geiste stand.

Etwas von dieser Art, das reine Denken zu erleben, ist der Menschheit bis an die Schwelle der Neuzeit geblieben. Und in JOHANNES KEPLER hat sich der Geist des Pythagoräertums in ähnlicher Art erneuert, wie in dem genialen NICOLAUS CUSANUS. Niemals im Laufe der Geistesgeschichte war das Vertrauen in die Tragkraft des reinen Denkens ein so unbedingtes wie in den acht Jahrhunderten zwischen Johannes Scotus Erigena und DESCARTES bzw. SPINOZA. Die hochscholastische Philosophie hat die Weltregionen des reinen Denkens nach allen Richtungen durchmessen und durchforscht und vertraute dabei unbedingt auf die Gültigkeit vor allem derjenigen Begriffe, welche das Denken sinnlichkeitsfrei aus sich selbst gewinnt. Als man sich am Ende dieser Epoche den äußeren Welterscheinungen aufs neue, aber in anderer Art zuwandte, da hatte sich das Denkbewußtsein des Ich dergestalt umgewandelt, daß man weder im philosophischen Ausarbeiten der reinen Vernunftbegriffe noch im Mathematischen die mystisch-inspirierten Richtekräfte mehr spüren konnte. Seitdem spaltete sich die Mathesis in das Bloß-Mathematische als

„Technik" einerseits und in das Bloß-Dialektische andererseits. Und beide traten in einen Gegensatz zueinander.

Darum kann man seit Descartes das Entgegengesetzte von dem beobachten, was an Novalis so auffallend ist, nämlich die Tatsache: Je mehr einer begabt ist für das speziell Mathematische, desto weniger wirklichen Begriff hat er von der Philosophie. Und wenn er dennoch philosophiert, dann wird er fast mit Notwendigkeit zum Zweifler, zum Skeptiker. Descartes und der französische Geist sind hierfür die Hauptkronzeugen. Ein typischer Vertreter des französischen Geistes in der Gegenwart war der radikale Mathematist-Philosoph Leon Brunschvicg. Weil die Mathematik die methodisch strengste und exakteste aller Wissenschaften ist — wirklich auch die Wissenschaft der Wissenschaften, wie die Philosophie —, bekommen die Mathematikerphilosophen nur allzu leicht den Eindruck, daß alle nicht mathematischen Gedankenbildungen der Exaktheit entbehren und zu haltlosen Spekulationen führen.

Gerade in den acht Jahrhunderten des mathematisierenden reinen Denkens ist die Menschenseele zur vollen Ichbewußtheit, zur Wissenschaftsbesonnenheit erwacht. Aber eben damit hat sich ihr Denken von den Inspirationswelten zeitweilig gelöst. Die Folge davon war einerseits die Exoterisierung der mystischen Mathematik zur „Technik" und andererseits der Sieg des *Nominalismus* über den Begriffsrealismus der Hochscholastik, der sich seit Bacon von Verulam in den Naturwissenschaften folgenschwer ausgewirkt hat. Man konnte nunmehr in den reinen Verstandesbegriffen der Scholastik keine Wirklichkeit mehr erfahren und hielt die Begriffe, vor allem die Allgemein- oder Gattungsbegriffe, die universalia, für bloß subjektiv-zufällige Zusammenfassungen oder Sammelnamen. Dieser Nominalismus mußte zum Vater nicht bloß des *Skeptizismus,* sondern auch des Sensualismus und Materialismus werden und zuletzt in *Agnostizismus* oder Anti-Philosophie umschlagen. In England ist diese Entwickelung besonders deutlich zu verfolgen. Da führt eine gerade Linie von den führenden Nominalisten Wilhelm von Occam und Duns Scotus (nicht Johannes Scotus Erigena) über Lord Bacon zu Herbert Spencer, dem Agnostiker. Aber auch Descartes und Immanuel Kant haben nur die letzten Konsequenzen aus dem nominalistisch-skeptischen Verhältnis der Seele zum Denken gezogen. Kant, ebenfalls stark mathematisch gerichtet, und durch Hume „aus dem dogmatischen Schlummer zum Skeptizismus erweckt", brachte diese Entwickelung zur Kulmination, indem er die These aufstellte, in jeder Wissenschaft sei nur soviel Wissenschaft, als in ihr Mathematik sei, und: der Verstand schöpfe seine Gesetze nicht aus der Natur, sondern schreibe sie dieser vor.

Beim Gegensatz von Realismus und Nominalismus handelt es sich in erster Linie um die Frage, ob solche Allgemein- oder Gattungsbegriffe wie etwa „Pferd", „Lamm" auf Realitäten hindeuten, abgesehen von den sinnlich-sichtbaren Einzelwesen, oder ob sie nur konventionelle subjektive Bezeichnungen sind. Äußerlich betrachtet faßt man mit der Bezeichnung „Pferd" die Vielheit aller Pferdeexemplare zusammen, wobei man absieht von den kleinen individuellen Unterschieden derselben. Für den „Realismus" — wir gebrauchen hier zunächst die mittelalterliche Terminologie — handelt es sich aber um etwas ganz anderes. Ihm bedeutet die gemeinsame Benennung eine lebendige Einheit, welche der Vielheit der Einzelexemplare wesenhaft-schöpferisch zugrunde liegt. Der „Name" „Pferd" deutet nicht bloß auf die subjektive Vorstellung von einem Pferd, die sich tausendfältig wiederholt, sondern auf das reale Einheitswesen, das der Vielheit dieser tierischen Wesen den einheitlichen Gattungsstempel aufdrückt. Er deutet also auf die in der Gattungs-Form ausgeprägte geistig-urbildliche Formwesenheit. Als universalia ante rem leben diese Formen im Gottesdenken, als universalia in re gestalten sie die Gattung, als universalia post rem faßt sie das menschliche Begriffsvermögen auf.

Platon hat für die Gattungswesen oder „Ideen", wenn er in Beispielen sprach, einen ganz besonderen Ausdruck gebraucht. Die Idee der Pferdeheit nannte er z. B. autohippos. Die Kantianer übersetzen das natürlich gern mit „Pferd an sich". Aber viel besser wäre die Übersetzung: „Pferde-Selbst", Gruppen-Ich des Pferdes. Denn die universalia ante rem sind in Wahrheit Gruppen-Iche oder Gruppen-Seelen.

Ob nun — nach der Anschauung des Platon — diese wesenhaften Ideen oder Urbilder oder Gedankenwesen als die realen Einheitswesen die Vielheiten der Gattungs-Exemplare überschweben, so daß sie sich darin nur spiegeln, oder ob sie — nach Aristoteles — die konstituierenden Formkräfte, die universalia in rebus, i n diesen Exemplaren sind: in beiden Fällen sind die „Formen" oder „Ideen" das Eine in dem Vielen, das Reale in dem Erscheinenden, das Dauernde im Entstehenden und Vergehenden, kurz das Substanzielle, wogegen die einzelnen Exemplare, sobald man von den sie konstituierenden Einheits- oder Gattungswesen absehen wollte, was faktisch unmöglich ist, nur noch wesenlose Abstraktionen und Unwirklichkeiten sind. Insoferne also das Gattungswesen die substanzielle Einheit in der Vielheit der Exemplare ist, kann man dieses ein M o n a s oder Monade nennen. In Wirklichkeit sind also die Gruppen-Iche der Tiere und Pflanzen, Platos „autohippos" oder Goethes „Urpflanze" — Monaden. Indem der scholastische Begriffsrealismus eines Thomas Aquinas die Wirklichkeit dieser Wesen anerkennt, darf man ihn *Monadismus* nennen. Wir kommen hier zum Gegenpol des Mathematismus.

So wie die Formwesenheit oder Gattungsseele sich im Generationsprozeß der Lebewesen von Geschlecht zu Geschlecht unendlich vervielfältigt, ohne ihre Einheit jemals einzubüßen, so kommt andererseits diese Einheit in der Vielheit der denkenden Menschenköpfe ebenfalls nicht eigentlich als Vielheit, sondern als die E i n e erkenntnismäßig zur Erscheinung. Steiner hat diesen Tatbestand in seiner „Philosophie der Freiheit" zum Ausdruck gebracht, hiermit des Thomas' Anschauung von den universalia erneut zu Ehren bringend: „Es gibt in der einigen Begriffswelt nicht etwa so viel Begriffe des Löwen wie es Individuen gibt, die einen Löwen denken, sondern nur *einen*. Und der Begriff, den A zu der Wahrnehmung des Löwen hinzufügt, ist derselbe, wie der des B, nur durch ein anderes Wahrnehmungssubjekt aufgefaßt. Das Denken führt alle Wahrnehmungssubjekte auf die gemeinsame ideelle Einheit aller Mannigfaltigkeit. Die einige Ideenwelt lebt sich in ihnen als in einer Vielheit von Individuen aus."

Die entgegengesetzte Anschauung ist die, welche in den wahrnehmbaren Einzelexemplaren das Wirkliche sieht und die Allgemeinbegriffe von den Gattungen für bloß summarische Zusammenfassungen und Sammelnamen für die Vielheit der Exemplare hält; sie seien wesenlose Abstraktionen von den wirklichen Dingen, die in den vielen Subjekten auf nichts Gemeinschaftliches zurückgehen. Die nur geistig erfaßbaren Einheiten entschwinden dem Nominalismus eines Duns Scotus.

Überblicken wir das ganze Problem, so können wir sagen: Die Gattungswesen sind geistige, nur gedanklich erfaßbare, in der Vervielfältigung schöpferisch sich auslebende Einheits- und Einzelwesen oder Monaden, die Gattungsexemplare dagegen sind sinnlich-wahrnehmbare, unteilbare Teilwesen jener Einheitswesen: eben nur Exemplifikationen derselben. Aber wirklich werden die Einheitswesen doch nur in der Vielheit der Exemplare.

Die Realisten haben den Blick für das Geistig-Wesenhafte in der Natur, die Nominalisten waren die ersten Materialisten, weil sie aus dem Denken das Geistige verloren und die sinnlichen Einzeldinge für das einzig Reale hielten. Der Nominalismus ist nichts anderes als eine Spielart des Mathematismus, und zwar diejenige, welche auf einer einseitigen, nur dialektisch-reflektiven Denkweise beruht. Das nominalistische Denken ist kein wesenhaftes mehr. Seine vereinheitlichende Tendenz hat zu immer dünneren und bleicheren Abstraktionen geführt. Durch den äußersten Abstraktionsprozeß wurde das Denken zu einer summarisch zusammenfassenden Funktion. Mathematismus und Nominalismus haben sich gleichzeitig miteinander entwickelt und gegenseitig gefördert. Das Zahlenreich ist auch das einzige Gebiet, auf welchem die nominalistische Denkweise die richtige ist. Das Denken in Zahlen, das berechnende Denken erzieht den Verstand zum Nominalismus. Viele Nominalisten sagten dann auch, das Denken sei nur ein Rechnen.

Was tut das nominalistische Denken gegenüber den Gattungsrealitäten? Es zieht aus der Vielheit der Gattungsexemplare, abstrahierend von den individuellen Unterschieden, gleichsam die Summe, bringt die Vielheit rechnerisch auf den gemeinsamen Nenner, den Gattungsnamen, macht die sinnliche Vielheit mathematisch zu einer abstrakten Einheit. Der Begriffsrealismus des Mittelalters ist in Wirklichkeit Monadismus, der Nominalismus ist Mathematismus in einer einseitigen abstrakten Form.

Die ersten Keime der nominalistischen Denkweise zeigten sich schon im 9. Jahrhundert, in dem Jahrhundert, wo der Geist abgeschafft wurde, am Anfang jener acht Jahrhunderte, in welchen sich das Denken als das sinnlichkeitsfreie, reine, mathematisierende ausgebildet hat. Der Mönch Rhabanus Maurus, Schüler des Briten Alcuinus, Abt von Fulda und Erzbischof von

Mainz, vermutlich ein von arabisch-maurischer Seite beeinflußter Mann, fing an, die Begriffskonzeption in nominalistischer Weise zu deuten. Aber zur Reife kam der Nominalismus erst nach der Hochblüte des platonisch-aristotelischen Realismus, seit dem 14. Jahrhundert, und zwar auf den Franziskaner-Universitäten, wobei Oxford eine führende Rolle spielte. Obwohl die Haupt-Wortführer des Nominalismus in England aufgetreten sind, ist das englische Volk doch mehr für den Sensualismus veranlagt als für den Mathematismus. Die Franzosen sind das Volk des Mathematismus und Skeptizismus. Dennoch war Condillac, ein führender Sensualist, ein Franzose und einer der einflußreichsten Wortführer des Skeptizismus im 19. Jahrhundert, THOMAS BUCKLE war ein Engländer bzw. Schotte. Es ist aber naheliegend, daß diese zwei Weltanschauungen oft miteinander verbunden auftreten. Wer einseitig stark die Sinnesempfindung erfährt, dem werden die Begriffe nur allzu leicht zu wesenlosen Schatten, Schemen und Namen. Und wer umgekehrt in den Begriffen nicht das Gefühl hat, mit der geistigen Wirklichkeit in Berührung zu kommen, in ihnen eine Realität zu erleben, der wird sie in den Sinneswahrnehmungen suchen.

Die von Buckle in der Geschichtsschreibung durchgeführte These, nur auf dem Boden des Skeptizismus können Wissenschaft und Geistesfreiheit aufblühen, ist eine Halbwahrheit, die gegenüber dem Glaubensvolk der Spanier überzeugend durchgeführt werden kann. Aber es ist eben doch eine Halbwahrheit. Ohne kritisches Bewußtsein gibt es zwar in der Tat keine Wissenschaft. Und kritisch untersuchend, prüfend und zweifelnd erringt die menschliche Seele auch eine gewisse Freiheit. Sie wird dadurch frei von geistigen Autoritäten, von Glaubensbindungen und dunklen undurchschauten Gefühlsimpulsen. Man kann dieses Freiwerden von dem Zwingenden aber doch nur die negative Freiheit nennen.

Die positive, die schöpferische Freiheit ist damit allein noch nicht errungen. Wir meinen die Freiheit, durch welche das Ich sich selbst seine Ziele setzt, seine ureigenen Ideale hervorbringt. Dies setzt voraus, daß das Erkenntnisorgan geistessicher seine individuellen Ziele erschaut. Von dieser wahren Freiheit spricht STEINERS „Philosophie der Freiheit". Sie weist auf, daß es ohne moralische *Intuition* und ohne moralische *Phantasie* keine Freiheit gibt. Der Skeptizismus aber lähmt letzten Endes die Erkenntniskräfte, führt zur Erkenntnisunsicherheit und zuletzt zum Erkenntnisverzicht, zum Agnostizismus. Diese aber töten die produktive Schaukraft der Seele. Und die dem Agnostizismus verfallenen Seelen werden, wie unser Zeitalter in erschreckendem Umfange zeigt, nur allzu leicht die Beute von starken und gewissenlosen Despoten, weil diese Seelen in sich selbst die Fähigkeit der positiven, selbstschöpferischen Freiheit nicht entwickelt haben, vielmehr die intuitive Lichtkraft des Ich einbüßten.

So zeigt sich denn, daß Mathematismus und Skeptizismus zwar anfänglich das Ich zur Wissenschaftsbewußtheit und zum Freiheitsbewußtsein erwecken, zuletzt aber auf die Dauer, wenn nicht die polar entgegengesetzte Geisteskraft hinzukommt, das Ichlicht wieder auslöschen: abermals der Zwillingscharakter von Licht und Finsternis!

Nur wenn das Denken in sich selbst fest gegründet bleibt, kann aus der *Erkenntnis* die schöpferische Freiheit erblühen. Hierzu aber ist nötig, daß die kritische Funktion des Denkens belebt und befruchtet werde von der entgegengesetzten Kraft. Dies ist das Interesse der fühlenden Seele, Ehrfurcht und Verehrung, liebevolle Hingabe an den Erkenntnisgegenstand und — Vertrauen zum Denken.

Diese Fähigkeiten können wir zusammenfassen in dem Wort „Glauben", wenn wir dabei von allem Dogmatischen absehen. Dem „Zweifel" muß sich *diese* Kraft des „Glaubens" zugesellen, dann wird das Erkennen fruchtbar, dann erblüht aus ihm die wahre Freiheit. Der Zweifel ist das Prinzip des Mathematismus, sein Urbild ist das Zwillings-Sternbild. Den Glauben werden wir als das Prinzip des Monadismus aufweisen und urbildlich im Schützensternbilde finden. Nur durch d i e s e Kraft des Vertrauens oder „Glaubens" gewinnt das Denken eine lebendige, vollmenschliche Erkenntnis-*Beziehung* zu den Dingen und Vorgängen. Wo allerdings der Glaube ohne das ihn begleitende kritische Bewußtsein allein herrscht, da wird er, in Verbindung mit dem Gefühl und der Phantasie, leicht blind und geht in Dogmatismus und Fanatismus über, sowie andererseits das Prüfen und Zweifeln ohne den rechten Glauben in die Finsternis des Skeptizismus und Agnostizismus abstürzen.

Wenn also das klare Denken durchzogen wird von der Wärme des Fühlens, und die kritische Besonnenheit von dem hingebungsvollen Vertrauen zum Geiste, dann allein kommt echte *Wissenschaft* zustande, lebendige Philosophie. Und wo der Glaube durchhellt ist von kritischer Besonnenheit und wachem Denken, da wird das Fühlen zur rechten *Religiosität*. Vorbildlich für diese Verbindung der Seelenkräfte waren LEIBNIZ und LESSING. Sie waren kritisch-wissenschaftliche Geister größten Formats, aber ihr Denken war nirgends destruktiv-skeptisch, sondern positiv-aufbauend. Aus dem Zusammenwirken der zwei entgegengesetzten Seelenimpulse haben sie die polar entgegengesetzten Weltanschauungen des Mathematismus und Monadismus zur Synthese gebracht. Welche positiv aufbauenden Seelenkräfte im Philosophieren des großen Leibniz wirksam waren, kann man besonders eindrucksvoll erleben an der Art und Weise, wie er sich in seiner Theodizee mit dem Skeptizismus des Franzosen PIERRE BAYLE auseinandersetzte, der von Descartes ausgegangen ist und später in Rotterdam Philosophie gelehrt hat. Mit ihm hat der Kampf der „Aufklärung" gegen die Kirche begonnen. Bayle kämpfte aber gleichermaßen gegen die Scholastik wie gegen die aufkommende philosophische Vernunftreligion. Glaube und Wissen klaffen bei ihm vollständig auseinander. Hiergegen richtete sich Leibniz' Geist.

In diesem Bestreben fühlte sich LESSING tief verbunden dem genialen Universalphilosophen. Sein Hauptstreben war darauf gerichtet, die Offenbarungswahrheiten des religiösen Glaubens in Vernunftwahrheiten umzubilden. Zugleich hat er den monadischen *Pluralismus* des Leibniz und den mathematischen *Monismus* des Spinoza zur Synthese gebracht — leider nur in dem sehr fragmentarischen Entwurf „Christentum der Vernunft", der ganz in dem klassischen Gedankenstil der „Erziehung des Menschengeschlechts" gehalten ist.

Diesem Geistesstreben fühlte sich nahe verwandt der viel zu wenig bekannt gewordene GIDEON SPICKER. An seiner Individualität kann man das Zusammenwirken der Seelenpolarität von kritisch-wissenschaftlichem Denken und hingebendem Glauben urphänomenal studieren. In seinem hervorragenden Werk über Lessings Weltanschauung bemerkte er sehr bezeichnend: „Die Philosophie ist ein leeres Begriffsspiel, wenn nicht der warme, lebendige Pulsschlag des religiösen Gefühles das Geäder eines logischen Organismus durchströmt. Ohne Religion fehlt es der Philosophie am lebendigen Inhalt, und ohne Philosophie entbehrt die Religion der wissenschaftlichen Form. Dies große Ziel hatte Lessing im Auge."

Spicker war zuerst ein Klostergeistlicher gewesen, löste sich aber, von der modernen Naturwissenschaft und Philosophie begeistert, vom römischen Dogmatismus völlig los und wurde Philosophieprofessor.

Die Philosophie ist, meint Spicker — seitdem sie nicht mehr die Magd der Theologie ist — dafür „die untergeordnete, kaum geduldete Dienerin der Naturwissenschaft" geworden. Weil ihr aber auch das Element der religiösen Gefühlshingabe fehlt, hat sie sich soweit verirrt, daß sie „aus Scheu vor der exakten Forschung auf alle übersinnliche Forschung verzichtet". Die letzten Konsequenzen dieser skeptischen Haltung charakterisiert Spicker sehr zutreffend: „Wir haben eine Metaphysik ohne transzendentale Überzeugung, eine Erkenntnistheorie ohne objektive Bedeutung, eine Psychologie ohne Seele, eine Logik ohne Inhalt, eine Ethik ohne Verbindlichkeit und eine Religion ohne Vernunftsgründe."

In erschütternden Seelenkämpfen hat Spicker mit dem Dämon des Zweifels gerungen und das Anstoßen des Denkens an die Erkenntnisgrenzen so intensiv erlebt, daß er zu einer Seelenerfahrung kam, die man das Stehen vor der Schwelle der geistigen Welt nennen kann. *Denn die Schwelle der Sinneserkenntnis ist zugleich die Schwelle der Geisteswelt.* Dazwischen gähnt ein bodenloser Abgrund. Sein Schwellen-Erlebnis deutet Spicker da an, wo er von der unentweichbaren Notwendigkeit und geforderten Selbstrechtfertigung des Denkens das Folgende sagt: „Hinter diese Notwendigkeit kommt keine Untersuchung, so tief sie auch schürfen mag, jemals zurück; jeder Versuch, ihre Richtigkeit beweisen zu wollen, setzt sie immer schon voraus. *Unter ihr gähnt ein bodenloser Abgrund, eine schauerliche, von keinem Lichtstrahl erhellte Finsternis.* Wir wissen also nicht, woher sie kommt, noch auch wohin sie führt. Ob ein gnädiger Gott oder ein böser Dämon sie in die Vernunft gelegt hat, beides ist ungewiß. Nicht einmal der Skeptizismus kann hier seine Hebel ansetzen, ohne sofort einem Zirkelbeweis zu verfallen. Was er auch gegen die Erkennbarkeit eines Gegenstandes vorbringen mag: immer muß er die Notwendigkeit und sogar die Richtigkeit des Denkens dabei voraussetzen. *So taucht denn aus dem Abgrund das unheimlich finstere Gespenst des Zweifels empor,* welches den Glauben auf allen Stadien begleitet und ihm den Rang streitig macht. Dogmatismus und Skeptizismus sind die *Zwillinge,* die sich nicht voneinander trennen lassen, obwohl sie so verschieden sind, wie Glaube und Zweifel nur sein können. Um in diesem Zwiespalt nicht alle Hoffnung zu verlieren, bleibt uns armen Sterblichen nichts anderes übrig, als an die Richtigkeit unseres Denkens zuversichtlich zu glauben."

Spicker konnte tragischerweise noch nicht sehen, daß durch die wirkliche Verschmelzung der hier von uns gemeinten Glaubenskraft mit dem Denken dieses selbst so umgewandelt wird, daß es die Gewißheit seiner Richtigkeit in sich selber trägt. Dann erst ist der Dämon des Zweifels, der ahrimanische Teufel, von dem schon die Zarathustra-Lehre gesprochen hat, wirksam zu bekämpfen.

Es hat viele Denker in der Geistesgeschichte gegeben, die aus einem so gearteten Denken zu dem Bewußtsein gekommen sind, daß das Menschendenken das Weltendenken mitmacht. Das ist dann der echte Mathematismus, der aus der Sinnessphäre transzendental hinüberschreitet in das *„Ätherreich der Begriffe"*, von dem Steiners Philosophie spricht, in die Sphäre der kosmischen Intelligenz, von der er am Ende seines Lebens so viel gesprochen hat.

Die Grundstimmung der hier gemeinten Philosophen des von Inspiration durchsetzten reinen Denkens, deren es von Spinoza bis Fichte und Hegel doch einige gegeben hat, läßt sich durch eine Meditationsformel aus den Mysteriendramen Steiners aussprechen: *„In deinem Denken leben Weltgedanken."* Eine Verwandtschaft dieser Weltanschauungsrichtung mit dem Pneumatismus ist ohne weiteres ersichtlich. Während jedoch der Pneumatismus dadurch gekennzeichnet ist, daß dort das Erleben der göttlichen Äthergeistigkeit einen imaginativen, also anschauenden Charakter trägt, handelt es sich beim echten Mathematismus um ein von Inspiration durchsetztes, bildloses Denken oder Hellwissen. Bevor diese Richtung in Fichte und vor allem Hegel kulminierte, waren ARNOLD GEULINCX und NICOLE MALEBRANCHE in Frankreich bemerkenswerte Vertreter des mathematisierenden reinen Denkens. Sie haben zwar den Skeptizismus und naturphilosophischen Dynamismus des Cartesius überwunden, nicht aber seinen metaphysischen Dualismus. Schon vor Fichte haben sie das Ich im reinen Denken erlebt und im reinen Denken: Gott. Jeder Mensch denkt zwar auf seine bestimmte Weise, subjektiv gefärbt, aber das sind doch nur Modifikationen des allgemeinen Denkens. Dieses ist der Geist schlechthin und ist von Gottes Geist. Sehen wir also von der besonderen Weise des Denkens ab, dann bleibt uns Gott im Denken. Unser Ich ist zwar eine Modifikation des göttlichen Geistes, aber dennoch Mikrokosmos. Da wir in Gott leben, denken und sind, erkennen wir alles in ihm. Unsere Vernunftsideen sind Ideen der ewigen Wahrheit, Offenbarungen Gottes, in welchen das ewige Wesen der Dinge und das wahre Sein in seiner Unbeschränktheit zum Ausdruck kommt. Das Wort Gottes, sagt MALEBRANCHE, ist in uns wirksam und will sich unserem Geiste offenbaren. Christus, die allgemeine Vernunft, verbindet alles in der Welt und hat den unendlichen Abstand überbrückt, der zwischen Gott und seinen Geschöpfen klaffte. Er machte das Werk Gottes göttlich und will uns zu Göttern machen.

Es ist ohne weiteres ersichtlich, daß die großartige Entfaltung der reinen Vernunft, die auf den Kritiker Kant gefolgt ist und in dem Dreigestirn Fichte, Schelling und Hegel kulminierte, in der Fortsetzung dieser Entwickelungslinie liegt, jedoch so, daß inzwischen das Denken durch die Prüfung seiner Fähigkeiten hindurchgegangen ist.

„Die Vernunft ist das Vernehmen des göttlichen Werkes." So kann nur jemand sprechen, der davon überzeugt ist, daß der Mensch beim reinen Denken in der dialektischen Selbstbewegung der Begriffe alles Subjektive, Besondere, Begrenzte abgestreift hat. Hegel hat der Geistesart des Mathematismus immer wieder klassischen Ausdruck verliehen. In ihm erklomm das reine Denken seinen absoluten Gipfelpunkt. Führen wir daher einen seiner typischen Aussprüche an: „Denken ist die mit sich selbst identische Tätigkeit des Ich, Denken überhaupt ist unmittelbares Wissen. Dies unmittelbare Wissen von Gott ist Denken von Gott, denn Denken ist die Tätigkeit, für welche das Allgemeine ist. Dies unmittelbare Wissen von Gott ist schlechterdings nur Denken, dies ist das Allgemeine als tätig; und das Denken, indem es tätig ist und sich unmittelbar verhält, denkt, was es denkt, als Allgemeines, es geht durch das Besondere hindurch. Gott ist wesentlich im Denken. Es genügt zu bemerken, daß es nicht zweierlei Vernunft und zweierlei Geist geben kann, nicht eine göttliche Vernunft und eine menschliche, die schlechthin verschieden wären. Die menschliche Vernunft, das Bewußtsein seines Wesens, ist Vernunft überhaupt, das Göttliche im Menschen, und der Geist, insoferne er Geist Gottes ist, ist nicht ein Gott jenseits der Sterne, sondern Gott ist gegenwärtig, allgegenwärtig und als Geist in allen Geistern." Es ist gar kein Zweifel: Hegel fühlte sich in dieser Art des Denkens wie inspiriert, wie aufgenommen vom Weltendenken des Logos. Und was er vom Denken hier sagt, gilt in Wirklichkeit doch auch eigentlich nur von dem inspirativen Hellwissen, das allerdings ins „gewöhnliche Denken" hereinragt. In der Tat ist das Einweihungsbewußtsein der Inspiration der höhere Geistesimpuls, der im wahren Mathematismus waltet. Wir haben hierauf schon im Anschluß an Novalis' Aussprüche über die Mathematik hingewiesen.

Als Joh. G. Fichte seine Reden über „Die Anweisung zum seligen Leben" hielt, da hatte sich seine Wissenschaftslehre religiös vertieft. Da sprach er denn auch in den begeistertsten Worten seine Überzeugung aus, „daß der wahre Gott und die wahre Religion nur durch reines Denken ergriffen werde, daß man durch das eigentliche, reine und wahre Denken und schlechthin durch kein anderes Organ die Gottheit und das aus ihr fließende Leben ergreifen und an sich bringen könne". Ja, er steigert diesen Ausspruch abermals, indem er sagt — ganz im Stile Hegels —: „Das reine Denken *ist* selbst das göttliche

Dasein, und umgekehrt: das göttliche Dasein in seiner Unmittelbarkeit ist nichts anderes als das reine Denken."

Nur wenn man zu erleben vermag, daß im reinen Denken etwas von der hellwissenden Inspiration leben kann, wird man solche Zeugnisse nicht verkennen. Aber dann wird man auch verstehen können, wenn man von Rudolf Steiner hört, daß es einer der großen Inspirierten der Menschheit gewesen ist, der als Erster in der Geschichte zum Denken des Göttlichen gekommen ist, nämlich ABRAHAM. Wir haben ihn oben als den angeblichen Verfasser des Buches der Zahlen gekennzeichnet. Mit den Sephirot oder Kategorien aber kann man inspiriert in der Sternenschrift lesen. Abraham haben wir als den eingeweihten Erstling des Mathematismus zu betrachten.

Abstrahierend und verallgemeinernd bringt das Denken alle Vielheiten auf die Einheit. Die höchste Einheit ist der einige Gott selbst. Die alte Imagination erschaute eine Vielheit von Göttern. Auch diese Vielheit wird vom inspirierten Denken auf eine Einheit zurückgeführt. So vollzog sich in Abraham, dem Stammvater der Israeliten, der Übergang vom babylonisch-ägyptischen Polytheismus zum Monotheismus, zum religiösen Monismus.

Von einem pluralistischen Monadismus wurde der Übergang zu einem mathematischen Monismus gefunden. Man kann den Monismus als den Gegensatz des Dualismus betrachten, aber auch als den Gegenpol des Pluralismus. Das erstere haben wir im Kapitel über den Psychismus getan. Jetzt handelt es sich um den anderen Gegensatz. Da hat man festzustellen, daß der Monismus, als Gegensatz des Pluralismus, aus dem Mathematismus hervorgeht. Der Pluralismus bildet als Monadismus den Gegenpol zum Monismus.

Zugleich aber ergibt sich hier auch ein anderer Aspekt des Dualismus. Die Zwillinge, das Sternbild des Mathematismus, sind das Urbild des Dualismus. Wir haben auf die dualistische Kategorientafel des Pythagoras hingewiesen, sowie auf die Dualität im Denkprozeß selber. Aber noch in anderer Weise kann durchschaut werden, inwiefern der Mathematismus zu einer dualistischen Weltanschauung führt. Das ausgehende Mittelalter und der sogenannte Rationalismus der beginnenden Neuzeit, vor allem Descartes, aber auch Malebranche und in der Gegenwart Brunschvicg, sind die historischen Kronzeugen hierfür.

Das Hervorgehen eines metaphysischen Dualismus aus dem Mathematismus ist in der folgenden Art zu begreifen. Das mathematische Denken ist eine Manifestation der Elohim oder Formgeister im Menschen. In diesen Lichtwesenheiten urständet das Ich. Demzufolge zentriert sich dem reinen Gedankenerleben des Ich die ganze Fülle der Geisteswelt im Einheitspunkte des Ich. Von der ganzen Geisteswelt blieb dem Descartes nichts anderes übrig als die Gewißheit des Ich aus der Unbezweifelbarkeit des Denkens.

Aber schon in viel älteren Zeiten hat man seit ABRAHAM in Israel das Gotteswesen nach dem Bilde des Ich erfaßt. Insoferne ist der Fichteanismus und Hegelianismus nichts anderes als eine Wiedergeburt des Abrahamismus. Diesen ist das reine Denken identisch mit dem Ich. Darin konzentrierte sich die ganze Gotteswelt. Hiermit ist das e i n e, ganz und gar lichte Prinzip gegeben; es ist das ganz innerliche Prinzip des mathematisierenden Denkens. Dem stellt sich aber ein Anderes entgegen. Denn jene Geist-Erfahrung ist so innerlich und rein-geistig, so weltabgelöst, daß alles Andere, was nicht in derselben Art zu erfassen ist, als ein radikal entgegengesetztes Prinzip erfaßt wird. Dem Lichtprinzip des im Ich erlebten und eigentlich darauf reduzierten Reingeistigen stellt sich somit — besonders deutlich bei Fichte — das ganz äußerliche oder dunkle Prinzip des Nicht-Ich entgegen. Schon Geulincx hatte vom Leibe gesagt: er ist ohne Gedanken, brutal, schlecht und blind, keiner Reflexion fähig; er kann keine Gedanken hervorbringen. So klafft denn im Mathematismus, wie man den sogenannten „Rationalismus" des 17. Jahrhunderts zutreffender nennen würde, der schroffe Dualismus auf zwischen der sublimiert-innerlichen Ich-Geistigkeit, in die alles Weltgeistige hineinzentriert und gleichsam hineinverschwunden ist, und der brutal-äußerlichen Tatsächlichkeit oder Ungeistigkeit des Nicht-Ich. Es ist der Dualismus von „Denken" und „Ausdehnung", Geist und Stoff: zwei Weltbereiche, die anscheinend nichts miteinander zu tun haben, sondern absolut entgegengesetzt sind. Dieser Dualität entsprechend spricht Brunschvicg sogar von zwei Menschheiten!

Wir sehen also von Descartes bis zu Kant die Philosophie in zwei Hauptströmungen auseinanderfallen, die man zumeist Empirismus und Rationalismus nennt. Man hat es aber in Wirklichkeit zu tun mit dem Sensualismus der britischen Schule, der allerdings zugleich Empirismus ist, und dem Mathematismus des vom französischen Geiste beherrschten Kontinents. In der Strömung des reinen Denkens ist der hier angedeutete ontologische Dualismus herrschend geworden.

Erst die kühnen Nachfolger von Kant haben ihn überwunden, indem sie zu einer neuen Synthese des Phänomenalismus und Psychismus gekommen sind. Sie bildeten das typisch westeuropäische abstrakt-intellektuelle Denken zu einem intuitiv-mystischen Psychismus um, und den britisch-französischen Sensualismus zum goetheanistischen Phänomenalismus. Ihre Naturanschauung wurde phänomenalistisch, ihr Ich- und Geistbegriff war nicht mehr einseitig mathematisch, sondern zugleich intuitiv-psychistisch.

Erst in dieser Erkenntniskonstellation gelingt, wie wir schon dargelegt haben, eine echt transzendentale Ineinsbildung von dem, was sich dem reinen Wahrnehmen von außen als „Wahrheit" und dem reinen Denken von innen als „Wissenschaft" ergibt. Weil man es hier mit einem von intuitivem Psychismus durchzogenen Mathematismus zu tun hat, wird das Denken fähig, durch die Phänomene hindurchzublicken, wobei letzten Endes monadische Wesen, wie etwa die Urpflanze und andere Entelechien mit exakter Phantasie erschaut werden.

Wie vorbildlich auch in dieser Hinsicht Goethe gewesen ist, möge erhellen aus der Charakteristik seiner Erkenntnisart, die Steiner gegeben hat: „Trotzdem er bescheiden gesteht, daß er ein eigentlich mathematisch geschicktes Handhaben der mathematischen Begriffe und Anschauungen sich nicht erworben habe, so verlangt er Eines, er verlangt einen *Phänomenalismus*, wie er ihn geübt hat in seinen naturwissenschaftlichen Betrachtungen. Er verlangt, zurückzugehen von den sekundären Erscheinungen, die uns zunächst in der Außenwelt entgegentreten, ein Zurückgehen zu den Urphänomenen. Aber was für ein Zurückgehen verlangt er? Er verlangt ein solches Zurückgehen zu den Urphänomenen, wie es der Mathematiker übt, wenn er von den komplizierten Gebilden des äußeren Anschauens zu dem Axiom zurückgeht. *Die Urphänomene sollen die empirischen Axiome sein, die erfahrbaren Axiome.* Und so verlangt Goethe mit echt mathematischem Geiste *ein inneres Hineintragen der Mathematik in die Phänomene.* Und er spricht das aus, indem er sagt: ‚Wir suchen die Urphänomene, indem wir uns bewußt sind, daß wir sie so suchen, daß wir im strengsten Sinne dem Mathematiker nach seiner Gesinnung dafür Rechenschaft ablegen können.' Was Goethe also sucht, das ist ein modifiziertes Mathematisieren, ein Hineintragen des Mathematisierens in die Phänomene. Ein durchmathematisierendes Phänomenologisieren verlangt er als naturwissenschaftliche Tätigkeit."

Wir haben aufgewiesen, daß der wahre Phänomenalismus zugleich Transzendentalismus ist. Naturgemäß gibt es aber zwei Wege, um die Anschauungs- und die Gedankenseite des Kosmos zu einem Ganzen zusammenzuschließen durch das Transzendieren von einem zum anderen Gebiet. Auf dem einen Wege schreitet die Seele transzendental von den Erscheinungen zu den wesenhaften Begriffen hinüber. Auf dem anderen kann man auch vom Gedankenelement zum Anschaulichen hinüberschreiten. Der Phänomenalist empfängt die Erscheinungen auf solche Weise, daß ihr sinnlich-übersinnlicher Charakter das Denken dazu veranlaßt, die übersinnliche Seite derselben sich zu Begriffen zu erhellen. Die Geistseite der Wirklichkeit tritt dann gleichsam beinahe noch wie eine imaginative Wahrnehmung als intellektuelle Anschauung in den Menschengeist. Aber auch das Umgekehrte ist möglich. Indem Descartes die analytische Geometrie geschaffen hat, wurde in dieser Richtung auf dem Felde des Speziell-Mathematischen ein erster Anfang gemacht. Hierdurch ist es nicht nur möglich, anschauliche Figuren der Geometrie nach ihrer konstituierenden Gesetzmäßigkeit in rein gedanklichen Formeln auszusprechen, sondern auch umgekehrt: für mathematische Gleichungen die entsprechenden anschaulichen Bilder zu entwerfen. Nehmen wir ein einfaches Beispiel:

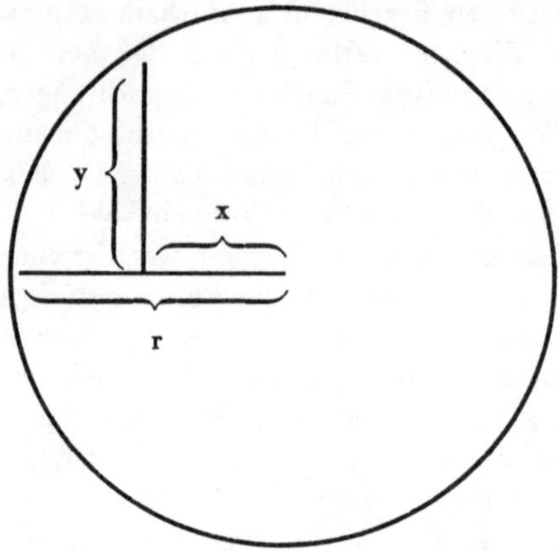

Die algebraische Gleichung $x^2 + y^2 = r^2$ ist die Analyse, die begrifflich mathematische Auflösung derjenigen ebenen Kurve, die wir den Kreis nennen. Wir können auch sagen: die geistige Gesetzmäßigkeit, die der Kreisform konstituierend zugrunde liegt, wird in jener Gleichung begrifflich ausgesprochen. Wenn wir dann den Kreis als eine Elementarimagination auffassen, was er selbstverständlich ist, dann dürfen wir sagen: die inspirative Gesetzmäßigkeit der „Kreis-Idee", die in der Imagination des Kreises anschaulich wird, ist rein gedankenmäßig-begrifflich auszusprechen in der Gleichung $x^2 + y^2 = r^2$.

Das ist ein ganz einfaches Beispiel dafür, wie alle Imaginationen nichts anderes sind als bildhaft-anschauliche Ausdrucksformen von rein geistigen (inspirativen) „Ideen", Urbildern oder Urgedanken.

In reiner Form tritt sowohl der Phänomenalismus als auch der Mathematismus dann auf, wenn er in dem Sinne Transzendentalismus ist, daß er die erkennende Seele von der einen Seite der Wirklichkeit zur anderen hinüberleitet, von der Außenseite zur Innenseite, von der Innenseite zur Außenseite. Während der Transzendentalismus des Phänomenalismus die empfangende Seele von den sinnlich-übersinnlich, halb imaginativ abgefangenen Erscheinungen hinüberleitet zur Bewußtwerdung der sie durchwaltenden Urphänomene oder Urgesetzmäßigkeiten, führt der Transzendentalismus des Mathematismus die Ichtätigkeit im reinen Denken aus der Inspirationswelt über die Imaginationswelt zu deren Doppelabglanz: in der Wahrnehmungswelt einerseits und der Begriffswelt andererseits.

In aller Mathematik und Mathesis liegt keimhaft das Inspirative. Und die Inspiration des Geistesforschers ist für die Welt der Imaginationen ebendasselbe, was das reine Denken für das reine Wahrnehmen der Sinneserscheinungen ist: die deutende Wissenschaft zur Wahrheit. „Man lernt an der Mathematik erkennen, was Inspiration ist", sagte Steiner. Aber man sollte auch vom reinen Denken wissen, daß es eigentlich ein Hellwissen oder eine keimhafte Inspiration ist.

Die Inspiration ist ein mathematisches, geistmusikalisches Hellwissen um die weltformenden Urgedanken Gottes, um die Gedankenordnungen des Seins. Innerhalb der mathematischen Wissenschaft aber ist die synthetische Geometrie, wie der geniale George Adams in seiner „Strahlenden Weltgestaltung" erstmals gezeigt hat, dazu berufen und geeignet, mit exakt mathematischen Bildbegriffen in den Kosmos der ätherischen Formkräfte einzutreten.

Aber so hoch und geistig ist das Denken der meisten Zeitgenossen heute noch nicht entwickelt. Noch herrscht allzu einseitig, und nicht zum Heile des Kulturlebens, die spezielle Form des Mathematismus, welche Novalis eine Entartung zu bloßer Technik genannt hat. Dieser Mathematismus will die Welt zu einem Rechenexempel machen und alles auf bloße Quantitäten zurückführen und in summarischen Abstraktionen zusammenfassen und — gleichschalten. Diese Form der Wissenschaft dringt noch nicht aus der Sinnesfinsternis zum Lichte der Geisteswelt vor. Sie bleibt noch im Zwielicht des vom Zweifel durchzogenen Halberkennens. Den Mathematismus in dieser heute herrschenden Form können wir abschließend in der folgenden Art kennzeichnen:

Berechnest du im Weltgefüge Zahl
Und Maß, so dämmert dir das Zwillings-Zwielicht.

X.

DER MONADISMUS

Es liegt in der Natur des Denkens, der Begriffsbildung, vom Individuellen abzusehen und das Allgemeine und Gemeinschaftliche, die Einheit in der Mannigfaltigkeit der Dinge und Vorgänge herauszuheben. Hegel nannte darum das Denken die Tätigkeit des Allgemeinen in der Seele. Und vom höchsten und ersten Begriff sagte er: „Gott ist das an und für sich schlechthin Allgemeine, und das Denken macht zu seinem Gegenstande das an und für sich Allgemeine." Für das Besondere, Individuelle oder gar das Subjektiv-Persönliche, und damit für alles bloß Empfindungs- oder Gefühlsmäßige hatte dieser ganz im reinen Denken aufgehende Geist fast gar nichts übrig. Selbst in der Sphäre des religiösen Lebens wollte er das Gefühlselement so weit wie nur möglich ausschalten. Bezeichnend hierfür sind seine Worte: „Man beruft sich so auf sein Gefühl, wenn die Gründe ausgehen; so einen Menschen muß man stehen lassen; denn mit dem Appellieren an das Gefühl ist die Gemeinschaft unter uns abgerissen. Auf dem Boden des Gedankens sind wir auf dem des Allgemeinen, der Vernünftigkeit. Da haben wir die Natur der Sache vor uns; darüber können wir uns verständigen. Das Gefühl ist ferner das, was der Mensch mit dem Tiere gemeinschaftlich hat; es ist seine tierische, sinnliche Form."

Ganz unrichtig ist dies keineswegs, und doch ist es eine einseitige Wahrheit. Denn wie hoch man immer die im reinen Denken liegende Sachlichkeit und Allgemeinverbindlichkeit schätzen mag: auch diese Art des Erkennens hat ihre Schranken, weil sie eben am Ureigentlichen der Einzelwesen, am schlechthin Individuellen abstrahierend vorbeisehen muß. Darum verlangt der alles vereinheitlichende Mathematismus, wie wir schon im vorigen Kapitel gesehen haben, nach einer Ergänzung durch den Gegenpol, den man Individualismus oder Monadismus nennen kann. Zu den Denkern, welche diese beiden Pole in lebendiger Einheit verbunden haben, jedoch so, daß hierbei das monadische Prinzip im Vordergrunde steht, gehört einer der hervorragendsten unter den neueren Philosophen: Immanuel Hermann Fichte, der Sohn des Johann Gottlieb. Ganz in Hegelscher Art charakterisiert er das reine Denken: „Das Denken ist, seinem ersten Ursprung nach, das Bewußtwerden und Wirken der allgemeinen Vernunft im Menschen." Aber das Einseitige sowie das Unpersönlich-Allgemeine und Pantheistische der reinen Vernunftsphilosophie hat der jüngere Fichte überwunden und wurde zum Schöpfer einer monadologischen Weltanschauung.

Dies wird dann möglich, wenn sich mit der Kristallklarheit des reinen Denkens die seelisch-lebendige Gefühlshingabe verbindet, eine gewisse Ehrfurcht und religiöse Wärme. Ein so geartetes Denken wird phantasievoll-künstlerisch und führt zu einem lebendigen Erschauen der individuellen Eigenartigkeiten des Seins. Zahlreiche Dichter-Denker verfügten über dieses, die volle Imagination stellvertretende Phantasiedenken, welches Goethe „exakte Phantasie" genannt hat. Gerade dieses poetische Erkenntnisorgan ist, obwohl es noch wesentlich durch seelisch-subjektive Gefühlselemente mitbestimmt, und darum noch nicht eigentlich Imagination ist, besonders dazu befähigt, das Individuell-Seelische, das seinesgleichen ist, zu erfassen.

Auch hier gilt wiederum das Wort: Gleiches kann nur von Gleichem erkannt werden. Nur ein von der Gesamtfülle und Vollkraft der Individualkräfte getragenes Denken, nicht aber die blasse Verstandesreflexion oder das bloß subjektive Fühlen, kann ein Organ für Individuelles haben. Nur ausgeprägte Persönlichkeiten besitzen für die individuell-monadische Differenzierung und Gliederung des Übersinnlichen ein Erkenntnisorgan.

Obwohl wir später auf den Unterschied zwischen dem hier zu beschreibenden Monadismus und dem Spiritualismus genauer eingehen werden, sei doch schon hier in Kürze ausgesprochen, wodurch sich die verschiedenartigen Anschauungen von einer Allbeseelung des Daseins in den Weltanschauungen des Psychismus, Pneumatismus, Spiritualismus und Monadismus unterscheiden. Psychismus und Pneumatismus haben dies miteinander gemein, daß sie das Seelisch-Geistige mehr in einer Allgemeinheit als in individuellen Verschiedenheiten charakterisieren. Der Pneumatismus erlebt das Geistige des Weltenseins in pantheistischer Art so, daß er einen allbeseelenden und allbelebenden Weltgeist erfährt, ohne zu erkennen, daß dieser eine Vielheit von Wesenheiten umfaßt. Das diesen individuellen Geistwesen gemeinsame Geistprinzip steht hier im Vordergrunde.

Der Psychismus spricht von einer Weltseele, in welcher urständet die Ichheit der Menschheit, das Prinzip aller Einzel-Iche, und erlebt dieses Weltseelische in seiner vollen Innerlichkeit. Wo er das Seelische nach seinen Differenzierungen erschaut, faßt er dennoch mehr das allen einzelnen Seelenwesen gemeinsame Kernhafte, eben das aktiv-innerliche Ichprinzip, ins Auge als das Unterschiedlich-Individuelle an ihnen.

Im Unterschied hierzu sind Spiritualismus und Monadismus zwei ausgesprochen individualistische Weltanschauungen. Der Monadismus hat es mit den übersinnlichen Wesenheiten nicht insoferne zu tun, als sie alle etwas Gemeinschaftliches haben, sondern insoferne sie verschieden sind nach ihren Bewußtseinsgraden und dementsprechend auch ihren Innenwelten, nach ihren Reifegraden und Kräften. Er deutet hierbei alle Wesenheiten doch mehr oder weniger nach den abgestuften Seelenvermögen des *Menschenwesens*. Der Spiritualismus dagegen erschaut im wesentlichen rein-geistige, übermenschlich-göttliche Individualitäten, Intelligenzen, hierarchische Wesenheiten also, und im Menschen dasjenige, was über das Begrenztmenschliche ins Überpersönlich-Geistige, Göttlich-Ewige hinausgeht, wodurch der Mensch teilhat am Wesen der Götter! Der Monadismus vermenschlicht die übermenschlichen Götter-Wesenheiten, der Spiritualismus vergöttert die Menschengeister.

Schon im Altertum hat es künstlerisch und religiös veranlagte Naturen gegeben, welche die Welt von seelisch-geistigen Einheitswesen oder Monaden erfüllt gesehen haben. ANAXAGORAS sprach von einer unendlichen Fülle von geistleiblichen Urwesen, welche die in sich mannigfaltig abgestuften geistigen „Ursamen" oder Lebenskeime aller Dinge und Wesen sind. Der alldurchdringende Weltenverstand ordnet diese ideellen Urwesen zu einem harmonischen Ganzen oder Kosmos. Diese unteilbaren (individuellen) Urwesen könnte man ebenso Geistkeime wie Seelenatome nennen; denn das Wort „Atom" bezeichnet ebenfalls die unteilbare Einheit eines Wesens, wie das Wort Individuum. Darum sind auch die so viel zitierten Atome des DEMOKRIT bei genauem Zusehen keineswegs reinstoffliche Urbestandteile, sondern von durchaus ätherisch-elementarischer, ja sogar seelenhafter Natur. Nurstoffliches konnte sich der Grieche fast ebensowenig denken wie Nurgeistiges. Alles Sein war ihm „sinnlich-übersinnlich".

Wer mehr innerlich-geistig veranlagt ist, wird, wenn er in der Welt eine Vielheit von individuellen Ureinheiten erblickt, diese als Monaden kennzeichnen, als seelisch-geistige Wesen; wer mehr sinnenhaft oder auch mehr mathematisch denkt, wird diese Wesen als Atome beschreiben. Die Verwandtschaft des ursprünglichen Atomismus mit dem Monadismus wird uns deutlicher, wenn wir sehen, wie der geistvolle Dichter-Denker ROBERT HAMERLING, der erkenntnistheoretisch ein Sensualist war, in seiner „Atomistik des Willens" von durchaus willenhaften, allesbewegenden Lebens- und Krafteinheiten des Seins gesprochen hat. Er scheute sich nicht, diese Wesen „Atome" zu nennen: „Das Atom ist das punctum saliens der Existenz. Es ist das wesentlich Unteilbare — das wahre Individuum. Das Seiende ist, subjektiv betrachtet: Ich, objektiv betrachtet: Atom."

In der Neuzeit ist der geniale Künstler-Philosoph GIORDANO BRUNO zum Neubegründer der Anschauung von einem Monadenkosmos geworden. Gewiß finden wir in seinem Weltbilde auch etwas von dem Psychismus eines Plotin und andere Elemente neuplatonischer Theosophie. Die göttliche Weltseele ist die höchste Einheitswesenheit, die Monas der Monaden, die Einheit aller wesenhaften Vielheit im Weltall, das Ein und Alles. Sie gestaltet allbeseelend den Kosmos durch ihren weisheitsvoll-künstlerisch waltenden Gestaltungstrieb.

Auf Bruno folgte dann ein Jahrhundert später der klassische Verteter der Monadologie: WILHELM LEIBNIZ. Jede Monade ist ihm ein Mikrokosmos, eine in sich gegründete Wesenheit, die von dem Streben erfüllt ist, über sich selbst hinauszugelangen oder wenigstens alle ihre keimhaften Anlagen zu entfalten, tätig zu entwickeln. Es leben *Impulse, geistig-seelische Triebkräfte* in jenen Monaden. Sie sind durchaus aktive Bewußtseinswesen, nach dem Bilde des allzeit strebenden Menschen vorgestellt. Jedes Ding ist eigentlich ein Ichwesen und zugleich ein besonderer, lebendig-wesenhafter Gottesgedanke. Der außerordentliche Reiz, der von den monadologischen Weltbildern ausgeht, wurde trefflich von J. U. Wirth zum Ausdruck gebracht, der über Leibniz geschrieben hat: „Die Monade ist etwas Bestimmtes, Selbstisches, und zugleich das allem Mannigfaltigen zu Grunde Liegende, die Einheit. Indem Leibniz diesen Begriff an die Spitze seiner Philosophie stellte, spricht er nur aus, was allem und jedem gesunden und durch eine heillose Abstraktion noch nicht verdorbenen Bewußtsein bei Betrachtung des All sich unwillkürlich aufdrängt, daß nämlich das Allerinnerste des seelenvollen Allorganismus eine in sich selbstische Einheit sein müsse, welche die Entelechie der Welt ist und in jedem Mikroorganismus wieder als seelenvolles Atom sich reflektiert. Monade — ich komme auf dieses Wort zurück, denn ihm wohnt eine zauberische Macht ein! Sie ist das Unendliche und doch das eigene webende Wesen. Sie ist ganz nur Entwickelung ihrer selbst aus sich, in sich, zu sich, und doch Entwickelung des Universums nach einem gewissen Gesichtspunkt betrachtet. Sie geht darum nie unter. Denn schaffend das Universale kommt sie nur zu sich selbst. Für Leibniz ist die Welt ein harmonisches Ganzes; im ewigen Einklang bewegen sich Seele und Leib, die einzelnen Monaden und das All, das Reich der Natur und der Gnade, die Gebiete der wirkenden und der zwecklichen Ursachen, und dieses lebendige, maßvolle und schöne Ganze ist der Ausfluß der erhabenen Weisheit und Güte."

Von Bruno und Leibniz waren später besonders tief Schelling und Lessing angeregt. Da aber Lessing auch viel vom Monismus Spinozas aufgenommen hat, hat er das monadische Prinzip nicht sehr weit durchgeführt. Ganz anders liegen die Dinge bei Schelling und seinem Geistesverwandten Goethe, deren philosophische Schaukraft derjenigen Brunos kongenial war. Unter dem Eindruck des Hinscheidens von Wieland hat Goethe in einem Gespräch mit Falk seine monadologische Weltanschauung bekannt. Sie erinnert in mancher Hinsicht an Anaxagoras. „Ich nehme verschiedene Klassen und Rangstufen der letzten Urbestandteile aller Wesen an, gleichsam als Anfangspunkte aller Erscheinungen, die ich Seelen nennen möchte, weil von ihnen die Beseelung des Ganzen ausgeht." Solcher Seelen gibt es untermenschliche, menschliche und übermenschliche, die ganze materielle Welt ist nichts anderes als eine große „Pflanzschule für eine Welt von Geistern". Gott ist fortwährend in den höheren Naturen wirksam, um die geringeren heranzuziehen.

Im Laufe des 19. Jahrhunderts sind im deutschen Kulturkreis auffallend viele Formen der monadischen Weltanschauung ausgebildet worden. Es hängt dies mit der Anlage des Deutschen zur Ichbildung und Individualität zusammen, die allerdings durch die politische Fehlentwickelung der letzten Jahrzehnte weitgehend verdeckt worden ist. Ungeachtet der Unterschiede in diesen monadologischen Weltbildern treten gewisse gemeinsame Züge oder Prinzipien immer wieder auf. Die wichtigsten sind diese: Die Monaden sind seelisch-geistige *Einzelwesen* von verschieden *abgestuften Bewußtseinsgraden*, Vorstellungsweisen und Impulskräften, die etwas mit dem schaffenden *Phan-*

tasie- und Imaginationsvermögen zu tun haben; ihre Ordnung zu einem *Reich* ist durch die *Beziehungen* geregelt, in welchen sie zueinander stehen.

Der Monadismus erlebt die seelisch-geistige Welt in erster Linie als eine *Vielheit von Individualitäten.* Da diese Wesen nicht von gleicher Art sind, können sie durch allgemeine Begriffe nur bis zu einem gewissen Grade charakterisiert werden. Fast alle Monadologen sind davon überzeugt, daß sich die Monaden gruppenweise oder einzeln voneinander unterscheiden, und zwar durch den Helligkeitsgrad und Umfang (Inhalt) ihrer Bewußtseine. Schon Leibniz unterschied ganz deutlich in den vier Naturreichen schlafend-bewegte, unbewußt-lebende, träumend-empfindende und denkend-wache Einzelseelen. Darüber hinaus ahnen einzelne Denker das Dasein von übermenschlichen Monaden, ohne jedoch deutliche Vorstellungen von den ihnen eigentümlichen höheren Bewußtseinsformen zu gewinnen. Wohl aber sind sich manche Vertreter des Monadismus dessen bewußt, daß der Bewußtseinshorizont der übermenschlichen Monaden ein viel weiterer, ein durchaus kosmischer sein muß. GUSTAV THEODOR FECHNER sprach darum von Planetenseelen. Der schwedische Nationalphilosoph CHRISTOPHER JAKOB BOSTRÖM stellte sich die übermenschlichen Monaden als die Gestalter der Gemeinschaftsbande in der Menschheit vor. Je höher eine kosmische Monade steht, desto weltumfassender ist ihr Geisthorizont und Wirkungsbereich nach der Anschauung Fechners. In dem Bilde von Kreisen, die wieder von größeren und größeren umschlossen sind und zuletzt vom größten Kreis des Gottes-Bewußtseins, verdeutlicht er sich dieses Verhältnis. Der Erdgeist z. B. umfasse alle Menschengeister, wird aber, zusammen mit den anderen Planetengeistern, vom Sonnengeist umfaßt, dieser vom Weltgeist.

Christopher Jakob Boström stellte sich die übermenschlichen Monaden noch konkreter in Verbindung mit der Menschheit vor. Er sah in ihnen die wahren Gestalter der Gemeinschaftsverbände und nennt sie darum geradezu „Gemeingeister". Diese höheren Gottesgeister seien in Völkern und anderen wahren Gemeinschaften die realen Einheitsprinzipien. Ihre Impulse bekunden sich im menschlichen Bewußtsein „als höhere leitende Prinzipien oder über uns stehende Willen, die uns eine moralische Verbindlichkeit geben". Wenn wir Menschen diese uns leitenden höheren Wesen auch noch nicht zu erblicken vermögen, so dürfen wir doch versichert sein, daß diese Geisterwelt gleichsam eingewickelt im Innern des Menschen lebe und wirke.

Während Boström noch voll angeregt war vom mutigen Erkenntnisstreben des deutschen Idealismus, tastet sich heute die Philosophie, nachdem sie sich durch alle Labyrinthe des Kritizismus, Skeptizismus und Agnostizismus hindurchgerungen hat, aufs neue wieder zu einer monadologischen Auffassung der menschlichen Geschichte vor. Hier ist in erster Linie NICOLAI HARTMANN zu nennen. Von einer geistvollen Darstellung der Seinsschichtung der Naturreiche (in ihren seelischen Äußerungen) ausgehend, gelangt er bei der Betrachtung der in der Kulturgeschichte waltenden Impulse zu der Überzeugung, daß der individuelle Menschengeist nicht losgelöst gedacht werden kann von überindividuellen Ganzheiten geistiger Art: „Ein geistiges Individuum ohne Gemeingeist, in dem es steht, ist eine Abstraktion." Zwar kann Hartmann die Volksgeister und Zeitgeister, von denen er spricht, letzten Endes doch noch nicht als monadische Substanzen erkennen, aber er eröffnet dennoch einen Weg zu einer geistig-organischen Anschauung von dem geschichtebildenden Geistesreich über bzw. in der Menschheit. „Soviel aber bleibt doch daran, daß jedes Volk wirklich seinen eigentümlichen Geist hat, und daß dieser eine Macht mit sehr eigenen Tendenzen im Gesamtleben der Völker ist, ferner daß in der Tat jeder völkische Geist seine strenge geschichtliche Individualität hat, die sich auch von den gemeinsamen Zügen des Zeitgeistes noch sehr bestimmt abhebt. Schließlich, daß der in diesem Sinne geschichtlich individuelle Geist seine besonderen Schicksale hat, seine besondere Entwickelung, sein Entstehen und seinen Niedergang. Er hat auch stets in sich und neben sich noch einen allgemeinen Geist, der vielen Völkern gleicher Epoche eigen ist, aber als Zeitgeist der Epoche doch auch wieder geschichtlich individuell ist." Das sind in der Tat bedeutsame Ansätze.

In voller Konkretheit könnte Hartmann seine „Gemeingeister" als monadische Wesenheiten allerdings nur dann charakterisieren, wenn er seine so geistvoll durchgeführte Idee vom Schichten- oder Stufenbau des Seins über das Menschenreich hinaus durchführen würde. Dies müßte sich ganz von selbst ergeben, wenn er nur die erste Form eines übersinnlichen oder „übermenschlichen" Bewußtseins, die imaginative, anerkennen könnte. Dann ist es ohne weiteres möglich, sich Vorstellungen von der übersubjektiven Bewußtseinsform der Gemeingeister zu bilden, wozu Hartmann eigentlich geneigt ist. Da er sich aber ein solches „vergrößertes Bewußtsein", vor allem ein Übersubjektives, doch nicht vorstellen kann, spricht er den Gemeingeistern zuletzt doch jegliches Bewußtseinsleben ab. Hiermit ist es um den eigentlich monadischen Charakter dieser Wesen getan, obwohl alle anderen Bestimmungen, die gegeben werden, erst dann ihre volle Bedeutung erhalten, wenn man an bewußte Geistwesen denkt. An diesem Beispiel ist es fast mit Händen zu greifen, daß die zeitgenössische Philosophie mit ihren so bedeutsamen Ansätzen über gewisse tote Punkte leicht hinwegkommen könnte, wenn sie sich von der geisteswissenschaftlichen Erkenntnis befruchten lassen wollte. Ist doch diese sogar imstande, die „Erkenntnistheorie" dieser höheren Geistwesen in wissenschaftlich-gültigen Begriffen zu geben! Darum eben ist die Monaden-Anschauung Steiners, welche die übermenschlichen Wesenheiten nach ihren Bewußtseinsgraden und Wirkungsweisen genau unterscheiden kann, so eminent bedeutsam für alle Zweige der Geschichts- und Kulturwissenschaften.

Weil die monadische Anschauung von einer Vielheit und Vielfalt geistiger Wesenheiten ausgeht, muß ihr die Einheit des Seins zu einem Hauptproblem werden. Wie kommt es, daß trotz aller Mannigfaltigkeit der individuellen Wesen mit all ihren eigenen Impulsen, der Kosmos dennoch einen Zusammenhang hat, daß er ein harmonisch geordnetes Ganzes, einen Organismus, eine Einheit bildet? Der abstrakte Monismus hat es mit dem Einheitsproblem leicht. Die zentrale Gottesmacht ist diese Einheit, ohne daß man auf eine substanzielle Vielheit eingeht. Neben dem einen Gott gibt es nichts anderes Selbständig-Geistiges.

Indem wir die Frage nach der Einheit innerhalb der monadischen Vielheit aufwerfen, kommen wir zum zentralen Prinzip des Monadismus. Das ist die Kategorie *Beziehung*. Wenn die Einzelwesen oder Monaden nicht in lebendigen Beziehungen zueinander stehen würden, dann gäbe es keine Einheit, keine Gemeinschaft derselben. Dann zerfiele alles ins Chaos. Dann wäre das Sein unendlich zersplittert. Und so wird die Welt auch tatsächlich angeschaut, wenn man die Ureinheiten des Seins nicht durch bewußt-seelische Beziehungen sinnvoll zu einem Reich gegliedert sehen kann, sondern sie nur von blinden Kräften zufällig bewegt denkt. Wo diese seelenlose Anschauung bestimmenden Einfluß auf ein monadisches Weltbild gewinnt, geht der Monadismus in einen mechanistischen Atomismus und allmählich in die „kosmisch benachbarte" Weltanschauung des Dynamismus über. Wenn dagegen gesehen werden kann, daß die Ureinheiten trotz ihrer Mannigfaltigkeiten zueinander in seelisch-bewußten Beziehungen stehen, dann kommen wir zum Begriff einer lebendigen (nicht abstrakten) Einheit, zum Begriff eines organischen Ganzen, eines gegliederten und geordneten *Reiches*. Dieser Begriff des Reiches (Malkuth) bildet im Sephirotsystem das Korrelat zur aristotelischen Kategorie Relation oder *Beziehung*.

Es ist ohne weiteres ersichtlich, daß der Begriff eines Reiches steht oder fällt mit dem Vorhandensein von Beziehungen, in welchen Wesenheiten von verschiedenem Geistes-Rang zueinander stehen. Ein Reich ist eben ein Beziehungsorganismus von vielen Einzelwesen. Auch das Ganze einer Vielheit von gleichartigen Wesen (derselben Bewußtseinsstufe) nennen wir ein „Reich", so das Pflanzenreich der schlafenden Monaden, das Reich der träumenden Tierseelen-Monaden. Dann aber auch das Engelreich. Eigentlich ist es also selbstverständlich, daß man sich einen Organismus von vielen, in verschiedenem Herrschaftsrang stehenden Wesenheiten vorstellt, nicht bloß einen einsamen Herrscher ohne ausführende Organe, wenn man vom „Reich Gottes" spricht. Aber alle diese biblischen Begriffe sind so phrasenhaft geworden, daß man sich ihrer Tragweite gar nicht mehr bewußt wird, die meisten Menschen denken sich eben nichts mehr bei solchen Worten. Wir sind beinahe alle zu Nominalisten geworden.

Daß die Welt in solcher Art zu einem Reich gegliedert ist durch die Beziehungen, in welchen die gestuften Wesensreihen zueinander stehen, ist wiederum einer der grundlegenden Schöpfungsgedanken Gottes, der zu einer wesentlichen Welteigenschaft geworden ist. Die Weltanschauung des Monadismus ist es, welche das Universum als einen Stufenbau von Einzelwesen, gegliedert zu einem Reich verschiedenartiger Wesensreihen zu erfassen vermag.

Wenn somit der Monadismus den Geistesblick besitzt für die Vielheit individueller Wesen, die durch Beziehungen miteinander verbunden sind, dann ist nächst der Einheit ein zweites Hauptproblem für ihn die Art und Weise, w i e diese Beziehungen zu denken sind. Hierbei kann man natürlich abstrakt-verallgemeinernd an ein- und dieselbe Beziehungsweise in allen Bereichen des Seins denken. Aber dem Prinzip des Monadismus entspricht eine solche einheitliche Auffassung keineswegs. Will er doch in allem auf die individuellen Unterschiede eingehen. Je nach den Bewußtseinsgraden des in Betracht kommenden Natur- oder Geistes-Reiches hat man sich aber das die Einheit gewährleistende Prinzip des Inbeziehungstehens wieder in anderer Art vorzustellen. Denn selbstverständlich kommt die Einheit in der Gesamtheit aller Einzelwesen im Reiche der Menschheit durch ganz anders geartete seelische Beziehungs-Impulse zustande als etwa im Tierreiche, weil man es eben mit Monaden von ganz verschiedenartiger Seelenverfassung und Bewußtseinshelligkeit zu tun hat. Bedenkt man diesen Umstand sowie den anderen, daß jeder Denker seine besondere Erkenntnis-Beziehung zu gewissen Wirklichkeitsbereichen hat, dann wird man verstehen, daß über das monadische Prinzip der Beziehung sehr verschiedene Auffassungen zutage getreten sind und noch zutage treten müssen.

Radikale Individualisten werden vielleicht geneigt sein zu behaupten, es stünde sehr problematisch um die Einheit des menschlichen Monadenreiches, da doch offensichtlich so viel Uneinigkeit unter den Menschen und Menschengruppen herrscht. Lange Zeit war man auch der Ansicht, man könne den Menschen völlig begreifen, wenn man ihn nur als ein Einzelwesen, gleichsam als eine autarke Monade betrachtet, ohne danach zu fragen, ob er nicht ein Glied eines oder mehrerer Monadenreiche ist. Aber es ist ein trügerischer Schein, wenn man die seelische Individualität der Menschen als absolutes Einzelwesen betrachtet, etwa darum, weil jede sich als ein eigenes Ich weiß und abgeschlossen in ihrem Leibe lebt. In Wahrheit bildet jede Menschenindividualität mit vielen anderen zusammen einen unsichtbaren, übersinnlichen, aber sehr realen Beziehungsorganismus. Auch wenn wir hier absehen von den schon erwähnten „Gemeinwesen", den Volksgeistern, deren Glieder (die Volksangehörigen) in ihrer Ganzheit große Beziehungsorganismen bilden, müssen wir jede menschliche Einzelseele als das Glied eines weiteren oder engeren Beziehungsorganismus betrachten. Denn durch unzählige Bande der Lebensverhältnisse, durch Gefühle, Ideen und *Schicksalsbeziehungen* hängt ein Jeder mit vielen anderen Mitmenschen und sogar Dingen sehr tief, beinahe untrennbar zusammen. Es ist eine Abstraktion, wenn ich mir ein Bild von einem Menschen mache, ohne mit zu berücksichtigen seinen gesamten Freundes- und Schicksalskreis. Dieser ist ein Teil seines Wesens. Schon Immanuel Hermann Fichte ist sich dieses Tatbestandes einigermaßen bewußt geworden. Hierfür zeugen diese Worte: „Der Kraftumfang jedes Weltwesens schließt zugleich ein bestimmtes *System von Beziehungen* in sich, die mit zum Bereiche seines Wesens gehören. Je mächtiger und beziehungsreicher der verborgene Kraftumfang seines Wesens ist, desto umfangreicher und bedeutungsvoller ist seine Anlage."

Auch in dieser Hinsicht kommt die neueste Philosophie zu lebendigeren und konkreteren Vorstellungen vom Menschen. Hierfür sprechen die folgenden Ausführungen von NICOLAI HARTMANN: „Die Individualität identifiziert sich nicht nur mit sich selbst zur eigenen inneren Ganzheit, sondern auch mit einem gewissen Ausschnitt der Welt, mit dem sie sich im Strom des Geschehens schicksalsverbunden fühlt oder auch sich aktiv dem Strebensziel nach verbindet. Was in diesen Kreis hineinspielt, empfindet sie als etwas, was ihr selbst geschieht, ist betroffen davon wie vom eigenen Schicksal. Dieser *Lebenskreis der Person, ihr Bannkreis oder wenn man so will, ihr magischer Kreis ist ein fundamentaler Grundzug der Personalität, als Realkategorie realitätsgestaltend, weltformend weit über die eigentlich bewußte Aktivität der Person hinaus,* das greifbare, offen zutage liegende Wunder ihres Wesens. Der Schlüssel zum Verständnis dieses Bannkreises liegt in den transzendentalen Akten der Person. In ihnen überschreitet sie die Bewußtseinsinnerlichkeit, zieht Fäden lebendiger *Verbundenheit,* tritt in ein *Verhältnis* zur Welt, durch das ein Stück der Welt ihr als das ihrige zugehört, sie selbst aber ihm ebenso zugehört." Hierüber sollte man viel nachdenken!

Wenn Leibniz den Zusammenhang des Monadenkosmos durch die von Gott eingerichtete prästabilierte Harmonie „erklärte", dann konnte dieser etwas dogmatische Begriff seine Nachfolger natürlich keineswegs voll befriedigen. Sie mußten sich mit dem Problem des Zusammenhanges der Monaden gründlich auseinandersetzen und kamen hierbei naturgemäß zu sehr verschiedenen Auffassungen. Nehmen wir als ein Beispiel den ebenso streng naturwissenschaftlich wie echt philosophisch forschenden HERMANN LOTZE. Er kommt zu der Überzeugung, das wahre Sein der Dinge sei ein Inbeziehungstehen der Wesen: „Es gehört zu dem Begriff und Wesen des Seienden, in Beziehung zu stehen." Im einzelnen führt er hierüber das Folgende aus: „Unumgänglich erschien es uns, in einer substanziellen Wesensgemeinschaft aller Dinge die Möglichkeit zu suchen, daß die Zustände des Einen wirksame Gründe der Veränderung des Anderen sind. Nur wenn die einzelnen Dinge nicht selbständig oder verlassen im Leeren schwimmen, über das keine Beziehung hinüberreichen kann, nur wenn sie alle, indem sie endliche Einzelheiten sind, doch zugleich nur Teile einer einzigen, sie alle umfassenden, innerlich in sich hegenden unendlichen Substanz sind, ist ihre Wechselwirkung aufeinander oder das, was wir so nennen, möglich."

Das wahre Sein der zueinander in Beziehung stehenden Dinge kennzeichnet Lotze ausdrücklich als eine übersinnliche Welt von einfachen, intensiven, unausgedehnten, übersinnlichen, empfindend-vorstellenden Wesen oder Monaden, deren „Vorstellungsbilder" sich in den Sinnesqualitäten und deren Verschiedenheiten und Beziehungen zueinander in entsprechenden räumlichen Formen ausprägen. Das Ganze des Monadenorganismus ist ihm ein lebendiges Reich, eine fortwährend tätig erhaltene übersinnliche Ordnung von Geistern. „Alle Beziehungen, auch diese intellektuellen, existieren als Beziehungen nur in dem Geiste des Beziehenden, in dem Augenblicke seiner beziehenden Tätigkeit. Die übersinnliche Ordnung der Welt besteht daher nicht in einem Geflecht verschlungener, bald sich verkürzender, bald sich verlängernder Beziehungsfäden *zwischen* den Dingen, sondern in der Gesamtheit der in jedem Augenblicke in der Welt geschehenden Wechselwirkungen der Dinge."

Die Monaden unterscheiden sich — auch nach Lotze — voneinander dadurch, daß ihre individuellen Seinsformen und Bewußtseinsgrade abgestuft sind. Aller Monaden Gruppenprinzip ist — laut Lotze — das „Fürsichsein" oder die „Selbstheit", womit ganz allgemein die Geistigkeit bezeichnet ist, „die in dem *Selbstbewußtsein* des Wesens, das sich als Ich weiß, nur ihre *höchste* Stufe der Vollkommenheit erreicht. Mit verschiedenem Reichtum und gleicher Mannigfaltigkeit ihres Fürsichseins von dem Unendlichen sich lösend, sind die Wesen in verschiedenen Graden real; immanent dem Unendlichen bleiben sie alle".

Sobald wir von den abgestuften Seinsformen und Bewußtseinsgraden der Monaden sprechen, kommen wir auf das Gemeinsame und Unterschiedliche von Monadismus und Spiritualismus zurück. Man hat es in den Weltbildern der Philosophen mit dem einen oder anderen zu tun — ganz abgesehen von ihren eigenen Terminologien, die zuweilen etwas Konventionelles sind — je nach der Art und Weise, wie sie diese Bewußtseinsgrade faktisch charakterisieren. Wo deutliche Äußerungen hierüber fehlen, ist es zuweilen schwer zu entscheiden, ob man es mit Spiritualismus oder Monadismus zu tun hat. Das Unterscheidungsmerkmal aber erscheint dieses zu sein: Wo die Monaden so charakterisiert werden, wie das oben durch Lotze geschieht, daß die dem Menschen eigene Ichbewußtheit als die *höchste* Stufe monadischer Existenz und Vollkommenheit angesehen wird, da kann man diese Weltanschauung gewiß nicht spiritualistisch nennen, weil hier dann keine sachgemäßen Vorstellungen von den übermenschlichen, hierarchischen göttergleichen Weltengeistern gebildet werden. Dies aber ist das Charakteristische des Spiritualismus.

Natürlich kann man, wenn man will, auch jene übermenschlichen Götterindividualitäten Monaden nennen, da auch sie seelisch-geistige Einheitswesen oder Individualitäten sind. Aber selbst dann, wenn Philosophen zwar von übermenschlichen, kosmischen Monaden sprechen, ihnen jedoch durchaus menschenähnliche Bewußtseinsverfassungen zuschreiben, haben sie sich von den hierarchischen Wesen eben doch sehr unzureichende, abstrakte Vorstellungen gebildet und diese hiermit eigentlich zu bloßen Monaden degradiert. In Wirklichkeit haben sie eben dann doch nur etwas potenzierte Menschenmonaden beschrieben, statt wirklich übermenschliche Götterwesenheiten. So berechtigt und unumgänglich notwendig es ist, daß sich der Mensch, *ausgehend* von seinen eigenen Bewußtseinsverfassungen, Vorstellungen bildet über die durchaus anders gearteten Geistesvermögen und Bewußtseinsverfassungen der übermenschlichen „Monaden" oder Hierarchien, so sollte er sich der Gradunterschiede dennoch stets voll bewußt bleiben. Wo dies der Fall ist, da geht der Monadismus in die echt spiritualistische Anschauung von den Hierarchien über. Bei FECHNERS Vorstellungen von den kosmischen Monaden, den Planetengeistern, ist dies bis zu einem gewissen Grade der Fall, obwohl auch er von höheren Bewußtseinsformen keine deutlichen Vorstellungen hatte. Bei den Neuplatonikern aber war dies durchaus der Fall, da sie aus dem Eingeweihtenwissen geschöpft haben. Wie es bei Giordano Bruno und Leibniz stand, ist schwer zu entscheiden.

Der Monadismus im Unterschied zum Spiritualismus ist also diejenige Weltanschauung, welche an allen Seelengeistwesen des Universums im Grunde genommen nur dasjenige zu erfassen vermag, was auch zu den übersinnlichen Eigenschaften des *Menschenseins* gehört, alles eigentlich Übermenschlich-Göttliche dagegen in seiner Eigenart nicht zu erkennen vermag. Damit ist aber zugleich gesagt: Der Monadismus hat es mit den Wesenheiten des *Erdenreiches* und insbesondere mit der eigentlichen Hierarchie der Erde zu tun, mit dem Menschenreich also, nicht mit den göttlichen Sphären-Intelligenzen. Darum hat Rudolf Steiner die Sephira Malkuth, das Reich, einmal so charakterisiert: Malkuth ist dasjenige, worin sich das Menschen-Ich voll wachbewußt aufhalten kann, das ist der physische Plan oder die Erde mitsamt ihren Naturreichen. Die Erde ist die Sphäre der Ichbewußtheit. Und die Menschheit, die Hierarchie des Erdensternes, die zehnte bzw. zwölfte Hierarchie, soll werden das Geistesreich der „Freiheit und Liebe", diejenige Wesenreihe von Geistern, die aus der Freiheit der Ichbewußtheit in der Liebe zur Handlung das Gute tut. Der Weltenort dieser untersten Hierarchie des Reiches ist das *Schützensternbild,* aus welcher uns die Inspirationen zum *Monadismus* zuströmen.

Wenn wir das Prinzip des Monadischen so streng auffassen, dann dürfen wir weder die höheren Hierarchien noch auch die unterhalb der Menschheit stehenden Reiche der Einzelwesen, also die Seelen der einzelnen Tiere, Pflanzen und — Atome, noch die Elementargeister (oder Dämonen der Antike) im eigentlichen Sinne des Wortes Monaden nennen, sondern eben nur die zwischen den Naturseelen und den kosmischen Göttergeistern stehenden Seelenwesen, eben die menschlichen. Aber zu diesen dazwischenstehenden Wesen gehören doch auch noch andere Wesenheiten, die von menschenähnlicher Natur und doch nicht eigentlich hierarchisch-göttliche Wesen sind. Wir meinen die Gruppen-Iche der Tiere und Pflanzen, von welchen wir schon im vorigen Kapitel gesprochen haben. In philosophisch-abstrakter Form werden sie als die „universalia" erfaßt. Es sind aber wirkliche Einheitswesen oder Monaden. Ihrem Ursprung nach werden sie von der Geistesforschung als substanzielle Emanationen der zweiten Hierarchie beschrieben, als die „Kinder der Sonnengeister". Die Tiergruppenseelen stammen von den Dynameis ab, die Pflanzengruppenseelen von den Kyriotetes, sowie die Menschen-Iche von den Exusiai.

Insofern aber diese Gruppen-Iche die ideell kraftmäßigen Lenker der Einzelseelen der Naturwesen sind, in deren Instinktkräften wirkend, kann man durch diese Einzeltierseelen hindurch doch auch etwas von der ziel- und zweckvoll waltenden Weisheit jener wahren Tier-Monaden, der Gruppen-Iche, empfinden und in den günstigsten Fällen vielleicht sogar von deren göttlichen Vätern, den Wesenheiten der zweiten Hierarchie. Insoferne gewinnt der Monadismus indirekt doch gewisse abstrakte Vorstellungen von den die Naturreiche und Menschheitsglieder durchwaltenden übermenschlichen Götter-Monaden. Hier zeigt es sich eben, daß man gegenüber den Realitäten der geistigen Welt mit abstrakt abgrenzenden Definitionen gar nicht weit kommt, weil geistig verschiedenartig Gestuftes vielfältig organisch in- und durcheinander wirkt.

Da es also der Monadismus mit dem Prinzip der Ichbewußtheit von Einzelseelen zu tun hat, berührt er sich naturgemäß vielfach mit der Weltanschauung der intuitiven Selbsterfassung des Ichkernes, den wir als Psychismus gekennzeichnet haben. Jedoch ist die monadische Erfassung der Weltbeseelung viel individualistischer geartet als die mehr allgemeine Auffassung des Seelischen von Welt und Menschheit, die den Psychismus kennzeichnet.

Dennoch muß zugegeben werden: Die Verwandtschaft beider Betrachtungsarten und Weltanschauungsstandpunkte ist eine so große, daß keine scharfen Grenzen gezogen werden können. Oftmals gehen Monadismus und Psychismus ineinander über oder treten so gemeinschaftlich auf, daß sie eins werden. Wenn Joh. Gottlieb Fichte, der Psychist, seinen Geistesblick gelegentlich vom Ich weg dem Weltganzen zuwendet, dann sind es poetische Phantasien, in welchen er monadisch von den Seelengeistern des Kosmos spricht: „Alles ist belebt und beseelt und blickt aus hellen Geisteraugen mich an und redet mit Geistertönen in mein Herz. Rein und heilig und deinem Wesen so nahe als im Auge des Sterblichen etwas sein kann, fließt dies Leben dahin, als Band, das Geister mit Geistern in eins verschlingt, als Luft und Äther in der *einen* Vernunftwelt, undenkbar, unbegreiflich und doch offenbar vor dem geistigen Auge." Auch Lotze spricht, wenn er „mit zartfühlender Seele die Seele der Natur zu belauschen versucht", die „Fülle der Weltseele" nicht mehr nur als Psychist, sondern als Monadologe an: „Der Versuch, die Materie als beseelt zu erfassen, muß notwendig mit dem anderen verbunden sein, die Gestalt, in welcher unsere unmittelbare Beobachtung diese Materie wahrzunehmen glaubt, als einen Schein nachzuweisen, dem eine Mannigfaltigkeit unteilbarer, nur durch übersinnliche Eigenschaften bestimmter Wesen zu Grunde liegt."

Ähnlich liegen die Verhältnisse bei Plotin, Schelling, Schopenhauer, Fortlage und anderen psychistisch denkenden Philosophen.

Wenn wir eine Zugehörigkeit und Verbundenheit von Mathematismus (in den Zwillingen) und Phänomenalismus (in der Jungfrau), vor allem auch in dem ihnen gemeinschaftlichen Transzendentalismus festgestellt haben, so müssen wir nun eine ähnliche aufdecken von dem Psychismus (in den Fischen) und dem Monadismus (im Schützen), wobei das eine Weltanschauungspaar mehr auf die Außenwelt, das andere mehr auf die Innenwelt gerichtet ist. Auf diese Erfassung der menschlichen Innenwelt durch die zwei Weltanschauungsimpulse des Psychismus und Monadismus beziehen sich die folgenden Worte RUDOLF STEINERS, welche sich an die Charakteristik des Goetheschen mathematisierenden Phänomenologisierens anschließen: „Wir haben gesehen, wie Goethe an diesen einen Pol, den Materie-Pol, gekommen ist, wie wir Moderne aber versuchen müssen, an den anderen Pol, an den Bewußtseinspol zu kommen, indem wir auf der anderen Seite nun ebenso suchen müssen, wie Seelenfähigkeiten sich tätig erweisen in der menschlichen Wesenheit, wie die aus der Natur des Menschen herauswachsen und sich äußerlich betätigen. Wir werden das suchen müssen. Wir werden dann sehen, daß *gegenübergestellt* werden müßte dem, was Goethesche Phänomenologie ist als Erfassung der *Außenwelt,* ein Erfassen der menschlichen *Bewußtseinswelt,* ein Erfassen, das im strengsten Sinne nun auch eine Rechenschaft ablegen will, wie die Goethesche Phänomenologie der *Mathematik* gegenüber, ein Erfassen, wie ich es in bescheidener Weise versucht habe in meiner „Philosophie der Freiheit."

Will man begreifen, was mit dieser „Gegenüberstellung" gemeint ist, dann hat man eben von den Weltanschauungen der Jungfrau und der Zwillinge in die (nach dem Tierkreis) gegenüberliegenden Weltanschauungen der Fische und des Schützen hinüberzugehen. In den Fischen kommt man dann zur *tätigen* Erfassung des Ich durch die *Intuition,* im Schützen zu dem mehr „äußerlichen Sichbetätigen" der Seelenkräfte in der *Phantasie* und *Imagination.* Moralische Intuition und moralische Phantasie sind die zwei Säulen, auf welchen die Philosophie der Freiheit von Rudolf Steiner steht.

Hiermit treten wir in eine noch genauere Untersuchung des Unterschiedes zwischen dem Monadismus und Psychismus ein. Indem beide das Menschlich-Individuelle zu erforschen trachten, haben sie es doch mit einer Zweiheit zu tun, die im Menschen allerdings unzertrennlich zu einer Einheit verbunden lebt. Das eine ist der aktive *Seelenkern,* das eigentliche *Ichwesen.* Das andere können wir das *Selbst* nennen, es ist die *Individualität* in ihrer Ganzheit, der Gesamtumfang der Persönlichkeit, deren *Kern* das Ich ist. Durch das lebendige, *tätig-erlebte* Denken kommt der Mensch zur intuitiven Ich-Erfassung. Sie ist eine willenhaft-aktive *Geist-Wahrnehmung.* Dies Erkennen haben wir als Psychismus gekennzeichnet. Dies steht gegenüber dem äußeren Sinnes-*Wahrnehmen* der Welterscheinungen, dem Prinzip des Phänomenalismus. Wenn jedoch das Denken des Menschen weniger willenhaft-intuitiv, sondern mehr gefühlsmäßig-religiös gefärbt ist, von Ehrfurcht und Hingabe durchzogen, dann wird es phantasievoll im besten Sinne des Wortes. Diese Art des Erkennens führt zu einem denkerischen *Erschauen* des Selbstes, der monadischen Gesamtindividualität. Die intuitive Selbstwahrnehmung erfaßt das Ich als den aktiven, moralisch strebenden Willenskern. Die imaginativ-künstlerische Selbstanschauung dagegen erfaßt mit Gemüts- und Phantasiekräften die Astralmonade, den Genius als einen seelisch-geistigen Mikrokosmos, dessen innere Sonne oder Lichtkern das Ich ist. So stehen Spinoza und Fichte auf der einen Seite, Bruno und Goethe auf der anderen Seite, und noch viele andere geniale Monadologen.

Der Psychismus hat etwas Kernhaftes, ist aber in seinen Horizonten zuweilen begrenzt, weil er vorzüglich den Seelenbrennpunkt des Ich erlebt. Universelle Geister dagegen, wie etwa Leibniz, neigen mehr zum Monadismus, weil sie nicht bloß den Ich-Punkt ergreifen, sondern auf den seelisch-geistigen Umkreis und Bannkreis der Individualitäten hinschauen. Das Ich ist das *allgemeine*, allen Menschen letzten Endes prinzipiell *gemeinsame* Prinzip, eigentlich die Ichheit; der Anlage nach sind alle Menschen gleich kraft des ihnen allen innewohnenden vernünftigen Ichprinzipes, das andererseits wiederum, seinem kosmischen Aspekt nach, aus der Zwillingsregion, aus den Elohim abgeleitet werden kann. Aber nach ihrer Gesamtpersönlichkeit sind alle Menschen *verschiedenartig*, sogar ungeheuer anders geartet. Schon durch ihre Beziehungen zur Welt, zur *Erscheinungswelt* ist der Horizont ihrer Wahrnehmungsfelder sehr verschieden.

Genius oder Geistindividualität können wir die Individualität nennen, insoferne sie einen Teil des *Makrokosmos* und der Weltweisheit (das Jungfrauprinzip) erkennend in sich aufgenommen hat, insoferne sie mehr oder weniger vom geistigen Weltall ihrem eigenen Geisteskreis „einverleibt" hat, insoferne sie ihren Bewußtseinshorizont über das geistige Weltensein ausgebreitet hat. Sehr treffend kennzeichnet NICOLAI HARTMANN diesen individuellen Menschengeist, insoferne er ein weltweiter Genius werden kann: „Er ist grundsätzlich auf alles gerichtet, was ihm entgegentritt, er ist weit *mehr Weltbewußtsein als Selbstbewußtsein.* Darin besteht seine Aufgeschlossenheit für die Welt, in der er sich findet. Anders wäre er in sich selbst verschlossen. *Der Geist ist nicht, was er von sich, sondern was er von der Welt begreift.* Insoferne er selber zur Welt gehört, ist darin sein mögliches Selbstbewußtsein eingeschlossen. Er ist das von Grund aus expansive Wesen, *das im Hinauswachsen in die Welt sich selbst doch nicht verliert, sich vielmehr so erst in Wahrheit selbst ausgestaltet und verwirklicht.*" Darum wird wirkliche Selbsterkenntnis auch nur „vermittelt durch das *Verhältnis* (Relation, Beziehung) der Person nach außen zur Welt".

Das Ich, der Seelenkern ist also gleichsam „nur" ein Punktuelles. Aber es ist ein eminent aktiver, durchaus expansiver Lichtpunkt; eben der Urquell aller Erkenntnistätigkeit. Der Genius dagegen oder die Geistseele ist Monade, Astralmonade, ein Weltbezogenes und geisterfülltes Seelenwesen: der zum mehr oder weniger großen Kreis ausgeweitete Mittelpunkt. HAMERLING sagt vom Ich: „Jedes Atom ist der Mittelpunkt eines unendlichen Kreises", und EMERSON: „Jedes Atom schließt die ganze Schöpfung in sich."

Im Ich ist die Seele potenzieller Geist, als Genius ist die Seele das verwirklichte Geistwesen, ein Glied der Geisterwelt, und zwar das unterste im Schichtenbau des geistigen Seins, im Reiche der Hierarchien. Die höheren

Hierarchien sind übersubjektive, überindividuelle Welten-Seelengeister, gleichsam Übergenien, welche weit größere Weltinhalte mit ihren Geistesblicken umfassen als selbst die genialsten Menschen.

Die in sich selbst lebende Seele kann sich zum weltweiten Geiste nur ausweiten nach Maßgabe des gefühlsmäßigen Interesses, mit dem sie auf ihre Umwelt eingeht. Ohne dies Interesse gewinnt die Seele keinerlei Beziehung zur Welt. Und ohne diese Beziehungen kommt keine Welterkenntnis zustande. Je hingebungsvoller die Erkenntnisbeziehungen eines Menschen sich gestalten, desto mehr verwandelt sich das reflektive, bloß abbildende Vorstellungsvermögen in produktive und exakte *Phantasie*. Dies liebevolle Interesse, diese Seelenhingabe an ein Anderes, dieses lebendige Sichinbeziehungsetzen des Menschen zur Wirklichkeit hat PAULUS den *Glauben* genannt. Es ist der Zentralbegriff seiner Weltanschauung. Als ein Eingeweihter hat Paulus mit dem Prinzip des Glaubens die Aristotelische Kategorie Verhältnis oder Relation verchristlicht und unsagbar vertieft. Der Glaube ist das Beziehungsorgan des Christenmenschen. Er ist der Gegenpol des Zweifels.

In der Gegenwart muß, wie wir schon an GIDEON SPICKER gezeigt haben, *dieser Glaube in neuer Art innerhalb des Erkennens* selbst lebendig werden, und zwar als das liebevolle Interesse, als das hingebende Forschen, als die Grundstimmung der Devotion, als das Vertrauen zum Denken. Wessen Denken die Dinge nur kühl distanziert und kritisch ins Auge faßt, kann niemals in die Tiefe der Dinge eindringen und wird darum gar leicht dem Zweifel verfallen. Zum zielsicheren, schützenhaften Denken dagegen kommt, wer diese Hingabekräfte im Denken entwickelt. Ohne kritische Besonnenheit keine klaren Begriffe, keine deutlichen Unterscheidungen, keine strenge Wissenschaftlichkeit. Ohne Hingabe und Andacht im Denken bleiben alle Gedanken blaß, kalt, leblos, abstrakt, schattenhaft, unwirklich, oberflächlich und problematisch. Ohne das Prüfen und Zweifeln keine Wissenschaft, aber ohne Hingabe auch keine Erkenntnissicherheit, keine lebendige Anschaulichkeit, keine Fruchtbarkeit der Erkenntnisse. Auch der kennt noch nicht die Seligkeit des Erkennens, der nicht von Erkenntnissen aufs Tiefste ergriffen werden kann. Wir weisen hier nochmals auf das, was wir im vorausgehenden Kapitel über die Polarität der Zwillings- und Schützenprinzipien ausgeführt haben.

Darüber hinaus ist jetzt auf die Tatsache hinzuweisen, daß das Denken und die Phantasieanschauung einer gemeinsamen Wurzel entspringen. Die griechische Geistesgeschichte läßt deutlich erkennen, wie sich die Philosophie als denkende Weltbetrachtung aus dem mythologischen Bewußtsein, aus dem bildschauenden Geisterleben entwickelt hat. Aber auch die Phanasie ist ein Kind dieser Ur-Imaginationen. Wir verweisen hier auf STEINERS „Rätsel der Philosophie". E i n ursprüngliches Vermögen ist in zwei andere auseinandergetreten, die in gewisser Hinsicht entgegengesetzt geartet und dennoch eng miteinander verwandt sind. Diese Bewußtseinswandlung beschreibt die mythologische Bildersprache, indem sie erzählt, was aus der Gorgo Medusa geworden ist, welche der Sonnenheld Perseus erschlagen hat. Aus ihrer Leiche ist einerseits das geflügelte Roß Pegasos, d. h. „Quellpferd", und andererseits der Riese Chrysaor, d. h. „Goldschwert", entstanden. Die Medusa ist das Schreckbild der dekadent gewordenen alten Hellseherkraft, der „Schlangenweisheit". Weil in Pallas Athene die denkerische Vergeistigung der Urweisheit vorgestellt wird, führt sie das Gorgonenhaupt im Schilde. Das geflügelte Quellpferd ist die gefühlsbewegte Phantasie, mit deren Hilfe sich der Dichtergenius anschauend in die Lichtregionen des Geistes aufschwingt. Der Riese Goldschwert ist der mächtige, alles zerlegende und unterscheidende sonnenhelle Verstand mit seiner schneidenden Begriffsschärfe.

Von diesem Gesichtspunkt sind noch andere Imaginationen der alten Weisheit exakt zu interpretieren. Platon imaginierte die bewegenden Seelenkräfte der Astralmonade als zwei Rosse, welche das vom Ich gelenkte Menschengefährt ziehen. Das eine Roß ist gutwillig und fromm, das andere wild und widerspenstig: ein Bild für die höhere und niedere Natur des Seelisch-Astralischen. Die Imagination führt uns dann zum Pferdemenschen, zum Kentauren oder reitenden Bogenschützen. Die Seelenmonade des Menschen, der Genius, urständet in jener Himmelsregion, welche man imaginativ-urbildlich in diesen Bildern erschaut hat. In dem Bilde von dem Reiter auf dem Pferde kommt anschaulich-urphänomenal ein Grundprinzip der monadischen Stufenordnung zum Ausdruck. Der Bildgehalt dieser Imagination ist der folgende: Eine höhere Monade, die Ichmonade, sitzt auf einer niedrigeren, auf der Tiermonade, und lenkt diese, obwohl sie von ihr getragen wird. Es handelt sich also um das Aufruhen des Höheren auf dem Niederen und um das Getragensein des Höheren von dem Niederen. Gerade dies aber ist, wie abermals NICOLAI HARTMANN geistvoll dargelegt hat, das Grundgesetz im gesamten „Stufenreiche des Seins". Die Welt ist, wie er feststellt, „ein mannigfaltig gegliedertes Stufenreich der Seinsschichten", in dem es von Schicht zu Schicht ein sehr eigentümliches Ineinandergreifen von Abhängigkeit und Eigenständigkeit gibt. Hartmann beschreibt dann die vierfache Seinsschichtung der Naturreiche sehr schön und fährt fort: Nicht schwebend, sondern „aufruhend", aufsitzend sei der Geist gegenüber der Seele beim Menschen, die Seele gegenüber dem Organischen beim Tier, das Organische gegenüber dem Physischen bei der Pflanze. „Dies Verhältnis des *Getragenseins* ist eine durchgehende ontische Abhängigkeit, von der wir in der Welt, wie sie ist, keine Ausnahme finden."

Ist es dann nicht lediglich konsequent anzunehmen, daß sich dies Verhältnis auch oberhalb der Menschheit in den Bereichen der höheren monadischen Geister fortsetzt? Der Mensch ist doch nicht das höchste, sondern das unterste der Geistwesen. Und so dürfen wir, Nicolai Hartmann ergänzend, wohl sagen: Der Engelgenius ruht auf dem Menschengeist, der Volksgeist auf den Engeln und ihren Menschen, das aber heißt auf dem Leibe des Volkes. Das Volk ist der Träger des Volksgeistes, der Mensch der Träger seines Engelgenius. HARTMANN kommt einer solchen Vorstellung sehr nahe, wenn er vom Leben des geschichtsbildenden Geistes bemerkt: „Er ist vom Leben der Personen getragen und bedingt. Er überlagert sich dem Leben der Individuen, er ist aufruhendes, abhängiges und superexistierendes Leben. Aber eben in dieser Abhängigkeit und in diesem Aufruhen ist er nichtsdestoweniger höhere, autonome Form des Geisteslebens, ein Geistgebilde höherer Ordnung von ganz eigenartiger Ganzheit und Werdeweise, das weder im Individuum sich vollziehen noch aus Individuen sich zusammensetzen kann."

Was Nicolai Hartmann in rein-gedanklicher Form als das Aufruhen des Geistes erschaut hat, das erscheint der Imagination in dem entsprechenden Bilde urphänomenal: Der Mensch, reitend auf dem Pferde, und dieser ist zielend: Der Bogenschütze. Wir erinnern hier an das, was wir über die „zielende Tätigkeit" der Aufmerksamkeit im Anschluß an Fortlage gesagt haben.

Alle höheren Monaden, die auf den niederen aufruhen, sind ferner die Impulsatoren, die Lenker und Beweger der Trägermonaden, obwohl sie von ihnen in gewisser Hinsicht abhängig sind und auch wieder selbst von den höheren, ihnen aufsitzenden Monaden mitbestimmt werden. Die impulsierende Bewegung ist ein Prinzip des Monadischen. Auch dieses Prinzip des Ingangsetzens oder Inbewegungbringens hat Hartmann in der Geschichte klar erschaut.

Alle „welthistorischen Bewegungen" haben aber ganz bestimmte *Ziele.* Alle *beziehen* sich auf ganz Bestimmtes in der Geisteswelt. Oder um auch dies imaginativ auszudrücken: der reitende Bogenschütze faßt, indem er sein Pferd antreibt, ganz bestimmte Ziele ins Auge. Das kosmische Urbild aller Impulsation, alles Ingangsetzens ist der Schütze. Als Astralmonade aber sind wir ebenso Reiter wie andererseits Reittier, denn die Astralmonade bildet nur das unterste Glied der die Weltgeschichte impulsierenden, uns aufruhenden höheren Monaden.

Die moralische Phantasie aber ist das Vermögen, durch welches der Mensch, in Verbindung mit der vollbewußten moralischen Intuition, die Geistesziele erschauen kann, welche uns dann zum Handeln impulsieren. Wenn diese auch in Freiheit durchaus selbständig-individuell schöpferisch erschaut werden, dann stammen sie dennoch aus denjenigen Regionen der Geisteswelt, zu welchen unser Geist in einer besonderen Beziehung steht. Denn jeder Mensch hat sein besonderes Verhältnis zur Geisteswelt, seinen besonderen Erkenntniszugang.

Die Denkbewegung des Menschen verwandelt sich in dem Grade in die Schaukraft der exakten Phantasie, als er im Denken die Hingabekräfte entwickelt. Die Phantasie ist die Stellvertreterin der königlich-jupiterhaften Schaukraft oder Imagination.

Es ist nur konsequent, wenn bei einigen Vertretern des Monadismus die Phantasie eine sehr große Rolle spielt, nicht allein in ihrem Erkenntnisvermögen, sondern sogar als Weltprinzip. Außer Goethe und Schelling sind hier vor allem zu nennen FROHSCHAMMER und WEISSE, sodann wiederum Immanuel Hermann Fichte und sein Schülerkreis.

CHRISTIAN HERMANN WEISSE war von der Theosophie BÖHMES und SCHELLINGS stark angeregt. Gott ist ihm eine Dreiheit von Vernunft, Willen und schauender Phantasie. Die Vernunft in Gott, das Reich der logischen Notwendigkeiten, aus dem HEGEL den Weltprozeß abgeleitet hat, betrachtete Weiße nur als die allgemeinen Schemata aller *Möglichkeiten,* innerhalb welcher Gottes schauende Phantasiekraft vergleichbar einem Weltenkünstler, nach künstlerischen Gesetzen frei waltet. Das Reich Gottes besteht aus monadischen Geistern. Von den Menschenseelen werden nur diejenigen persönliche Unsterblichkeit erlangen, die auf Erden durch ihre lebendige Beziehung zu Christus, der in die allgemeine Menschheit eingegangen ist, dies Christentum individuell in sich haben aufleben lassen. Da klingen Themata des *Paulinismus* an: Ich lebe, doch nicht Ich, sondern Ich, insoferne ich den Christus in mich aufgenommen habe.

JAKOB FROHSCHAMMER hat sich, wie GIDEON SPICKER, von der katholischen Dogmatik befreit, hielt jedoch die Erkenntnislehre des Aristoteles und Thomas Aquinas auch heute noch für geeignet, die Ergebnisse der Naturwissenschaft philosophisch fruchtbar zu durchdringen, wenn sie nur entsprechend umgebildet werde. Die in der Natur waltenden geistigen „Formen“ müssen nach seiner Überzeugung als die in lebendiger Evolution begriffenen Produktionen einer göttlichen Welt-Imagination oder Welt-Phantasie betrachtet werden. Sie sind keine starren Formen, sondern metamorphosibel. Der von uns vertretenen Anschauung, daß die universalia in Wahrheit monadische Wesenheiten oder Intelligenzen sind, nähert sich Frohschammer sehr erheblich. Denn er sieht die Welt von monadischen Geistwesen erfüllt. Sie sind zur Einheit zusammengefaßt von der Weltphantasie des Gottesgeistes. Schöpferisch walten darum die Phantasiekräfte in allen Bereichen des Seins: In den Lebensvorgängen und Formgestaltungen der Naturwesen, aber auch in den menschlichen Seelenvermögen; als organische, plastische Bilde- und Fortpflanzungskraft, als tierischer Instinkt und vollbewußt im menschlichen Erkennen und Kunstschaffen. Die Phantasie ist also „das Grundprinzip des Weltprozesses“. Die übersinnliche Welt ist ein Reich von monadischen Seelenwesen, die durch die mannigfaltig sich äußernde Kraft der Weltimagination ein geordnetes Weltganzes bilden. In seinem Werke über „Monaden und Weltphantasie“ würdigte Frohschammer auch die monadologischen Vorstellungen anderer Denker, wie HERBART, CARRIERE, ULRICI, DROSSBACH, PREYER und ERNST HÄCKEL.

Faßt man den Begriff des Monadischen im weitesten Sinne, dann fallen in der Tat sogar die „Atomseelen“, von welchen Häckel aus seinem naiven Künstlergemüt heraus gesprochen hat, unter den Monadenbegriff, ähnlich wie die Atome des DEMOKRIT.

JOHANN FRIEDRICH HERBART ist einer der ganz wenigen Vertreter der Monadologie, dessen Denken nüchtern-trocken, verstandesmäßig-skeptisch geartet ist, fast gar nicht phantasievoll-künstlerisch. Mit seiner ausgesprochen mathematischen Denkweise untersuchte er das seelische Vorstellungsleben und wurde auf diese Weise der Begründer der empirisch-experimentellen Seelenwissenschaft, von deren letzten Früchten Spicker feststellen mußte: Wir haben eine Psychologie ohne Seele. Die in unendlicher Mannigfaltigkeit auftretenden Widersprüche des Seins vermochte Herbart nicht schöpferisch aufzuheben oder befriedigend zu erklären. Die Folge davon ist, daß er uns, statt eines lebendigen Beziehungsorganismus oder Monaden-Kosmos, ein kaltes System von Anziehungen und Abstoßungen selbstisch-isolierter Wesen aufzeigt, die man weniger Monaden als vielmehr Atomseelen oder Seelenatome nennen möchte. Dieses Weltbild vermag keinen Eindruck von einem beseelten Weltganzen zu vermitteln, sondern eher von einem seelenlos-mechanischen und unberechenbaren Gegeneinander der Urbestandteile des Seins. Der Gesamteindruck ist, als ob hier durch den einseitigen Mathematismus das psychisch-monadische Prinzip, das Herbart von Fichte übernommen hat, zum Quantitativen depotenziert worden sei. Herbart zeigt uns das Gegenteil einer fruchtbaren Synthese der Prinzipien des Monadismus und Mathematismus, die wir bei Leibniz und Lessing so bewundern.

Schon bei der Darstellung des Mathematismus ist es uns deutlich geworden, daß diese Weltansicht und ihr Gegenpol es mit dem Begriffspaar der Einheit und Vielheit zu tun haben. Nunmehr können wir hierauf zurückkommen. Eine Monade ist eine Einheit, ein seelisches Einheitswesen, in welcher die Vielfalt der Eigenschaften und Merkmale des Dinges zentriert sind. Aber solcher übersinnlicher Einheiten gibt es sehr viele. Die Gebilde der Mathesis, die Begriffe, fassen die Vielheit der sinnlichen Dinge abstrahierend zur Einheit der Allgemeinbegriffe zusammen. Der Monadismus geht von der individuellen Einheit eines jeglichen Dinges und Wesens aus und wird zum *Pluralismus,* zur Anerkennung einer Vielheit von individuellen Wesen, die er dann wieder zu einer konkreten Einheit zusammenzufassen hat. Der Mathematismus geht von der Vielheit der Sinnesdinge aus, wird zum Monismus, indem er begrifflich verallgemeinernd und zusammenfassend zu immer höheren Einheiten aufsteigt, bis er zuletzt bei der Ureinheit alles Seins, dem E i n e n Gott, endigt. Diese Einheiten werden aber abstrakte Einheiten sein, welche die Fülle der Wesen nicht umschließen, wenn dem Mathematismus nicht ein Monadismus zur Seite steht.

Lange bevor die Menschheit im philosophischen Bewußtsein das vereinheitlichende reine Denken errungen hatte, ist dasselbe auf dem Gebiete der inspirierten Religionsoffenbarung geschehen: Abraham war es, der als ein Eingeweihter den orientalischen Polytheismus oder Pluralismus in den Monotheismus oder religiösen Monismus überführt hat. Die semitischen Völker, Mathematisten, wie ihr Stammvater Abraham, sind die Pfleger des Monismus. Die heidnischen Völker vertreten den Pluralismus. Auch nach dem Auftreten des Abraham blieben sie beim Polytheismus. Immer haben sie zu einer Vielheit von göttlichen Wesenheiten aufgeschaut. Ihre Eingeweihten wußten selbstverständlich, daß diese vielen Wesen in der Urmonas des Sonnen-Gottes zur Einheit zusammengefaßt sind. So wie die einzelnen Seelenkräfte im Ich zentriert sind, so ist das göttliche Bewußtseinszentrum aller himmlischen Hierarchien das göttliche Ich der Welt, der Logos-Christus, der Herr des König-Reiches der Himmelssphären. Einen besonderen Abglanz dieses höchsten Einheitswesens erlebten die Israeliten in Jehovah. Sein Name ist darum: Ich bin der Ich bin.

Wie das menschliche *Ichwesen,* sich gleichsam am Gehirn abspiegelnd, zum reflektierten *Ich-Bewußtsein* gelangt, so wurde den Israeliten durch den Monden-Elohah Jehovah etwas vom göttlich-zentralen Ichbewußtsein der Götterwelt vermittelt. Und indem Jehovah dies Volk zu seinem besonderen Diener und Werkzeug erwählte, reifte dort am frühesten die Kraft des reinen Geistdenkens, durch welches das Ich seiner selbst bewußt wird: cogito, ergo sum. Das Ich ist nichts anderes als das reine Denken. Weil aber im Ich alle Verschiedenheiten des Seelisch-Geistigen sich bewußtseinsmäßig zentrieren und zusammenfassen, bildete sich in Israel diejenige religiöse Weltanschauung aus, welche die Vielheit aller geistigen Kräfte und Wesenheiten gleichsam in den e i n e n Lichtpunkt des zentralen göttlichen Selbstbewußtseins zusammenzieht. Hiermit war der religiöse Monismus gegeben. Er ist Mathematismus, Abrahamismus.

Die nicht israelitischen Völker aber lebten im polytheistischen, monadistischen Pluralismus. Dann ist das Ich der Welt, die Zentralsonne und der Herr aller Hierarchien in Jesus Christus Mensch geworden im Volke des Monotheismus. Aber siehe da: Zur weltgeschichtlichen Bewegung ist der *Christus-Impuls* nicht innerhalb Israels geworden; im Gegenteil: gegen die Opposition der Juden und gegen alle Vorurteile der Judenchristen hat der große Seher PAULUS unter den nichtisraelitischen Heidenvölkern das Christentum zur weltgeschichtlichen Bewegung gemacht. Er war es, der diesen größten Menschheits-Impuls in Gang gebracht, welthistorisch unter den Menschen in Bewegung gesetzt hat. Und Paulus verkündete die Botschaft von Christus und dem *Reich,* das mit ihm auf die *Erde* gekommen war, nicht mehr in der Form eines ausschließlichen Monotheismus, sondern im Zusammenhang mit einer Weltanschauung, die man nicht eigentlich Polytheismus, wohl aber Pluralismus und Monadismus nennen muß. PAULUS und DIONYSIOS AREOPAGITA erblickten in dem Christus-Reich einen gewaltigen kosmischen Organismus von himmlischen Intelligenzen.

Paulus ist der eingeweihte Geistesführer der Schützenweltanschauung, deren Prinzip der *Glaube,* die *Beziehung* ist! Zugleich ist er der Vater der individualistischen Philosophie des Abendlandes, der große Impulsator der freien Persönlichkeit. In diesem Zusammenhang ist es sehr bemerkenswert, daß seine Vaterstadt Tarsos in Cilicien durch Kulturlegenden mit Perseus und Schützenimaginationen verbunden ist. Der Sage nach ist Bellerophontes, der Drachentöter, mit dem Pegasos dort zur Erde niedergestürzt, wobei sich das Flügelpferd einen Huf gebrochen hat. Tarsos bedeutet „Huf". Zu Tarsos wurde ferner Perseus nicht als ein Übermensch, sondern als ein wirklicher Gott verehrt. Endlich zeigen Münzen der Stadt außer dem Pegasos auch den Sardanapal als Schützen.

Im Laufe des Mittelalters und der neueren Zeit haben alle europäischen Völker die Kraft des reinen Denkens und damit die helle Ichbewußtheit errungen. Seit dem scholastischen Nominalismus hat dies zum Skeptizismus geführt. Dieser ist die Grundvoraussetzung für die Entwickelung des negativen Freiheitsbewußtseins. Hinzu muß von nun an kommen das positive Freiheitsbewußtsein. Der ethische Individualismus der Philosophie der Freiheit weist hierzu die Wege. Monadismus und Psychismus führen vereint zu diesem philosophisch ethischen Individualismus.

Noch immer aber wirken überaus stark nach die Impulse des Mathematismus, obwohl sie sich innerlich fast bis zur Dekadenz erschöpft haben. Das berechnende, abstrahierende, summarisch-zentralisierende Denken ist fast noch allein herrschend auf allen Gebieten des wissenschaftlichen und gesellschaftlichen Lebens. Dies ist jedoch unfähig, die Vielfalt der Erscheinungen und Vorgänge konkret und lebendig aufzufassen. Welt und Menschheit sind keine bloßen Rechenexempel. Man kann die Vielfalt der Lebenserscheinungen niemals abstrakt-monistisch auf *ein* Prinzip zurückführen. Darum ist es vor allem auf dem Gebiete des soziologischen Denkens dringend notwendig, daß man vom quantitativen und zentralistischen Denken und den abstrakten Einheitstendenzen abkommt. Sie führen letzten Endes zu einem geistlosen Schablonentum, zu Uniformierung und Gleichschalterei. Sie vernichten alle individuelle Eigenart und Freiheit. An Stelle des zentralistischen Denkens sollte das föderalistische Denken entwickelt werden, das auf die individuelle Vielfalt und Mannigfaltigkeit der verschiedenen Gebiete und Zweige des sozialen Lebens verständnisvoll eingeht und die Einheit unter Wahrung der Verschiedenheit anstrebt, nicht die gleichförmige, abstrakte Einheit. In diesem Zusammenhang haben wir noch einen genialen Vertreter des Monadismus zu nennen: KONSTANTIN FRANTZ, den Vater des goetheanistischen, föderalistischen Sozialdenkens. Er war von Hegel ausgegangen, wuchs aber in den reifen Jahren in die Weltanschauungen Schellings hinein und schrieb als Greis, nach allen seinen bedeutenden politischen Werken, ein schönes Buch über Schellings positive Philosophie. Als die abstrakten Einheitstendenzen im preußisch-deutschen Staatsleben immer mehr herrschend wurden, hat er seine warnende Stimme immer wieder, leider völlig vergeblich, erhoben. Er hat es vorausgesagt, daß sich dies zentralistische Denken gerade im deutschen Volke, wo alles auf die Entwickelung des Individuellen angelegt ist, katastrophal auswirken muß.

Verkehrtes Denken hat die Deutschen seit hundert Jahren zuerst zu einer äußeren Scheinblüte, aber dann rasch in die Katastrophe geführt. Es gibt für uns keinen anderen Ausweg aus dem großenteils selbst verschuldeten Elend als die Überwindung des verkehrten Denkens. Das bloß quantitative, zentralistische Denken muß in ein imaginativ-schauendes umgewandelt werden.

Die besten Geister der Deutschen haben in diesem Sinne gedacht und wurden zu den bedeutendsten Vertretern von individualistisch-monadischen Weltanschauungen. Zuletzt RUDOLF STEINER in seiner „Philosophie der Freiheit", in welcher wahrhaftig paulinischer Geist waltet. Wird in ihrem Sinne das Denken über die exakte Phantasie in die Imagination verwandelt, dann erschließen sich neue Erkenntnisquellen. Dann gelangt der Mensch aus den Schatten der exakten Begriffe in die *Lichtesfluten der Ätherwelt,* in welchen sich die Geistimpulse der Hierarchien in Bildanschauungen kundtun. In diesem Sinne muß heute, im 20. Jahrhundert, der *Impuls des Abraham umgekehrt* werden: Wenn Israel im 20. Jahrhundert vor Christus den Übergang vom alten Ätherschauen zum reinen Denken des Göttlichen gebracht hat, dann hat heute Europas Mitte, von der Schweiz bis hinauf nach Skandinavien, die Leuchtekraft des jupiterhaften Denkens so zu verstärken, daß unser bloßes Denken in Begriffen wieder übergeht ins Schauen der Ätherwelt. Je mehr diese Bewußtseinswandlung sich vollzieht, desto mehr werden die Wesenheiten der himmlischen Monade anschaubar werden, und als ihr Herr wird sich in der Ätherwelt offenbaren dasjenige Wesen, das zuerst dem Paulus vor Damaskus erschienen ist. Es ist dasselbe Wesen, das den Apokalypsen der Inder, Perser und Urchristen als *der Sonnenreiter auf dem weißen Roß* wohl bekannt ist. Die Johannes-Apokalypse beschreibt dies göttliche Wesen also:

> „Ich sah hin und siehe! Ein weißes Roß! Sein Reiter führte einen Bogen. Ein Kranz ward ihm gegeben. Als Sieger zog er aus zu neuen Siegen!"
>
> „Nun sah ich den Himmel offen, und siehe, ein weißes Roß! Der auf demselben saß, heißt: Der Treue und Wahrhaftige. Mit Gerechtigkeit richtet er und streitet er. Seine Augen waren wie Feuerflammen, und auf seinem Haupte waren viele Diademe. Er trug eine Namensinschrift, die niemand außer ihm selbst lesen konnte. Sein Name war in Blut getaucht. Sein Name ist: Wort Gottes. Auf den weißen Rossen folgten ihm die himmlischen Heerscharen, in glänzend weißen Byssus gekleidet."

Hiermit ist auf das Letzte und Höchste gedeutet, wozu wir auf den Erkenntniswegen des Monadismus gelangen können. Der Name dieses Wesens ist derjenige, den ein Wesen sich nur selbst geben kann: Ich bin. Das vergöttlichte Menschen-Ich, die durchchristete zehnte Hierarchie inmitten der anderen Reiche der himmlischen Heerscharen: Dies ist das höchste Mysterium des Schützensternbildes.

Überblicken wir abschließend die geistige Polarität von Mathematismus und Monadismus, dann haben wir es da mit der Entfaltung von den zwei Hauptformen des Denkens zu tun: auf der einen Seite mit dem berechnenden, hin und her eilenden (diskursiven) Verstandesdenken, das eine merkuriale Funktion ist; auf der anderen Seite mit der geistigen Denkanschauung, die eine jupiterhafte Geistesfunktion ist. Im dialektischen Verstandesdenken bleibt der Mensch im Zwielicht des Zweifels. Dem schauenden Denken offenbart sich in Erkenntnisgewißheit das Reich der Seelengeister:

Berechnest Du im Weltgefüge Zahl
Und Maß, so dämmert dir das Zwillings-Zwielicht;
Allein beflügelt Denken schaut, wie sich
Zum Ganzen webt das Stufenreich der Seelen.

XI.

DER RATIONALISMUS

Vom reinen Anschauen, Betrachten und logischen Untersuchen, von allem theoretischen Erkennen unterscheiden wir die Tätigkeit der „praktischen Vernunft", die alles Erkennen in den Dienst des Sittlich-Guten stellt. Die moralisch gerichtete Vernunft faßt das Erkennen als etwas innerlich Verpflichtendes auf. Ihr geht es um Verantwortlichkeit, Wahrheitsgewissen, Aufrichtigkeit im Erkennen, um ein Leben aus der Wahrheit, in dem Vernehmen von sittlichen Werten und in dem Verwirklichen von Kulturgütern. Das Erkennen stellt sich auf die moralischen Existenzgrundlagen der Persönlichkeit.

Geister, die ein derartiges Lebensverhältnis zur Wahrheit haben, sind zuweilen von einem gewissen Mißtrauen erfüllt gegenüber dem bloß intellektualistisch Richtigen, gegenüber dem, was bloß logisch ausgedacht wird. Es kommt ihnen eben entscheidend auf die Lebenswahrheit und Lebensfruchtbarkeit, auf die moralische Gediegenheit des Erkennens an. Sie fragen danach, wie die Menschen tatsächlich zu ihren eigenen Ideen stehen, ob ehrlich oder phrasenhaft, ob tief überzeugt und mit dem Einsatz der ganzen Persönlichkeit oder nur akademisch-theoretisch, ob echt schöpferisch oder epigonenhaft. Gegenüber allen Erkenntnissen fragen sie: haben sie einen ethischen Lebenswert?

Diesen Typus des erkennenden Menschen kennzeichnete Rudolf Steiner beispielhaft an der Persönlichkeit von Friedrich Nietzsche mit den folgenden Worten: „Nicht ob eine Ansicht logisch bewiesen werden kann, ist für ihn maßgebend, sondern ob sie auf alle Kräfte der menschlichen Persönlichkeit so wirkt, daß sie für das Leben Wert hat. Er läßt einen Gedanken nur gelten, wenn er ihn geeignet findet, zur Entwickelung des Lebens etwas beizutragen. Den Menschen so gesund als möglich, so machtvoll als möglich, so schöpferisch als möglich zu sehen, ist sein Wunsch. Wahrheit, Schönheit, alle Ideale haben nur *Wert* und gehen den Menschen etwas an, insoferne sie *lebensfördernd* sind.

Wer dächte hier nicht sogleich an Goethes schönes Wort: „Was fruchtbar ist, allein ist wahr." Es kommt bei der hier darzustellenden Geistesart entscheidend auf dies Hinblicken auf die Lebensfruchtbarkeit, auf die Güte und Werte des Lebens an. Die Tauglichkeit oder die Tugend, die moralische Tüchtigkeit oder Wertigkeit ist das Entscheidende; mit einem Wort die *Qualität* oder Beschaffenheit. Wiederum eine der Kategorien des Aristoteles. Die entsprechende Eigenschaft des göttlich-urbildlichen Adam Kadmon im Sephirotsystem heißt *Geburah,* welches Wort „Stärke" oder „Kraft" bedeutet.

Wir haben in früheren Kapiteln aufzuweisen versucht, daß die vier Weltanschauungen des Phänomenalismus, des Mathematismus, des Monadismus und Psychismus, die in Oppositions- und Quadratstellungen miteinander verbunden sind, als die vier *Grundsäulen* alles philosophischen Erkennens zu betrachten sind. Da handelt es sich mehr als bei allen anderen Weltanschauungen um diejenigen Seelen- und Geistesimpulse, die zur Anschauung und Wissenschaft, zur „Theorie“ und zur Weisheit führen. Andererseits zeigt es sich bei der Charakterisierung der Löwen- und Wassermann-Impulse, eine wie große Rolle dabei das Praktische und das Ethische spielt. Neben dem Erkennungsvermögen kommt es dabei vorzüglich auf moralische Willensimpulse an. Mit diesen ist eng verbunden das Künstlerische und das Schöpferische ganz allgemein. Wir erinnern an die große Bedeutung des moralischen und ästhetischen Sinnes in den Anschauungen eines Shaftesbury, Hemsterhuis, Novalis, Schiller und Carneri. Eben dasselbe gilt von dem nunmehr zu behandelnden Weltanschauungspaar, dessen Urbilder im Tierkreis der Stier und Adler (Skorpion) sind. Obwohl der Menschengeist auch aus diesen Regionen Antriebe zum Erkennen empfängt, sind die hieraus resultierenden Weltanschauungen viel weniger von theoretischer und betrachtender als von praktischer, ethischer und schöpferischer Natur. Die Weltanschauungen dieses „festen Kreuzes“ (Stier, Löwe, Adler, Mensch) sind also im wesentlichen *Lebens*anschauungen, und zwar solche, die etwas von dem Walten der moralischen Lebensmächte, von menschlichen und göttlichen Schöpferkräften und Tugenden, aber auch von den ewigen Werten und Gütern dem Menschen zum Bewußtsein bringen. Auffallend groß ist denn auch die Anzahl der schöpferischen Künstlernaturen unter den Vertretern des Sensualismus, Pneumatismus, Rationalismus und Dynamismus. Das „feste Kreuz“ ist eben die Vierheit der vorzüglich zum *Kunstschaffen* inspirierenden Urbilder des Tierkreises. Darum mußte ich in meinem Werk über „Geisteswissenschaft, Kunstoffenbarung und religiöse Lebensanschauung“ die Kunstoffenbarung mit ihren verschiedenen Kunstimpulsen aus jenen Tierkreisbildern ableiten, während aus dem beweglichen Kreuz die Anthroposophie als *Wissenschaft* des Geistes entwickelt worden ist.

In der abendländischen Geistesgeschichte tritt uns Sokrates als die erste Persönlichkeit entgegen, die vorzüglich ein moralisches Lebensverhältnis zur Wahrheit gehabt hat. Man beurteilt Sokrates ganz äußerlich und unzulänglich, wenn man in ihm — natürlich im Hinblick auf sein fast pedantisches Vorbringen von Vernunftgründen für Alles und Jedes — nur einen nüchternen Rationalisten sieht. Gewiß war er ein Rationalist. Aber zu dem gehört eben noch das Andere: Das Wesentliche an Sokrates ist die geradezu existenzielle Art und Weise, wie er moralisch-verantwortungsbewußt so tief mit der Wahrheit verbunden lebt, daß er für seine Wahrheitsüberzeugungen unbedenklich auch gestorben ist. Sehr bezeichnend für ihn ist, daß ihm das Wahre mit dem Guten zusammenfiel. Der Sokratische „Rationalismus“ ist eben durchaus von moralischen Kräften inspiriert.

Das Vernünftig-Richtige ist zugleich das Moralisch-Rechte; Vernunftseinsicht ist die Wurzel alles Guten. Das Gute ist aber auch das Nützliche und Praktische, das vom Leben Geforderte. Das Höchste aller Güter ist die Tugendkraft, aus Vernunftsüberzeugung das Rechte zu tun. Darin liegt zugleich das höchste Glück des Menschen. Für diese Überzeugung hat Sokrates seine ganze Persönlichkeit eingesetzt. Für sie hat er freudig dem Märtyrertod für die Wahrheit ins Angesicht gesehen, PLATON wurde dann in mancher Hinsicht sein Testamentsvollstrecker. Ihn und die anderen Schüler-Freunde hatte Sokrates zu der lebendigen Wahrheits-Überzeugung erweckt. Des Sokrates bekennendes Wort hatte *zeugende* Kraft. Er nannte sich selbst den Geburtshelfer für das Vernünftig-Gute in den Menschenseelen.

Hiermit hat er, wie Cicero sagte, die Philosophie vom Himmel auf die Erde herabgerufen. Der Erdenmensch sollte ganz bewußt nach den höchsten Gütern streben lernen.

Diese Weltanschauung vom *Wahren-Guten* ist der *Rationalismus.* Wenn in einem Menschen der Sinn für die Vernunft, die gepaart geht mit dem Wahrheits-Gewissen, erwacht ist, dann spricht aus ihm nicht mehr das Subjektive der persönlichen *Meinungen,* sondern das Objektive der Weltvernunft, das Göttlich-Rationale, der Logos. Die Grundvoraussetzung hierfür ist, daß wir uns in Selbstlosigkeit und Liebe aller persönlichen Eitelkeit und Eigenwilligkeit, aller subjektiven Willkür entschlagen. Gerade auch beim Erkennen. Nur wenn das Erkennen ganz selbstlos wird und sich moralisch orientiert, kann in uns das Wahre und Gute des schaffenden Logos beginnen zu sprechen. Des Sokrates unerbittlicher Kampf gegen den willkürlichen Subjektivismus der Sophisten ist deshalb ein wesentlicher Zug seiner Lebensanschauung. Es handelt sich hier viel weniger um ein erkenntnistheoretisches, als vielmehr um ein moralisches Problem.

Durch das lebendige Wort, im Gespräch, erweckt SOKRATES in seinen Freunden dieses Wahrheitsgewissen. Es wurde ihm zur Erfahrung, daß der Gedankenaustausch beim Gespräch eine fortdauernde Wechsel-Befruchtung der Seelen bewirkt. Weil das gesprochene Wort eine Verkörperung des geistigen Wortes (Logos) ist, ein Ausdruck der göttlichen Vernunft (ratio), darum erweckt es auch die Vernunft im Menschen.

PLATON hat diese Wahrheit so ausgedrückt: Das Denken ist ein Selbstgespräch der Seele. Aber es wird eben angeregt durch das Gespräch mit Anderen. Daher vermittelte Platon die sokratische Lebensweisheit in der Form von Dialogen.

Noch lange Zeit blieb sich die griechische Weisheit des tiefen Zusammenhanges zwischen dem inneren Vernunft- und äußeren Laut-Wort bewußt. Daß auch in der Welt der germanischen Völker dieses Bewußtsein tief verwurzelt war, dafür zeugt die Tatsache, daß in der holländischen Sprache das Wort „rede“ sowohl Vernunft als auch die Rede bezeichnet, genau wie im Altgriechischen, und daß „reden“ den Grund und die Ursache, also das Rationale bezeichnet.

Aber im Laufe der Zeiten haben sich das Gedanken- und das Wort-Element immer weiter voneinander entfernt und gegenseitig entfremdet. Hierdurch schwanden die moralisch-zeugenden Kräfte aus dem Gedanklichen, so daß es immer theoretischer, unverbindlicher und kraftloser wurde. Eine andere Folge hiervon ist, daß zahlreiche Menschen in Wirklichkeit gar nicht mehr in Begriffen, sondern nur noch in Worten denken, und daß sich noch mehr Menschen gar nicht vorstellen können, daß man die Gedanken in Wahrheit oberhalb der Worte konzipiert und dann allerdings in der Ausdrucksverkörperung zur vollen Klarheit bringt.

In der Gegenwart sind diejenigen Menschen schon recht selten geworden, deren Worten noch Zeugungskraft innewohnt, auch diejenigen, die noch von der lebendigen Schöpferkraft der gesprochenen Worte überzeugt sind. Diese seltenen Geister neigen aber zumeist der hier darzustellenden Weltanschauung zu. Solche Naturen allein können wirkliche *Verkündiger von Lebenswahrheiten* sein. Sie sind die berufenen Prediger, zugleich Priesternaturen und Propheten und wahrhaftige „Ritter vom Geiste", die um der Wahrheit willen das Schwert des Wortes auch verteidigend gegen die Feinde des Menschentums scharf führen können. Wir denken hier an Herder, Schleiermacher, Richard Wagner, Nietzsche, aber auch an Goethe und Rudolf Steiner vor allem. Goethe war sich dessen wohl bewußt, wie fruchtbar ein wirkliches *Gespräch* (nicht das wertlose Geschwätz) für das Ausgeborenwerden von Gedanken aus der Sphäre der Inspirationen ist. „Was ist erquicklicher als das Licht?" wird im „Märchen" gefragt: „Das Gespräch"! Aus vollem Bewußtsein um die Schöpferkraft des Wortes hat Rudolf Steiner weitaus den größten Teil seiner universellen Weisheit nicht niedergeschrieben, sondern in mündlicher Rede von Mensch zu Mensch verkündet.

Im 18. Jahrhundert kam es — innerhalb der rationalistischen Aufklärung — zu einer gewissen Wiederbelebung des Sokratismus, und zwar durch Hemsterhuis, Moses Mendelssohn und Johann August Eberhard. In der Schrift „Phädon" ließ Mendelssohn den Sokrates wie einen modernen Aufklärer sprechen. Hermann Hettner hat in seiner deutschen Literaturgeschichte die Geistesströmungen jener „Moralisten", wie er sie nannte, ausführlich behandelt. Sie sind wiederum wichtig, weil ohne ihre Vorarbeit die Humanitätsströmung von Herder keine breiten Wurzeln in Deutschland hätte schlagen können. Unbedingte innerliche Ehrlichkeit, Redlichkeit, Wahrhaftigkeit und Überzeugungstreue ziert diese Männer. Zur vollen Reife kam dieser Impuls in Herder und Schleiermacher.

Schleiermacher hat die sokratischen Dialoge des Platon wohl mit aus dem Grunde übersetzt, weil er sich vom Sokratismus besonders angezogen fühlte. Er hat als Prediger, Ethiker, Kulturphilosoph und Menschenbildner mächtig auf die Zeitgenossenschaft und Nachwelt eingewirkt. Den Kern seiner Ethik bildet eine ausgebreitete Lehre von den Gütern der Menschheit. Ihr Leitmotiv ist die Polarität von den Naturtrieben einerseits, womit das Persönlich-Eigenartige zusammenhängt, und den Vernunftimpulsen andererseits, in welchen das Allgemeinmenschliche sich ausspricht. Eine Morallehre, die nicht mit den natürlichen Selbsterhaltungsinstinkten rechne, sei ein Ding der Unmöglichkeit. Überall da, wo gewisse Seiten des Vernünftigen zusammentreffend sich vereinigen mit dem Natürlichen, hat man es mit einem moralischen Gut zu tun. Tugenden sind verschiedenartige Formen, in welchen bestimmte Wesensseiten des Vernünftigen dem Natürlichen kraftend innewohnen. Lange bevor die Vernunft innerhalb des Natürlichen in der freibewußten Persönlichkeit wirksam geworden ist, waltet sie im Natürlichen schon als eine Naturkraft. Indem die Vernunft ihre Wirksamkeit im Natürlichen entfaltet, wird sie seelisch und äußert sich als *Liebe*, als moralische Gesinnung.

Wenn auch dem intellektualistisch gearteten Rationalismus der westeuropäischen Aufklärer der Humanitätsgedanke keineswegs fehlt, da er an das Menschenbild des Sokrates anknüpfte, so drang er dennoch nicht bis zum höchsten Ideal des moralischen Menschentums vor, weil er mit dem Deismus verbunden war, der an der christlichen Offenbarung vorbeigesehen hat. Anders wurde das bei Schleiermacher, ja schon vor ihm bei Herder. In ihnen hat sich der Rationalismus zu einer geradezu mystischen Humanitätsreligion im Lichte des Christus-Ideals vertieft.

Die Pflege und Veredelung des Menschentums war *das* große, zentrale Lebensziel von JOHANN GOTTFRIED HERDER. Diese erhabene Zielsetzung machte ihn zum Begründer der *Kultur- und Geisteswissenschaften*, die in der *Geschichtsphilosophie* gipfeln. Zugleich wurde HERDER nebst HEMSTERHUIS der wahre, aber beinahe niemals genannte Vater dessen, was heute wieder als *Wertphilosophie* aus der Geschichtsbetrachtung und Kulturphilosophie herausentwickelt wird. Die moralisch gerichtete Vernünftigkeit ist des Menschen höchste Würde, sein eigentlicher Wert, der Stempel seiner Göttlichkeit, die Qualität aller Qualitäten. Dies könnte man die Grundüberzeugung all dieser Denker nennen.

Nur wenige Geister vor und nach Herder haben die „göttliche Gabe der Rede“ hymnisch so hoch gepriesen, wie dieser begeisterte Kulturprophet und Wahrheitspriester: „*Nur durch die Rede wird die schlummernde Vernunft erweckt* oder vielmehr: die nackte Fähigkeit, die durch sich selbst ewig tot geblieben wäre, *wird durch die Sprache lebendige Kraft und Wirkung.* Nur durch die Rede wird Auge und Ohr, ja das *Gefühl aller Sinne eins,* und vereinigt sich durch sie zum *schaffenden Gedanken,* dem das Kunstwerk der Hände und anderer Glieder nur gehorcht. *Nur mit der Organisation zur Rede empfing der Mensch den Atem der Gottheit, den Samen zur Vernunft und ewigen Vervollkommnung, einen Nachhall jener schaffenden Stimme, zur Beherrschung der Erde, kurz die göttliche Ideenkraft, die Mutter aller Künste.*“ So schreibt Herder in dem Kapitel seiner genialen „Ideen zu einer Philosophie der Geschichte der Menschheit“, welches betitelt ist: „Der Mensch ist zu feineren *Sinnen,* zur *Kunst* und zur *Sprache* organisiert.“ Wir werden auf diesen tiefsinnigen Leitsatz noch zurückkommen. In einem späteren Kapitel hören wir diesen klassischen Rationalisten sagen: „Der, in dessen Seele sich eigene Gedanken erzeugen und einen Körper sich selbst bilden, Er, der nicht mit dem Auge allein, sondern mit dem Geist siehet, und nicht mit der Zunge, sondern mit der Seele bezeichnet, *Er, dem es gelingt, die Natur in ihrer Schöpfungsstätte zu belauschen,* er ist der eigentliche Mensch, und da er selten erscheint, ein Gott unter Menschen. Er *spricht* und Tausende lallen ihm nach, er *schafft* und andere spielen mit dem, was er hervorbrachte."

Nicht bloß Herders Geschichts- und Kulturphilosophie, sondern auch seine Naturphilosophie ist ganz von moralischen Empfindungen durchzogen, ohne sentimental zu moralisieren. Keinen Augenblick werden die höchsten Güter des Wahren, Guten und Schönen aus dem Auge verloren. Herder teilte die Überzeugung aller Rationalisten von Sokrates bis zu Mendelssohn, daß mit dem Leben im Wahren und Guten notwendig auch die Glückseligkeit der Seele auf Erden verbunden sei: „Das Vernünftige und Tugendhafte also ist im Reich Gottes allenthalben glücklich. Denn so wenig die Vernunft äußeren Lohn begehrt, so wenig verlangt ihn auch die innere Tugend. Auf Verstand und Rechtschaffenheit ruht das Wesen der Menschheit, ihr Zweck und Schicksal."

Mit diesem Bekenntnis sprach der große Herder in der Form eines Leitsatzes das Grundprinzip der Vernunftweltanschauung oder des Rationalismus aus. Dieselbe Überzeugung teilten damals alle Vertreter einer „natürlichen Religion" und „natürlichen Moral", deren Erkenntnisgrundlage, den Naturalismus oder Sensualismus, wir besprochen haben.

Herder hat jedoch diese naturalistischen Anschauungen der deistischen Aufklärer auf ein viel höheres Niveau gehoben und mit dem Christentum verbunden. Vor allem hat er sie mit einem mystischen Einschlag seelisch verinnerlicht. Gerade hierdurch entstand die *reinste* Form des Rationalismus. Es gehört zu dem hier gekennzeichneten Lebensverhältnis der Persönlichkeit zum Wahren-Guten, auf religiös-inniger Weise das Zusammenleben, ja sogar die Einheit des moralisch gerichteten Schöpfergeistes des Menschen mit dem göttlichen Geiste des Guten zu erfahren. Herders Denken war ganz und gar von dieser Gott-Innigkeit, von dieser Kraft der L i e b e durchwärmt. Seine Weltanschauung zeigt die klassische Ausprägung des Rationalismus: mystischer Rationalismus.

In seinem ersten Mysteriendrama läßt Rudolf Steiner den Repräsentanten der Liebe und des Stiersternbildes, den Theodosius, diese hier gemeinte Grunderfahrung des mystischen Rationalismus so ausdrücken:

Es lebt im Innern uns des Geistes *Stimme.* —
Was ewig ist und geistig,
Im Menschen-Innern ist es nur zu finden.

Solange der klassische deutsche Idealismus (in der ersten Hälfte des 19. Jahrhunderts) noch nicht ganz verklungen war, blieb im deutschen Kulturleben auch noch immer etwas lebendig von der Humanitätsphilosophie Herders, zumal da durch Richard Wagner, Jakob Burckhardt und den jungen

Nietzsche die Kulturphilosophie aufs neue kräftigst angeregt worden ist. Jedoch allmählich wurde in der zweiten Hälfte des 19. Jahrhunderts eine entgegengesetzte Weltanschauung mächtig und im 20. Jahrhundert vorherrschend: die materialistische und mechanistische Naturdeutung. Diese ist vorzüglich als *Dynamismus* zu kennzeichnen. Denn diese Form der Wissenschaft löst alle Sinnes-Qualitäten und alles übrige Qualitative der natürlichen Vorgänge und Dinge nicht allein in bloße Quantitäten auf, sondern verbindet damit die Anschauung, daß die Welt ein blindes Spiel von mechanischen Kräften sei. Diese Denkweise hat sich methodisch als die „alleingültige" so weitgehend durchgesetzt, daß sie zuletzt auch die Kultur- und Geisteswissenschaften in ihrer Eigenart beinahe überwältigt hätte.

Einige Denker haben diese furchtbare Kulturgefahr erkannt; sie wurden zu den Neubegründern der Kultur- und Geisteswissenschaften. Sie mußten sich vor allem der besonderen Methoden des wissenschaftlichen Forschens bewußt werden, die angewandt werden müssen, wenn man statt der Naturvorgänge die Kulturereignisse erkennen will. Diese Bewegung hat mit Wilhelm Dilthey und Wilhelm Windelband eingesetzt und entwickelte sich dann in mancherlei Spielarten über Rudolf Eucken, Heinrich Rickert und Max Scheler bis zu Nicolai Hartmann (geb. 1882) in der Gegenwart. Mit diesem Manne, der auch wieder ein Beherrscher des lebendigen Wortes ist, hat diese vielversprechende Geistesrichtung, die man die *Wertphilosophie* nennt, einen gewissen Höhepunkt erklommen.

So verschiedenartig auch die Persönlichkeiten und Strebensrichtungen der genannten Wertphilosophen sein mögen: das sie verbindende Gemeinsame ist das Bemühen, den Menschen mit den hiezu geeigneten Erkenntnismitteln nicht allein als ein Naturgeschöpf, sondern vor allem als ein *Kultur- und Geschichtswesen* zu erfassen und in seiner Verbundenheit mit der Geisteswelt zu sehen. Bei diesem Bemühen werden sich die Denker notwendigerweise immer deutlicher bewußt, daß der Mensch nicht bloß Seele, sondern vorzüglich ein Geistwesen ist. Das Seelenwesen zu erkennen, sei Sache der Naturwissenschaft und der dazu gehörenden Psychologie. Von diesem Seelischen, Subjektiv-Persönlichen unterscheiden die Wertphilosophen immer deutlicher das Geistige, das Überpersönliche, das im Laufe der Geschichte in allen Kulturgütern und sittlichen Lebenswerten sich manifestierte.

Es handelt sich ihnen um ein durchaus übersubjektives und objektiv existierendes Geistiges, das dem Kulturprozeß zugrunde liegt, das auch nur von dem Übersubjektiven im Menschen, eben dem Geiste, konzipiert und geschichtlich verwirklicht werden kann. Neben dem sinnlichen Vorstellen und dem reflektierend-berechnenden Denken verfüge der Mensch über die Fähigkeit des unmittelbaren „Verstehens" oder Vernehmens von objektiv-geistigen Kulturwerten. Sie kennzeichnen dieses besondere Vermögen zuweilen sogar als eine Art von moralischer Hellhörigkeit, als ein halbinspiriertes Fühlen der Werte oder als ein intuitives Schauen. Das Wesentliche an diesem Vermögen des Geistes ist, daß es über das Subjektiv-Seelische hinausgeht. Kraft dieses Organes kann der Mensch ein Kulturschöpfer sein, indem er gewisse objektiv-geistige Werte in einer in sich gegründeten moralischen Geisteswelt „vernimmt" und selbsttätig-frei in der Geschichte realisiert.

Rickert, Scheler und Nicolai Hartmann haben in dieser Richtung Bedeutsames geleistet. Es ist deutlich zu erkennen, wie auf diesen Erkenntniswegen die Trichotomie, die seit dem Konzil von 869 aus der Anthropologie, Psychologie und Philosophie verschwunden ist, allmählich selbständig wiedergefunden wird.

Um was es sich bei dem „Verstehen" der Werte handelt, das erläutern die Wertphilosophen gern, indem sie auf das Verstehen der *Worte* und der *Sprache* hinweisen. Ebenso wie man ganz unmittelbar Sinn und Bedeutung (das heißt den Vernunftgehalt) der Worte auffasse, so verfüge der Menschengeist auch über das Vermögen zu verstehen, was für geistig-moralische Werte sich in den Kulturschöpfungen „aussprechen". Der Mensch kann Sinn, Gehalt und Wertigkeit der Kulturleistungen gleichsam physiognomisch ablesen. Allerdings nur insofern eine gewisse Adäquatheit oder Affinität des erkennenden Geistes mit dem in den Kulturschöpfungen sich aussprechenden Geistigen vorhanden ist. Darüber hinausgehend kann der Mensch auch etwas von der qualitativen Sprache der Natur-Dinge und -Vorgänge verstehen.

Aber, wie schon gesagt, nicht allein die im Kulturleben schon verwirklichten, objektiv gewordenen Geisteswerte kann der Mensch aus der Geschichte ablesen, sondern er ist vor allem auch „hellhörig" für den „Ruf" derjenigen objektiven Geisteswerte des Wahren, Schönen und Guten, die im Kulturfortschritte heute noch nicht verwirklicht sind. Das verleiht dem Menschen seine Würde, daß er das Werte-vernehmende und Werte-verwirklichende Wesen ist: „Die Fühlung des Geistes mit dem Reich der Werte" sagt Hartmann, „ist seine Verbundenheit mit der anderen Welt, gleichsam seine *Hellhörigkeit für den Ruf,* der aus ihr herüberklingt in die Welt, für die Forderung, die von den Werten ausgeht. Das Wertgefühl hat die Form eines inneren *Vernehmens;* es kommt dem *primären Wortsinn von Vernunft nahe.* Und es ergibt einen guten Sinn, *praktische Vernunft als Wertvernehmen* zu verstehen."

Diese Charakteristik der Wertphilosophie durch ihren bedeutendsten gegenwärtigen Vertreter läßt erkennen, daß dieses halbinspirierte Fühlen oder Vernehmen der ewigen moralischen Werte des Wahren, Guten und Schönen das spezielle Erkenntnisorgan des Rationalismus ist.

In dieser Geistesströmung sehen wir, wie der Sokratismus in einer weltgeschichtlichen Umkehrung wieder aus den Tiefen des Menschheitslebens aufsteigt. Sokrates hatte die ratio vom Himmel zur Erde gebracht, die himmlische Inspiration des Guten-Wahren zum sittlichen Vernunftvermögen umgebildet. Heute beginnt die umgekehrte Bewegung, nachdem in der langen Zwischenzeit alle geistige Inspiration aus der moralischen Wertewelt verstummt war und alles Moralische bloß konventionell und traditionell geworden war. Aus dem moralisch bestenfalls neutralen Intellektualismus und abstrakten Rationalismus erhebt sich der Mensch von nun an allmählich wieder zu einem halbinspirierten Wertefühlen. Der Mensch wird aber im weiteren Verfolgen dieses Geistespfades zur Fähigkeit heranreifen, aus der Geisteswelt des Moralischen vollinspirativ höchste Kulturwerte schöpferisch hervorzubringen.

In der Natur realisieren sich die geistigen Prinzipien von selbst, notwendigerweise. Anders verhält es sich bei den Kulturwerten. Sie werden nur dann Wirklichkeit, wenn es Menschengeister gibt, die sie vernehmen und verwirklichen. Dies zu tun, ist ganz in die Freiheit der Persönlichkeit gestellt: „So ist der Mensch ein sittliches Wesen. Die Ohnmacht der Werte bedeutet seine Macht, sie gibt ihm die Einzigartigkeit seiner Stellung in der Welt." Dies Wissen des Menschen um Gut und Böse aber ist eine gefährliche Höhe: „Die Freiheit der Entscheidung, die Macht des Machtspruches ist die höchste Gabe, deren der Mensch teilhaftig ist, das eigentliche Wunder seines Wesens, das am meisten Metaphysische und Gottgleiche in ihm. Aber es ist eine zweischneidige Gabe. Sie ist auch seine innere Gefahr. Durch sie ist der Mensch, das labile Wesen, das er ist, bei jedem Schritt dem Sturz in die Tiefe ausgesetzt, zeitlebens in die Krise gestellt. Das freie Wesen ist das aus sich selbst gefährdete Wesen. Es trägt Selbstverwirklichung und Selbstvernichtung in sich" (Nicolai Hartmann).

Wahrlich: das „Wort" des Menschen, nicht nur das äußere, die Kraft der Rede, sondern noch viel mehr das innere, die Fähigkeit des Machtspruches, der sittlichen Entscheidung, ist, wie schon die Apokalypse es ausgesprochen hat, „ein zweischneidiges, scharfes Schwert".

Andere, zur Wertphilosophie hinneigende Geister haben gerade diese Wahrheit tief eindringlich erlebt: Das Stehen des Menschen in der Krise, fortwährend dem Sturz in die Tiefe ausgesetzt, und von Selbstvernichtung bedroht. Wir meinen Sören Kierkegaard, Karl Barth und ihre Schülerschaft. Bei diesen, in der Gegenwart so einflußreich gewordenen Männern, sowie bei den ebenfalls von Kierkegaard ausgehenden Existentialphilosophen ist der mystische Rationalismus der Wertphilosophie in sein Gegenteil umgeschlagen: in einen gewissen antihumanistischen Dynamismus und sogar Nihilismus.

Dies Umschlagen der Humanitäts- und Wertphilosophie in ihr Gegenteil sollte uns zu einer ernsten Warnung dienen; so bedeutsam auch die gekennzeichneten Ansätze sind, um auf diesen besonderen, moralisch gegründeten Geisteswegen zu einem neuen Zusammenleben mit einer objektiven Geisteswelt zu gelangen: die Form, in der dies heute noch geschieht, ist doch noch viel zu unbestimmt, ja verschwommen; die keimende Inspiration von der moralischen Geisteswelt bleibt noch ein sehr schwaches Werte-Fühlen. Mit Recht hat deshalb Steiner gegenüber der Wertphilosophie die Frage aufgeworfen: „Als ein Strom von Werten fließt die geistige Welt durch das Leben der Menschen im Laufe der Geschichte. Indem die Menschenseele sich in einer Welt empfindet, die von Werten bestimmt ist, erlebt sie sich in einem geistigen Element. Aber ist es überhaupt möglich, bei der Wertbestimmung stehen zu bleiben und auf eine *Erkenntnis der Daseinsform* der Werte zu verzichten? *Innerhalb* ihres leiblichen Daseins entsteht Gewißheit darüber, daß eine geistige Welt besteht. Aber die Seele findet keinen Weg, um ihr eigenes, in sich geschlossenes Wesen *außerhalb des Leibesdaseins* im Geiste zu erleben. Was der Geist *in ihr* auslebt, anregt, schafft, das nimmt sie wahr, soweit ihr das leibliche Dasein die Möglichkeit dazu gibt. *Was sie als Geist in der Geisteswelt ist*, ja ob sie dadrinnen eine besondere Wesenheit ist, das ist eine Frage, die man nicht beantworten kann durch die bloße Anerkennung der Tatsache, daß die Seele *im Leibe* sich *Eins wissen kann mit einer lebendigen, schaffenden Geisteswelt*. Für eine solche Antwort wäre notwendig, daß die selbstbewußte Menschenseele, indem sie zu einer *Erkenntnis der geistigen Welt vordringt*, sich nun auch bewußt werden könnte, wie sie in der Geisteswelt selbst lebt, unabhängig vom Leibesdasein."

Damit ist einer der vielen Wege gewiesen, die von der Kultur- und Geisteswissenschaft zu der Geisteswissenschaft im eigentlichen Sinne des Wortes führen. Nur kraft einer besonderen Geistesschulung, auf die wir in diesem Kapitel noch zu sprechen kommen, kann der Geist eine solche Unabhängigkeit gegenüber dem Leibesdasein erlangen, die es ihm ermöglicht, das hellhörige Wertefühlen zur vollen Inspiration zu steigern, welche dann vollbewußterkennend jene „vernünftigen Sinngebilde" auffaßt, die in einer Sphäre der Weltenmoralität auf die Konzeption und Verwirklichung durch freie Menschengeister gleichsam warten.

Wenn eine solche spirituelle Inspiration und Intuition voll entwickelt wird im leibfrei gewordenen Geiste, dann wird sich das Ich in derjenigen Region der moralischen Geisteswelt voll bewußt werden, in welcher gemäß der Wertigkeit, gemäß der Gesamtheit der moralischen Qualitäten, welche ein Mensch in seinen früheren Verkörperungen erworben hat, nach moralisch-vernünftigen Geistesgesetzen die Schicksalsbestimmungen für die folgenden Verkörperungen „ausgesprochen" werden. Hiermit ist dann auch verbunden die Erkenntnis der eigentlich entscheidenden Faktoren der Weltgeschichte. Wir meinen die karmischen Kräfte, welche in den Seelen von der einen zur anderen Verkörperung weltgeschichtlich wirksam werden. Zu dunklen oder verworrenen Ahnungen von Reinkarnation und Karma ist, gerade von geschichtsphilosophischen Gesichtspunkten aus, so mancher Vertreter der hier besprochenen Lebensanschauung gekommen. Wir nennen hier HERDER, SCHLEIERMACHER, NIETZSCHE, WAGNER.

Auch NICOLAI HARTMANN würde, wenn er gewisse bedeutsame Ideen, die er schon ausgesprochen hat, zu Ende dächte, zur Anerkennung dieses Lebensgesetzes der moralischen Welt geführt werden. Seine Ideen vom Hereinragen des Vergangenen in die Gegenwart und von der unerläßlichen Adäquatheit des die Kulturerscheinungen betrachtenden Geistes, um deren Sinn verstehen zu können, gehören zusammen und gewinnen ihre volle Bedeutung erst dann, wenn man die Sache so auffaßt:

Ein wirkliches, kongeniales Verstehen und Wiederlebendigmachen eines in der Vergangenheit produzierten Kulturgutes (etwa die Würdigung des antiken Geistes durch Menschen der Renaissance oder der Goethezeit) ist nur solchen Geistern möglich, in die jene historische Vergangenheit auf individuell-lebendige Art in die Gegenwart hereinragt, weil sie als frühere Mitschöpfer jener Kulturgüter in einem vergangenen Erdenleben die Adäquatheit des Geistes besitzen, um es zu verstehen oder es zu erneuern. Ihnen wird die Beschäftigung mit jener Vergangenheit zum Lebensbedürfnis und zum Anlaß, um es im „lebenden Geiste“ auf höherer Stufe wieder zu erwecken, neu zu erschaffen. Weil sie als individuelle Geister eine karmische Affinität zu einer Geistesströmung der Vergangenheit besitzen, darum können sie deren Kulturobjektivationen von innen heraus unmittelbar „verstehen“. Ohne eine solche karmische Affinität fehlt die Adäquatheit des Geistes, die Grundvoraussetzung des Verstehens. Denn Gleiches kann nur von Gleichem erkannt werden.

Wenn der gekennzeichnete mystisch-inspirative Einschlag dem Rationalismus fehlt, dann kommt es nicht zur objektiven Wahrheits-Überzeugung, sondern dann resultiert gerade aus der Wort-Weltanschauung eine besondere Spielart des Nominalismus und Skeptizismus. Hierfür können nicht allein die westeuropäischen Aufklärer-Rationalisten, wie etwa VOLTAIRE als Kronzeugen angeführt werden, sondern vor allem eine schon erwähnte sehr einflußreiche Persönlichkeit des Mittelalters, nämlich WILHELM VON OCCAM. Seine Denklehre ist vom Erleben der Sprache bestimmt. Er meint, das Denken sei nur ein stilles Reden. In allen grammatikalischen Redeformen haben wir es nur mit Zeichen, mit Symbolen zu tun. Und zwar mit Zeichen zweiter Ordnung. Denn die Zeichen erster Ordnung seien die Gedanken. Sie sind die Zeichen von den sinnlichen Eindrücken der Dinge selbst. Symbole dieser Zeichen sind dann die Wortklänge und deren Symbole: die geschriebenen Worte. Niemals hat man es mit dem Wesen der Dinge selbst zu tun, weder im Geschriebenen noch im Gesprochenen, noch im Gedachten. Denn die Begriffe seien eben nur Bilder, Bildzeichen, welche von den *sinnlichen* Eindrücken der Dinge in uns entworfen werden. Die Wahrheit der Dinge bleibt uns also völlig unbekannt. Diese Spielart des Nominalismus nennt man Terminismus. Seine relative Wahrheit liegt darin, daß die Worte als Lautklänge ursprünglich wirkliche Lautsymbole des Geistigwesenhaften, *Qualitativen* der Dinge gewesen sind, ohne Vermittlung des Begrifflichen. So war es, als die Menschheit noch in der babylonischen Kulturepoche das halbinspirierte Kehlkopfbewußtsein gehabt hat.

An die Geistesart jenes Franziskanermönches WILHELM VON OCCAM erinnert in mancher Hinsicht diejenige FRIEDRICH NIETZSCHES. Denn auch seine Denkweise war in ähnlicher Art von einem einseitigen Erleben des Sprachlichen, der Terminologie bestimmt. Wir begreifen von hier aus sowohl die positiven als auch die negativen Seiten dieser großen Persönlichkeit. Der vorzügliche Reiz seiner Schriften liegt viel weniger im Gedankeninhalt als in der glänzenden, geradezu bestechenden Diktion, in der etwas berauschenden, fast zwingenden Sprachgewalt. Unerschöpflich ist Nietzsche in originellen Wortwendungen und Wortschöpfungen, in paradoxalen Satzprägungen. In genialen Prosa-Dichtungen hat er seine Lebensanschauung wie ein Kulturpriester und Kulturprophet verkündigt.

Wortklänge hatten für Nietzsche etwas durchaus Zeichenhaftes, Symbolisches. Wie bedenklich weit er dabei gegangen ist, hat RUDOLF STEINER, der ihn übrigens aufs höchste schätzte, in der folgenden Art dargestellt: „Wo nur logische Vorstellungsassoziationen am Platze wären, treten bei ihm Gedankenzusammenhänge auf, die auf bloß äußerlichen, zufälligen Merkmalen, z. B. der *Klangähnlichkeit der Worte* oder auf metaphorischen Beziehungen beruhen, die an der Stelle, wo die Begriffe gebraucht werden, gleichgültig sind." Die Psychopathologie spricht hier vom Beziehungswahn. Ein merkwürdiges, zu einer tragischen Wahrheit gewordenes Beispiel sei angeführt. In „Jenseits von Gut und Böse" deklamierte Nietzsche von den Deutschen: „Zuletzt: man soll seinem Namen Ehre machen — man heißt nicht umsonst das ‚tiusche' Volk, das Täuschevolk." Der von Nietzsche heraufbeschworene „Herren- und Übermensch" hat die Deutschen zeitweilig tatsächlich zum „Täuschevolk" gemacht!

Die pathologische Anlage — in Verbindung mit dem allmählich heraufsteigenden Dynamismus — trübte immer mehr Nietzsches ungeheuren Wahrheitssinn, seine rückhaltlose Ehrlichkeit und Redlichkeit. Obwohl der Rationalismus seiner mittleren Schriftstellerperiode kein reiner, d. h. kein mystisch orientierter gewesen ist, hat er dennoch bedeutsame Früchte gezeitigt. Nietzsche wurde zu einem Kulturpropheten, der alles Abstrakt-Intellektualistische, das ihm in DAVID FRIEDRICH STRAUSS, FR. TH. VISCHER, GERVINUS und anderen entgegentrat, als Philistrosität verabscheute. In den Jahren von 1878 bis 1886 fühlte er sich als eine priesterliche Natur, beinahe als ein Religionsstifter, der ein neues Evangelium der Moralität, eine „Umwertung aller Werte" zu verkündigen habe.

Hierher gehören die Werke „Menschliches, Allzumenschliches", „Morgenröte" und „Fröhliche Wissenschaft". Nietzsche bekannte: „Künstler (Schaffender), Heiliger (Liebender) und Philosoph (Erkennender) in e i n e r Person zu werden: mein praktisches Ziel. Meine Aufgabe: alle Schönheit und Erhabenheit, die wir den Dingen und den Einbildungen geliehen, zurückzufordern als Eigentum und Erzeugnis des Menschen; und als schönsten Schmuck, schönste Apologie desselben." Der Mensch soll ein schöpferischer freier Erzeuger neuer sittlicher Werte werden. Die traditionellen sind dekadent und phrasenhaft-hohl geworden. Sie sind bei den meisten Menschen Lebenslügen.

Damals dämmerten bedeutsame Inspirationen in seiner Seele herauf. Aber sie traten doch nur verzerrt ins Bewußtsein. Die Reinkarnationsidee verzerrte sich zu den Vorstellungen von der Wiederkehr des Gleichen und von der Entwickelung des Menschen zum Übermenschen. Auch konnte Nietzsche die Idee von der Umwertung der Werte nicht durchführen. Der Dynamismus verdrängte immer mächtiger den Rationalismus. Mit dieser Skorpion-Weltanschauung stürzte Nietzsche in den Abgrund, nachdem sie konsequent zum Irrationalismus, Immoralismus, Nihilismus und Antichristianismus geführt hatte. Wir werden hierauf im folgenden Kapitel zurückkommen.

Die ersten Keime dieses Dynamismus zeigten sich jedoch schon im ersten Werke der mittleren Schriftstellerperiode, die rationalistisch gerichtet war. Nietzsche gab nämlich sein Buch „Menschliches-Allzumenschliches" im Jahre 1878 zum hundertsten Todestag von Voltaire heraus, um, wie er schreibt, „einem der größten Befreier des Geistes zur rechten Stunde eine persönliche Huldigung darzubringen". Voltaire ist aber eine Persönlichkeit, die ganz offenkundig aus der Polarität von Rationalismus und Dynamismus gewirkt hat. Er hatte in England mit dem sensualistisch-naturalistischen Deismus auch rationalistische und mit dem Baconismus und Newtonismus mechanisch-dynamistische Grundsätze aufgenommen. Der erste Vertreter des Deismus war Herbert von Cherbury, ein Zeitgenosse und Antipode des Bacon gewesen. Als Sensualist hatte er, wie wir schon dargelegt haben, die Moralität und Religiosität durchaus naturalistisch und rationalistisch nicht mehr aus der göttlichen Offenbarung und Gesetzgebung, sondern aus den natürlichen Empfindungs-, Gefühls- und Vernunftgaben des Menschen abgeleitet.

Im Laufe der Jahre haben diese dynamistischen Impulse sich in Nietzsche immer einseitiger durchgesetzt. In demselben Maße hat sich Jakob Burckhardt in schmerzlicher Enttäuschung von seinem Freunde distanziert. Wir verweisen in diesem Zusammenhang auf die Monographie über diese zwei Männer von Alfred von Martin (Basel, 1945), weil uns darin der „voluntaristische Dynamismus" des genialen Nihilisten als der Gegenpol zur sanftmütigen Humanitätsphilosophie Burckhardts besonders deutlich vor Augen tritt.

Mit dem Dynamismus wurden in Nietzsches Seele die Vernichtungstriebe übermächtig, und das Ende war die Selbstvernichtung. „Diese Zerstörungssucht" schreibt Steiner, „treibt Nietzsche dazu, die Opfer, auf die er verfallen ist, mit geradezu blinder Wut zu verfolgen." Aus dieser Skorpionen-Weltanschauung heraus bekämpft Nietzsche nunmehr alles, was der Stierweltanschauung heilig sein muß: Vernunft und Wahrheit, Moralität, Mitleid und Liebe. „Was in uns will eigentlich zur Wahrheit? In der Tat: wir machten lange halt vor der Frage nach der Ursache dieses Willens — bis wir zuletzt vor einer noch gründlicheren Frage ganz und gar stehen blieben. Wir fragten nach dem *Werte* dieses Willens. Gesetzt, wir wollen Wahrheit: *warum nicht lieber Unwahrheit?*"

Aus dem Dynamismus heraus haßte und verachtete Nietzsche in der letzten Periode seines Wirkens auch den edlen Sokrates als einen „Plebejer" und bekämpfte damit sein besseres Selbst. Nicht besser erging es Schopenhauer und Richard Wagner, den Propheten einer an Buddha orientierten Ethik. Widerwärtig war dem Dynamisten Nietzsche das höchste Ideal der

Moralität, Mitleid und Liebe, die zuerst der große Gautama Buddha verkündet hatte.

Schopenhauer und Wagner! Wiederum zwei geniale Wortmeister, zwei in gewisser Hinsicht priesterlich wirkende Naturen, zwei tief überzeugte Kulturpropheten, zwei Urgegner aller Philistrosität. Schopenhauers Weltanschauung ist zwar im wesentlichen Psychismus. Aber daneben finden wir erhebliche Einschläge von anderen Weltanschauungsrichtungen. Da wirken durcheinander: illusionärer Phänomenalismus, Materialismus und Dynamismus. Aber seine eigentliche praktische Lebensanschauung ist der Rationalismus. Mit Nietzsche hatte Schopenhauer die Verachtung des weiblichen Geschlechtes gemein, die vermutlich auf Abnormitäten des Geschlechtslebens zurückzuführen ist. Burckhardt hat zwar Schopenhauer verehrt, Wagner jedoch blieb ihm fremd, vielleicht wegen des „magischen Dynamismus" in dessen Natur. Die ganz erhebliche, künstlerisch in vieler Hinsicht positiv zu wertende Rolle, die das Erotische in der „Magischen Zauberkunst" Richard Wagners spielt, hat Paul Bekker in seiner Wagner-Monographie ausgezeichnet herausgearbeitet. Gerade dieser Dynamismus in Wagner hatte für Nietzsche anfänglich gewiß etwas heimlich Anziehendes. Als dieser Dynamismus aber in Nietzsche selbst — und zwar in einer anderen Spielart — die Oberhand gewonnen hatte, da hatte der gereifte Wagner schon vieles von seinem Dynamismus überwunden, vor allem weil er sich immer inniger mit den buddhistischen und christlichen Idealen des Mitleides und der Liebe verbunden und zu den christlichen Regenerationsideen hindurchgedrungen war. Eben darum war er nunmehr dem Nietzsche ganz entgegengesetzt geartet und — unerträglich.

Wie zahlreiche Künstler, so war auch Wagner ursprünglich ein Sensualist. Darum huldigte er zuerst dem Naturalismus des Feuerbach. Ähnlich wie Nietzsche lehnte er sich dann leidenschaftlich — aus tiefstem Ethos — gegen das Verlogene der traditionellen Moral auf: „Zerstören will ich jede Spur dieser wahnwitzigen Ordnung der Dinge, die zusammengefügt ist aus Gewalt, Lüge, Sorge, Heuchelei, Not, Jammer, Leiden, Tränen, Betrug und Verbrechen, und der nur selten zuweilen ein Strom unreiner Lust, fast nie aber ein Strahl reiner Freude entgegenquillt."

Schwerste Schicksalsprüfungen und tiefstes Seelenleid machten dann Wagners Seele empfänglich für Schopenhauers Leidens- und Mitleidslehren. Hierdurch fand er seinen Weg zu Buddha. Mit den „Siegern" plante er ein Musikdrama, das ganz auf der Reinkarnations- und Karma-Idee aufgebaut sein sollte. Seine gesamte Kunst- und Kulturphilosophie aber zielte auf die Verwirklichung der höchsten moralischen Güter der Menschheit. Er wurde ein typischer Vertreter der Stierweltanschauung.

In diesem Zusammenhange darf das Folgende eingeschaltet werden. *Drei sprachphilosophische Werke* sind bis auf heute von grundlegender Bedeutung geblieben: Der Dialog Platons *„Kratylos"*, der auf die Wort-Mysterien des Heraklit von Ephesus zurückgeht; Herders preisgekrönte Schrift über den Ursprung der Sprache; und WAGNERS kunstphilosophische Schriften über die redenden und musikalischen Künste. Erst in unseren Tagen ist durch STEINER in Vorträgen über Sprache, Sprachgestaltung, Eurythmie und dramatische Kunst in dieser Beziehung wieder ein riesiger Schritt vorwärts gemacht worden.

Priesterlich und ritterlich, wie ein Prophet und Kämpfer, ist Wagner für das eingetreten, was er als das Wahre-Gute erkannte: das ist die Art der rechten Vertreter des Rationalismus. Und dennoch daneben die unverkennbaren Züge eines Dynamismus: auch er litt an der Amfortaswunde!

Solche Naturen wie Wagner, Schopenhauer und Nietzsche kann man nur dann ganz verstehen, wenn man sie urbildlich auf dem Hintergrunde der kosmischen Polarität von Stier und Skorpion (Adler), und anthropologisch aus der Polarität der Wort- und Geschlechtskräfte begreift.

Zweipolig manifestiert sich die *Schöpferkraft* im Menschen, physisch und geistig, unten und oben im Leibesorganismus: als Zeugungskraft und als Worteskraft. Mit der Worteskraft ist nicht nur die Sprachbemeisterung in der Dicht- und Redekunst gemeint, sondern vor allem auch das innere Wort, die moralisch vernünftige Schöpferkraft, die das Wahre-Gute und das Schöne erzeugen kann. Wenn die leiblichen Zeugungskräfte verbunden bleiben mit der selbstlosen Liebe, aus der sie ursprünglich entstanden sind, dann sind sie nicht nur physisch produktiv, sondern indirekt auch geistig, indem sie alle schöpferischen Lebensgefühle steigern und zur künstlerischen Inspiration stimmen. In diesem Sinne verdankt der Mensch den Adler- oder Skorpionskräften außerordentlich Hohes. Wenn aber jene physischen Zeugungskräfte losgelöst von ihren Geistesursprüngen lieblos und selbstisch walten, dann werden sie zu furchtbar zerstörerischen Gewalten. Leben und Tod, Adler und Skorpion.

Alles Kunstschaffen, vor allem die Ur-Kunst der Architektur, hat ihr kosmisches Urbild in jenem Doppelsternbilde, in dem die Geheimnisse des Todes und des höchsten schöpferischen Lebens urständen. In meinem Hauptwerk über Geisteswissenschaft und Kunstoffenbarung findet man dies ausführlicher dargelegt.

Gehen wir zu dem Oppositionssternbilde über, das wir im *Stier* finden, dann finden wir hier das *Urbild der Wortkraft*. Das Wort, das aus dem Munde des Menschen kommt, ist wahrlich ebenfalls ein zweischneidiges Schwert. Im Dienste der selbstlosen Liebe ist es, wie Herder richtig gesehen hat, der geistige Urkeim und Urbahnbrecher aller menschlichen Kultur. Im Dienste der Selbstsucht dagegen wird die „Magie des Wortes“, wie die Diktatoren erschreckend bewiesen haben, zu einer furchtbar vernichtenden Gewalt, zu einem Fluch der Menschheit.

Gewaltige Kraft liegt im Wort- und Geschlechtsvermögen des Menschen. Beide stehen als solche „jenseits von Gut und Böse“. Aus ihnen kann Gutes oder Böses im allerhöchsten Grade hervorgehen, je nachdem sie im Dienste der Liebe stehen, im Dienste des Wahren-Guten, oder im Dienste der Selbstsucht und Machtgier. Aus dem Stier-Sternbilde waltet diejenige himmlische Hierarchie, welche Paulus die Dynameis genannt hat, zu deutsch „die Kräfte". Im Mittelalter nannte man sie virtutes. Aber virtus bedeutet nicht nur Kraft, sondern ursprünglich auch die Mannestugend. Aus diesem Grunde dürfte man in diesem Zusammenhang die lateinische Bezeichnung für die Dynameis auch mit „Tugenden" oder „Tugendgeister" übersetzen. Die Dynameis sind die substanziellen *Tugendkräfte* des Kosmos, die wesenhaften Gottestugenden, die moralischen Urinspiratoren. Diese Wesenheiten sind es, aus deren Natur das moralisch-seelische Wesensglied des Menschen, der Astralleib, ebenbildlich entstanden ist. Die *moralische Qualität* eines Menschen sitzt vorzüglich in seinem Astralleib.

Im Reiche der Himmelssphären sind die Dynameis oder Geister der Bewegung diejenige Hierarchie, die im Verbande der dreifachen Sonnenhierarchie vorzüglich aus der *Mars-Sphäre* wirken. Ihnen verdankt der Mensch unter anderem die seelische Kraft zum Sprechen, während das physische Sprachorgan durch sie aus der Stier-Region geschaffen worden ist.

Darüber hinaus haben jedoch die Dynameis eine besonders umfassende Bedeutung für das Geschichtsleben der Menschheit. Sie sind die Inspiratoren der denkbar größten Kulturzeiträume. Wenn die Wertphilosophen gewissen Geistesmächten sich annähern, die inspirierend im Kulturfortschritt der Menschheit walten, dann kommen sie hierbei vorläufig allerhöchstens bis zur Anerkennung von Volks- und Zeitgeistern, wie wir dies an Herder, Hegel und Nicolai Hartmann sehen können. Aber über diese Erzengel und Archai hinaus sind die Exusiai und vor allem die Dynameis die höchsten und umfassendsten Lenker aller Kulturbewegungen. Indem sie den Menschen mit dem durchseelten und durchgeistigten Wort begabten, haben sie den entscheidenden Anstoß zu aller Kulturentwickelung und zu allem Geschichtsfortschritt gegeben. Seitdem sind sie aber diejenigen Wesenheiten, welche jeweils über dem Ganzen von sieben Kulturepochen und ihren Zeitgeistern inspirierend walten. Es handelt sich dabei wiederum um sieben, mit den verschiedenen Planetensphären verbundene Dynameis, welche als die Inspiratoren der größten Geistesströmungen durch die Bodhisattvas oder großen Eingeweihten wirksam sind.

Dieser erhabenen höchsten Kulturführung steht eine andere gegenüber, die von solchen Dynameis ausgegangen ist, die in ihrer Entwickelung zurückgeblieben sind. Obwohl diese in einem gewissen Gegensatz zu der eigentlichen Götterführung steht, so ist sie dennoch von größtem Einfluß auf die geschichtlichen Ereignisse. Es handelt sich hier nämlich um die Differenziation der *einen*, elohimischen Menschheit in die verschiedenen Menschenrassen durch luziferisch geartete Dynameis. Sie sind zu den Rassengeistern der Menschheit geworden. Wir verweisen in diesem Zusammenhang auf die eminent aufschlußreichen Vorträge Rudolf Steiners über „Die Mission einzelner Volksseelen" sowie auf das Werk des Verfassers: „Der Mensch der Eiszeit und Atlantis".

Zwei Persönlichkeiten größten Formates haben besonders hellhörig reagiert auf den Ruf derjenigen Wesenheiten, welche wir als die höchsten Inspiratoren der Kulturgüter, der Werte und der „Tugenden“ anzuerkennen haben, die eine im Morgenlande, die andere im Abendlande: BUDDHA und SOKRATES. Auf das merkwürdige Verhältnis der Polarität, in dem sie zueinander stehen, hat Rudolf Steiner zuerst aufmerksam gemacht. Beide waren Lehrer des Wahren-Guten im größten Stile. Sie waren beinahe noch Zeitgenossen. Denn als der Buddha um 480 v. Chr. in die übersinnlichen Sphären einging, in die Marssphäre des Nirvana, um hinfort nur noch aus dem Übersinnlichen die Menschheit zu inspirieren, da war Sokrates ein etwa zehnjähriges Kind. Beide Lehrer sprachen von der unzertrennlichen Einheit des Wahren und Guten. Buddha leitete in auffallend „rationalistischen“ Formeln alles Böse und Übel in einer zwölffachen „Ursachenkette“ letzten Endes aus dem Nichtwissen (avidya) ab. Sokrates sagte: Das Gute geht aus der Vernunfterkenntnis notwendig hervor.

Aber nun die polare Gegensätzlichkeit. Der Buddha führte die Seele seiner Schüler vom Irdischen hinaus zum Himmlischen —, Sokrates versetzte die Philosophie vom Himmel auf die Erde. Dennoch sprach der sterbende Sokrates über die Unsterblichkeit beinahe in der Seelenhaltung des Buddha, der vollbesonnen und ruhig ins Nirvana eingeht. Und Sokrates lehrte: Alles höhere Weisheitsstreben beruht auf einem Sterbenwollen. So stellte denn STEINER fest: „Zwei Entwickelungsströme der Menschheitsevolution stehen da vor uns, zwei Entwickelungsströme, die aber *polarisch-entgegengesetzt* sind. Aber an einem besonderen Punkt erheben sie sich so, daß eine *Einheit* in dem Polarisch-Verschiedenen hervortritt.“

Durchdenkt man dieses höchst eigenartige Verhältnis, dann möchte man sagen: BUDDHA und SOKRATES bilden eine Polarität, insofern ein und dasselbe Prinzip in der Gegensätzlichkeit eines östlichen und westlichen Geistes sich ausspricht. Sokrates spricht zwar im Stile abendländischer Rationalität, aber doch wie ein Inspirierter des fernöstlichen Eingeweihten.

Die Buddha-Lehre tritt uns so entgegen, daß man sie als einen moralischen Rationalismus bezeichnen könnte. Die Art und Weise, wie der Buddha die Lehre von den vier großen Wahrheiten vom Leiden verkündigte, erinnert durchaus an die nüchtern-rationale Art des Sokrates. Zur allseitigen Entwickelung des Guten kommt der Mensch, so lehrt BUDDHA, auf dem achtgliedrigen Pfad. Dieser umfaßt die folgenden Regeln: Richtiges Vorstellen, richtiges Urteilen, richtiges Sprechen, richtiges Tun oder Handeln, richtiges Im-Leben-Stehen, richtige Gewohnheiten, richtiges Im-Gedächtnis-Haben, richtiges Meditieren. Vorstellen, Urteilen, Sprechen: Rationalismus. Und die achtfache Betonung des Richtigen, Rechten. Das alles macht einen sehr rationalistischen Eindruck. Und doch sind diese acht Regeln durch und durch inspiriert. Was aber soll durch die Befolgung der Regeln erreicht werden: Die Aufhebung des Nichtwissens, welche die Ur-Ursache alles Leidens sei. Auch dieses Endresultat hat etwas „Rationalistisches“. Wenn wir die volle Tragweite dieser acht Regeln zu ermessen trachten, was jedoch eine große Aufgabe ist, dann zeigt sich, daß sie in kurzen Formeln andeuten, in welcher folgerechten Reihenfolge die Gesamtheit aller bewußt-moralischen Verhaltungsweisen im Laufe aller Kulturstufen zur absoluten Vollendung des Moralisch-Guten und Geistig-Wahren führen wird. Diese Regeln sind aus dem eigentlichen Quellgebiet alles Moralischen im Kosmos bzw. im übersinnlichen Menschen abgelesen.

Es ist damit dieselbe geistige Kräftewelt gemeint, welcher der Mensch auch die Fähigkeit verdankt, das beseelte und vernunfterfüllte Wort auszusprechen. Die wichtigste der acht Regeln ist darum auch die dritte: Richtige Rede. Sie umschließt gar Vieles. Es handelt sich um nichts Geringeres als um die vollbewußte moralische Beherrschung des Sprechens. Weder zu viel noch zu wenig reden. Immer nur die Wahrheit sprechen. Nichts Unwesentliches. „Wahrhaftigkeit, Aufrichtigkeit, Ehrlichkeit sind in dieser Beziehung aufbauende, Lügenhaftigkeit, Falschheit, Unredlichkeit sind zerstörende Kräfte" (RUDOLF STEINER).

Der achtgliedrige Pfad führt den Übenden zuletzt dazu, daß er sich in der Kehlkopfgegend einer übersinnlichen Erkenntniskraft bewußt wird, die man das Buddha-Organ nennen kann, weil Buddha zuerst *diese* Schulungswege gewiesen und beschritten hat. Dies Geistorgan kann man imaginativ als die sechzehnblättrige Lotosblume beschreiben, wie dies in der östlichen und westlichen Geistesweisheit geschehen ist. In Asien spielt dies Organ als ein Kult-Symbol eine ungeheure Rolle. Es ist sogar auf japanischen Briefmarken über dem heiligen Berg zu sehen. Man kann dies Organ auch das Stier-Organ nennen, weil der Kehlkopf von den geistigen Stierkräften bestimmt ist. Der BUDDHA war der *Stier-Eingeweihte* und damit auch der *Inaugurator des Rationalismus.*

STEINERS Ausführungen über das Buddha-Organ lassen ebenfalls erkennen, daß dieser Teil des esoterischen Schulungsweges zur höchsten Form des „Rationalismus" führt: „Es ist von der allergrößten Wichtigkeit, daß der Geheimschüler ein verständiger, auf klares Denken haltender Mensch ist. Und von weiterer Wichtigkeit ist es, daß er sich der größten Klarheit befleißigt im Sprechen. Behutsamkeit im Bilden von Urteilen wird allmählich zum besonderen Kennzeichen des Geheimschülers." Wahrlich, die hohe Schule des echten Rationalismus!

Das Buddha-Organ befähigt den Eingeweihten, durch Inspiration die „Gedanken" anderer Wesen zu erfahren, sowie die moralisch-geistigen Gesetze der Natur zu ergründen, die, wie wir sahen, im Reiche der Exusiai und Dynameis urständen. Endlich werden mit Hilfe dieses Inspirationsorganes die geistig-moralischen Gesetze des Karma erforscht, welche die aufeinanderfolgenden Erdenleben sinnvoll und weltgerecht so miteinander verbinden, daß alle guten und bösen Taten zu Ursachen werden für entsprechende Schicksalsfügungen. Alle schweren Schicksale können wir als Spielarten des Leidens betrachten. Der Buddha war der erste, welcher das Leiden in seinen verschiedenen Erscheinungsformen als die karmische Folge des Ur-Irrtums erkannt hat.

Von den wahren Gesetzen der Natur hat unsere gegenwärtige, fast ausschließlich mathematisch-quantitative oder materialistisch-mechanistische bzw. dynamistische Naturwissenschaft noch kaum eine Ahnung. Erste Ansätze zu einer *qualitativ-moralischen* Naturanschauung finden wir in der Goethezeit, etwa bei Henrik Steffens, dem Freunde Schleiermachers, bei Novalis und Lorenz Oken (in seiner von Inspirationen sprühenden „Naturphilosophie") und später bei dem unglücklichen Otto Weininger. Aber dies blieb alles auf einige Geistesblitze beschränkt. Auch die Wertphilosophen haben solches noch nirgends systematisch durchzuführen vermocht.

Man würde aber eine derartige qualitativ gerichtete Naturforschung ausbilden können, wenn man die mechanistisch-dynamistischen Schwingungstheorien von den Sinnes-Entitäten nur innerhalb der Grenzen ihrer Gültigkeit anerkennen wollte. Als Leitsätze könnten hierbei dienen einige Fragenbeantwortungen, die Rudolf Steiner einmal einigen Naturforschern gegeben hat: „Weder Ton noch Wärme, noch Licht, noch Elektrizität s i n d Schwingungen, so wenig als ein Pferd eine Summe von Galoppschritten ist. Ton z. B. ist ein wesenhaftes Quale, und die Wirkung dieses wesenhaften Quale beim Durchgang durch die Luft ist: Schwingung. Für den empfindenden Menschen ist Schwingung die Veranlassung, in sich das Quale nachzuahmen. Darin besteht die Wahrnehmung des Tones." Im übrigen verweisen wir hier auf unsere Ausführungen im Kapitel über den Sensualismus.

Wollte man einmal die entgegengesetzte Weltansicht des mechanistischen Dynamismus in meditativer Art mit all ihren Konsequenzen voll zu *erleben* versuchen, dann würde man sich bald der Tatsache bewußt werden: Das eigentlich Wertvolle an der Außenwelt sind diese *Qualitäten* der Sinneseindrücke. Sie erfrischen immer aufs neue Herz, Gemüt und Geist.

Auch für *diese Werte* kommen die Wertphilosophen gegenüber den quantitativen Theorien der Naturforscher auf. Hören wir, was diesbezüglich Rickert ausgeführt hat: „Bei der Gewöhnung, lediglich in allgemeinen Begriffen zu denken, und auf die unwichtige Individualität des Wirklichen nicht zu achten, als an dem Ton nur seine begrifflich bestimmbare Höhe in Betracht zu ziehen, mag man übersehen, was ein wirklicher Ton ist und dann an seine restlose Zuordnung zu quantitativen Bestimmungen glauben. Aber diese Denkgewohnheit ist es gerade, die wir bekämpfen. Nehmen wir andere wirkliche Gebilde als ‚einfache Sinnesqualitäten', so tritt die Unbegreiflichkeit ihrer qualitativen Individualität sofort zutage." In seiner erkenntnistheoretischen Untersuchung über das Unmittelbare (nach dem Tode 1939 herausgegeben) ergänzte Rickert den gewöhnlichen Sensualismus, indem er die Erfassung eines Unsinnlichen *im* Sinnlichen und mit dem sinnlich Wahrgenommenen herausarbeitete; es ist dies das Qualitative, das eigentliche *Was:* „Das Unsinnliche steht in unseren unmittelbaren Erlebnissen oder Intuitionen neben dem Sinnlichen als eine völlig selbständige ‚Qualität' und wird in seiner unsinnlichen Zuständlichkeit ebenso anschaulich und intuitiv erfaßt wie das sinnlich Wahrnehmbare." Was so erfaßt sein wird, das nennt Rickert das „sprechende Antlitz" oder die „Sprache" der Körperwelt.

Was bei Rickert zunächst kaum mehr als ein methodologischer Ansatz zu einer qualitativen Naturbetrachtung ist, das finden wir bei STEINER in voll entwickelter Form — in Anlehnung an Goethes Art, die Natur anzuschauen. Vor allem sind hier die einzuschlagenden Erkenntniswege gewiesen, die zu einer Erfassung der sinnlich-sittlichen Natur-Qualitäten führen.

Wie geartet eine solche geistig-moralische — nicht seelisch-moralisierende — Naturdeutung ist, das erhellt besonders deutlich aus RUDOLF STEINERS Vorträgen über „Die Evolution vom Gesichtspunkt des Wahrhaftigen". Der Titel schon scheint auf den besonderen Weltaspekt hinzuweisen, aus dem diese Vorträge gehalten sind. Die hier dargestellte Weltanschauung ist der „Gesichtspunkt des Wahrhaftigen". STEINER führt seine Hörer methodisch zu einer erlebenden Erkenntnis von den moralischen Beschaffenheiten hin, die sich in den vier Elementen aussprechen: im Wärmehaften, Gasigen, Flüssigen und Festen. Wärme ist in Wahrheit Opferwille, Luft ist schenkende Tugend, Wasser ist schöpferische Resignation, Erde ist Todesstarre. Moralische Naturbegriffe sind es, die hier vermittelt werden.

Eine solche Betrachtungsart bringt uns die *Natur* seelisch-*menschlich* nahe. Als moralische Persönlichkeit kann man sich heimisch fühlen in einer also von moralischen Wertigkeiten oder Qualitäten bestimmten Welt. Die höhere Einheit des Natürlichen und Menschlich-Moralischen ist in der Tat in derjenigen Geistes-Sphäre zu finden, die wir als das Reich der kosmischen *Tugend-Kräfte-Wesen* bezeichnet haben. „Je geistiger die Welten sind, welche man betritt", bemerkt STEINER ebenda, „desto mehr fallen Moralgesetze und das, was man für diese Welten Naturgesetze nennen kann, zusammen." Dies Wort gilt vor allem für die Welt der Inspirationen, in welcher „des Mars erschaffendes Klingen" ertönt, für die Sphäre der Dynameis, in welcher einerseits die Kulturwerte aller Menschheits-Epochen im „objektiven Geiste" urständen, andererseits aber auch die geistigen Urformen der Natur in schöpferischer *Bewegung* und Verwandlung schaffend walten.

Die Welt und das Menschenwesen sind die Doppeloffenbarung der Schöpferwelt des Logos- der Welten-Sprache. („Mit dem Weltenworte sind gemeint die Gedankentaten der Gedankenlebewesen, welche wie lebendige Geistergespräche sich in der geistigen Welt abspielen. Aber durchaus so, daß diese Geistergespräche für die geistige Welt dasselbe sind, was Taten für die Sinneswelt sind" [STEINER].)

Sinn, Bedeutung, Wert und moralischer Gehalt von Natur und Menschheitsgeschichte: das alles beruht letzten Endes auf dem göttlichen Wort, das durch die kosmischen Tugendkräfte oder Virtutes schöpferisch tatkräftig ausgesprochen wird, den Dingen und Geschehnissen *ihre Beschaffenheiten und Tugenden* verleihend.

Wer aber selbst aus dem lebendigen Erfassen des Wahren das Gute schöpferisch wirkt, der erlebt die Welt vom Gesichtspunkte des Wahrhaftigen und wird inspirativ-wertevernehmend eins mit der Weltsphäre der Tugend-Kräfte:

Bezeugst du Kraft des Guten in der Welt,
Dann wirkt in Wort und Werk der Stier die Wahrheit.

XII.

DER DYNAMISMUS

Überblicken wir alle bisher behandelten Weltanschauungen, die wir als polare Gegensatzpaare aufgewiesen haben, dann zeigt es sich nunmehr deutlich, daß die Weltanschauungen der hellen Sommer-Tierkreisbilder — Mathematismus, Materialismus, Sensualismus und Phänomenalismus — vorzüglich die äußeren, sinnlich - räumlich - zeitlichen Erscheinungsweisen des Naturdaseins auffassen, während die gegenüberliegenden Weltanschauungen der dunklen Winter-Sternbilder — Monadismus, Spiritualismus, Pneumatismus und Psychismus — die im Seeleninnern des Menschen sich offenbarenden, übersinnlich-geistigen ewigen Wesenstiefen des Seins zu ergründen trachten.

Wenn wir aber vom Mathematismus, der die geistigen Formverhältnisse der Natur erforscht, zur anderen Nachbarweltansicht, zum Rationalismus, übergehen, dann zeigt es sich, daß uns dieser sowohl zu den moralischen Geist-

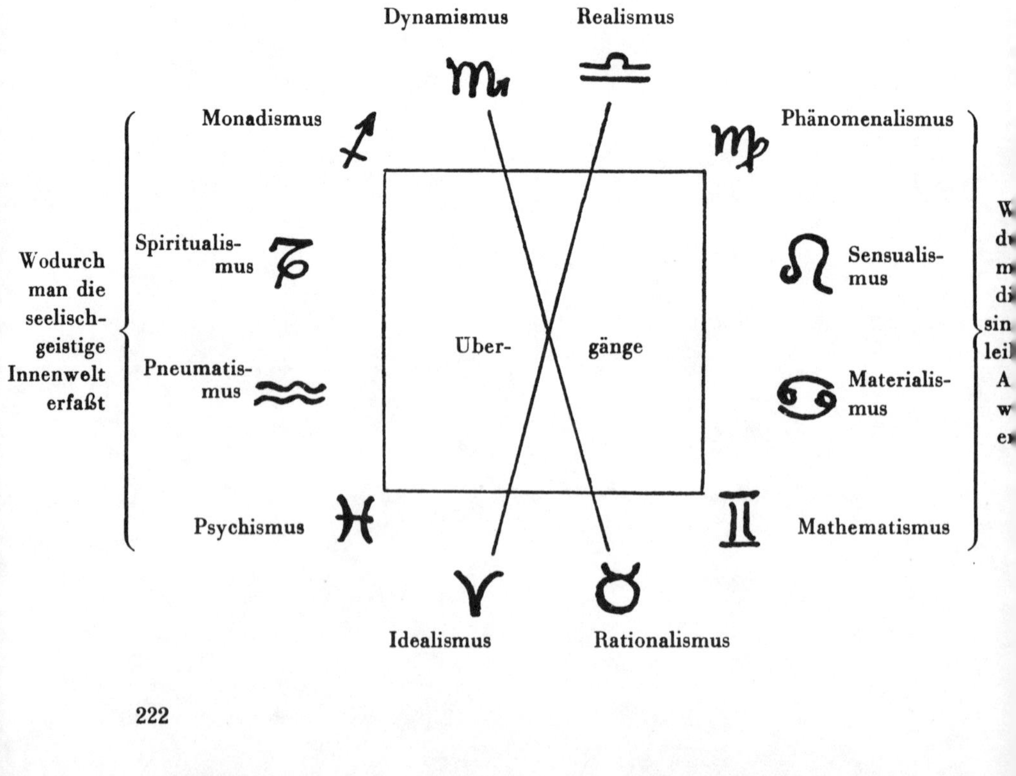

Qualitäten der *Natur* als auch zu den sittlichen Urquellen des *Menschentums* führt. So können wir hier einen Übergang von dem einen Gebiet zum anderen feststellen, vom äußeren Pol des Universums zum inneren Pol. Ähnliches werden wir — in umgekehrter Art — nun auch beim Gegenpol des Rationalismus, beim Dynamismus, feststellen können. Die eigentliche Mittelstellung zwischen den beiden Seiten des Universums finden wir allerdings in den angrenzenden Weltanschauungen der Waage und des Widders, im Realismus und Idealismus. Wenn wir diese Verhältnisse durch ein Schema veranschaulichen wollen, und zwar so, daß dabei die vier Hauptrichtungen des philosophischen Erkennens, Phänomenalismus, Mathematismus, Psychismus und Monadismus als die Eckpfeiler alles Erkennens besonders hervortreten, dann haben wir den Gesamtumfang aller Weltansichten in der nebenstehenden Art anzuordnen.

Widder und Stier sind die eigentlichen Frühlingszeichen, Waage und Skorpion die eigentlichen Herbsteszeichen. Wenn die Sonne durch diese Sternbilder hinzieht, dann gehen ineinander über die licht-warmen und die finster-kalten Jahreshälften. Diesen Übergangszeichen müssen Weltansichten entsprechen, welche entweder die beiden Pole des Universums, Natur und Mensch, in idealer Erkenntnis-Synthese als eine Einheit erfassen, wie dies der Fall ist beim Realismus und Idealismus. Oder aber haben sie es zu tun mit dem, was innerhalb des *Naturwaltens* mit dem *Menschlichen* verwandt ist bzw. mit demjenigen innerhalb des *Menschen-Inneren,* das eigentlich zu seinem *Naturdasein* gehört. Das erstere ist der Fall beim Rationalismus, das letztere beim Dynamismus.

Es gehört zum Wesen des *Rationalismus,* daß er das Qualitative erfaßt. Die natürlichen Dinge und Vorgänge können aber nur dann vom „Gesichtspunkt des Wahrhaftigen" in ihrer moralisch-geistigen Beschaffenheit und Wertigkeit erkannt werden, wenn man ausgeht von dem Moralischen des Menschenwesens. Auf diesem Erkenntniswege kommt es zu einer Naturbetrachtung, die alles *natürliche* Dasein und den ganzen Kosmos in der rechten Art geistig-moralisch *vermenschlicht.* Herders „Ideen" zeichnen die Naturreiche so, daß der Mensch sich in ihnen als ein sittliches Wesen heimisch fühlen kann.

Das Entgegengesetzte ist der Fall, wenn wir versuchen, mit der mechanistischen Weltansicht des *Dynamismus,* die seit etwa 70 Jahren herrschend geworden ist, zu *leben,* was man allerdings zumeist nicht tut, weil gerade der dynamistisch Gesinnte nicht im besten Sinne des Wortes existenziell denkt. Mit diesem Weltbild zu leben ist auf die Dauer unmöglich. Man stirbt seelisch an ihm. Man hat das Gefühl, darin zu erfrieren, zu erstarren. Und zuletzt büßt man auch in der Tat sein Menschentum ein, wofür die nihilistischen Bewegungen der Gegenwart das sprechendste Zeugnis sind.

Dies kann nicht anders sein, weil es zu den Konsequenzen der dynamistischen Weltansicht gehört, die verborgenen, unbewußten Tiefen des Menscheninneren entweder mechanistisch oder fatalistisch als nichtmenschliche Naturmächte zu deuten. Hier wird nicht die *Natur vermenschlicht*, sondern der *Mensch verweltlicht*.

Das Berechtigte dieser Erkenntnisrichtung liegt jedoch darin, daß es im Menschen in der Tat einen Bereich gibt, in welchem das Naturdasein mächtig in ihn hineinragt. Es ist dies die Sphäre der ungestümen und mächtigen Lebenstriebe, Begierden und instinktiven *Willenskräfte*, die physiologisch hauptsächlich in den geschlechtlichen Fortpflanzungskräften verankert sind. Insoferne die Menschenseele in dieses Kräftebereich des Natürlichen eingespannt ist, kann sie sich nicht als vernunfterfüllte, moralisch verantwortliche, freie Persönlichkeit betrachten, sondern nur als ein naturhaftes Geschlechts- und Gattungswesen, das an das niedere, mehr oder weniger animalisch veranlagte Sinnenselbst mit all seinen subjektiv-persönlichen, „menschlich-allzumenschlichen" Egoismen und Eigenwilligkeiten gebunden ist. Nur allzu leicht geht das Vernünftig-Moralische in dieser *irrationalen* Instinktsphäre unter. Insoferne die Seele in dieser Triebsphäre selbst und durch sie mitbestimmt, ihre Erkenntnistriebe entfaltet, müssen sich diese so äußern, daß sie zum Erfassen des ihnen Verwandten vorzüglich geeignet sind: zum Erleben der elementaren Urtriebe, Willensmächte und Schöpferkräfte, die als Urgewalten des Kosmos jenen menschlichen Urkräften zugrunde liegen. Da aber das Willensleben des Menschen in der Nacht des Unbewußten liegt, kann das gewöhnliche Forscherbewußtsein von diesen gewaltigen Urkräften des Seins nur die äußerste Oberfläche berühren, kaum jemals in die Tiefe derselben dringen. Weil wir in dieser Trieb-Willens-Sphäre noch ungeläutert sind, werden wir auch von den Mächten des Daseins nicht würdig befunden, in dies Gebiet der „unteren Götter" einzudringen. Zu groß wäre die Gefahr, daß wir unreif in den Abgrund des Bösen abstürzen.

Daß unser Willensleben als solches in den Tiefen des Unbewußten kraftet, hat vor STEINER schon LOTZE erkannt: „Das Gefühl, welches unsere Bewegungen begleitet, ist eben nicht die Empfindung unseres Willens im Schwunge seiner den Erfolg erzwingenden Tätigkeit, sondern die Wahrnehmung der *Effekte* des Willens, *nachdem sie auf völlig unwahrnehmbare Weise hervorgebracht sind.*" STEINER hat das Verdienst, bis in die Einzelheiten gehend dargelegt zu haben, inwiefern das Vorstellen (mit Hilfe der Gehirnorganisation) voll wachbewußt abläuft, das Fühlen (in der rhythmischen Organisation) träumerisch-halbbewußt, und das Wollen (im Stoffwechsel-Glieder-Organismus) schlafend-unbewußt. Das *Ichbewußtsein* kommt zwar durch das Denken im Gehirn zustande. Aber etwas ganz anderes ist die *Ichwesenheit* des Menschen. Sie ist von durchaus willenhaft-moralischer und kosmischer Wesenheit, eingebettet in die göttliche Ichheit des Seins.

Aber sie lebt heute noch fast ganz unbewußt unter der Decke der Lebenstriebe der Stoffwechselorganisation, auf welche die Willens-Aktionen des Ich sich physiologisch stützen müssen.

Wenn das Menschenbewußtsein ohne eine Erhöhung der Bewußtseinskräfte den Tiefen der Willenskräfte sich zuwendet, dann gerät es in ein Gebiet des Dunkel-Irrationalen. Darum spricht man vom „blinden" Walten von Kräften, vom blinden Wüten der Leidenschaften. Wenn aber erleuchtete Geister tiefere Blicke in dieses Bereich der irrational-triebhaften Urkräfte werfen konnten — etwa Jakob Böhme oder Schelling —, dann gewahrten sie dort die Urmöglichkeiten zum Bösen. Der *Rationalismus* wird moralisch-hellhörig für die Stimme des Wahren-Guten; er richtet sich auf das Überpersönliche, Nichtsubjektive, ganz und gar Selbstlose. Der *Dynamismus* blickt auf die irrationalen Lebenstriebe und entdeckt in dieser Kräftewelt das ganz und gar Selbstsüchtige, den sinnlichen Egoismus als eine allermächtigste Triebkraft alles Natürlichen.

Damit können wir auf die Urwurzel alles Bösen hinweisen in der Art, wie das Böhme in seinen „sechs theosophischen Punkten" getan hat. Er unterscheidet da „vier Elemente" der finsteren Welt innerhalb der Selbstsucht der Urtriebe: den Haß, Geiz, Neid und Zorn. Ein Element entsteht aus dem anderen, aus allen vieren aber die Falschheit, die Unwahrhaftigkeit. Sie bildet den moralischen Gegenpol zur Wahrheit, die wir als das eigentliche Prinzip des Rationalismus aufgewiesen haben. Allen Formen des sinnlichen Egoismus sei gemeinsam die Sucht, alles selbst sich aneignen zu wollen, den Mitmenschen nichts zu gönnen. Vom Zorn sagt Böhme: „Was der nicht kann mit bösem Willen erreichen, das zündet er im Zornesfeuer an und *zerbrichts mit Gewalt,* richtet Krieg und Morden an, und will alles zerbrechen; dies Geschlecht will alles mit Gewalt bändigen."

Das Urbild der göttlichen Stärke oder Kraft, der Macht und Gewalt, aber auch der Machtgier und Vernichtungswut finden wir in der Richtung des Adlers bzw. Skorpion-Sternbildes. In ihm regiert der Kriegsplanet Mars-Ares. Und Ant-Ares, „Gegen-Mars", heißt der Hauptstern im Skorpionsternbild. Skorpizein aber heißt im Griechischen zersplittern, zerreißen, zerbrechen. Der Dynamismus, die Weltanschauung von der Kräftewelt, ist diejenige des Skorpion-Sternbildes.

Überall, wo die Willenskräfte des sinnlich-instinktiven Egoismus einen Einfluß auf das Denken gewinnen, wird dies notwendigerweise subjektiv-willkürlich, rechthaberisch und gewalttätig. Es bekommt die Neigung, die Wahrheit nach eigenem Gutdünken zu vergewaltigen. Typische Repräsentanten dieser Seelenart waren in der alten Welt die Sophisten, die Antipoden des Sokrates. Mitbestimmend für die sophistische Denkungsart ist der Hochmut, die Selbstüberschätzung. Diese war weltgeschichtlich begreiflich in dem Augenblicke, wo die Menschen gerade in den Besitz der Fähigkeit gekommen waren, mit dem eigenen Denken die Dinge zu bemeistern. Damit war begreiflicherweise ein eminentes Kraftgefühl und Schöpferbewußtsein verbunden, was leicht in Hochmut ausarten konnte. Aus diesem selbstherrlichen Gefühl der Denksouveränität sprach Protagoras das kühne Wort: Der Mensch ist das Maß aller Dinge. Dies Wort ist sogar volle Wahrheit, sobald man den Menschen nicht als subjektiv-beschränkte Persönlichkeit, sondern als das nimmt, was wir in dem Kapitel über den Psychismus als den Gottgeborenen Makro-Anthropos beschrieben haben. *Dies* göttliche Wesen *ist* das Maß aller Dinge. Aber so haben es die Sophisten nicht mehr aufgefaßt. Sie gehörten nicht zu denjenigen Naturen, welche im Denken das Teilnehmen am göttlichen Weltendenken erleben konnten. Sie haben vielmehr die Kraft der subjektiven Persönlichkeit, der willenhaften, erstmals voll entfaltet.

Sie alle, vor allem Gorgias, haben sich sehr verdient gemacht um die Untersuchung der Sprachgesetze, aber sie liebten auch alle das Schönreden, Vielewortemachen in ihren Disputationen, und vor allem das Rechthabenwollen um jeden Preis. Das Denken stand hier nicht im Dienste der Wahrheit, sondern ihrer eigenen Eitelkeit, Geltungssucht und materiellen Gewinnsucht. Ihre Meinung war: Es gibt keine objektive Wahrheit, es gibt nur persönliche Meinungen. Jeder kann nach seinem eigenen Gutdünken bestimmen und festsetzen, was wahr, was recht und gut ist. Und wer die Macht hat, solches allgemein verpflichtend festzusetzen, der bestimmt eben durch Gesetze, was gut und böse ist.

Alle Sophisten waren Rebellen und Revolutionäre des Geistes; verwegene Freigeister, die sich über alle traditionellen ethischen Werte ebenso kühn wie willkürlich hinwegsetzten. Trasymachos erklärte, das Gesetz der Natur sei das Recht des Stärkeren, die eigene Lust rücksichtslos zu befriedigen. Gesetze, die solches Streben einschränken wollen, seien Erfindungen schwacher Naturen.

Ohne weiteres fällt es in die Augen, daß diese durchaus willenhafte Persönlichkeitsphilosophie später im Kulturgewande anderer Zeitalter und in verwandelten Bewußtseinslagen wieder aufgetreten ist, zuerst in den Anschauungen der klassischen Nominalisten etwa eines Duns Scotus, und dann, abermals verwandelt, im philosophischen Dynamismus und Persönlichkeitskultus eines Stirner und Nietzsche.

Duns Scotus war der Hauptvertreter des Nominalismus. Das Marshafte und Skorpionartige seines Wesens erkennt man deutlich aus der Charakterschilderung, die Heinrich Ritter von ihm gegeben hat: „Seine Schriften verraten einen kühnen, unabhängigen Geist, zeigen aber auch zahlreiche Spuren von Verwilderung. Die Mäßigung, welche den Thomas ziert, wohnt seinem Gegner gar nicht bei. Polemik herrscht bei ihm vor, getragen freilich von einer festen systematischen Überzeugung, aber auch ausgeartet in Spitzfindigkeiten, also Sophismen, und in den gröbsten Ausbrüchen des Zornes. Seine Sprache ist schon ganz der Barbarei verfallen. Niemand als er hat strenger gedrungen auf das „*Zwinge* sie, in die Kirche einzutreten!“

Vergewaltigen zu wollen, das ist immer die negative Grundtendenz der Skorpionskräfte.

Im Gegensatz zu Thomas von Aquino lehrte Duns Scotus, daß in Gottes Wesen die Willensnatur so sehr vorwalte, daß, was Gottes Wille gebietet, seine Vernunft gutheißen muß. Darum sind Gottes Ratschlüsse irrational, unbegreiflich. Gott ist der willensstarke Herrscher und Gewalthaber der Welt. Der Wille ist es, dem die Einzeldinge ihr Dasein verdanken. Diese Einzeldinge aber sind das Reale, nicht Gattungswesen, an welchen sie teilhaben sollen. Sind doch die Gattungsbegriffe oder universalia nur subjektive Bezeichnungen.

Das Willensprinzip steht für Duns Scotus absolut im Vordergrunde. Er ist ein typischer Voluntarist. Seine Auffassung vom Göttlichen ist irrationalistisch und dynamistisch. Es zeigt sich hier, daß der Nominalismus aus einem Zusammenwirken von Dynamismus und Mathematismus entsteht, wobei eine besondere Form des Rationalismus, der „Terminismus", noch verstärkend wirken kann.

Mit die verhängnisvollste Folge der nominalistischen Lehren war das Problematischwerden der *Wahrheit* selbst. Sie wurde hinfort nicht mehr als die *eine* und unteilbare erlebt. Denn die Nominalisten verkündigten: Die wissenschaftlich-philosophische und die theologisch-geoffenbarte Wahrheit: das sind zwei ganz verschiedene Dinge, die durchaus nicht immer übereinstimmen müssen. Glauben und Wissen, Offenbarung und Erkenntnis klafften seitdem auseinander.

Die positive Seite dieser Erkenntnisentwickelung dagegen lag darin, daß die aus dem Erleben der willensstarken Persönlichkeit hervorgegangenen nominalistischen Lehren auch in den Mitmenschen die Kraft des Ich, der selbstherrlichen Persönlichkeit erweckten. Dies mußte schließlich zur Emanzipation der souveränen Persönlichkeit von den kirchlichen und klassischen Autoritäten führen, zur Reformation. Alle leitenden Reformatoren waren Nominalisten. Ausnahmen waren Melanchthon und Erasmus von Rotterdam, die aber mehr Humanisten als Reformatoren gewesen sind. Die von LUTHER und CALVIN inaugurierte religiöse Weltanschauung des Protestantismus ist wesentlich mitbestimmt durch die nominalistischen Anschauungen von WILHELM VON OCCAM vom völlig unbegreiflichen, ja sogar widervernünftigen Allmachtswillen Gottes, der souverän über allem Geschehenen thront; demgegenüber die Kreatur gar nichts bedeutet. Nachdem dann in der Zwischenzeit mancherlei idealistische und halbmystische Strömungen diese Anschauungen abgewandelt oder gemildert hatten, sind sie seit KIERKEGAARD in unserem Jahrhundert, welches der Äon des Dynamismus ist, aufs neue herrschend geworden, und zwar in der irrationalen und dialektischen Theologie eines RUDOLF OTTO, KARL BARTH und Anderer. Die Furcht, die Angst vor dem Leben und der Sünde, aber auch vor der Willkürmacht Gottes und die Faszination durch seine Irrationalität spielen in dieser Strömung die entscheidende Rolle. Im Keime veranlagt war diese Richtung nicht im Christentum, sondern im Protestantismus, schon bei seinem Stifter. Wodurch ist Luther Augustinermönch und damit auch schließlich Reformator geworden? Er bekennt es selbst: „Durch Himmelsschrecken bin ich berufen worden, nicht freiwillig und in innerem Verlangen bin ich Mönch geworden. Im Schrecken und in der

Angst vor einem plötzlichen Tode habe ich ein erzwungenes und der Not abgepreßtes Gelübde gelobt."

Kierkegaards Anschauungen gehen aus dem Grundgefühl der Wertlosigkeit und Nichtigkeit des Menschen hervor. Das Leben ist eine Krankheit zum Tode. Des Menschen Abstand von Gott ist ein unendlicher, unüberbrückbarer, so lehrt diese Theologie. Gottes Entscheidungen über Wohl und Wehe, Leben und Tod, Seligkeit und Verdammnis sind völlig undurchschaubare Willkürakte. Diese Gottesvorstellung ist einseitig voluntaristisch-dynamistisch. Sie paßt mehr auf Jehova oder sogar Allah als auf Christus, den Menschheitsfreund und Welterlöser. Mit dieser durchaus antirationalistischen Weltanschauung ist die der Herderschen Humanitätsreligion entgegengesetzte Auffassung herrschend geworden. Daher auch die Ablehnung des deutschen Idealismus in der Philosophie seitens der dialektischen Theologie, die sich für Deutschland gerade jetzt nicht segensvoll auswirken kann.

Denn gleichzeitig hat der naturwissenschaftliche und philosophische Dynamismus bewirkt, daß der negative Pol der Freiheitsentscheidung des Menschen zur Wirklichkeit geworden ist: die Selbstvernichtung. So ernst auch die angedeutete Theologie die zentrale Christus-Idee gefährdet: für die Kultur unseres Jahrhunderts ist noch ungleich gefährlicher der naturwissenschaftliche und philosophische Dynamismus. In seinen ersten Anfängen allerdings, als er von geistig bedeutenden und sittlich sehr hochstehenden Persönlichkeiten getragen und eingeleitet worden ist, hat er mächtig belebend auf die Entfaltung der freien Schöpferkräfte der Persönlichkeit eingewirkt. Stirner und Nietzsche haben diese Bewegung in genialer Weise eröffnet.

Unter dem Namen Max Stirner hat Kaspar Schmidt die beispiellos kühne Schrift des extremen Individualismus geschrieben: „Der Einzige und sein Eigentum". Schon eine Generation vor Nietzsche machte Stirner die souveräne Schöpfervollmacht des Ichmenschen geltend. Aber andererseits sagte Stirner, wie einst die Sophisten: Allgemeingültige Wahrheiten gibt es nicht. Was sich so gibt, das sind leere Redensarten, bloße Worte. Die Vernunft ist lediglich beim Einzelnen. Wahrheit ist nur durch mich. „Eigner und Schöpfer meines Rechtes — erkenne ich keine andere Rechtsquelle als — mich, weder Gott, noch den Staat, noch die Natur, noch auch den Menschen selbst mit seinen ewigen Menschenrechten, weder göttliches noch menschliches Recht."

Das ist unverkennbar das Entgegengesetzte von der Seelenhaltung, die für den Rationalismus charakteristisch ist.

Vorzüglich aus der Geisteskonstellation des Rationalismus hatte Nietzsche in der mittleren Epoche seines Schriftstellertums eine neue, durchaus individualistische Ethik schaffen wollen, die Umwertung aller Werte. Wäre sein Rationalismus ungetrübt gewesen, dann wäre diese im Grunde genommen tief mitleidvolle Seele und dieser eminent starke Geist zum Verkündiger eines neuen Evangeliums der Liebe geworden, so wie dieses formuliert sein muß aus dem Geiste der schaffend gewordenen Bewußtseinsseele. Weil Steiner in manchen Werken von Nietzsche die Keime zu einer „Philosophie der Freiheit" gesehen hat, fühlte er sich gedrungen, diesen „mutigen Kämpfer gegen seine Zeit" (und ihre schablonenhafte Philistrosität) zu verteidigen. Aber das machte ihn nicht blind für den in Nietzsche heraufsteigenden Immoralismus. Dieser ist, wie wir schon erwähnten, die Frucht des antirationalistischen Dynamismus. Nietzsches Polemik gegen Sokrates und alle bewußte Rationalität und seine Vorliebe für urwüchsige, kräftige Instinkte wurzeln in diesem Dynamismus, der seinen Rationalismus immer mehr verdrängt hat. Schon in der „Fröhlichen Wissenschaft" kündigt sich das Antirationalistische an: „Die Bewußtheit ist die letzte und späteste Entwickelung des Organischen und folglich auch das Unfertigste und Unkräftigste daran. An ihrem verkehrten Urteilen und Phantasieren mit offenen Augen, an ihrer Ungründlichkeit und Leichtgläubigkeit, kurz eben an ihrer Bewußtheit müßte die Menschheit zugrunde gehen." Demgegenüber mußte STEINER feststellen: „Ein Mensch, der sich bloß seinen sinnlichen Instinken überläßt, handelt wie ein Tier; ein Mensch, der seine sinnlichen Instinkte unter fremde Gedanken stellt, handelt unfrei; erst der Mensch, der sich selbst seine moralischen Ziele schafft, handelt frei. Die moralische Phantasie fehlt in Nietzsches Ausführungen. Wer dessen Gedanken zu Ende denkt, muß notwendig auf diesen Begriff kommen. Aber andererseits ist es auch eine unbedingte Notwendigkeit, daß dieser Begriff der Nietzscheschen Weltanschauung eingefügt wird. Sonst könnte gegen dieselbe immerfort eingewendet werden: zwar ist der dionysische Mensch kein Knecht des Herkommens oder des ‚jenseitigen Willens', aber er ist ein Knecht seiner eigenen Instinkte."

Am Ende seines Lebens stand Nietzsche völlig im Zeichen des Dynamismus. Dieser hat sich in rückhaltloser und rücksichtsloser Ehrlichkeit ausgesprochen als „der Wille zur Macht", als Immoralismus, Nihilismus und Antichristianismus. Dieser Dynamismus war typisch voluntaristisch. Die kürzeste Formel für die hieraus resultierende Ethik ist: der Wille zur Macht. Der Wille: das voluntaristische Prinzip, die Macht: das dynamistische. Nietzsche selbst sagte einmal: Ich bin kein Mensch, ich bin Dynamit! Und mit Genugtuung und Stolz bemerkt er, eigentlich heiße er — weil von polnischer Abkunft — Niëcky, das bedeute: der Vernichter, der Nihilist, *der Geist, der stets verneint.* Wie radikal den Anlagen der deutschen Volksseele *entgegengesetzt* in Wahrheit der allem Humanitätsglauben des klassischen Idealismus spottende Dynamismus eines Nietzsche ist, erhelle aus dem Bekenntnis Nietzsches: „Wenn ich mir eine Art von Mensch ausdenke, die allen meinen Instinkten zuwiderläuft, so wird immer ein Deutscher daraus."

Dennoch hat 33 Jahre nach dem Tode Nietzsches der böse Dämon des Dynamismus das deutsche Volk verführt und vergewaltigt. Vierzig Jahre nach seinem Tode stürzte er ganz Europa in Krieg und Verderben. Diesem Dämon konnte das deutsche Volk nur verfallen, weil es schon jahrzehntelang seinem eigentlichen Wesen untreu geworden war. Seit 1870 haben wir uns von der Humanitätsphilosophie eines HERDER immer weiter und weiter entfernt. Der politische Machtgedanke hat allzu verführerisch gewirkt. Obwohl

Nietzsche im Jahre 1871 gewarnt hat: Die Begründung des Deutschen Reiches bedeute die Exstirpation des deutschen Geistes. Auf den Verrat des Humanitätsideals kann aber immer und überall als letzte Konsequenz nur folgen: „Die Revolution des Nihilismus." In seiner letzten Entwickelungsphase ist Nietzsche zum Propheten des philosophischen und gesellschaftlichen Dynamismus des 20. Jahrhunderts geworden, den dann die für Nietzsche schwärmenden Diktatoren der europäischen Mitte zur weltgeschichtlichen Wirklichkeit gemacht haben. Um 1881 — 33 Jahre vor dem Ausbruch der Weltkriegskatastrophe — schrieb Nietzsche: „Eine überkultivierte und daher notwendig matte Menschheit wie der jetzige Europäer bedarf der furchtbarsten Kriege, also zeitweiliger Rückfälle in die Barbarei, zu ihrer Regeneration. Erobernde und herrschende Naturen, prometheische Barbaren, müssen wirkliche Kriege von klassischer Vollkommenheit bringen, bei denen der Spaß aufhört. Zeichen des nächsten Jahrhunderts: Eintritt der Russen in die Kultur, Nähe der Barbarei, Erwachen der Künste, phantastischer Wahnsinn und wirkliche Willenskraft."

Heute, 33 Jahre (1947 geschrieben) nach dem Beginn der Weltkatastrophe, die uns die prometheischen Barbaren und den phantastischen Wahnsinn gebracht haben, ist es wohl an der Zeit, an diese Worte zu erinnern.

In Nietzsches Schrift „Jenseits von Gut und Böse" finden wir in der Tat, jedoch in bedeutsamer Weise formuliert, erste Keime der furchtbaren Weltanschauung formuliert, die heute den Gegenpol bildet zur Humanitäts- und Wertphilosophie. „Es ist nicht mehr als ein moralisches Vorurteil, daß Wahrheit mehr wert ist als Schein; es ist sogar die schlechtest bewiesene Annahme, die es in der Welt gibt. Ja, was zwingt uns überhaupt zur Annahme, daß es einen wesenhaften Gegensatz von ‚wahr und falsch' gibt?" Nihilismus!

„Wir vermeinen, daß Härte, Gewaltsamkeit, Sklaverei, Gefahr auf der Gasse und im Herzen, Verborgenheit, Stoizismus, Versucherkunst und Teufelei jeder Art, daß alles Böse, Furchtbare, Tyrannische, Raubtier- und Schlangenhafte am Menschen so gut zu Erhöhung der Species ‚Mensch' dient als sein Gegensatz." Immoralismus!

„Der christliche Glaube ist von Anbeginn Opferung: Opferung aller Freiheit, alles Stolzes, aller Selbstgewißheit des Geistes, zugleich Verknechtung und Selbstverhöhnung, Selbstverstümmelung. Es ist Grausamkeit und Phönizismus in diesem Glauben, der einem mürben, vielfachen und vielverwöhnten Gewissen zugemutet wird." Antichristianismus!

Unter dem Zeichen der Skorpionsweltanschauung stehend, bemühte sich Nietzsche mit all seiner blendenden Überredungskunst, die Menschen von der „unheimlichen Gefährlichkeit" der Mitleidsreligion zu überzeugen. Neben dem Christentum traf er hiermit den Buddhismus und die Ethik Schopenhauers: „Man hat Tugend, Entselbstung, Mitleiden, man hat selbst Verneinung des Lebens gefordert. Dies alles sind Werte der *Erschöpften.* Das Christentum ist die Religion der schwachen Exemplare der Tiergattung ‚Mensch', der Mißratenen, Kranken, Entarteten, Gebrechlichen, notwendig Leidenden." „Diese

Exemplare erhalten zu wollen, das heißt in der Tat und Wahrheit, an der Verschlechterung der europäischen Rasse zu arbeiten."

Wir fürchten beinahe, kaum gebannte Gespenster wieder heraufzubeschwören, wenn wir auch noch die anschließenden Sätze zitieren: „Alle Wertschätzungen auf den Kopf zu stellen, das mußten sie. Und die Staaten zerbrechen, die großen Hoffnungen ankränkeln, das Glück der Schönheit verdächtigen, alles Selbstherrliche, Erobernde, Herrschsüchtige, alle Instinkte, welche dem höchsten und wohlgeratensten Typus ‚Mensch' zu eigen sind, in Unsicherheit, Gewissensnot, Selbstzerstörung umknicken."

Obwohl Nietzsche gewisse Ideen als Gegenideen zu dem formuliert hat, was er bei Eugen Dühring gelesen hat, ist er doch selbst derselben naturwissenschaftlichen Weltansicht verfallen, die sich gerade in Dühring extrem und radikal-kompromißlos ausgesprochen hat. Es ist eben die mechanistisch-dynamistische, die sich allmählich aus der materialistischen und mathematistischen entwickelt hat.

Auch der naturwissenschaftliche Dynamismus ist als eine letzte Konsequenz aus dem mittelalterlichen Nominalismus entstanden. Er benimmt nicht nur dem Allgemeinbegriffe, sondern auch den in den Sinneseindrücken aufgefaßten Natur-Qualitäten ihren Realitäts-Charakter und degradiert auch diese zu bloß subjektiven Faktoren.

Seit Lionardo da Vinci spielt die Mechanik, welche als Dynamik und Kinetik diejenigen Bewegungen erforscht, in die ein Körper unter der Einwirkung von gewissen Kräften gerät, die sich nicht das Gleichgewicht halten, eine immer größere Rolle in der Physik. Sie wurde zur wissenschaftlichen Grundlage auch der Technik. Galilei und Gassendi waren die Bahnbrecher des mechanistischen Dynamismus in der Naturwissenschaft und damit die Urväter der Technik. Schon Galilei führte die Sinnesqualitäten mathematisch-mechanistisch auf quantitative Bewegungen zurück. Mit Robert Boyle begann dann 1661 der Siegeszug des dynamischen Atomismus. Mit Newton und Laplace entstand die mathematische Himmels-Mechanik. Immanuel Kant wurde in der „Allgemeinen Theorie und Naturgeschichte des Himmels" im Jahre 1755 ein Hauptführer und Bahnbrecher des naturwissenschaftlichen Dynamismus. Dieses Buch trägt den Untertitel: „Versuch von der Verfassung und dem mechanischen Ursprung des ganzen Weltgebäudes, nach Newtonschen Grundsätzen abgehandelt." Dynamistische Architektonik der Sternenwelt.

Eduard von Hartmann sah in Kant sogar den Vater des modernen Dynamismus: „Es gibt keinen Dynamismus, der die Kräfte, aus welchen er die Materie konstruiert, als etwas schlechthin Allgemeines und Kontinuierliches ohne jede individualistische Diskretion hinzustellen wagte, es gibt keinen *Atomismus,* dem nicht an seinen Atomen für das reelle Erklärungsbedürfnis die *Kräfte* die Hauptsache sind. Jeder Dynamismus ist mehr oder weniger atomisierend, jeder Atomismus ist mehr oder weniger dynamisch; jeder von beiden ist es um so mehr, je besser er sich selbst versteht, und je schärfer er sich faßt. Als den Vater des modernen Dynamismus kann man KANT bezeichnen. Das Motiv seiner Aufstellung lag wohl in dem Widerwillen gegen die Wirkung auf Abstand, mindestens mit Bezug auf die abstoßenden Kräfte, und er glaubte dieselben dadurch zu umgehen, daß er die Abstoßungskräfte den Raum kontinuierlich erfüllen ließ und alle Wirkungen unter ihnen als *Berührungswirkungen* darstellte. Wenn aber die Abstoßung nur durch gegenseitige Berührung, durch unmittelbares Einander-Stoßen und Drücken erfolgen soll, so muß, folgerte Kant, die Abstoßungskraft in den ausschließlich aufeinander wirkenden Oberflächen ihren Sitz haben, d. h. sie muß eine Flächenkraft sein. Aber schließlich erweist sich Kants Flächenkraft doch nur als eine rohe Übertragung der sinnlichen Tatsache ins metaphysische Gebiet, daß ich mir den Kopf an der Wand erst stoße, wenn ich sie zu berühren glaube."

Nachdem der nachkantische Idealismus abgeebbt war, kam im Zusammenhang mit dem Siegeszug der quantitativen Naturforschung der Neukantianismus auf, der in FRIEDRICH ALBERT LANGE den Materialismus nur sehr scheinbar „überwunden" hat. Seine Erkenntnistheorie verband sich mit der naturwissenschaftlichen Anschauung von den spezifischen Sinnesenergien. Hierdurch wurden alle Naturqualitäten in ein atomistisches Bewegungsspiel einerseits, in Subjektiv-Physiologisches andererseits aufgelöst. Seitdem überwältigte der Dynamismus den eigentlichen Materialismus vollständig, jedoch ohne ihn aufzuheben. Im Gegenteil! Er hat ihn nur maskiert und in Wirklichkeit fast ungreifbar gemacht. Alles wirkte zusammen, bis hieraus zuletzt der philosophische Nihilismus des Agnostizismus resultierte. An der Art und Weise, wie DUBOIS-REYMOND die völlig qualitätslose Naturwelt beschreibt, ist abzulesen, daß diese Anschauung zum Agnostizismus führen muß: „Alle Qualitäten entstehen erst durch die Sinne. Das Mosaische ‚Es werde Licht!' ist physiologisch falsch. Licht ward es erst, als der erste rote Augenpunkt eines Infusoriums zum erstenmal hell und dunkel unterschied. *Stumm und finster an sich, das heißt eigenschaftslos, wie sie aus der subjektiven Zergliederung hervorgeht, ist die Welt auch für die durch die objektive Betrachtung gewonnene mechanische Anschauung*, welche statt Schalles und Lichtes nur Schwingungen eines *eigenschaftslosen*, dort nur wägbaren, hier zur unwägbaren Materie gewordenen Urstoffes kennt."

Nachdem auf diesem Wege unserem Vorstellungsvermögen alles Wertvolle der Augenwelt weggenommen worden war, das Licht, die Farben, die Klänge, die Düfte, die ganze Herrlichkeit der Erscheinungswelt, mußte bald auch das Bewußtsein von den Werten der Innenwelt, von der moralischen Wesenheit und Würde des Menschen dahinschwinden. Darum sind Antihumanismus und Nihilismus die praktischen Lebenskonsequenzen des Dynamismus. Die mechanistische Weltansicht tötet zuerst (für das Erkenntnisvermögen) alles Lebendige, Seelisch-Qualitative in der Welt und zuletzt auch das Seelische des Menschen selbst. So ist die Wirkung des furchtbaren Skorpionsstachels.

Einer der letzten Vertreter der edlen Humanitätsphilosophie, der geistvolle Herman Grimm, empfand noch tief das Beschämende und Menschenunwürdige des Weltbildes der Himmelsmechanik, welche Leben, Seele und Geist im Weltall auslöscht: „Ein Aasknochen, um den ein hungriger Hund einen Umweg macht, wäre ein erfrischendes, appetitliches Stück im Vergleich zu diesem letzten Schöpfungsexkrement, als welches unsere Erde schließlich der Sonne wieder anheimfiele, und es ist die Wißbegier, mit der unsere Generation dergleichen aufnimmt und zu glauben vermeint, ein Zeichen *kranker Phantasie,* die als ein historisches Zeitphänomen zu erklären die Gelehrten künftiger Epochen einmal viel Scharfsinn aufwenden müssen."

Wiederholt haben wir darauf hingewiesen, daß der Dynamismus oft mit dem Mathematismus gepaart auftritt. Man sieht es in der Physik, in der Himmelmechanik, am Atomismus, aber auch an der nominalistischen Denkweise beider Weltanschauungen. Auch dies hat der Dynamismus mit dem Mathematismus gemein: Anfangs geht von ihm ein mächtiger Antrieb zur Entfaltung der freien und kräftigen Persönlichkeit aus, aber seine letzten Konsequenzen führen mit Notwendigkeit zur Vernichtung der Freiheit des Ich. Das Persönlichkeitsprinzip überschlägt sich im Hyperindividualismus und das Freiheitsprinzip in der Willkür, und beide heben sich selbst auf. Das letzte theoretische Prinzip des Dynamismus ist die *eherne Notwendigkeit* in allem mechanischen Ablauf der Naturprozesse, und seine letzte praktische Konsequenz ist der Nihilismus, der die totale Staatsallmacht herausfordert, in der alle individuelle Freiheit mit eiserner Notwendigkeit untergeht.

Es ist überaus lehrreich zu sehen, wie schon einer der allerersten und klassischen Vertreter des naturwissenschaftlichen und philosophischen Dynamismus zu einem Verherrlicher der totalen Staatsmacht geworden ist. Es ist dies Thomas Hobbes, der Schüler und Freund von Lord Bacon von Verulam. In Frankreich war er der Erzieher des späteren englischen Königs Karl II., dem er später in Freundschaft verbunden blieb. Diesen König kennzeichnete Buckle als einen Säufer, Wollüstling und Heuchler ohne Scham und Verstand.

Unter Philosophie versteht Hobbes im wesentlichen die Physik bzw. die Mechanik des Galilei und Gassendi. Wir finden in seiner Weltansicht eine unreine Mischung von sensualistischem Naturalismus, terministischem Rationalismus bzw. Nominalismus und Dynamismus: Löwe, Stier und Skorpion. Das Denken, so sagt Hobbes, ist ein Substrahieren und Addieren von Worten, die nichts als konventionelle, zufällige Zeichen sind. Weil wir sie beherrschen, verstehen wir sie. Es gibt nichts Allgemeines außer der konventionellen Allgemeingültigkeit der Worte. Die Sinnesempfindungen vermitteln uns die wichtigsten Erkenntnisse. Sie beziehen sich aber keineswegs auf wirkliche Naturbeschaffenheiten, sondern auf mechanistische, atomistische Bewegungsvorgänge.

Im „Leviathan" hat Hobbes Bacons These: das Wissen habe den Zweck, Macht über die Natur auszuüben, — auf die menschliche Gesellschaft angewandt. Der Mensch ist eine Maschinerie, die nur nach Selbsterhaltung strebt.

Weil alles in der Natur unter dem Zwang der mechanischen Natur-Kausalität steht, gibt es keine Freiheit. Was man so nennt, ist nur die Abwesenheit von Zwang in gewissen Fällen. So sagen wir z. B. vom Wasser, daß es frei ablaufe, wenn kein Hindernis seinen Weg hemmt. Übrigens hat Woodrow Wilson die Freiheit genau so dynamistisch definiert: „Was ist Freiheit? Man sagt von einer Lokomotive, daß sie frei laufe. Was meint man damit? Man will sagen: die einzelnen Bestandteile seien so zusammengesetzt und ineinandergepaßt, daß die Reibung auf ein Minimum beschränkt wird. Die Freiheit des Menschen besteht in dem richtigen Ineinandergreifen der menschlichen Interessen, des Handelns und der *Kräfte*." Es sprechen mancherlei Anzeichen dafür, daß dies die allgemein herrschende Auffassung von der Freiheit im amerikanischen Volke wird. Aber man bedenke doch: hier wird die Freiheit als das rechte Eingespanntsein in die mit Notwendigkeit waltenden Gesetze der Mechanik definiert. Wenn Freiheit nicht m e h r sein soll als das recht geregelte Ineinandergreifen der Egoismen und Kräfte, dann gibt es keine freie Entscheidung mehr für den Einzelnen für die von ihm persönlich erschauten ethischen Werte!

Damit durch das Aufeinanderprallen aller Einzelegoismen nicht wieder der Krieg aller gegen alle entstehe, der „Naturzustand", muß der Staat die Menschen unter Zwang halten, meint Hobbes. Der Staat hat zu befehlen, was gut und böse ist. Er darf sich dabei auch der abergläubischen Fiktionen der Religionen bedienen, um die Menschen in der Furcht zu halten. Individuell-freie Religionsüberzeugungen dürfen nicht geduldet werden. Sie sind staatsgefährlich. Das Gewissen ist nichts anderes als der Gehorsam gegenüber der allmächtigen Staatsgewalt.

Dies Urbild eines sogar das Gewissen der Menschen beherrschenden Staates haben aber nicht die Engländer verwirklicht, sondern die Diktatoren Mitteleuropas. Solange aber in unserem Jahrhundert die mechanistischen Grundsätze des Dynamismus in Wissenschaft, Technik, Wirtschaft und Gesellschaft noch fast ausschließlich herrschend sind, wäre es eine gefährliche Illusion zu glauben, daß nicht gerade da, wo diese Anschauungen des in den Nihilismus einmündenden Dynamismus maßgebend sind, neue Versuche gemacht werden, ihn als Staatsprinzip in Wirklichkeit umzusetzen. Dann aber erhält das Radikal-Böse seine weltgeschichtlich allergrößten Chancen. Hierauf hat Hermann Steinhausen (Eugen Gürster) in seinem Buch über die Rolle des Bösen in der Weltgeschichte (Stockholm 1929) nachdrücklich hingewiesen. Er hatte dabei allerdings nur die erste weltgeschichtliche Erscheinungsform des gesellschaftlichen Dynamismus, den Nationalsozialismus, im Auge. Das Buch ist typisch dafür, wie jemand vom Standpunkte der Wertphilosophie auf den Gegenpol, die Skorpionsweltanschauung hinblickt.

In engem Zusammenhang mit diesen beiden entgegengesetzten Weltanschauungen stehen zwei ethische Richtungen der Philosophie, die man zumeist Optimismus und Pessimismus nennt. Die echten Vertreter des Rationalismus sind beinahe immer philosophische Optimisten. Sie sind überzeugt von der Kraft des Wahren und Guten, von den ethischen Werten und Gütern der Menschheit, vom *Fortschritt* zu immer größerer Humanität. Der Entwickelungsoptimismus des klassischen Rationalismus der Aufklärungsperiode ist hierfür sehr kennzeichnend. Herder, Goethe, Burckhardt, Grimm, Nicolai Hartmann sprechen aus derselben *Positivität.*

Ganz anders die Vertreter des Dynamismus. Ihr Blick ist nun einmal auf die rein physikalischen Bereiche des Naturdaseins gerichtet, in welchem es dem intellektualistischen Erkennen beinahe unmöglich ist, mehr als ein blindes, zufälliges Spiel von Kräften und Atomen zu sehen. Und in sich selbst und in den Mitmenschen erfahren diese Naturen, kraft ihrer besonderen Anlage, vorzüglich die Macht der dunklen, blinden Naturinstinkte und Leidenschaften; sie wissen um das „Menschlich-Allzumenschliche"; sie kennen die Kraft des Egoismus, den Willen zur Macht; sie wittern das Böse. Andererseits fehlt ihnen oft das Geistorgan für den inspirierenden Ruf aus der Geisteswelt der moralischen Werte. Kein Wunder, daß es ihnen schwerfällt, jene Positivität aufzubringen. Sie sind große Verneiner. Sie müssen beinahe zwangsläufig zur Geringschätzung von Menschen-Wert und -Würde kommen, gerade weil sie andererseits auch in der falschen Selbstüberschätzung des Menschen leben. Oft werden sie zu ausgesprochenen Misanthropen und Menschenverächtern. So Hobbes, Schopenhauer, Dühring, auch der spätere Nietzsche und in gewisser Beziehung sogar Wagner. In jedem Fall aber neigen sie zu einer düsteren Weltansicht, zum Pessimismus. Die dunklen Aspekte des Menschen und Weltdaseins erleben sie viel stärker als die hellen. Sie stehen im geistigen Tierkreis da, wo die Kraft der dunklen Tierkreisbilder konzentriert ist: im Skorpion.

Auf die dynamistischen Einschläge in der Seele Richard Wagners und Schopenhauers haben wir bereits hingewiesen. Bevor wir sie in Schopenhauer genauer kennzeichnen, sei aber doch hervorgehoben, wie gerade er — mit einem Seelenteil ganz im Zeichen der Buddha-Weltanschauung stehend — über den antiqualitativen Dynamismus des Atomismus die ganze Schale seines Spottes ausgegossen hat: „Diese ganze Äther-Atomen-Tremulanten-Hypothese ist nicht nur ein Hirngespinst, sondern tut es in täppischer Plumpheit den ärgsten Demokritischen gleich, ist aber unverschämt genug, sich heutzutage als ausgemachte Sache zu gerieren, wodurch sie erlangt hat, daß sie von tausend pinselhaften Skribenten aller Fächer, denen jede Kenntnis von solchen Dingen abgeht, rechtgläubig nachgebetet und wie ein Evangelium geglaubt wird. Die Träumereien der Schellingschen Naturphilosophien und ihrer Anhänger waren doch meistens geistreich, schwunghaft oder wenigstens witzig. Diese hingegen sind plump, platt, ärmlich und täppisch, die Ausgeburt von Köpfen, die ernstlich keine andere Realität zu denken vermögen, als eine *gefabelte eigenschaftslose Materie.*"

Dynamistisch dagegen in Schopenhauers Weltanschauung ist die Ableitung des Moralischen — nicht aus der Inspiration des Geistes im Sinne des Buddhismus — sondern aus der völlig unbegreiflichen Umkehr des irrationalen

Willens von seiner Bejahung zu seiner Verneinung, und vor allem die Erhebung der dumpf-begehrenden, blind, zufällig und sinnlos-unvernünftig waltenden Lebenstriebe, Selbstbehauptungsinstinkte, „Willen" genannt, zum höchsten Weltprinzip. Und trotz alles Schimpfens auf den Atomismus lehnte sich Schopenhauer doch an KANTS dynamistische Interpretation der Materie unmittelbar an: „Kraft und Stoff sind unzertrennlich, weil sie im Grunde *Eines* sind; da, wie Kant dargetan hat, die Materie selbst uns nur im Verein zweier Kräfte, der Expansions- und Attraktionskraft gegeben ist. Zwischen Kraft und Stoff besteht also kein Gegensatz: vielmehr sind sie geradezu *Eines.*"

Auf dem Gebiete der Anthropologie endlich und der Psychologie zeigt Schopenhauer ein auffällig großes Interesse für das Geschlechtsleben und für das Magische — gewiß im Zusammenhange mit erheblichen Skorpionsimpulsen in seiner Seele. Wie unheimlich scharf endlich war sein Blick für die Irrationalität, Dummheit, Trivialität und Bosheit der Menschen, wie giftig seine Menschenverachtung und der Stachel seiner Polemik! Dies alles mußte zum *Pessimismus* führen.

Von diesem hat EDUARD VON HARTMANN ziemlich viel aufgenommen, und auch noch andere dynamistische Ideen können wir bei ihm finden, trotzdem er neben dem blinden Willen die Weisheit des Unbewußten als ein zweites Weltprinzip erschaut hat.

Radikal aber äußerte sich der Pessimismus — ebenfalls in Verbindung mit dynamistischen Vorstellungen — in der „Philosophie der Erlösung" von PHILIPP MAINLÄNDER. Diese erklärt alles Böse und Übel, das in der Sinneswelt vorherrscht, aus einer *Selbstzersplitterung* der ursprünglichen Göttlichen Geisteswelt, deren Resultat die Materie sei. Gott ist also in die Welt hineingestorben. Weil seine Kraft darin völlig erstorben ist, herrscht in der Welt das Böse unumschränkt. Die Welt ist der Leichnam Gottes. Wenn aber die Menschen mitwirken wollten, dann wird auch noch dieser Leichnam zugrunde gehen und an die Stelle des Seins wird das Nichtsein treten. Damit kommt die Erlösung vom Elend des Seins. Nach der Vollendung dieses Werkes hat sich Mainländer das Leben genommen. Die Idee der Selbstzersplitterung Gottes ist eine typische Skorpionsidee, und die physische Selbstvernichtung ist die Besiegelung dieser Todesweltanschauung.

Auch Nietzsche hatte verkündet: Gott ist tot. Und heute ist es die unausgesprochene oder ausgesprochene Überzeugung von Millionen.

Aber birgt eigentlich diese Weltansicht durchaus gar keine Wahrheit? Die alte Mysterienweisheit läßt uns erkennen, daß wir es sogar in solchen Anschauungen mit allerdings krankhaft verzerrten und radikal einseitigen Wahrheiten zu tun haben. Was diesen so furchtbar tragischen Gedanken als Wahrheit zugrunde liegt, das ist die Anschauung von dem Weltendrama Gottes in seiner Weltschöpfung, die als eine Überzeugung der alten Mysterieneingeweihten so dargestellt werden kann: „In nichts Geringerem bestand dieses Drama als in der Erlösung des verzauberten Gottes. Wo ist Gott? Das war die Frage, die dem Mysten sich vor die Seele stellte. Gott ist nicht, aber die Natur ist. In der Natur muß er gefunden werden. *In ihr hat er sein Zaubergrab gefunden.* In einem höheren Sinne faßte der Myste die Worte: Gott ist die Liebe. Denn Gott hat diese Liebe bis zum Äußersten gebracht. Er hat sich selbst in unendlicher Liebe hingegeben; er hat sich ausgegossen; *er hat sich in die Mannigfaltigkeit der Naturdinge zerstückelt; sie leben und er lebt nicht.* Und der Mensch kann ihn erwecken. Soll er ihn zum Dasein kommen lassen, so muß er ihn *schaffend* erlösen. Der Mensch blickt nun in sich. Als *verborgene Schöpferkraft,* noch daseinslos, wirkt das Göttliche in seiner Seele. In dieser Seele ist eine Stätte, in der der verzauberte Gott wieder aufleben kann. Die Seele ist die Mutter, die den Gott aus der Natur empfangen kann. Lasse die Seele von der Natur sich befruchten, so wird sie ein Göttliches gebären. Aus der Ehe der Seele mit der Natur wird Gott geboren. Das ist nun kein „verborgener" Gott mehr, das ist ein offenbarer Gott. Er hat Leben, wahrnehmbares Leben, das unter den Menschen wandelt. Er ist der entzauberte Gott, der Sproß des Verzauberten. *Der große Gott, der war, ist und sein wird:* der ist er wohl nicht, aber er kann doch in gewissem Sinne als dessen Offenbarung genommen werden. Der Vater bleibt ruhig im Verborgenen; den Menschen ist der Sohn aus der eigenen Seele geboren. Die mystische Erkenntnis ist damit ein wirklicher Vorgang im Weltprozeß. Sie ist eine Geburt Gottes. Sie ist ein Vorgang, so wirklich wie ein anderer Naturvorgang, nur auf einer höheren Stufe" (Rudolf Steiner „Das Christentum als mystische Tatsache und die Mysterien des Altertums").

Hiermit haben wir den Übergang gefunden von den finsteren Todesaspekten des Dynamismus zu seinen verborgenen Lebenshöhen. Hinter dem dunklen Skorpionssternbild können wir in erhabensten Geisteshöhen den Adler des Johannes ahnen!

Wenn sich der Dynamismus zu dieser höchsten Höhe erhebt, dann geht aus ihm die Erkenntnis hervor: Alle Äußerungen der Willenskraft und Schöpfermacht in der Natur und im Menschen, die leiblichen und die geistigen, die Zeugungskraft und das Künstlerisch-Schöpferische: alles dieses sind doch nur auf verschiedenen Ebenen Manifestationen eines Urschöpferischen des Weltenkünstlers, des göttlichen Weltenbaumeisters, des Urvaters, der im Verborgenen lebt. In seiner Eigenwesenheit ist dieses „Überseiende", um den Ausdruck des Dionysios Areopagita zu gebrauchen, durchaus und in keiner Weise begreiflich. *Dieses* Wesen ist wahrlich und ganz irrational, überrational. Für dieses Wesen gibt es, wie die tiefsten Geister der Menschheit bekannt haben, keine Namen, keine Begriffe, keine Anschauungen.

Aber dieses „erste Prinzip", um mit Böhme zu sprechen, hat sich schaffend geoffenbart im zweiten, im Sohn, im Wort oder Logos. In dieser Eigenschaft ist sein Wesen geoffenbart durch den Adler-Evangelisten Johannes: Im Urbeginne war das Wort und das Wort war bei Gott und ein Göttliches war das Wort.

Aber so hoch auch dieses höchste Schöpferwesen über Allem erhaben steht: in ihm urständet, durch das Wort das *Göttliche Sein des Menschen, der Makro-Anthropos.* Darum ist auch der einzige Name, in dem dieses Wesen indirekt angedeutet werden kann, der Name des Menschen: *Ich bin, der Ich bin, der Ich war, der Ich sein werde.*

Er, der Schöpfer, ist das Urleben. Darum ist es auch der Vater, der den Sohn in der Auferstehung aus dem Tode erweckt hat. Der Adler ist für diese Kraft die rechte kosmische Imagination.

Aber das Höchste ist schaffend in die Welt hineingestorben. Und seitdem trachtet der dunkle Herr des Todes, Ahriman, sie ganz unter seine Gewalt und Herrschaft zu bringen, sie restlos zu einem toten Mechanismus blinder, kalter, mitleidloser Kräfte zu machen. Auf diese Realität deutet die andere Astralimagination jener Himmelsrichtung: der Skorpion mit seinem Todesstachel. Entsprechend dieser Zweipoligkeit gibt es einen dunklen, für das Kulturleben der Menschheit tödlich-gefährlichen Aspekt des Dynamismus; aber es gibt auch den Auferstehungsaspekt.

Zwei aus dem Kreise der erleuchteten Zwölf haben das Größte getan für die Entwickelung des Guten und die Überwindung des Bösen, der eine einige Jahrhunderte vor Jesus Christus, dem Welterlöser, der andere einige Jahrhunderte danach; und die beiden bilden eine Polarität — GAUTAMA-BUDDHA, der Urlehrer des Moralischen, und Mani oder MANES, der Überwinder des Bösen, durch dessen Verwandlung in das Starke-Gute.

Dem dekadent gewordenen und den Christus-Sonnengeist verleugnenden Magiertum des sassanidischen „Zarathustrianer" entgegentretend, ist im Jahre 272 n. Chr. Manes zum Märtyrer für Christus geworden, als man ihn zu Gondischapur in Persien kreuzigte.

Eine ungeheure geistig-moralische Entwickelungsperspektive stand diesem großen Eingeweihten vor dem Geiste. Obwohl in Jesus Christus der lichte Sonnengeist sich mit dem finster gewordenen Erdenstern verbunden hat, droht in der Zukunft dennoch ein Teil der Menschheit dem Ahriman statt dem Christus zu folgen. Diese Menschengruppe wird unter dem Einfluß der ahrimanischen Macht im Ausleben der sinnlich-egoistischen Triebe und der kalten Intellektualität ganz außerordentliche Kräfte entwickeln, überaus stark in der niederen Persönlichkeit werden. Aber dies Böse kann und muß umgewandelt werden in das „Starke-Gute", das noch mehr ist als dasjenige Gute, das in der Nachfolge der Moral-Impulse des Gautama Buddha im Laufe der Zeiten entstehen wird. Für diese Aufgabe bildet sich Manes seine Schülerschaft heran. Wer sich damit verbindet, wird in einer fernen Zukunft über geradezu magisch wirkende Kräfte in der Richtung des Guten verfügen. Auf diese Weise allein wird es möglich werden, so auf die in das bewußte Radikal-Böse abgeirrten Menschen einzuwirken, daß sie sich von Ahriman abwenden und zu den stärksten Dienern des Christus werden. Nachdem gerade Menschen dieser Art in der konsequenten Entfaltung des Bösen ihre Seelenkräfte ungemein gesteigert haben, werden sie, wenn sie umgewandelt sind, die denkbar stärksten Kräfte für das Gute einsetzen können. Durch sie wird also das „Starke-Gute“ in der Menschheit wirken.

Mit welchen Kräften aber kann das Radikal-Böse in das Starke-Gute umgewandelt werden? Es handelt sich dabei eben nicht um die eigentliche Ausrottung des Bösen, sondern um seine völlige Umbildung. Schopenhauer sagte: Moral predigen ist leicht, Moral begründen schwer. Noch ganz andere Kräfte müssen aufgebracht werden, wenn es gilt, das Radikal-Böse umzuwandeln. Magische Kräfte, aber im besten Sinne des Wortes, das heißt mächtige, vielvermögende müssen es sein. In erster Linie handelt es ich um die heilsam-magischen Kräfte der *Kunst,* aber der hohen, der inspirierten Kunst, und zwar vor allem der monumental-mächtigen Baukunst. Denn sie ist das menschliche Gegenstück der weltenbaumeisterlichen Vaterschöpferkräfte!

Ein großes, zielsetzendes Wort hat GOETHE ausgesprochen, als er die hohe Kunst die Magie der Weisen genannt hat:

> Denn wer den Schatz, das Schöne, heben will,
> Bedarf der höchsten Kunst, Magie der Weisen.

Kunst ist heilsam-berechtigte Magie. Denn sie *verzaubert* den Geist im Stoff und *entzaubert* die im sinnlichen Egoismus irdisch verhärteten Menschenseelen. Andererseits ist die *Magie* die *Urkunst,* das höchste aller schaffenden Vermögen des Geistes.

Der Überlieferung zufolge war MANES ein bildender Künstler, ein Maler. Vielleicht hat er diejenige Malkunst inauguriert, die wir in den großartigen frühbuddhistischen Fresken der Felsenklöster von Kotscho im chinesisch-turkistanischen Tarimbecken bewundern. Denn Manes war nach Zentralasien gekommen; die manichäischen Turfan-Manuskripte zeigen, daß dort ein Zentrum seines Wirkens gewesen sein muß.

Was zeichnet die „hohe“ Kunst aus? Sie gibt nicht eitle Selbstabspiegelungen der begrenzten eigenen Subjektivität in willkürlichen Einfällen, sondern ist selbstlose Offenbarung verborgener Geheimnisse des Welten- und Menschenseins. Von ihr durfte GOETHE angesichts der griechischen Kunstwerke in Italien sagen: *„Alles Willkürliche, Eingebildete fällt zusammen. Da ist Notwendigkeit, da ist Gott.“ Diese* Notwendigkeit ist wahrlich eine andere als die der mechanischen Naturkausalität! Die Kunst erweckt, Geist-verzaubernd, den toten Stoff zum Leben. Sie beseelt, sie durchgeistigt, erhöht, verklärt alles Sinnlichanschauliche, alles Stoffliche. Sie behandelt die Stoffe und Dinge der Sinnenwelt umgestaltend so, daß wir an ihnen die sinnlich-sittlichen Qualitäten der Farben und Töne in geistgemäßer Art vollkommen aufnehmen, neu würdigen und genießen lernen. Ihre Zaubermacht versetzt sogar das tote Reich des Mineralischen in das Reich der wahren Freiheit, indem sie ihm aus freier Künstlerintuition den Stempel der *göttlichen* Notwendigkeit aufprägt.

Wenn hohe Kunst heute schon eine magisch-heilsame Macht sein kann, seelenverwandelnd, in wieviel höherem Grade wird sie es sein können, wenn einmal in der Zukunft die künstlerische Inspiration immer bewußter und reiner entwickelt werden wird. Solche Perspektiven vor dem Geistesauge sprach RUDOLF STEINER in jenen Tagen, da er als bildender Künstler am ersten Goetheanum selbst Großes geleistet hat, die bedeutsamen Worte: „Laßt noch so viel die Menschen nachsinnen, wie sie durch äußere Einrichtungen Verbrecherisches und Vergeherisches aus der Welt schaffen: wahre Heilung vom Bösen zum Guten wird in der Zukunft für den Menschen darin liegen, daß die wahre Kunst jenes geistige Fluidum in die menschlichen Seelen und in die menschlichen Herzen senden wird."

Wie können wir verstehen, daß die Kunst solche magischen Wunderwirkungen vollbringen kann? Der *sinnliche* Egoismus ist die Wurzel alles Bösen. Nicht jegliches Streben nach Selbstheit und Selbstheitskraft ist aus dem Bösen, nur das sinnlich gerichtete. Hohe Kunst wirkt aber so auf die Seele, daß sie zwar das Selbstgefühl und die Schöpferkraft des Künstlers oder Kunstgenießenden tief erregt und mächtig steigert, jedoch so, daß das verstärkte Selbstgefühl zugleich durchdrungen wird von der überwältigenden Gewißheit: Ein über alle menschliche Subjektivität und Eigenwilligkeit hinausgehendes, sie hoch überragendes *Objektiv-Wahres* ist es, was sich durch den Künstler kundgibt, wenn er *solche* Werke schafft: da ist Notwendigkeit, da ist Gott!

Diese unmittelbare, tiefergreifende Erfahrung befreit die Seele von ihrer sinnlichen Gebundenheit, von ihrer willkürlichen Subjektivität, vergeistigt das Sinnenselbst und hebt es in eine höhere, reinere Welt, in welcher das Streben nach der Verstärkung des Selbst kein Übel, sondern ein Rechtes, ein Gut, ja sogar eine Notwendigkeit ist. Denn nur innerhalb des sinnlichen Daseins, und mit Bezug auf dasselbe, ist das Streben nach Erhöhung, Ausbreitung und Verstärkung des Selbst — eben als Sinnenselbst — vom Übel. Wer jedoch mit vollem Bewußtsein in die Geisteswelt eintreten will, m u ß in geistiger Hinsicht an der Verstärkung und Steigerung aller Kräfte seines Seins arbeiten. Nicht die Abtötung des Fleisches, eine schwächende Methode, führt zu diesem Ziele, sondern die Kräftigung des Geistes, die „stärkende Methode", wie sich NOVALIS ausgedrückt hat. Denn nur weil wir seelisch zu schwach sind, um das Gewaltig-Schöpferische der göttlich-geistigen Welt auszuhalten, verschließen wir uns bewußt vor ihrem Anblick oder fürchten uns gar, sie als eine Realität anzuerkennen. Auf *dieser* Furcht beruht das typische Verhältnis zu Gott in der dialektischen und irrationalen Theologie eines KIERKEGAARD, OTTO und BARTH, obwohl sie sich dessen nicht bewußt ist.

Wenn aber durch das Erleben der hohen Kunst das Selbst dergestalt verstärkt, erhöht und vergeistigt wird, daß es innerhalb der sinnlichen die übersinnliche Welt unmittelbar erfährt als eine kraftende Lebensmacht, dann wird die Kraft der Selbstheit aus einem Urquell des Bösen verwandelt in die Kraft, schöpferisch das Gute zu tun! Höchste Kunst, Magie der Weisen!

Das ist ein Weg, auf welchem die finstere und tödliche Form des Dynamismus in seine lichte und lebenweckende umgewandelt werden kann. Durch

„wirkliche Willenskraft" und das „Erwachen der Künste", wie das NIETZSCHE geahnt hat, kann der Dynamismus noch in unserem Jahrhundert zu einem großen Segen für die Menschheitskultur werden. Das ist der Adleraspekt und der Auferstehungs-Charakter dieses Geistesimpulses unseres Jahrhunderts. Es war die tiefe Tragik Nietzsches, daß er sich zu ihm nicht hat durchringen können.

Etwas von diesem Auferstehungs-Charakter trägt der „magische Idealismus" von NOVALIS. Er ist das Ergebnis einer „Graderhöhung" des Menschen. Hier ist höchste Kunst als Magie der Weisen zu einem höheren Erkenntnisleben geworden. Und zwar dadurch, daß die Spannkraft, die schöpferisch-bewegliche Lebenskraft, die Dynamik der Seele verstärkt ist: „Die Geisterwelt ist uns in der Tat schon aufgeschlossen, sie ist immer offenbar. Würden wir plötzlich so elastisch als nötig wäre, so sähen wir uns mitten in ihr. Heilmethode des jetzigen mangelhaften Zustandes: ehemals durch Fasten und moralische Reinigung; jetzt vielleicht durch die stärkende Methode."

„Das magische Bewußtsein ist ein wundertätiges Denken oder ein willkürlicher Gebrauch der Körperwelt. Denn Wille ist nichts als magisches, kräftiges Denken." Das magische Bewußtsein ist ein Befruchten, ein Zeugen, ein Schaffen im Geiste. Auch hierfür könnten wir Fragmente von Novalis anführen. *Er* durfte auf solche Zusammenhänge hindeuten.

Innerhalb dieses erhöhten, magisch-bildhaften Bewußtseins muß man vom Willensleben völlig anders sprechen, als es Schopenhauer aus dem gewöhnlichen Bewußtsein heraus getan hat. Novalis sagte: „Denken ist Wollen oder Wollen: Denken." Oder: „Der Wille ist allemal vernünftig und stark." Und auch vom Leiblichen darf ganz anders gesprochen werden, weil es verwandelt ist: „Der Körper ist das Werkzeug zur Bildung und Modifikation der Welt. Wir müssen also unseren Körper zum allfähigen Organ auszubilden suchen." Im magischen Bewußtsein ist das Sinnlich-Leibliche vergeistigt und das Geistige versinnlicht und lebenskräftig.

Wir haben den magischen Idealismus zuerst als eine Form des Pneumatismus gekennzeichnet, indem wir vom imaginativen Bewußtsein gesprochen haben. Dies ist einerseits ein ätherisches Geistes-Denken, das sich zur Anschaulichkeit verdichtet hat. Wir finden nun dies Pneumatische mit dem Geistig-Dynamischen eng verbunden. Aber im Zeichen des Dynamismus haben wir das Imaginationsvermögen mehr vom Willensleben und vom Leiblichen her zu kennzeichnen, nämlich als das Ergebnis einer Vergeistigung der sinnlich-leiblichen Lebens- und Willenskräfte, „als die feinste Evolution der plastischen Kräfte und als die allgemeine Naturkraft", wie NOVALIS sich ausgedrückt hat, dem die Realität des Ätherischen wohl vertraut war.

Nunmehr ist es uns sehr deutlich geworden, wie vielfältig und tief die Geistesimpulse der vier Tierkreisbilder des festen Kreuzes miteinander verbunden sind, und wie mit ihnen alles Kraft- und Willensmäßige, alles Moralisch- und Künstlerisch-Schöpferische zusammenhängt, und zwar auch innerhalb des

Erkenntnislebens. Auf diesem Hintergrund können wir jetzt auf das tiefsinnige Wort von Herder über das Wesen des Menschen zurückkommen.

„Der Mensch ist zu feineren Sinnen, zur Kunst und zur Sprache organisiert." Dies Wort ist aus den Geistimpulsen des festen Kreuzes inspiriert, denn wir können diesen Leitsatz auf Grund unserer Ausführungen nunmehr so interpretieren:

Der Mensch in seinem wahren Wesen: das ist der Engelmensch, das Manas-Wesen, dessen Urbild wir finden im Sternbild des *Wassermanns.*

Er ist organisiert zu feineren Sinnen: durch den *Löwen,* das Sternbild des *Sensualismus.*

Zur Kunst: durch den *Adler,* das Sternbild der Schöpferkraft.

Zur Sprache: durch den *Stier:* das Sternbild der Wortkraft.

Innerhalb jedes Tierkreisquadrates sind immer die in Opposition zueinander stehenden Zeichen besonders tief miteinander verbunden durch das Gesetz der Polarität. Wir haben dies im festen Kreuz an der Polarität der Löwen- und Wassermann-Weltanschauung nachgewiesen. Jetzt werden wir noch einmal von der Polarität der Stier- und Skorpionsimpulse zu sprechen haben. Sie kommt leiblich-physiologisch zum Ausdruck in dem Zusammenhang der Sprachkraft mit der Geschlechtskraft. Da handelt es sich, äußerlich gesehen, um den geistig und leiblich schöpferischen Pol des Menschen. Die Geisteswissenschaft kann auf noch viel tiefere Zusammenhänge hinweisen. Das Buddha-Organ, die sechzehnblättrige Lotosblume in der Kehlkopfgegend, ist das moralische Inspirationsorgan für das Wahre-Gute, für den geistigen Ruf aus der Welt der moralischen Werte. Den Gegenpol zu diesem Organ bildet im unteren Menschen die vierblättrige Lotosblume. Sie ist das Geistorgan der Schöpfermacht und Magie. Wir finden ihr Kultsymbol überall da, wo die magischen Urkulturen des atlantischen Weltalters starke Spuren hinterlassen haben, vor allem auch in Zentralasien. In Finnland und Lappland ist es auf den alten Zaubertrommeln angebracht, in Troja in das Geschlechtsorgan einer Frauenstatue gezeichnet. Wir sprechen vom Hakenkreuz, von der Swastika.

Wenn wir das Bild der Swastika auf uns wirken lassen, dann haben wir gleich das Gefühl: das muß sich drehen. Und so ist es auch: insofern diese Geistorgane in Tätigkeit sind, erscheinen sie der Imagination als sich drehende Räder (chakrams) oder „Blumenblätter". Das Sanskrit-Wort Suastika enthält die Silben su- gut und asti- ist. Das Wort bezeichnet demzufolge ein Zeichen des Heiles, ein Segenszeichen. Bei den Lappen und Germanen wurde der Hammer des Willens- und Bluts-Gottes Thor, genannt Mjölnir, als Hakenkreuz abgebildet und für den Ehesegen als mystisches Zeichen der Zeugung verwendet. Sehr eigenartig ist es, daß auch Nietzsche, im Zeichen der dynamistischen Macht-Philosophie stehend, zur Hammer-Imagination gekommen ist. Er wollte den Menschen zeigen: „wie man mit dem Hammer philosophiert." Aber schon damals war Thors Hammer kein Heilszeichen mehr.

Die guten Geisteskräfte der Magie, von denen wir gesprochen haben, werden in die bösen und vernichtenden verkehrt, sobald das Magische in den Dienst des sinnlichen Egoismus, des Nurpersönlichen oder des sinnlich-kollektiven Egoismus gestellt wird. Hieraus entsteht der Wille zur Macht, das Reiten auf dem Tiger, wie der Chinese sagt, da er einen Teil des Skorpionssternbildes im Bilde des Tigers erschaut. Dann wird das Zeichen des Heiles zu einem Zeichen des Unheils und der schivaitischen Vernichtungsmächte.

Von finster-okkulten Instinkten getrieben bemächtigte sich in unserem Jahrhundert des Dynamismus — bewußt die niederen Rassen und Geschlechtsinstinkte aufpeitschend — der diktatoriale totale Gewaltstaat des uralt-atlantischen Symboles der Magie, mißbrauchte es, indem er mit finster magischen Mitteln die halbe Welt bezauberte; entfesselte mit diesem Symbol auf seinen Fahnen die furchtbarste Vernichtungskatastrophe der Weltgeschichte und stürzte zuletzt alles, zumeist sich selbst, ins allertiefste Elend und Verderben.

Von dieser fürchterlichen Veräußerlichung der Swastika wenden wir uns ihrer hohen geistig-kosmischen Bedeutung zu. In der Geisteswelt ist sie nicht allein das Bild für die vierblättrige Lotosblume, sondern auch für den Umschwung der Sonne durch den Jahreskreislauf, der im Stier, Löwen, Adler und Wassermann die vier Hauptstationen der Jahreszeiten hat. In diesem Sinne nennt der tibetanische Buddhismus dies Organ das Zeitenrad (kalachakra).

Weil dieses Organ den Gegenpol zum Kehlkopf oder Buddha-Organ bildet, hängt auch sein Tätigwerden mit der Entwickelung dieses Wahrheitsorganes aufs engste zusammen. Es kommt dabei offensichtlich auf die vier Seelengewohnheiten an, von welchen Rudolf Steiner in seinem Schulungswerk so Bedeutsames sagt: auf die Unterscheidung des *Wahren* vom Schein und der *Meinung;* auf die rechte *Wertung* der Wahrheit, auf die Entfaltung der Geistesdenkkraft im Herzen, und auf die Liebe zur inneren Freiheit, welche die Überwindung der eigenwilligen Subjektivität voraussetzt.

Man gewinnt aus den diesbezüglichen Schilderungen Rudolf Steiners den Eindruck, daß sich durch diese vier Gewohnheiten im Ätherleibe die kosmisch-geistigen Kräfte entwickeln, welche in den vier Symbolgestalten der Evangelisten bildhaft angeschaut werden als Stier, Löwe, Adler und Engelmensch. Jedenfalls ist die Frucht der Aneignung jener vier Gewohnheiten die Erwekkung des „inneren Wortes“ im Ätherleibe, wodurch der Mensch, nunmehr selbst in die Welt der Inspiration versetzt, allererst richtig würdigen lernt die inspirierten Botschaften der heiligen Schriften: „Buddhas Reden durchströmen dann den Geistesschüler mit einer bisher ungeahnten Seligkeit. Denn der Ton ihrer Worte folgt den Bewegungen und Rhythmen, die er nun in sich selbst ausgebildet hat. Und weil diese Bewegungen ein Abbild sind *bestimmter Weltrhythmen, die auch in gewissen Punkten Wiederholung und regelmäßige Rückkehr darstellen,* so lebt sich im Hinhören auf die Worte Buddhas der Mensch in den Zusammenhang mit den Weltgeheimnissen ein.“

Die buddhistische Apokalypse spricht prophetisch von einem künftigen Nachfolger des Gautama Buddha, der dessen Werk vollenden wird. Es ist der Maitreya-Buddha, der „Mitleidvolle".

Rudolf Steiner kennzeichnete ihn als den *„Bringer des Guten durch das Wort"*. Die magische Wortkraft wird durch ihn imstande sein, die ins Böse abgeirrte Menschheit umzuformen zu kräftigen Vertretern des Guten. Von ihm könnte ein Johannes-Evangelist sagen: „Und das Fleisch ist Wort geworden." Durch ihn wird wirklich eintreten, wovon Sokrates geträumt hat: daß Tugend lehrbar sei. Zur Moralität wird die Begründung derselben kommen.

Diese Geistesmacht des Moralischen könnte sich nicht entfalten, wenn nicht durch Christus der Tod überwunden worden wäre. Seitdem können die Skorpionsimpulse in die Adlerimpulse umgewandelt werden. Von diesen Auferstehungskräften ergriffen, hat der Lazarus-Johannes sein Adler-Evangelium geschrieben und die Apokalypse. Diese Persönlichkeit war tief verbunden mit der großen Individualität des Täufers Johannes im Zeichen der pneumatischen Geistestaufe.

Aber solange der Mensch sich noch nicht befreit hat vom Instinktiv-Willenhaften und Subjektiv-Willkürlichen des niederen Selbst, ist er noch immer an die Todeskräfte gebunden, die eine Folge sind des Sündenfalles der Menschheit. Wenn wir diesen Aspekt der Skorpion-Weltanschauung der Stier-Weltanschauung gegenüberstellen, dann können wir beide zusammenfassend so kennzeichnen:

Bezeugst Du Kraft des Guten in der Welt,
Dann wirkt in Wort und Werk der Stier die Wahrheit;
Doch wähnst Du totes Stoffeskräftespiel
Im All und blinden Trieb, so sticht der Stachel.

XIII.

DER IDEALISMUS

Unter den vielerlei Gedankengebäuden, die im Laufe der Geistesgeschichte errichtet worden sind, überragen einige hoch und erhaben wie die griechischen Tempel oder gothischen Kathedralen alle anderen Gebäude. Unter den Schöpfern dieser grandiosen Gedankenkunstwerke haben wir in erster Linie das einzigartige Geistesbrüderpaar der Antike, PLATON und ARISTOTELES, sodann PLOTINOS, JOHANNES SCOTUS ERIGENA und THOMAS VON AQUINO, endlich GOETHE, HEGEL und STEINER, die ebenfalls ohne Platon und Aristoteles gar nicht zu denken sind. Goethe und Hegel haben die zwei Großmeister der Philosophie aus tiefer Geistesverwandtschaft vortrefflich gekennzeichnet. Hören wir zuerst GOETHE: „Plato verhält sich zu der Welt wie ein seliger Geist, dem es beliebt, einige Zeit auf ihr zu herbergen. Er dringt in die Tiefen, mehr um sie mit seinem Wesen auszufüllen als um sie zu erforschen. Er bewegt sich nach der Höhe, mit Sehnsucht, seines Ursprunges teilhaftig zu werden. Alles was er äußert, bezieht sich auf ein ewig Ganzes, Gutes, Wahres, Schönes, dessen Förderung er in jedem Busen aufzuregen strebt. — Aristoteles ist nun einmal *hier* und soll hier wirken und schaffen. Er umzieht einen ungeheuren Grundkreis für sein Gebäude, schafft Materialien von allen Seiten her, ordnet sie, und steigt so in regelmäßiger Form pyramidenartig in die Höhe, wenn Plato einem Obelisken, ja einer spitzen Flamme gleich den Himmel sucht."

Sodann HEGEL: „Plato ist eines von den welthistorischen Individuen, seine Philosophie eine von den welthistorischen Existenzen, die von ihrer Entstehung an auf alle folgenden Zeiten für die Bildung des Geistes den bedeutendsten Einfluß gehabt haben. In seiner eigentlichen Spekulation ist Aristoteles so tief als Plato, und zugleich entwickelter und bewußter. Wir lernen den Gegenstand in seiner Bestimmung und den bestimmten Begriff desselben kennen. Würde es Ernst mit der Philosophie, so wäre nichts würdiger, als über Aristoteles Vorlesungen zu halten."

Die nur relative Gegensätzlichkeit von beiden Weltansichten hat PLOTINOS beim Übergang von der antiken zur christlichen Kultur als eine einheitliche Weltanschauung vom Himmlisch-Irdischen aufgewiesen. JOHANNES SCOTUS ERIGENA und THOMAS VON AQUINO haben die christliche Philosophie eingeleitet und vollendet, welche die göttlichen Offenbarungswahrheiten mit Hilfe der Begriffe des Platon und Aristoteles philosophisch deutete und stützte. Thomas sprach wie ein durchchristeter Aristoteles, Johannes Scotus Erigena wie ein griechisch inspirierter Paulus.

Noch in der Hochblüte der Scholastik hat der MEISTER ECKHART die Philosophie des Dominikanermeisters mystisch verinnerlicht unter Zuhilfenahme der Weisheit des DIONYSIOS AREOPAGITA, welche JOHANNES SCOTUS ERIGENA dem Abendlande übermittelt hatte. Nach dem Verfall der Scholastik im Nominalismus wurde die Weisheit von Platon und Aristoteles in der Renaissance erneuert, zuerst auf der Akademie von Florenz. Damals schrieb der Kardinal BESSARION an einen seiner Freunde: „Betrachte fortan beide Philosophen, Platon und Aristoteles, als ein Paar der weisesten Männer. Folge ihnen Schritt vor Schritt, suche in ihre Ideen einzudringen, und wo sie nicht miteinander übereinstimmen, da halte dies für ein Zeichen von der Schwierigkeit und Dunkelheit des Gegenstandes, und sieh in ihren verschiedenen Meinungen nicht einen Beweis von Unwissenheit, sondern von selbständiger Kraft und Größe des Genies." Früchte dieser Wiedergeburt des Platonismus und Aristotelismus waren die genialen Leistungen eines MARSILIO FICINO, GIORDANO BRUNO und THOMAS CAMPANELLA.

Die vorläufig letzte Metamorphose dieser das gesamte philosophische Geistesleben führenden Weiheitsströmung sehen wir im klassischen deutschen Idealismus der Goethezeit, der seinen Anschluß in RUDOLF STEINER gefunden hat. GOETHE, SCHELLING und HEGEL waren die Hauptvertreter jenes wiederum platonisch-aristotelisch gearteten Idealismus. EDUARD VON HARTMANN hat dann zwar danach versucht, im Sinne der modernen Naturwissenschaft diese Geistesströmung weiterzubilden. Aber der Vollender und Fortsetzer dieses Idealismus ist nicht er, sondern RUDOLF STEINER geworden, und zwar in Anknüpfung an Goethes Geistesart.

Die hier genannten Geister erkennen wir als die am hellsten strahlenden Sterne am philosophischen Geisteshimmel und als die führenden Gestalter alles Gedankenlebens. Und wenn wir das Zentrale ihrer Weltanschauungen ins Auge fassen, dann haben wir dieses im eigentlichsten Sinne des Wortes als *Idealismus* zu kennzeichnen. Seine Grundüberzeugung ist diese: *Weisheitsvolle Ideenmächte* durchwalten als *gesetzmäßig schaffende Urtypen* alles Sinnensein so, daß dieses in den verschiedensten Stufen der *Entwickelung* zu einer mehr oder minder vollkommenen *Abprägung* jener Urtypen wird. Je nachdem man sich dann die Art und Weise dieser Durchwirkung des Sinnlichen vom Übersinnlich-Typischen vorstellt, kommt man zu verschiedenen Spielarten des Idealismus, die natürlich bei den genannten Denkern, entsprechend ihrer besonderen Seelenlage, vorliegen.

Eine gewisse Verwandtschaft der Erkenntnisbilder des Idealismus und des Mathematismus fällt sofort ins Auge. Der Hauptunterschied liegt aber darin, daß der Idealismus das Übersinnlich-Formende in seiner allzeit bewegend-schaffenden Tätigkeit anschaut, welche alles zur Entwickelung antreibt und im Werden erhält, während der Mathematismus dies Übersinnliche mehr als die wahrhaft seiende und bleibende Formstruktur des Seins betrachtet. Die Urtypen des Idealismus sind lebendige Entwickelungsfaktoren, die Begriffe des Mathematismus kristallinische Urformen des

Raumesseins. Dem Idealismus fehlt das Streng-Formale und Berechenbare, dem Mathematismus das Prinzip der fortwährenden Veränderung und Umgestaltung der Formen zu immer höheren und höheren. Der Mathematismus hat es mit dem geistigen Raumessein der Dinge zu tun, der Idealismus mit ihrem *Werden* in der *Zeit*. Der Mathematismus sagt: Gott geometrisiert fortwährend; der Idealismus sagt: Gott metamorphosiert immerwährend.

Am Beginne des *Widder-Zeitalters* oder der *griechisch-lateinischen Kulturepoche* haben *Platon* und *Aristoteles* den Idealismus im Abendlande begründet. Aber fast gleichzeitig trat dieser auch im Morgenlande auf: in der Sankhya-Philosophie des KAPILA, der noch vor Buddha gelebt hat. Nach ihm ist Kapilavastu genannt, die Geburtsstadt des Prinzen Gautama. Ein Jahrhundert vor JOHANNES SCOTUS ERIGENA hat der Philosoph SANKARACHARJA dieses Sankhya-System erneuert und ausgearbeitet.

So auffallend ähnlich ist dieses in seinen Grundlinien der Philosophie des Aristoteles, daß C. B. Schlüter in einer Studie die Metaphysik des Aristoteles geradezu eine Tochter der Sankhya-Lehre des Kapila genannt hat. So lautet der Titel seiner Schrift vom Jahre 1874. Wir haben auf diese Verwandtschaft schon im Zusammenhang mit der Behandlung des Zentralsinnes hingewiesen. Im Kapitel über die Löwen-Weltanschauung zeigten wir, daß auch STEINER diese beiden Philosophen-Systeme miteinander in Verbindung gebracht hat. An Hand aristotelischer Begriffe hat er die Grundbegriffe der Sankhya-Philosophie erläutert. Was bei Aristoteles die Grundprinzipien Stoff und Form sind, das nennt Kapila die Materie oder Natur (Prakriti) und den Geist (Puruscha). Puruscha bezeichnet aber auch das Geistig-Individuelle des Menschen. Es ist kein pantheistisches Prinzip, gliedert sich vielmehr in eine Vielheit von individuell monadischen Geistwesen. Und Prakriti ist mitnichten, was wir Abendländer die Materie nennen, sondern die hüllenhaft-werkzeugliche Leiblichkeit (auch Geistleiblichkeit) im Unterschied zum Kernhaft-Seelischen, das in allen Dingen lebt. Beide Prinzipien sind in den Dingen unzertrennlich zu einer Einheit verbunden. In die verschiedenartigsten Substratformen von Prakriti, in höhere und niedere Leiblichkeiten hüllen sich die Geistwesen ein, umkleiden sich damit. Sie prägen ihr Wesen darin mehr oder weniger aus. Je nach ihrem Geistesrang verleiblichen sie sich in den höheren und niederen Substratformen. Entsprechend der Art, wie die wesenhaften Urtypen des Puruscha in den Hüllenprinzipien untertauchen, entstehen höhere oder niedere Naturformen.

Der Grad, in dem sie ihre innere Wesenheit äußerlich-leiblich ausprägen und gleichsam durchsetzen, ist bei den verschiedenen individuellen Wesen sehr verschieden. Die Sankhya-Philosophie unterscheidet ein dreifaches Verhältnis zwischen dem Geistigformenden und dem Hüllenhaften, Formempfangenden. Wenn sich eine geistige Monade in ihren „materiellen“ Hüllen gleichsam verliert, ihre Geistesnatur darin nicht „durchsetzt“ und voll ausprägt, dann überwiegt in diesem Ding das Stoffprinzip über das Geistprinzip. Dies nennt man den finsteren „Tamas"-Zustand. Wenn aber das Umgekehrte der Fall ist, wenn also ein Geistwesen sich voll ausdrückt und als Geist zur Geltung bringt innerhalb seiner Sinneshülle, dann nennt man dies den lichten „Sattva"-Zustand. Halten beide Prinzipien sich das Gleichgewicht, dann ist dies der „Rajas"-Zustand.

Indem Sankhya die Art und Weise des Zusammenwirkens von Puruscha und Prakriti mit den genannten drei „Gunas" kennzeichnet, spricht sie das *Grundgesetz* aus, nach welchem „Geist" und „Stoff", Sinnliches und Übersinnliches, in der denkbar verschiedenartigsten Weise bei allen Dingen der Wirklichkeit zu einer Einheit einander verbunden sind. Hier handelt es sich also um die *Urgesetzmäßigkeit* der Welt-Wirklichkeit.

Wenn man, wie das zuweilen geschieht, sattva kurzweg das Lichte, Reine und Gute nennt, tamas dagegen das Finstere, Leidenschaftliche und Böse, dann ist das zwar nicht geradezu falsch, aber doch irreführend ungenau. Steiner hat dargelegt, daß in der Farbenlehre von Aristoteles und Goethe, aber auch in anderen naturwissenschaftlichen Anschauungen des Aristoteles etwas von jenen Erkenntnissen der Urzeit nachwirkte, die andererseits auch einen Niederschlag in der Sankhya-Weisheit gefunden haben. 2000 Jahre vor Goethe hat Aristoteles erkannt, daß die Farben durch ein Zusammenwirken von Licht und Finsternis (bzw. Trübe) zustande kommen. Licht aber ist letzten Endes Geist, und Finsternis ist Stoff. Die Sankhya-Lehre verdeutlichend hat Steiner ausgeführt: „Aristoteles sagt: es gibt Farben, welche mehr Finsternis in sich haben, und Farben, welche mehr Licht haben, und Farben, welche dazwischen stehen. Im Sinne des Aristoteles ist es, wenn man sagt: Bei den Farben nach dem Blau und Violett hin überragt das Finstere das Licht. Dadurch ist eine Farbe blau und violett, daß das Finstere das Licht überragt; und dadurch ist eine Farbe grün oder grüngelblich, daß sich die beiden das Gleichgewicht halten, und eine Farbe ist rötlich oder orange, wenn das Lichtprinzip die Finsternis überragt. In der Sankhya-Philosophie haben wir dieses Prinzip der drei Zustände für den gesamten Umfang der Welterscheinungen. Da haben wir Sattva, wenn das Geistige das Natürliche überwiegt. Aristoteles hat noch diese selbe Charakteristik da, wo er von den Farben spricht, aber er gebraucht nicht das Wort. Aber man kann sagen: rot und rotgelb stellen den Sattva-Zustand des Lichtes dar. Die Ausdrucksweise ist nicht mehr da bei Aristoteles, aber es ist noch da bei ihm das alte Sankhya-Prinzip. Wenn auch Aristoteles diese Ausdrücke nicht gebraucht hat, so scheint doch noch herein die Denkweise, die uns aus einer spirituellen Auffassung der Weltzustände in der Sankhya-Philosophie entgegentritt. Also in der Farbenlehre des Aristoteles haben wir einen Nachklang der alten Sankhya-Lehre. Aber auch dieser Nachklang ging verloren."

Erblicken wir mit Goethe im *Lichte* den Repräsentanten der *Idee,* in der *Finsternis* den des *Stoffes,* dann werden uns die Farben, die das Wichtigste der uns umgebenden Erscheinungen sind, zu einem Bilde dafür, wie durch das allwaltende *Naturgesetz* das Wesenhaft-Geistige vermischt ist mit dem Sinnlich-Leiblichen, sich darin gleichsam *inkarnierend, einhüllend und ausdrückend.* „Am farbigen Abglanz haben wir das Leben", spricht Faust, indem er des „bunten Regenbogens Wechseldauer" betrachtet.

Einig waren sich PLATON und ARISTOTELES in der Anschauung, daß die Materie als solche das Undenkbare ist. Gerade weil sie das Formlos-Unbestimmte ist, kann sie alle möglichen Formen von seiten der formenden Ideen oder Urtypen annehmen. Die Materie ist das allem Formenwandel „Zugrundeliegende": die Möglichkeit zu allem, aber als solche nicht in Wirklichkeit. Die Formen erst machen das Mögliche zu einem Wirklichen und Bestimmten. Sie sind das aktiv-schöpferische Prinzip, die Materie das passiv-empfangende. Das griechische Wort für die Materie, hyle, erinnert merkwürdig an das Wort „Hülle". Ohne einen etymologischen Zusammenhang behaupten zu wollen, möchten wir sagen: Der Begriff „Hülle" kennzeichnet, da er unbestimmter und weiter ist als der des Körperlichen, Stofflichen, überaus treffend dies Hylische oder das Prakriti-Prinzip. Denn Prakriti ist nur in der allerletzten Instanz das Greifbar-Stoffliche. Im Wesentlichen ist es das Prinzip aller Leiblichkeit und Sinnlichkeit oder das allem Sinnenhaften unmittelbar „Zugrundeliegende", das wir im Kapitel über den Sensualismus als das Astralisch-Elementarische gekennzeichnet haben. Ohne auf die höheren Prakriti-Prinzipien eingehen zu können, machen wir darauf aufmerksam, daß die „erste Materie" des Aristoteles von astralisch-ätherischer Natur ist. Sie ist das leibgestaltende Prinzip der Sinnlichkeit.

Viel wichtiger ist es, sich dessen bewußt zu werden, daß die Ideenanschauung des Aristoteles darauf beruht, daß er das *naturgesetzliche Ineinanderwirken von Geist und Stoff* oder genauer des monadisch-entelechischen Prinzipes des Geistigen mit dem sinnlich-hüllenhaften Prinzip des Stofflichen als dasjenige erschaut hat, was die wirklichen Dinge ausmacht. Sobald man diese drei Faktoren: Puruscha, Prakriti und ihr gesetzmäßiges Zusammenwirken entsprechend den „Gunas" auf dem Hintergrunde der in Betracht kommenden kosmischen Prinzipien zu sehen vermag, zeigt sich die wunderbare Tatsache, daß die Prinzipien des Sinnlich-Sensualen (im Löwen), des Geistig-Monadischen (im Schützen) und der ideellen Gesetzmäßigkeit (im Widder) unzertrennlich miteinander verbunden sind. Obwohl wir hierauf noch zurückkommen werden, wollen wir schon hier dieses merkwürdige dreigestaltige Verhältnis durch ein Schema veranschaulichen:

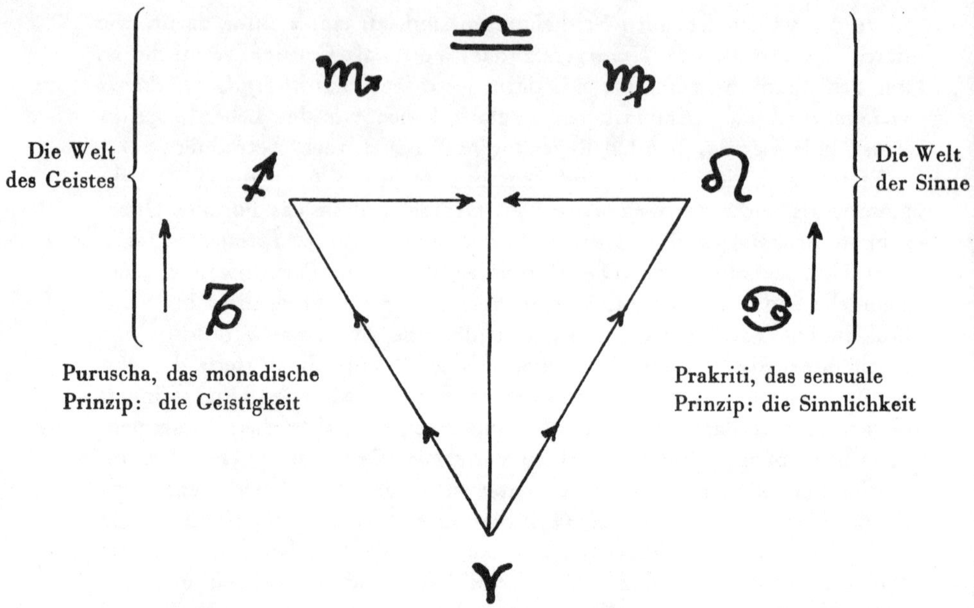

Das naturgesetzliche Zusammenwirken
von Geistigem und Sinnlichem
Das Gesetz

Die Formen oder Urtypen haben — im Sinne des Aristoteles — die Tendenz und das Ziel, ihre Wesenheit im Hüllenhaften abzuprägen und eben damit zu verwirklichen. Sie sind demzufolge die treibenden Mächte in allem Werden, in aller Entwickelung. Wirklichkeiten sind die Naturdinge, insofern in ihnen bestimmte „Formen" oder Urtypen ihr *Ziel* erreicht haben, indem sie sich kraft der ihnen innewohnenden Schaffensimpulse in der angemessenen Art im Stofflichen verwirklicht haben. Die innere Natur, die Eigenwesenheit oder Entelechie eines Dinges ist die Ursache seiner Selbstgestaltung und Selbstverwirklichung. Das dem Formwesen innewohnende Endziel, das im Sinnending erreicht ist, nennt Aristoteles „telos": Ziel oder Zweck. Den zielstrebigen Entwickelungsprozeß der Selbstverwirklichung nennt er Bewegung. Diese fällt mit der Ursache in Eins zusammen. Die ist wirklich die Ur-Sache oder die Realität eines Dinges. Das Medium der Verwirklichung ist die hyle, das sinnlich-hüllenhafte Material, in das sich die Formen, gleichsam inkarnierend und den Stoff gestaltend, einkleiden. Das Wesentliche an dieser Weltansicht des Idealismus, wie ihn Aristoteles vorbildlich begründet hat, ist offensichtlich, daß die Ideen als *impulsierende und schaffende* Mächte betrachtet werden, die das Werden, die Entwickelung und die Metamorphosen des Naturlebens bewirken. Hier wird die Welt als ein immerwährend *impulsierter* Werdeprozeß in der

Zeit angeschaut. Es findet eine immer weiterschreitende Selbstverwirklichung der Ideen-Formen statt, eine aufsteigende Durchformung, Durchlichtung, Durchgeistigung des ursprünglich ungeordneten Stoffes-Chaos zu einem Kosmos im eigentlichen Sinne des Wortes; zu einem schönen geordneten Ganzen.

Für alle späteren Zeiten gültig hat ARISTOTELES das Prinzip der *Entwickelung* richtig ausgesprochen: Was erst am Ende in sinnlicher Verwirklichung sichtbar auftritt, das ist als Erstes schon von Anfang an als geistige Formkraft dagewesen und hat sich wirksam-schaffend stufenweise im Leiblichen selbst verwirklicht als die ideell-bewegende Ursache. Die höchste und reinste aller Formen ist die Gottheit, die im Denken des Denkens lebt. Der Mensch aber ist das Wesen, in dem das Formprinzip völlig realisiert ist. Alle anderen Organismen sind im Vergleich zu ihm gleichsam liegengelassene oder mißratene Versuche der Geistnatur, die Form des Menschen leiblich zu verwirklichen. Der Mensch kann, insoferne er die schaffende Denkkraft in sich entfaltet, zeitweilig teilhaben am Weltendenken Gottes, dessen Niederschlag die Natur ist.

Aber im Menschen setzt sich die schaffende Tätigkeit der Formwesenheit fort, wenn er als Künstler Werke hervorbringt. Infolge der Widerstände, welche die träge Materie der formenden Tätigkeit des Ideell-Geistigen bietet, ist keines der Naturdinge einer Idee voll entsprechend, keines ist eine restlose, vollkommen „ideale" Verwirklichung seiner in ihm kraftenden Formwesenheit, wiewohl das eine Exemplar mehr als das andere.

Hier hat die *schöpferische Tätigkeit* des Künstlers einzusetzen. Er ist berufen, die Werke des schaffenden Naturgeistes fortzusetzen und zu vollenden in den Kunstwerken. Das Kunstschaffen beruht auf einem „Nachahmen", aber nicht der äußerlich-naturalistischen Formen, sondern vielmehr der ideellen Urtypen der Geist-Natur. Der Mensch gestaltet — vorzüglich in den bildenden Künsten — ein Naturding dergestalt um, daß im Kunstwerk die Geistesform des Naturdinges ungehemmt und ideal zum Ausdruck kommt. Der Künstler macht somit die wahren „Naturen" der Dinge sinnlich-sichtbar. Insoferne ist das Schöne, wie dann 2000 Jahre nach Aristoteles GOETHE als ein echter Aristoteliker gesagt hat, eine *Manifestation geheimer Naturgesetze*, die ohne dieses ewig wären verborgen geblieben, und somit die würdigste Auslegerin der Naturgeheimnisse. „Die hohen Kunstwerke sind zugleich als die höchsten Naturwerke von Menschen nach wahren und natürlichen Gesetzen hervorgebracht worden." Allerdings muß eine solche, im Geiste von Aristoteles und Goethe gehaltene Ästhetik noch ausgearbeitet werden. Sie müßte, wie STEINER bemerkte, von der Definition ausgehen: *„Das Schöne ist ein sinnliches Wirkliches, das so erscheint, als wäre es Idee."*

Das höchste Ziel des Menschen aber ist es, in sich selbst die schaffende Ideenwelt voll und ganz auszuprägen, seine eigene Idee zu verwirklichen. Wem das gelingt, der erreicht das sittliche *Ideal* des KALOSKAGATHOS, des

Schönen-Guten, oder, um mehr mit SCHILLER zu sprechen, des Sittlich-Schönen. Damit sind wir zum Kern des Idealismus vorgedrungen. Auch das sephirotische System nennt das zentrale Prinzip des Idealismus Tipheret. Die Kommentatoren der Kabbalah sagen: Tipheret ist das *Ideal*. STEINER gab die folgende, für das Wesen des Idealismus höchst aufschlußreiche Erläuterung dieser Kategorie: „Ein Wesen, das seine Innerlichkeit so zum Ausdruck bringt, daß sich seine Innerlichkeit in der äußeren Form abprägt, das erscheint uns schön; und ein Wesen, das seine Gediegenheit nach außen zum Ausdruck bringt, erscheint uns als gut. Aber diese beiden Begriffe gehören für die althebräische Geheimlehre zusammen."

Die Bezeichnung Tipheret wiederholt die Schöpfungsgeschichte des MOSES immer wieder, nachdem sie die einzelnen Schöpfungs-Taten der Elohim beschrieben hat: „Und die Elohim sahen, daß es gut (tipheret) war." Damit wird das Wesen des Kosmos als eines schönen, wohlgeordneten, weisheitsvoll-gediegenen Werkes bezeichnet. Die Weltanschauung des Moses ist auch ganz und gar Genesis, Beschreiben des Werdens und der Entwickelung der Welt. Und das Grundthema ist: Die Erde, ursprünglich ein finsteres Stoffes-Chaos, wird durch die schaffende Kraft des göttlichen Lichtes zu einem Kosmos geordnet.

Der mosaischen Schöpfungseigenschaft tipheret entspricht im Kategoriensystem des Aristoteles das *Tun* oder *Schaffen* (poiein, wovon auch das Wort „Poet" kommt). Die schöpferische Tätigkeit des Ideell-Geistigen im Sinnlich-Stofflichen ist gemeint. Laut Aristoteles ist das Gottbewußtsein nichts anderes als das Leben in der schaffenden Gedankentätigkeit. Des Menschen Innerstes ist die schaffende Gedankenwesenheit (noys poietikos).

Es gehört also, wie wir zeigten, zum Eigentümlichen des Idealismus — vorzüglich im Unterschiede zum Mathematismus —, daß er das Geistig-Formende als eine schaffende Macht erschaut. Nur dann ist der Idealismus echt, wenn der *Idee selbst* dies tätig-voluntaristische Bewegungs-Prinzip innewohnt. Das ist dann ein ganz anderer Voluntarismus als der des Dynamismus, weil hier nicht blinde Willenskräfte, sondern weisheitsvoll-sehende Ideenwesen als die treibenden Kräfte erkannt werden. Weil EDUARD VON HARTMANN neben dem Willensprinzip das Weisheitsvoll-Ideelle gesehen hat, das SCHOPENHAUER nur als eine Hilfskonstruktion seinem System eingefügt hat, ist seine Weltanschauung nicht dynamistisch, sondern idealistisch geworden.

Insofern die aristotelischen Prinzipien der Energie oder Aktualität und der Bewegung dieses Schaffend-Tätige viel deutlicher zum Ausdruck bringen, als dies bei Platon der Fall ist, muß man des Aristoteles Idealismus als noch klassischer bezeichnen als den seines Lehrers. Platon erfaßte die Wirklichkeit in solcher Art, daß sie sich mehr im Tamas- als im fortschreitenden Sattva-Zustand zu befinden scheint. Weil die Ideen nach seiner Anschauung über dem Sinnlich-Materiellen schweben, sich darin abspiegelnd, wie die Sterne im Meere, ohne darin als schöpferische Formen und treibende

Kräfte einzugehen, muß ihm die Sinneswelt als in Finsternis liegend erscheinen.

Andererseits jedoch kann man gerade in einer so hochidealistischen, ja beinahe hyperidealistischen Ideenlehre naturgemäß den eigentlich übersinnlichen und geistig-kosmischen Charakter dieser Urbilder deutlicher erkennen als bei Aristoteles. Wo Goethe als Naturwissenschafter spricht, erscheint er uns wie ein aristotelischer Platoniker; wo er aber, wie im zweiten Teile des Faust, als Dichter von den Ideen kündet, offenbart er sich als ein reiner Platoniker. Dennoch kann man erst auf Grund der Beschreibung, die Steiner in seiner „Theosophie" von den Urbildern der Geisteswelt gegeben hat, völlig klar erkennen, was denn eigentlich diese „Ideen" des Platon oder diese „Formen" und Entelechien des Aristoteles sind. Sowohl in seinen grundlegenden Goetheschriften, als auch in seiner „Theosophie" spricht Rudolf Steiner durchaus im Einklang mit dem Platonismus und Aristotelismus.

Hören wir zunächst, wie Steiner in den Einleitungen zu Goethes naturwissenschaftlichen Schriften den platonischen Idealismus erneuert: „In der Idee erkennen wir dasjenige, woraus wir alles andere herleiten müssen: das Prinzip der Dinge. Was Philosophen das Absolute, den Weltengrund, was die Religionen Gott nennen, das nennen wir auf Grund unserer erkenntnistheoretischen Erörterungen: die Idee. Alles, was in der Welt nicht unmittelbar als Idee erscheint, wird zuletzt doch als aus ihr hervorgehend erkannt. Wahre Wissenschaft in höherem Sinne des Wortes hat es nur mit ideellen Objekten zu tun, sie kann nur *Idealismus* sein."

Ebenfalls im Einklang mit Grundanschauungen des Platon und Aristoteles, aber wesentlich konkreter, wird von den „Ideen" in der „Theosophie" gesagt: „So wie der Gedanke im Menschen lebt, ist er nur ein Schattenbild, ein Schemen seiner wirklichen Wesenheit. Wie der Schatten an der Wand sich zum wirklichen Gegenstand verhält, der diesen Schatten wirft, so verhält sich der Gedanke, der durch den menschlichen Kopf erscheint, zu der Wesenheit im „Geisterland", die diesem Gedanken entspricht." (Wer dächte hier nicht zugleich an das Bild von Platon von dem in der Höhle sitzenden Menschen! Diese „Höhle" ist nichts anderes als unser Kopf, unser Gehirn.)

„Wenn nun der geistige Sinn des Menschen erweckt ist, dann nimmt er diese Gedankenwesenheit wirklich wahr, wie das sinnliche Auge einen Tisch oder einen Stuhl wahrnimmt. In der wirklichen Welt des Geistes sind solche Urbilder für alle Dinge vorhanden, und die physischen Dinge und Wesenheiten sind *Nachbilder dieser Urbilder*."

Das ist ganz die Sprache des aus höheren Welten herabblickenden Platon. Aber indem Steiner diese Urbilder weiter als schaffende Formen charakterisiert, werden wir wieder an Aristoteles erinnert: „In der geistigen Welt ist alles in fortwährender *beweglicher Tätigkeit*, in *unaufhörlichem Schaffen*." (Das ist das Prinzip des Tuns oder der Aktualisierung, der Begriff der Schöpfung!) „Eine Ruhe, ein Verweilen an einem Orte, wie sie in der physischen Welt vorhanden ist, gibt es dort nicht. Denn die Urbilder sind *schaffende* Wesenheiten. Sie sind die *Werkmeister* alles dessen, was in der physischen und seelischen Welt entsteht. Ihre *Formen* sind rasch wechselnd, und in jedem Urbild liegt die Möglichkeit, unzählige Gestalten anzunehmen." (Wer dächte hier nicht an die Art, wie Goethe das Walten der Idee in den Metamorphosen der Pflanzen dargestellt hat?) „Sie lassen gleichsam die besonderen Gestalten aus sich hervorsprießen; und kaum ist die eine erzeugt, so schickt sich das Urbild an, eine nächste aus sich hervorgehen zu lassen." „Und die Urbilder stehen miteinander in mehr oder weniger verwandtschaftlicher *Beziehung*. Sie wirken nicht vereinzelt. Das eine bedarf der Hilfe des anderen zu seinem Schaffen. Unzählige Urbilder wirken oft zusammen, damit diese oder jene Wesenheit in der seelischen oder physischen Welt entstehe." (Wem fiele nicht die Vorstellung Platons ein, daß die Dinge an den Ideen „teilhaben"?)

Wenn wir uns in die Beschreibungen von Platon, Aristoteles, Plotin und Steiner von dem Walten der Ideenwelt so recht einleben, dann können wir uns zuletzt wohl gedrängt fühlen, das Wesen dieser Geistes-Sphäre des kosmischen Ideenwebens in Bildern auszusprechen. Lassen wir einen solchen Versuch hier folgen, damit erlebt werde, daß man es hier nicht mit blassen Abstraktionen, sondern mit Lebenswirklichkeiten zu tun hat:

Was hier der Geist ersehnt als höchstes Gut,
Als Ideal des Wahren und des Schönen,
Als Ziel der letzten Weltenrätselung,
Als Himmelreich der Götterseligkeiten —
Das Quellgebiet der Menschenschöpferkraft:
Das findet dort der Geist im Geisterlande —
Als Wirklichkeit, die wirkend sich erweist,
Als Welten-Wärmestrom des Werdewillens,
Als Alldurchflutend Licht-Ideen-Meer,
Als Sinn-Zusammenklang der Sternen-Stimmen.
Da waltet ewig wirkend Gottes Wort —
Doch alles Irdische ist nur ein Gleichnis.

Die schaffenden Urbilder sind göttliche Weltgedanken! Wir haben uns solchen Weltgedanken zu nähern versucht, indem wir in den Kategorien des Aristoteles den menschlich-begrifflichen Abglanz von weltschöpferischen Gottesgedanken zu erfassen trachteten. Ohne weiteres können wir nunmehr einsehen, daß ein jegliches Sinnending „teilhaben" muß an verschiedenen schöpferisch zusammenwirkenden Urgedanken. Ohne die Kategorien Substanz, Raum, Zeit, Lage, Beziehung, Habitus usw. können wir das Wesen eines bestimmten Dinges oder Vorganges begrifflich gar nicht bestimmen. Die diesen Kategorien entsprechenden Urgedanken des Weltendenkens haben sich in den Wesenseigenschaften dieses Dinges oder Vorganges gleichsam zusammenkristallisiert oder verleiblicht.

Die Urbilder des Geisterlandes nennt der Geistesforscher „Gedankenwesenheiten". Mit diesem Ausdruck wird im wesentlichen auf das Reich der zweiten Hierarchie hingewiesen, auf die Licht- und Sonnengeister im weitesten Sinne des Wortes. Insbesondere haben wir hier die höchste Reihe dieser Sonnengeister, die Kyriotetes, ins Auge zu fassen, die Rudolf Steiner die Geister der Weisheit nannte. „Was ist in uns selber", so fragte er einmal, „im Menschen, in der menschlichen Seele, ein *Bild* dieser Geister der Weisheit? *Unsere Gedanken!*" Diese Kyriotetes sind die eigentlichen Formen-Ersinner und weisheitsvollen Weltendenker, und sie bedienen sich bei ihrem ideellen Formenschaffen der „Sphärengeister" (Dynameis) und der Formgeister oder „Weltgewalten" (Exusiai).

Wenn man das hocherhabene Wesen der Kyriotetes begreifen will, dann darf man weder von den Naturformen als solchen ausgehen, noch von ihren Veränderungen oder Bewegungen, sondern hat dasjenige ins Auge zu fassen, was sich *gedanklich in und durch die Formen und Form-Wandlungen ausspricht,* und zwar sowohl in den einzelnen Urtypen als auch in ihrem Gesamtverband, den das menschliche Denken sich in der Form von *Naturgesetzen* zum Bewußtsein bringt. Diese Weltenherrscher sind es, deren schaffende Tätigkeit und Herrscherkraft weisheitsvoll zur Einheit der Wirklichkeit zusammenfügt oder „mischt" das Geistige der monadischen Urtypen einerseits und das Sinnlich-Leibliche andererseits. Und die Art und Weise, wie Licht (Geistigkeit) und Finsternis (Sinnlichkeit) in den vielerlei Dingen in der verschiedenartigsten Weise vermischt sind, ist geregelt durch das weisheitsvolle *Natur-Gesetz,* das der Sonnenlogos mit Hilfe der Kyriotetes ausspricht.

Das Schaffen dieser Ideengeister vollzieht sich so, daß sie mit Hilfe der Dynameis und Exusiai, der Bewegungs- und Formgeister, ihre Weltgedanken in entsprechenden Formen zum Ausdruck bringen und diese dann gleichsam als geistige „Schalen" oder „Hohlformen" von sich selbst im Ätherraum absondern, so daß sie verselbständigt als schöpferische Wesensformen bleiben. Weil man sich den ideellen Gehalt von Formen am leichtesten an geometrischen Figuren zum Bewußtsein bringen kann, dürfen wir hier noch einmal Vorstellungen des PYTHAGORAS zu Hilfe nehmen. Seine mystische esoterische Mathematik betrachtete geometrische Grundformen wie etwa das Dreieck, das Quadrat und den Kreis als Symbolausdrücke für geistige Entitäten oder Ideen. Das Quadrat z. B. ist der Formausdruck für die Vierheit der Naturprinzipien bzw. der unteren Wesensglieder des Menschen, aber auch noch von anderen Geistrealitäten. Schöpferische Urgedanken Gottes drücken sich demzufolge in Figuren und Formen aus.

In der Kategorientafel des Pythagoras steht an der Spitze das Gegensatzpaar des Unbegrenzten und des Begrenzenden. Das an sich Unbegrenzte oder Formlose ist das dunkle, passive Prinzip, das nur durch das Begrenzende seine Begrenzungen oder Grenzen bekommt. Das Begrenzende ist das schaffende Licht, das Geistige, Schöpferische. Dies manifestiert sich in konzentrischer Bewegung in den Hohlformen, welche die Kyriotetes als schalenartige Siegelabdrücke in ihren Gedankengebilden von sich absondern. Die „Negative“ dieser lebendigen Hohlformen sind dann die „stofflichen“ Raumesformen der Dinge. Demzufolge ist gerade dort, wo wir die raumerfüllten Körper sehen, in Wahrheit das Geistig-Leere, das von der plastizierenden Hohlform zur Begrenzung Gebrachte, an sich Unbegrenzte, während in den „leeren“ Zwischenräumen zwischen den Körpern gerade das „Volle“, die Fülle der konzentrisch formgebenden Hohlformen oder Urbilder schaffend wirksam ist. Dieses Formenersinnen aber und schaffendes Formenabprägen ist zugleich ein weisheitsvolles göttliches Geometrisieren und Metamorphosieren, dessen Geistgesetzlichkeit dem Inspirierten als Sphärenharmonie erklingt:

Wenn hier des Menschen Herz, zuhöchst entzückt,
Mitschwingt im Klangbewegungs-Linienschwung,
Mitsingt im Harmonien-Töneschwall,
Des' geistesstrenge Tongesetzlichkeiten
Erahnen lassen tiefen Weltensinn:
So ist's ein Abbild nur der Seelen-Atmung,
Die dort mittönend hört Posaunenschall
Im Weltorchester-Chor der Geister-Stimmen,
Die, sinnvoll tönend als das Sternen-Wort,
Ausstrahlen Leuchte-Zeichen, sie zu prägen
Aus Weltenhöhen in den Erdengrund
Zur Sinnesbilderschrift der Kreaturen.

Und wenn man sich das beinahe Unvorstellbare dennoch vorstellen will: wie der Menschengeist zwischen dem Tode und einer Neugeburt schauend und inspiriert einverwoben ist in dieses weisheitsvolle Weltenformen, dann kann man es vielleicht stammelnd so auszudrücken versuchen:

Unsicher schwankt die Schau im Geisterland,
Denn nirgends ruht sie auf begrenzten Formen,
Wie eis-erstarrt die Sinneswelt sie zeigt.
Ein weltallweites Leuchte-Bildgewoge,
Das wallt heran und bannt in Raumesform
Die quellend ihm entschwebten Werdebilder.
Beseligt schwingt und singt das Sonnenselbst
Im klangbewegten Lichtkristall-Gestalten
Der Gott-entflammten Sternengeister-Schar,
Vereinend seine Geistgestaltekräfte
Dem Erdenkreaturen-Bildnerwerk
Der weltenweisen Götter-Meistergilde.

Die Ideen oder Formen des Platon und Aristoteles sind hauptsächlich die im Pflanzen- und Tierreiche wirksamen Urtypen, so der Lilientypus, der

Rosentypus, der Pferdetypus, der Lammtypus, der Löwentypus und dergleichen. Im Kapitel über den Monadismus haben wir dargelegt, daß diesen Gattungsformen, welche die Scholastik die universalia genannt hat, als geistige Realitäten die Gattungsseelen oder Gruppengeister zugrunde liegen. Nunmehr können wir aufweisen, wie sich diese Wesen zu den formenersinnenden Weltendenkern oder Kyriotetes verhalten. Die Gruppengeister sind die von ihnen schöpferisch ausgedachten und damit zu wesenhafter Existenz verselbständigten Urbilder oder Urtypen. Und zwar sind speziell die Urtypen oder Wesensformen der Pflanzengattungen von diesen Kyriotetes hervorgebracht, während diejenigen der Tiergattungen die Erzeugnisse der Dynameis und die Menschen-Iche die Kinder der Elohim oder Formgeister sind. Wir verweisen in diesem Zusammenhang auf RUDOLF STEINERS grandiose Aufschlüsse über diese kosmisch-hierarchischen Geheimnisse in den Helsingforser Vorträgen über „Die geistigen Wesenheiten in den Himmelskörpern und Naturreichen."

Diese Gruppengeister also und die Menschen-Iche haben wir als die eigentlichen Monaden gekennzeichnet. Die Ersinner der Weltideen oder Weltgesetze sind es also, welche die Monadenseelen als die Urtypen der Naturgattungen inspirativ-denkend erschaffen haben.

Hiermit kommen wir auf den Zusammenhang zurück, der zwischen den Weltaspekten des Schützen, des Löwen und des Widders (Idealismus) waltet. Auf das Schützensternbild weisen auch die *Beziehungen*, in welche das Weltendenken die Urbilder zueinander bringt. Wir haben gezeigt, daß „Puruscha" auf die Vielfalt von menschenähnlichen Geistindividualitäten oder Monaden weist, nämlich auf die der Gattungsseelen oder Urtypen der Dinge, und daß Prakriti das sinnlich-materielle Naturprinzip ist. Die Sonne ist — als geistiges Wesen — die zentrale Idee aller Ideen, die Idee des Urguten. Als solche ist sie im Widder zu Hause.

Löwe, Widder und Schütze bilden im Tierkreis ein Dreieck, das man in der alten Sternenweisheit das „feurige Trigon" nennt, weil das Feuerätherelement diese drei Zeichen miteinander verbindet. Diese kosmische Dreiheit bildet also eine höhere Einheit. Die geistigen Inspirationsströme, die von diesen drei Himmelsrichtungen ausgehen, kann man mit RUDOLF STEINER die „dreigestaltige Weltenverfassung" nennen. Ihre drei Glieder sind: Die *Veda-* oder Logosweisheit des MANU, des Urgesetzgebers, das *Gesetz des* MOSES und das Freiheitsgesetz, das aus dem *Glaubensimpuls des* PAULUS hervorgeht. *Wort, Gesetz und Andacht* (Meditation, die sich zu dem Geistig-Göttlichen in Beziehung setzt) kann man auch sagen. Wir verweisen auf RUDOLF STEINERS Vorträge über die Bhagavadgita und die Paulusbriefe.

Im Anschluß an dasjenige, was wir schon früher entwickelt haben, können wir jetzt die „dreigestaltige Weltenverfassung" aus der Sternenschrift ablesen: Veda oder der Logos, die Urweisheit oder Kochmah, das ist das Weltendenken der Sonne, welche den Löwen beherrscht. Die ersten Diener des Sonnenlogos sind die Kyriotetes oder Weisheitsgeister. Sie sind die Weltenlenker und Formen-Ersinner. Aus dem Widder sprechen sie inspirativ das *Naturgesetz* aus. Ihre Gedanken-Kinder sind die monadischen Gruppenseelen oder Naturtypen, welche im Schützen urständen. Aus dem Widdersternbilde fügen die Kyriotetes das Geistige der Natur-Monaden mit dem sinnlichen Naturprinzip naturgesetzlich so zusammen, daß die geistnatürlichen Sinneswesen entstehen.

Eine andere Seite des Geheimnisses von der „dreigestaltigen Weltenverfassung" ist, daß wir hier drei Aspekte des Christus-Logos bzw. drei Hauptimaginationen des kosmischen Christus finden. Die Fische kommen hier nicht in Betracht, weil sie das Zeichen der Jesus-Individualität sind. Auf die Polarität von Lamm und Waage werden wir im folgenden Kapitel noch einzugehen haben.

Das Neue Testament gibt uns drei Imaginationen des kosmischen Christus: das Lamm Gottes, den Löwen und den weißen Reiter oder himmlischen Bogenschützen (Apok. V, 5; VI, 2; XIX, 13). Das feurige Weltenwort selbst ist es, das sich im Wärmeäther oder Feuer-Trigon offenbart in drei verschiedenen Aspekten. In diesem Zusammenhang fällt bedeutsames Licht auf die Art und Weise, wie STEINER in „Goethes Weltanschauung" von dem Wärme-Element der Ideen gesprochen hat: „Wer von der Kälte der Ideenwelt spricht, der kann Ideen nur *denken*, nicht *erleben*. Wer das wahrhafte Leben in der Ideenwelt lebt, der fühlt in sich das Wesen der Welt in einer Wärme wirken, die mit nichts zu vergleichen ist. *Er fühlt das Feuer des Weltgeheimnisses in sich auflodern.*"

Immer deutlicher zeigt es sich, wie vielfältig und wunderbar die Geistesimpulse, die aus den verschiedenen Tierkreisrichtungen kommen, miteinander verbunden sind. Zuerst wurden wir auf die Polaritätsverhältnisse der in Opposition zueinander stehenden Sternbilder oder Urbilder aufmerksam. Dann konnten wir auf die gesetzmäßigen Zusammenhänge der Tierkreis-Quadrate oder -Kreuze hinweisen. Jetzt haben wir gesehen, daß auch die im Dreieck zueinander stehenden Tierkreisbilder bedeutsam miteinander verbunden sind. Selbstverständlich sind solche Hinweise nichts mehr als ein allererster, noch stammelnder Versuch, die Buchstaben des Weltenalphabetes miteinander kombinierend *als Sternenschrift* zu lesen.

Nicht allein der Idealismus des Aristoteles, sondern auch der des genialen JOHANNES SCOTUS ERIGENA zeigt eine merkwürdige Verwandtschaft mit der alten Sankhya-Philosophie. Sie wurde zuerst von Heinrich Ritter bemerkt: „Auffallend ist es, daß die ‚Einteilung der Natur' des Johannes Scotus Erigena mit der Einteilung eines alten indischen Systems, der Sankhya-Lehre, in allen Stücken übereinstimmt. Die Natur, lehrt er, schafft entweder oder schafft nicht; sie wird entweder geschaffen oder wird nicht geschaffen. Wie der Begriff der Natur, so wird auch der Begriff des Schaffens hierbei im weitesten Sinne genommen, das Schaffen namentlich vom Emanieren nicht unterschieden; es bezeichnet nur das *Tun* im allgemeinen, welchem das Geschaffenwerden als das *Leiden* entgegensteht."

In großartiger Kühnheit schuf dieser Kelte aus Irland eine Schöpfungs- und Auferstehungs-Philosophie, welche das Universum in lebendigem Werden und aufsteigender Entwickelung erschaut. Der Begriff der Natur weist bei Johannes noch auf die schaffend zeugende Kraft, ganz entsprechend der Ableitung des Wortes natura von nasci — geboren werden. Noch bis zu den großen Meistern von Chartres, BERNARDUS SILVESTRIS und ALANUS AB INSULIS haben kleine Menschenkreise in diesem Geiste von der lebendigen Naturwesenheit, der Allgebärerin gesprochen, sie hatten noch Begriffe von der „Natura naturans".

Die „Naturen" der Dinge sind ihre formenden Entelechien. Die erste Gestalt der Natur ist — laut JOHANNES — reine Schaffenskraft. Das ist der göttliche Vater, der Urschöpfer. In Ihm ist nichts Geschaffenes. Dies höchste Wesen versucht Johannes in Anlehnung an die mystische Theologie des DIONYSIOS AREOPAGITA anzudeuten, obwohl es unerkennbar und unaussprechlich ist. Dennoch ist seine unbegreifliche „Finsternis" in Wahrheit das blendende Licht. Zum Lichte für die Menschen wird dies Wesen, indem es aus sich selbst hervorgehen ließ den offenbarenden Sohn oder Logos, das Lamm Gottes, die Fülle der göttlichen Ideenwelt. Der Christus-Logos, das Lamm Gottes, wird also hier, wie schon von den alexandrinischen Kirchenvätern, platonisch als die Gesamtheit der Ideenwelt verstanden, deren Mittelpunkt die Idee des Urguten ist: eben die Christuswesenheit.

Diese zweite Gestalt der „Natur", die Gesamtheit der weltgestaltenden Gottesgedanken, ist geschaffen (oder ausgegangen vom Vater) und zugleich schaffend. Sie schafft nämlich die dritte Gestalt der Natur, die vorhandene Welt. Diese dritte Stufe ist zwar geschaffen, aber nicht mehr schaffend. Die sichtbare Natur ist also im Sinne des Johannes eine Theophanie der göttlichen Ideen des Logos.

Die dritte Naturgestalt wird zuletzt in eine vierte und letzte übergehen, in die wiedervergöttlichte, vergeistigte Schöpfung. Die Menschwerdung des Logos in Jesus Christus bildet hierzu den ersten Keim. Weil in dieser vierten Stufe das Endziel des Weltprozesses erreicht wird, das vollendete göttliche Sein, kann man von ihr sagen, sie sei unerschaffen wie der Vater und nicht schaffend, weil eben in Gott alles sein Endziel erreicht hat. Jene Wiederbringung der ganzen Schöpfung im Göttlichen wird dadurch zustande kommen, daß mit der Wiedergeburt der Menschen aus dem Heiligen Geiste, auch alle Naturdinge, welche ideell im ewigen Menschengeiste urständen, zu ihrem Ideen-Ursprung zurückgeführt werden. Ohne die *tätige* Mitwirkung der Menschheit kann aber diese Vollendung der Schöpfung nicht zustande kommen. Eben dieses Einmünden des göttlich-natürlichen Schöpfungsprozesses in die übernatürliche Vollendung desselben durch den Christus-erfüllten Menschen ist das Großartige an den Anschauungen des genialen Kelten. Er hat noch tiefer als seine Vorgänger, die alexandrinischen Kirchenväter, den platonisch-aristotelischen Idealismus mit der Christus-Idee verbunden.

Von ähnlichen Grundgedanken war sechs Jahrhunderte später die sehr bedeutende Weltanschauung des spanischen Weisen Raimundus von Sabunda bestimmt. Äußerlich betrachtet hat er sich den großen dominikanischen Aristotelikern Albertus und Thomas von Aquino angeschlossen. Die Welt ist eine Theophanie oder das erste Offenbarungsbuch Gottes. Die Geschöpfe sind die einzelnen Buchstaben des „Buches der Natur", die „Signaturen" oder Bildzeichen der wesenhaften Gottesgedanken. Der Haupt- und Schlüsselbuchstabe zum Verständnisse des Ganzen und aller einzelnen Signaturen ist der Mensch. Wenn sich auch sein Geistesblick infolge des Sündenfalles getrübt hat, so konnte er doch in alten Zeiten tiefe Blicke in das Buch der Welt werfen. Und noch dank dieser Vernunfterleuchtung war er später imstande, in dem zweiten Buch, das Gott für den Menschen geschrieben hat, Gottes Wort zu erkennen. Das ist das Buch der Offenbarung, die Bibel. Es ist leichter als das erste zu verstehen. Je mehr der Mensch sich seinen Geistesoffenbarungen erschließt, desto mehr wird er sein Erkenntnisvermögen von den Nachwirkungen des Sündenfalles befreien und hierdurch befähigt werden, wiederum auf neue Art im ersten Buche Gottes, im Buch der Welt zu lesen.

Solches an der Schwelle des naturwissenschaftlichen Zeitalters zu verkündigen, war von der denkbar größten Bedeutung. Hinter Raimund stand, wie wir bereits im Kapitel über den Spiritualismus angedeutet haben, das noch ganz junge Rosenkreuzertum. Und auch hinter so manchem anderen Geist, der in der Folgezeit versucht hat, in dem Buche der Welt zu lesen. Überall wo Menschen diese Formel gebraucht haben, hat man es mit gewissen Auswirkungen des Rosenkreuzerischen Impulses zu tun. Das alte Lesen im Buche der Natur wurde insbesondere in den ägyptischen Isis-Mysterien gepflegt. Wir verweisen hier noch einmal auf den Hermes Trismegistos, und auch auf den Gegenpol im christlichen Weltalter, auf den hierarchischen Spiritualismus des Christian Rosenkreuz. Denn die Weltanschauungen von Krebs, Steinbock, Widder und Waage sind eng miteinander verbunden.

In der neuesten Zeit war es Goethe, der, in seiner Jugend ebenfalls rosenkreuzerisch angeregt, die geistigen Signaturen des Buches der Natur zu entziffern angefangen hat. Er wurde dadurch zu einem Hauptvertreter des klassischen deutschen *Idealismus.* Aus Italien schrieb er an Frau von Stein: „Wie lesbar mir das Buch der Natur wird, kann ich dir nicht ganz ausdrücken, mein langes Buchstabieren hat mir geholfen, jetzt wirkt's auf einmal, und meine stille Freude ist unaussprechlich."

Als ein Leitspruch, der das Wesen der Widder-Weltanschauung bis in jedes Wort hinein treffend charakterisiert, dürfen die Hexameter gelten, die ich als Motto meinem Jugendwerk „Von Thales bis Steiner" (1920) vorausgeschickt habe:

> „Freue Dich, höchstes Geschöpf der Natur, du fühlest dich fähig, ihr den höchsten Gedanken, zu dem sie schaffend sich aufschwang, nachzudenken."

Steiner leitete sein Buch über Goethes Weltanschauung mit zwei Kapiteln über die Weltanschauung Platons ein, weil dessen Ideenlehre in Goethes Naturforschung, in einer gewissen aristotelischen Umbildung, wiedererstanden ist. In allen Interpretationen der Goetheschen Natur- und Weltanschauung hatte Rudolf Steiner Grundgedanken des Aristoteles und Platon ursprünglich neu zu prägen und weiterzubilden. Ausdrücklich auf diese Arbeiten hinweisend müssen wir uns hier darauf beschränken, einige derjenigen Aussprüche Goethes anzuführen, die den platonisch gefärbten Idealismus besonders deutlich erkennen lassen:

„Die Vernunft ist auf das *Werdende* angewiesen, sie freut sich am Entwickeln."

„Hatte ich doch erst unbewußt und aus innerem Trieb auf jenes Urbildliche, Typische rastlos gedrungen."

„Es kann mir sehr lieb sein, wenn ich Ideen habe, ohne es zu wissen, und sie sogar mit Augen sehe."

„Kein organisches Wesen ist ganz der Idee, die ihm zugrunde liegt, entsprechend. Hinter jedem steckt die höhere Idee. Das ist mein Gott."

Wenig Anlage und Neigung hatte Goethe für das Ausarbeiten einer systematischen Philosophie. Hier ward er von einem anderen ersten Stern des klassischen Idealismus ergänzt: von Hegel. Ihn hat Steiner als den Philosophen der Goetheschen Weltanschauung gekennzeichnet. Wenn Goethe von einer Metamorphose der Idee sprach, so meinte er damit verschiedene Manifestationen d e r Idee schlechthin. „Auch die einzelnen Ideen sind nur in ihrer Erscheinung verschieden; in ihrem wahren Wesen sind sie identisch. Es ist also im Sinne der Goetheschen Weltanschauung, von einer Metamorphose der Ideen zu reden, wie von einer Metamorphose der Pflanzen. Der Philosoph, der diese Metamorphose der Ideen darzustellen versuchte, ist Hegel. Er ist dadurch der Philosoph der Goetheschen Weltanschauung. Von der einfachsten Idee, dem reinen ‚Sein', geht er aus. In diesem verbirgt sich die wahrhafte Gestalt der Welterscheinungen vollständig. Deren reicher Inhalt wird zum blutarmen Abstraktum. Man hat Hegel vorgeworfen, daß er aus dem reinen ‚Sein' die ganze inhaltvolle Welt der Ideen ableitete. Aber das reine Sein enthält ‚der Idee nach' die ganze Ideenwelt, wie das Blatt, der Idee nach, die ganze Pflanze enthält. Hegel verfolgt die Metamorphosen der Idee vom reinen abstrakten Sein bis zu der Stufe, in der die Idee unmittelbar wirkliche Erscheinung wird. Er betrachtet als die höchste Stufe die Erscheinung der Philosophie selbst. Denn in der Philosophie werden die in der Welt wirksamen Ideen in ihrer ureigenen Gestalt angeschaut. In Goethes Weise gesprochen könnte man etwa sagen: Die Philosophie ist die Idee in ihrer größten Ausbreitung, das reine Sein ist die Idee in ihrer äußersten Zusammenziehung."

Hegel lebte, zusammen mit seinen Tübinger Jugendfreunden Schelling und Hölderlin, in hochgespannt-idealistischen „Erinnerungen" an das Griechenzeitalter Platons. Aber wir finden bei ihm auch neuplatonische Einschläge. Von Proklos war er begeistert. Seine Weltanschauung trägt alle typischen Kennzeichen des Idealismus: „Meine Ansicht ist, daß die Idee nur als Prozeß in ihr (wie Werden ein Beispiel ist), als Bewegung ausgedrückt und gefaßt werden muß. Denn das Wahre ist nicht nur ein Ruhendes, Seiendes, sondern nur als sich selbst bewegend, als lebendig." Beinahe ebenso aristotelisch klingen die beiden folgenden Aussprüche: „Die Dinge sind das, was sie sind, nur durch den ihnen innewohnenden schöpferischen Gedanken." „Die Geschichte des Geistes ist seine T a t , denn der Geist ist nur was er *tut.*" — Die Widder-Kategorie des Tuns! So betrachtet auch Hegel die Ideen, welche die Philosophen im Laufe der Geschichte hervorbringen, nicht als bloße Gedanken oder Abstraktionen vom Sein. „Nein, nein! Es sind Taten des Weltgeistes und darum des Schicksales! Die Philosophen sind dabei dem Herrn näher, als die sich nähren von den Brosamen des Geistes! Sie lesen oder schreiben diese Cabinetsorders gleich im Original. Sie sind gehalten, diese mitzuschreiben."

Welch schöner Einklang — mit Bezug auf die Menschheits-Geschichte — mit dem, was Goethe mit Bezug auf die Natur so formuliert hat: „Daß wir uns durch das Anschauen einer immer *schaffenden* Natur zur Teilnahme an ihren Produktionen würdig machen."

Ein letzter bedeutender Vertreter war an der Schwelle des neuen Jahrhunderts EDUARD VON HARTMANN. Er bezeichnete seine Weltanschauung selbst als eine Synthese von Hegel und Schopenhauer unter entschiedenem Übergewicht des ersteren. Hiermit ist sie im wesentlichen als objektiver Idealismus gekennzeichnet. Dieser steht, wie STEINER in seinen Einleitungen zu Goethes naturwissenschaftlichen Schriften festgestellt hat, ganz auf dem Boden goetheischer Weltanschauung: „Hartmanns Philosophie ist Idealismus. Er will zwar kein *bloßer* Idealist sein. Allein, wo er behufs der Welterklärung etwas Positives braucht, ruft er doch die Idee zu Hilfe. Und das Wichtigste ist, daß er die Idee überall zu Grunde liegend denkt. Denn seine Annahme eines Unbewußten hat ja keinen anderen Sinn als daß jenes, das in unserem Bewußtsein als Idee vorhanden ist, nicht notwendig an diese Erscheinungsform innerhalb unseres Bewußtseins gebunden ist. Die Idee ist nicht nur vorhanden (wirksam), wo sie bewußt ist, sondern auch in anderer Form. Sie ist mehr denn bloßes subjektives Phänomen, sie hat eine in sich selbst gegründete Bedeutung. Sie ist nicht bloß im Subjekte gegenwärtig, sie ist objektives Weltprinzip."

„Das Gewahrwerden eines Objektiven in unserer Ideenwelt und die aus diesem Gewahrwerden folgende Hingabe an dasselbe ist, was wir von Goethes Weltanschauung in Eduard von Hartmanns Philosophie wiederfinden. Hartmann ist durch seine Philosophie des Unbewußten zu diesem Aufgehen in der objektiven Idee geführt worden. Da er erkannte, daß in der Bewußtheit nicht das Wesen der Idee liegt, hatte er die letztere auch als an und für sich Bestehendes, als Objektives anerkennen müssen. Daß er daneben noch den Willen in die konstitutiven Weltprinzipien aufnimmt, unterscheidet ihn freilich von Goethe. Jedoch wo Hartmann wirklich fruchtbringend ist, da kommt das Willensmotiv gar nicht in Betracht. Daß er es überhaupt annimmt, kommt daher, weil er die Idee als Ruhendes ansieht, das, um zur Wirkung zu kommen, vom Wollen den Anstoß braucht. Nach Hartmann kann der Wille allein nie zur Schöpfung der Welt kommen, denn er ist der leere, blinde Drang zum Dasein."

Hieraus wird ersichtlich, daß der Idealismus von Hartmann kein reiner oder klassischer, weil kein voluntaristischer ist. Das unterscheidet ihn von dem des Aristoteles, Goethe, Hegel und Steiner. Was in Wahrheit der Idee zukommt, wie jene Geister richtig erkannt haben, schreibt er unter dem Einfluß Schopenhauers dem Willen zu. Hierdurch verkennt und depotenziert er die Schöpferkraft der Ideenwelt. Darum auch hat er, trotz persönlicher Verbindung mit Rudolf Steiner, keinen geistigen Zugang zu dessen Weltanschauung finden und seinen eigenen Idealismus nicht zu den höheren und höchsten Erkenntnissen hinaufführen können. Vermutlich haben andere Weltanschauungseinschläge hemmend und ablenkend gewirkt, nämlich nichtausgemerzte Reste des Kantischen Pseudo-Phänomenalismus, neuplatonischer und arabischer Pneumatismus, sowie Schopenhauerscher Dynamismus und Pessimismus. Auch den Realismus konnte er nicht in reiner Form entwickeln, wie wir im folgenden Kapitel sehen werden.

Nicht allein im Werden der Welt und ihrer Entwickelung ist die Idee die tätig-vorwärtstreibende, allesbewegende Schaffensmacht. Sie soll es vor allem auch immer mehr und mehr im *Menschen* werden. Ideen sollen uns zu Idealen und zu Taten-Impulsen werden. Ideen, willenskräftig *erlebt*, regen zum schöpferischen *Tun* an.

Der Mensch ist dazu berufen, das Schaffen Gottes in der Welt im geschichtlichen Zeitenwerden fortzusetzen und zu vollenden. Als der höchste aller Gottesgedanken bildet der Mensch das Zentrum der Ideenwelt. Solange er aber noch im wesentlichen ein Sinnenmensch ist, handelt in ihm noch nicht das Ideenbewußtsein oder der Idealmensch. Es ist des Menschen Aufgabe, sein monadisch-geistiges Ichwesen im Sinnenmenschen auszugestalten und zur Offenbarung zu bringen. Dies wird in dem Maße gelingen, als sich der Mensch als Gedankenwesen der ewigen Ideenwelt erschließt. Hierdurch wird die Idee des Menschen allmählich realisiert. Der Idealmensch wird geboren.

Aber schon lange bevor dieses sittliche Hoch-Ziel erreicht wird, waltet das Ideelle *unbewußt* als eine sittliche Richtekraft im *natürlichen* Menschen, weil alles Natürliche von Geistgesetzen beherrscht wird, — von den Gedanken der Kyriotetes. In vielerlei sozialen Instinkten, z. B. in der Mutter- und Kindesliebe, äußert sich diese sittlich ordnende Triebkraft der Idee innerhalb des Natürlichen. Dieser Tatsache sich bewußt werdend, haben die britischen Sensualisten die „natürliche Moral" begründet.

Die alte Weisheit aber war sich dessen wohl bewußt, daß das Naturgesetz und das Sittengesetz letzten Endes, nämlich in der entsprechenden Region der Geisteswelt, ein und dieselbe Gesetzmäßigkeit sind. Hierauf hat die Sankhya-Weisheit mit dem Wort *dharma* und die Genesis des Moses mit dem Wort „Gesetz" hingewiesen. Darum ist das Wort dharma so vielbedeutend, daß man es mit e i n e m Wort kaum übersetzen kann. Es bedeutet nämlich:

Wesenheit, Begriff, Natur, Recht, Tugend, Lehre, Ordnung, Gesetz, Offenbarung. Vielleicht könnte man es am besten übersetzen mit dem Wort: die moralisch-geistige Weltordnung.

Das Sittengesetz — etwa der Dekalog des Moses — ist nur eine besondere Form der ideellen Naturgesetzlichkeit oder moralisch-geistiger Weltordnung, welche der Ausfluß ist des Weltendenkens der Kyriotetes. Der philosophische Testamentsvollstrecker des mosaischen Sittengesetzes war Immanuel Kant mit seinem Pflicht-Gebot.

Da der Mensch die gesamte Ideenwelt umfaßt, sind die Sittengesetze zugleich aus jener Weltsphäre und zugleich aus der Idee des Menschen abgelesen. Die Sittengebote sind gleichsam die kategorialen Wesensseiten des göttlichen Idealmenschen. Sie sind aus dem Urbegriff und Urgesetz des menschlichen Seins und Wirkens inspiriert. Darum haben sie auch die Menschheit, der sie verkündigt worden sind, so tief angesprochen.

Es ist eines jeden Menschen Aufgabe, auf seine individuelle Art und Weise die Idee des Menschen, seinen eigenen Begriff, sein Ideal zu verwirklichen. Auf diese Weise entwickelt sich der Mensch von einem Naturwesen zuerst zu einem von *Gesetzen* und *Geboten* beherrschten *Seelenwesen* und zuletzt zum *freien Geiste,* der sich selbst verwirklicht.

Naturinstinkte, Sittengebote und Maximen und freie Intuitionen entfalten sich nacheinander auf dem Entwickelungsweg, auf dem sich der Mensch nach Leib, Seele und Geist moralisch entfaltet. „Die Natur macht aus dem Menschen bloß ein Naturwesen; die Gesellschaft ein gesetzmäßig Handelndes"; ein freies Wesen kann er nur aus sich selbst machen.

Erst wenn der Mensch als freier Geist selbstschöpferisch seine ureigenen, vielleicht sogar ganz neuen sittlichen Ziele und Ideale hervorbringt und durch die sein *Tun* bestimmt, erst dann hat er in sich selbst die Idee Mensch vollbewußt in seinem Sinnendasein zur Ausgestaltung gebracht. Dann wird der Idealmensch geboren. Mit dem Schaffen aus dem Geiste geht die natürliche Schöpfungsgeschichte Gottes, deren letztes Ergebnis der ichbewußte Sinnenmensch gewesen ist, in die ethisch-geistige Schöpfungsgeschichte des Menschen über, und damit bereitet sich der vierte Naturzustand vor, von dem Johannes Scotus Erigena gesprochen hat. Dann wiederholt sich *im Menschen* das kosmische Schöpferwort der Genesis: „Es werde Licht!"

Diese geistige Menschwerdung ist im wahrsten Sinne des Wortes die Geburt des Idealmenschen, des Christusmenschen im Sinnenmenschen. Wenn sie sich im vollen Umfange vollzieht, dann wird sich der Mensch eines neuen Geistorganes bewußt, das in der Stirngegend tätig ist. Dieses Organ hat Michelangelo an seinem Moses als Widder-Hörner — aber entsprechend der biblischen Imagination — künstlerisch angedeutet. Rudolf Steiner beschreibt dies Organ als die zweiblättrige Lotosblume. In diesem Organ wird sich der Mensch seiner wahren Ich-Natur bewußt. Der Widder oder das Lamm ist die Imagination des „Ich bin".

Kraft dieses Geistorganes hat Moses „die Geheimnisse der biblischen Schöpfungsgeschichte" sowie das ideelle *Gesetz,* welches Natur und Sittengesetz in einem ist, geoffenbart. Aber dieser Inspirationsstrom hat auch viel weiter in der Geschichte gewirkt. In erster Linie müssen wir damit PLATON, den Schöpfer der Ideenlehre nennen, welchen PHILO VON ALEXANDRIEN den attisch redenden Moses genannt hat, aber auch PHILO selbst, weil seine Weltanschauung eine einzigartige Synthese des Mosaismus und Platonismus ist.

Wir dringen zu den höchsten Aspekten der Widder-Weltanschauung vor, wenn wir bei RUDOLF STEINER die Anweisungen lesen, die er für die Entwickelung dieses Moses-Organes gegeben hat. Besonders wichtig ist hierbei die Ausbildung einer gesunden Urteilskraft. „Man muß nur bedenken, daß da das höhere Selbst, das bisher keimhaft, unbewußt, im Menschen geschlummert hat, zu bewußtem Dasein geboren wird." Dafür, daß das höhere Selbst gesund und lebensfähig in der geistigen Welt geboren werde, müssen die Gesetze der Eigenentwickelung der Menschen Sorge tragen, so, wie die Naturgesetze dafür sorgen, daß ein Kind mit wohlgebildeten Organen zur Welt geboren wird. „Und diese Gesetze, welche die Ausbildung der höheren Organe des Geistes besorgen, sind keine anderen als die gesunden *Vernunft- und Moralgesetze* der physischen Welt. Wie im Mutterschoße das Kind ruht, so im physischen Selbst der geistige Mensch. Die Gesundheit des Kindes hängt von normaler Wirksamkeit der *Naturgesetze* im Mutterschoß ab, die Gesundheit des geistigen Menschen ist in gleicher Art von den *Gesetzen* des gewöhnlichen *Verstandes* und der im physischen Leben wirksamen Vernunft bedingt."

Am Ende dieses inneren Entwickelungsweges steht also nicht allein die Geburt des geistigen Idealmenschen, sondern in Verbindung damit gewinnt der Mensch ein unmittelbares Erfahrungswissen von seinem höheren Selbst und „lernt die Lehre von der Einkörperung (Inkarnation des höheren Selbst in ein niederes) aus eigener Anschauung kennen". Er durchschaut damit auch das Gesetz seines Lebens, das Schicksalsgesetz. Hiermit enthüllt sich der eigentliche *Sinn des Lebens,* den jeder Idealist zu ahnen beginnt. Dann erst wird voll durchschaut, in welch umfassendem Sinne ein jeder ins Sinnensein verkörperte Mensch nichts anderes ist als die äußere Ausprägung der inneren moralisch-geistigen Gediegenheit seines Ich im Leiblichen oder die sinnliche Manifestation seiner Idee, die Selbstverwirklichung seiner monadischen Eigenform im Sinnensein.

In der Mitte der Zeiten, als die Widderkräfte das Menschheitsleben bestimmten, und demzufolge die Idee des Menschentums im sinnlichen Naturdasein auf ideale Weise sich in allen Kulturerscheinungen ausprägte, vor allem in den griechischen Kunstwerken, da ist *einmal* auf Erden ein Wesen erschienen, in welchem sich die Idee „Mensch" oder das Idealmenschentum in vollkommener Art im Sinnessein geoffenbart hat. Platon hatte dieses höchste Idealwesen im Geistgebiete als die zentrale Idee des Urguten erschaut. Christi

Bekenner auf Erden haben dies Wesen das Lamm Gottes genannt. Es ist der Kyrios Christus, der Herr der „Weltenbeherrscher".

Seit jener Zeit haben die großen mittelalterlichen Idealisten, beginnend mit Philon, Clemens und Origenes von Alexandrien, über Johannes Scotus bis zu Thomas von Aquino und Raimundus, sowie die neueren Idealisten bis zu Schelling und Solovjeff und Steiner in dem Christus-Logos den lebendigen Mittelpunkt, die Einheit und den Inbegriff des weisheitsvoll-schöpferischen Ideen-Kosmos gesehen. In diesem Sinne dürfen wir das Höchste, was der durchchristete Idealismus zu erschauen vermag, in diese Worte zusammenfassen:

Es offenbart sich Welt-Ideenlicht
Im Gottes-Lamm, erschaffend Sinnes-Wesen.

XIV.

DER REALISMUS

Das naive, noch nicht durch die philosophische Selbstbesinnung hindurchgegangene Bewußtsein weitaus der meisten Menschen nimmt dasjenige, was sich beim unmittelbaren Erleben der Welt darbietet, in eben der Gestalt, in der es auftritt, für die Wirklichkeit oder Realität. Dieser Standpunkt wäre ein natürlicher und gesunder Ausgangspunkt für das Erfassen der Wirklichkeit, wenn nicht der Mensch, eigentlich erst seit dem 15., 16. Jahrhundert, zumeist so veranlagt wäre, daß er einseitig auf das Sinneserleben eingestellt ist, so daß es das Ideen-Element, was sich beim Gewahrwerden der Wirklichkeit miteinstellt, viel schwächer und nicht eigentlich als volle, objektive Realität erfährt.

Weil der Durchschnittsmensch von heute das gedanklich in der Seele Auftretende nicht mit derselben Lebendigkeit und Kraft und nicht in gleichem Sinne als wirklich erfährt wie das Sinnlich-Aufgefaßte, entartet der *naive Realismus* nur allzuleicht in einen instinktiven Sensualismus. Das philosophische Bewußtsein kann beim naiven Realismus keinesfalls stehen bleiben. Darüber sind sich alle Philosophen der Neuzeit einig, die sich der Tatsache bewußt werden, daß die erkennende Tätigkeit etwas zu tun hat mit der Form, in welcher uns die Wirklichkeit im Bewußtsein repräsentiert ist.

So allgemein verbreitet nun unter den Menschen der naive Realismus ist, so selten finden wir Vertreter eines wissenschaftlich erkenntnis-theoretisch geläuterten Realismus. Und am seltensten finden wir sie unter den Fachphilosophen, weil nämlich die gegenwärtige Erkenntnistheorie noch immer nicht die Nachwirkungen des Kantischen Subjektivismus überwunden hat. Was STEINER im Vorwort seiner Erkenntnistheorie im Jahre 1891 als den ersten Satz geschrieben hat, gilt heute zwar nicht mehr so unumschränkt wie damals, aber dennoch in hohem Grade: „Die Philosophie der Gegenwart leidet an einem ungesunden Kant-Glauben."

Die Wenigen, die einen wissenschaftlich fundierten Realismus vertreten haben, sind leicht einem doppelten Mißverständnis ausgesetzt: sowohl von seiten derjenigen, welche einseitig die Welt der Sinne erleben, als auch von den anderen, welche die Welt des Geistes in einseitiger Art spüren. Am Ende dieses Kapitels wird man durchschauen, worauf das beruht. Aber schon hier haben wir darauf hinzuweisen, daß der philosophische Realismus der Ausfluß ist einer seelischen Gleichgewichtshaltung des erkennenden Menschen, welche es möglich macht, den beiden Seiten des Universums gleichermaßen gerecht zu werden. Schon Aristoteles hat es ausgesprochen, daß der die Mitte zwischen den zwei entgegengesetzten Extremen Haltende von beiden, welche in den Extremen stehen, verkehrt beurteilt werden muß. So wird denn der echte Realist von einseitigen Spiritualisten leicht zum Materialisten gestempelt, und vom einseitigen Materialisten als Spiritualist betrachtet, gerade weil er beide Seiten des Daseins gleichermaßen umfaßt und würdigt und somit die gegensätzlichen Standpunkte zum Ausgleich bringt aus den Waage haltenden Kräften.

Wir können die Waage-Weltanschauung des Realismus am besten kennzeichnen, wenn wir von ihrem bedeutenden Vertreter, ja von ihrem eigentlichen Begründer ausgehen, von Rudolf Steiner. Dabei wird sogleich ersichtlich werden, daß dieser Realismus der echte Ergänzungsgegenpol des Idealismus ist, sowie daß der richtige erkenntnistheoretische und ontologische Monismus gerade dann zustande kommt, wenn diese beiden Weltaspekte kombiniert auftreten, wie wir dies auch beim Phänomenalismus und Psychismus festgestellt haben.

Den grundlegenden Gesichtspunkt für die Begründung des philosophischen Realismus hat Steiner in seinen erkenntnistheoretischen Werken wiederholt ausgesprochen. Seine Untersuchungen kommen dabei zu dem Ergebnis: Das Sein ist eine *„einheitliche Wirklichkeit“*, die jedoch durch das erkennende Subjekt *auseinandergelegt* oder zertrennt wird in die Zweiheit von Wahrnehmung und Begriff, Sinneserscheinung und begriffliche Wesenheit. Steiners Dissertation „Wahrheit und Wissenschaft“ sagt hierüber: „Uns gilt die sogenannte Erfahrung, die der Positivismus und Neukantianismus so gern als das einzig Gewisse hinstellen möchten, gerade für das Subjektivste. Und indem wir dieses zeigen, begründen wir den *objektiven Idealismus*, als notwendige Folge einer sich selbst verstehenden Erkenntnistheorie. Derselbe unterscheidet sich von dem Hegelschen metaphysischen, absoluten Idealismus dadurch, daß er den *Grund für die Spaltung der Wirklichkeit in gegebenes Sein und Begriff im Erkenntnisobjekte sucht*, und die *Vermittlung* derselben nicht in einer objektiven Weltdialektik, sondern im subjektiven *Erkenntnisprozesse* sucht.“

Wenn wir nicht einigermaßen durchschauen, was wir unter jener Spaltung der einheitlichen Wirklichkeit in die zwei Elemente zu verstehen haben, können wir auch vom ersten, erkenntnistheoretischen Teil der „Philosophie der Freiheit“ wenig verstehen. Obwohl wir schon in den Kapiteln über Monismus und Dualismus auf diese Grundprobleme eingehen mußten, ist es notwendig, hier noch einmal die wichtigsten Gesichtspunkte vorzubringen, weil nur auf diese Weise die Weltanschauung von der einheitlichen Wirklichkeit oder der Realismus gekennzeichnet werden kann. Für das Verständnis entscheidend sind die folgenden Sätze Steiners: „Als Wahrnehmung und Begriff stellt sich uns die *Wirklichkeit*, als *Vorstellung die subjektive Repräsentation dieser Wirklichkeit dar.* Unsere totale Wesenheit funktioniert in der Weise, daß ihr bei jedem Ding der Wirklichkeit *von zwei Seiten her die Ele-*

mente zufließen, die für die Sache in Betracht kommen: von seiten des *Wahrnehmens* und des *Denkens.* Es hat mit der Natur der Dinge nichts zu tun, wie ich organisiert bin, sie zu erfassen. Der *Schnitt* zwischen Wahrnehmen und Denken ist erst in dem Augenblicke vorhanden, wo ich, der Betrachtende, den Dingen gegenübertrete. Der *Dualismus* richtet den Blick nur auf *die von dem Bewußtsein des Menschen vollzogene Trennung zwischen Ich und Welt.* Sein ganzes Streben ist ein ohnmächtiges Ringen nach der *Versöhnung* (das ist die Vermittlung, von welcher eben die Rede war) dieser Gegensätze, die er bald *Geist und Materie,* bald *Subjekt und Objekt,* bald *Denken und Erscheinung* nennt. Er hat ein Gefühl, daß es eine *Brücke* geben muß zwischen den beiden Welten, aber er ist nicht imstande sie zu finden. Er nimmt nicht etwa *zwei bloß durch unsere Organisation auseinandergehaltene Seiten der einheitlichen Wirklichkeit an,* sondern zwei voneinander *absolut verschiedene Welten.* Er sucht die Erklärungsprinzipien für die eine Welt in der anderen. Der Dualismus beruht auf einer falschen Auffassung dessen, was wir Erkenntnis nennen. *Er trennt das gesamte Sein in zwei Gebiete,* von denen jedes seine eigenen Gesetze hat, und läßt diese einander äußerlich *gegenüberstehen.*"

Diesem Dualismus stellte Steiner seinen *monistischen Realismus* entgegen, der von dem *einen* Sein, der „*einheitlichen* Wirklichkeit" oder dem „Universum" spricht, das die *substanzielle Einheit von Welt- und Menschen-Sein* ist. Weil das Welt- und Menschensein in Wahrheit nur *zwei* Seiten ein und desselben Seins sind, muß uns Menschen die Welt, solange wir im Erkenntnisprozeß vom Menschen absehen, rätselhaft bleiben. Wir haben dies im Kapitel über den Psychismus ausführlich dargelegt.

In immer wieder neuen Wendungen hat Steiner diese grundlegende Erkenntnis von der einheitlichen Wirklichkeit herausgearbeitet, weil sie eben der gegenwärtigen Erkenntnistheorie völlig fremd ist. „Die Gedanken gehören *zur* Wirklichkeit des Sinnlich-Angeschauten, nur daß sich, was im Sinnensein Gedanke ist, nicht draußen an diesem, sondern drinnen im Menschen zur Erscheinung bringt. Aber Gedanke und Sinneswahrnehmung sind *ein Sein.* Indem der Mensch sinnlich anschauend in der Welt auftritt, *sondert er von der Wirklichkeit den Gedanken ab;* dieser erscheint aber nur an einer anderen Stelle: im Seelen-Inneren. *Die Trennung von Wahrnehmung und Gedanke hat für die objektive Welt gar keine Bedeutung; sie tritt nur auf, weil sich der Mensch mitten in das Dasein hineinstellt.* Für ihn entsteht dadurch der Schein, als ob Gedanke und Sinneswahrnehmung eine Zweiheit seien. Was im Menschen ist, ist ideeller Schein; was in der wahrzunehmenden Welt ist — Sinnenschein; *das erkennende Ineinanderarbeiten der beiden ist erst die Wirklichkeit.*"

„Erst wenn aus dem Seelenleben heraus die Ideenwelt aufleuchtet und *im* Anschauen der Mensch *Idee und Sinnesbeobachtung als einheitliches Erkenntnis-Erlebnis* vor seinen Geist stellen *kann,* hat er die wahre *Wirklichkeit* vor sich."

Zumeist ist dies durchaus nicht der Fall. Denn dem *gewöhnlichen* Seelenbewußtsein ist dies hier gekennzeichnete *einheitliche Erkenntnis-Erlebnis* unerreichbar. Er setzt eine ganz besondere Bewußtseinsverfassung voraus. Dies einheitliche Erkenntnis-Erleben kennen wir im gewöhnlichen Seelenbewußtsein darum nicht, weil da die Wahrnehmung und der reine *Begriff* unwillkürlich schon zur *Vorstellung* verschmolzen und vermischt sind. In dieser Vorstellung aber haben wir nicht die einheitliche Wirklichkeit selber, sondern deren *subjektive Repräsentation* vor uns. Weil es für das Bewußtsein Rudolf Steiners von Jugend an n i c h t so gewesen ist, fiel es ihm auf, daß es bei den Mitmenschen sich so verhielt: „Ich fand, wie die Menschen, weil sie früh vom seelischen Weben in der *geistigen* Welt zum Erleben der *physischen* übergehen, zu keinem reinen Erfassen weder der geistigen noch der physischen Welt gelangen. Sie *vermischen* fortwährend ganz *instinktiv* dasjenige, was die Dinge ihren *Sinnen* sagen, mit dem was die Seele durch den *Geist* erlebt, und was dann von ihr mitgebracht wird, um sich die Dinge *vorzustellen.*"

Wer aber dieses einheitliche Erkenntnis-Erlebnis hat, der darf es in der folgenden Art kennzeichnen: „Indem sich das Denken der Idee bemächtigt, *verschmilzt es mit dem Urgrunde des Weltendaseins;* das, was außen *wirkt,* tritt in den Geist des Menschen ein: *er wird mit der objektiven Wirklichkeit in ihrer höchsten Potenz eins. Das Gewahrwerden der Idee in der Wirklichkeit ist die wahre Kommunion des Menschen.*" „Das mit Gedanken-Inhalt erfüllte Leben in der Wirklichkeit ist zugleich das Leben in Gott."

Weil es sich hier um die schlechthin klassische Beschreibung des Realismus, zu welchem der Idealismus gehört, handelt, nehmen wir noch die folgende Charakteristik desselben hinzu: „Die Dinge sprechen zu uns und unser Inneres spricht, wenn wir die Dinge beobachten. *Diese zwei Sprachen stammen aus demselben Urwesen,* und der Mensch ist berufen, deren gegenseitiges Verständnis zu bewirken. Darin besteht das, was man Erkenntnis nennt. Die Dinge sind nur solange äußere Dinge, solange man sie bloß beobachtet. Wenn man über sie nachdenkt, hören sie auf, außer uns zu sein. *Man verschmilzt mit ihrem inneren Wesen. Die menschliche Innenwelt ist das Innere der Natur.* Diese Weltauffassung, die in den *Ideen* das Wesen der Dinge erkennt und die Erkenntnis auffaßt als das Einleben in das Wesen der Dinge, ist nicht Mystik. Aber sie hat mit der Mystik das gemein, daß sie die objektive Wahrheit nicht als etwas in der Außenwelt Vorhandenes betrachtet, sondern als etwas, das sich im Innern des Menschen wirklich ergreifen läßt."

Mit dem was man gewöhnlich Mystik nennt, hat das einheitliche Erkenntniserlebnis allerdings nichts zu tun, weil man damit die Mystik des bloßen Gefühlslebens bezeichnet. Aber es handelt sich zweifellos doch um Mystik, und zwar um eine viel höhere Form, eben um die Erkenntnis-Mystik. Darum bemerkt auch Steiner in seiner Autobiographie: „Ich suchte das *Zusammensein* mit dem Geiste durch die vom Geiste durchleuchteten Ideen auf dieselbe Art, wie der Mystiker das Zusammensein mit einem Ideenlosen. Ich könnte auch sagen: Meine Anschauung beruhe auf ‚mystischem' Ideen-Erleben." Dennoch handelt es sich hier nicht um einen mystischen Idealismus, wie ihn etwa der Meister Eckhart vertreten hat, sondern um den mystischen Realismus; denn die *einheitliche* Wirklichkeit wird mystisch erlebt, nicht allein die Ideenseite von ihr. Die Seelenhaltung der Mystik ist somit die Grundvoraussetzung für das einheitliche Erkenntniserlebnis des Realismus. Es handelt sich eben um eine überaus selten auftretende Weltanschauung, die auf einer seelischen Gleichgewichtshaltung des Erkennenden beruht, die es ermöglicht, das Einheitlich-Gemeinschaftliche der Welt der Sinne und der Welt des Geistes in einem einheitlichen, mystisch-intuitiven Erkenntnisakt zu erleben.

Offensichtlich lebte auch Aristoteles in dieser Erkenntnishaltung. Denn auch mit seinem Idealismus sehen wir den Realismus oder die Weltanschauung von der einheitlichen Wirklichkeit verbunden. Dieser Umstand vor allem unterscheidet ihn von Platon, dem der Realismus fehlte. Weil in Platon die beiden polar zueinander gehörenden Weltanschauungen nicht miteinander verbunden auftraten, mußte seine Weltanschauung dualistisch werden. Gegen diesen Dualismus wendet sich Steiner in seinem Werke über Goethes Weltanschauung in der folgenden Weise: „*In zwei Teile reißt* die platonische Anschauung die Vorstellung des Weltganzen (des ‚Universums') auseinander, in die Vorstellung einer Scheinwelt und in eine andere der Ideenwelt, der allein wahre, ewige Wirklichkeit entsprechen soll." Als *Wirklichkeit* anerkennt also Platon nur die *eine* Seite des einheitlichen Seins, die ideell-geistige. „*Vergeblich hat sich Aristoteles gegen die platonische Spaltung der Weltvorstellung aufgelehnt. Er sah in der Natur ein einheitliches Wesen,* das die Ideen ebenso enthält, wie die durch die Sinne wahrnehmbaren Dinge und Erscheinungen."

Besonders deutlich kommt die seelische Gleichgewichtshaltung, die zum Realismus führt, in der Ethik des Aristoteles zum Ausdruck. Wir meinen die klassische Definition der Tugend als die Mittelhaltung zwischen zwei Extremen. Jedes Wort dieser Definition ist des Nachdenkens wert: „Es ist also die Tugend eine vorsätzliche, dauernde Beschaffenheit, die sich in der mit Rücksicht auf die eigene Persönlichkeit bemessenen Mitte hält und durch Erkenntnis bestimmt wird, das heißt durch die Anwendung der Erkenntnis auf jeden besonderen Fall. Sie ist die Mitte zwischen zwei Fehlern, dem Zuviel und dem Zuwenig, indem diese beiden in den Erregungen und Handlungen das Richtige überschreiten oder nicht erreichen, während die Tugend die Mitte findet und wählt." Aristoteles erläutert dies Prinzip an zahlreichen Beispielen. Gegenüber der Tugend der Tapferkeit ist die Abirrung des Zuviel die Tollkühnheit, und die Abirrung des Zuwenig die Feigheit; gegenüber der Freigebigkeit ist die Abirrung des Zuviel die Verschwendung und die Abirrung des Zuwenig der Geiz. Der in der Mitte Stehende wird von den auf den Extremen Stehenden notwendigerweise verkannt: „Den Mutigen bezeichnet der Feige als tollkühn, der Tollkühne als feige, und ähnlich geht es bei den übrigen Eigenschaften."

Man würde viel Lebensweisheit gewinnen, wenn man dieses Prinzip beachten wollte. Je mehr man sich damit beschäftigt, desto mehr muß man

Steiner beipflichten, der hierzu bemerkt hat: „Damit ist in der Tat von Aristoteles die Definition der Tugend gegeben, wie sie von keiner Philosophie später wieder erreicht worden ist. Weil Aristoteles die Tradition aus den Mysterien hatte, vermochte er wirklich das Richtige zu treffen."

Weil Aristoteles als die zwei Prinzipien Form und Stoff aufgestellt hat, betrachtet man ihn meistens — sehr im Gegensatz zu Steiners bereits zitierter Auffassung — zusammen mit Platon als den Begründer des ontologischen *Dualismus*, der dann das ganze Mittelalter beherrscht hat. Resultiert aber aus dieser Aufstellung von Stoff und Form unweigerlich ein Dualismus? Averroes, der große arabische Aristoteliker, dessen Weltanschauung Thomas von Aquino geistesmächtig bekämpft hat, verneinte diese Frage. Oder besser gesagt: Er hat Aristoteles monistisch interpretiert, sich dabei auf diesen selbst berufend, für den er die allerhöchste Bewunderung hegte. Giordano Bruno hat später jene Interpretation wieder aufgegriffen und mußte vielleicht mit darum den Feuertod erleiden. Hat doch die kirchliche Theologie nach der Hochblüte der Scholastik alle monistischen Neigungen fanatisch verfolgt. Averroes lehrte: Form und Stoff sind gleichermaßen ewig. Die Materie ist das der Möglichkeit nach, die Form, das der Wirklichkeit nach Seiende. In der „hyle" selbst schlummern die Formen wie verborgene Keime. Das Wahrhaftige in ihr sind diese Formen, jedoch in einem verborgenen, unentfalteten Zustande. Die Materie ist die schwangere Mutter aller Formen. Aus den in ihr verborgenen Kräften erzeugt sich die Mannigfaltigkeit der Formen zu aktualer Wirklichkeit. Die bewegende Kraft ist das erweckende Prinzip, welches die Formen aus ihrem latenten Zustande in der Materie hervorruft, „herauszieht", aktual macht. Form und Materie sind somit eins!

Wir lassen es dahingestellt, ob des Aristoteles Weltansicht wirklich in *diesem* Sinne monistisch gedeutet werden muß. Aber daß in ihr der Idealismus und der Realismus eine unzertrennliche Einheit bilden, steht außer Zweifel.

Dasselbe gilt von Rudolf Steiners philosophischer Ausgangsstellung und Gesamtweltanschauung. Dafür mögen die folgenden Worte als Zeugnis dienen: „Wir haben also eigentlich einen Idealismus begründet, der Realismus zugleich ist. Alle (metaphysischen) Realisten machen den gleichen Fehler: sie sinnen Wesen aus und werden nicht gewahr, daß sie aus der Idee nicht hinauskommen. Wir haben *diesen* Realismus abgewiesen, weil er sich über die Ideenwesenheit seines Weltgrundes täuscht, wir haben aber auch jenen falschen Idealismus abzuweisen, der da glaubt, weil wir über die Idee nicht hinauskommen, kommen wir über unser Bewußtsein nicht hinaus und es seien alle uns gegebenen Vorstellungen und alle Welt nur subjektiver Schein, nur ein Traum, den unser Bewußtsein träumt. Diese Idealisten begreifen wieder nicht, daß, obzwar wir über die Ideen nicht hinauskommen, wir doch i n der Idee das Objektive haben, das in sich selbst und nicht im Subjekt Gegründete. Sie bedenken nicht, daß, wenn wir auch nicht aus der Einheitlichkeit des Denkens hinauskommen, wir mit dem vernünftigen Denken mitten in die volle

Objektivität hineinkommen. *Die Realisten begreifen nicht, daß das Objektive die Idee ist, die Idealisten nicht, daß die Idee objektiv ist.* Unser Standpunkt ist Idealismus, weil er in der Idee den Weltgrund sieht, er ist Realismus, weil er die Idee als das Reale anspricht."

So sehr Steiner EDUARD VON HARTMANNS Idealismus zu würdigen wußte, so entschieden hat er die philosophische Unhaltbarkeit seines transzendentalen oder metaphysischen Realismus dargelegt. Das von Schopenhauer übernommene Urprinzip des Willens machte Hartmann zu einem metaphysischen Realprinzip, weil er es nicht (wie Fichte) intuitiv-psychistisch erfassen konnte. Hätten nicht diese und andere Einschläge, pseudophänomenalistische und dynamistische Reste von Kantianismus, Hartmanns Erkenntnisvermögen abgelenkt, dann hätte ihn eine gewisse Anlage und vor allem eine unbewußte Neigung für den monistischen Realismus zu diesem und damit auch zu Rudolf Steiner geführt. Wenn Hartmann von seiner Philosophie des Unbewußten sagt, es handle sich um „spekulative Resultate nach induktiver Methode", dann muß hierbei bedacht werden, daß er das „Spekulative" ausdrücklich mit dem Mystischen identifiziert: „Die Induktion kommt nicht zu letzten Prinzipien und zum System, die Spekulation nicht zur Erklärung der Wirklichkeit. Man kann hieraus schließen, daß das Ganze sich nicht von einer Seite her begreifen läßt, sondern daß man die Sache zugleich von beiden Seiten anfassen muß und sich von hüben und drüben nach den vorspringendsten Punkten umtun muß, wo sich eine Brücke schlagen läßt. Denn so ganz hoffnungslos ist die Sache eben nicht. Es fehlt der Gegenwart nur an einer Persönlichkeit, welche beide Seiten mit gleicher Liebe und Hingebung erfaßt, welche fähig ist, wenn auch nicht zur mystischen Produktion, doch zur Reproduktion, und doch zugleich eine genaue Übersicht des exakten Wissens und die Strenge der induktiven exakten Methode sich zu eigen gemacht hat, welche endlich die vorliegende Aufgabe klar erkennt, die spekulativen (mystisch erworbenen) Prinzipien mit den bisher höchsten Resultaten der induktiven Wissenschaft nach induktiver Methode zu verbinden."

Schelling stimmte Hartmann ausdrücklich in der Anschauung zu, daß „das unmittelbare oder mystische Wissen" unter den Begriff der Erfahrung gefaßt werden müsse. Wie in der Mathematik, so komme es auch bei der Konzeption der philosophischen Wahrheiten entscheidend auf eine mystische Erfahrung oder Inspiration an. So betrachtete Hartmann die ganze Philosophie als „nichts anderes als die Umsetzung eines mystisch erzeugten Inhaltes aus der Form des Bildes oder der unbewiesenen Behauptung in die des rationellen Systems".

Trotz dieser bemerkenswerten Ansätze blieb aber der Realismus Hartmanns ein transzendental-metaphysischer und wurde kein mystisch-monistischer. Den Unterschied der beiden Standpunkte kennzeichnete Steiner in der folgenden Weise: „Für den naiven Realismus ist die wirkliche Welt eine Summe von Wahrnehmungsobjekten, für den metaphysischen Realismus kommt außer den Wahrnehmungen auch noch den unwahrnehmbaren *Kräf-*

ten Realität zu; der Monismus setzt an Stelle von Kräften die ideellen Zusammenhänge, die er durch sein Denken gewinnt. Solche Zusammenhänge aber sind die *Naturgesetze.* Ein Naturgesetz ist ja nichts anderes als der begriffliche Ausdruck für den Zusammenhang gewisser Wahrnehmungen."

Der transzendentale Realismus hat also Einschläge des Dynamismus in sich, wie der naive Realismus solche vom Sensualismus.

Dem rechten Realismus haben sich bis zu einem gewissen Grade genähert Hans Christian Örsted und Gustav Theodor Fechner, der eine vom Phänomenalismus her, der eigentlich zum Realismus hinzugehört, und der andere in Verbindung mit dem Monadismus. Laut Örsted machen die Naturgesetze, die ein Ding hervorgebracht haben, seine Wesenseigentümlichkeit aus. Aber alle Naturgesetze zusammen bilden eine Einheit, die, in ihrer Wirklichkeit gedacht, das Wesen der Welt ausmacht. „Die Gesetzesübereinstimmung der Natur besteht darin, daß sie sich nach den Vorschriften der Vernunft richtet, oder vielmehr, daß die Naturgesetze und die Vernunftgesetze eins sind. Darum sind Körperliches und Geistiges im lebendigen Gedanken Gottes, dessen Werke alle Dinge sind, unzertrennlich vereinigt."

Angeregt von diesem, zu wenig gewürdigten Denker der Goethezeit, hat Fechner das allerallgemeinste Gesetz des Geschehens, des Wirkens oder der naturgesetzlichen „Verursachung" oder Kausalität folgendermaßen ausgesprochen: „Wann und wo auch dieselben Umstände wiederkehren, und welches auch die Umstände sein mögen, so kehren auch dieselben Erfolge wieder, unter anderen Umständen aber andere Erfolge." „Alle besonderen Gesetze des Geschehens sind nur Sonderfälle dieses obersten Gesetzes der Wirklichkeit oder des Wirkens." „Denn dem Begriff des Wirkens hängt der Begriff der Wirklichkeit an; denn es kann nur wirken, was wirklich ist, und es ist nur wirklich, was wirken kann." Dieses Urgesetz des Wirkens hat aber *zwei Seiten,* eine Seite der Gebundenheit oder Notwendigkeit, und eine Seite der Freiheit, oder besser gesagt: es hebt sich Notwendigkeit und Freiheit in ihm in einer Einheit in höchster Stufe auf. „Letzten Endes ist Gott diese Totalität dieses Seins und Wirkens." Obwohl Fechner nicht durchschauen konnte, warum die Wirklichkeit als eine Zweiheit auftritt, drang sein Erkenntnisvermögen doch in der Richtung vor, die Gegensätzlichkeit des Geistigen und Materiellen in einer einheitlichen Wirklichkeit aufzuheben, und zwar auf dem folgenden Wege: Je nachdem etwas sich selbst (also von innen) oder einem anderen (also von außen) erscheint, wird es als Geistiges oder Materielles erfahren. Körper und Geist sind also nicht wesentlich, sondern nur dem Standpunkte der Auffassung nach verschieden. Das kann so nur deshalb sein, weil das, was dem Geistigen und Materiellen zugrunde liegt, wesentlich identisch ist, womit man aber nicht Geistiges und Materielles selbst miteinander identifizieren dürfe. Es handelt sich auch nicht um Wechselwirkungen zwischen zwei entgegengesetzten Substanzen, im Sinne der Dualisten seit Descartes, sondern um e i n e n Kausalzusammenhang, der in der e i n e n Substanz auf zweierlei Weise, das heißt von zwei Standpunkten her verfolgbar, verläuft; eben um jenes Gesetz der wirkenden Wirklichkeit. Statt aus prästabilierter Harmonie muß der Parallelismus im Ablauf des Körperlichen und Geistigen aus der Identität ihres Grundwesens erklärt werden. „Schon die Stoiker dachten sich Gott und Natur als im Grundwesen identisch; dieselbe Substanz galt ihnen nach der Seite ihres leidenden Vermögens als Materie, nach der Seite der tätigen, bildenden, immer sich gleichbleibenden Kraft als Gott."

Fechner hat geahnt, daß das *Sein,* die *Substanz* oder die *Wirklichkeit* ein einheitliches Wesen ist, das je nach der Art seines Aufgefaßtwerdens (beim Sichselbst- oder Anderen-Erscheinen) als Geistiges oder Materielles erlebt wird. „Was aber Körper und Geist abgesehen davon sind, wie sie erscheinen oder als erscheinend vorgestellt werden, vermag ich nicht zu sagen." Zu einer wirklichen Klärung des Zentralproblems der Wirklichkeitsanschauung ist es nicht gekommen. Eine erhebliche Annäherung an die rechte Anschauung von der „Wirklichkeit" finden wir in bestimmten Aspekten der viel zu wenig bekannten und noch gar nicht nach Gebühr gewürdigten Weltanschauung Hamerlings. Neben dem Monadismus und Sensualismus vertrat dieser sehr selbständig forschende Dichter-Philosoph einen gesunden Realismus, vor allem da, wo er seine Ideen über das Sein, über die Materie, und über die Begriffe der Wirkung und der Ur-Sache vorbringt. Den Mittelbegriff zwischen Geist und Materie suchend, fand er den des *Lebens* oder *realen* Seins: „Ich fasse Sein und Leben zusammen, denn Leben ist reales Sein und ein anderes kenne ich nicht. Ich fasse das Wort Leben in einem weiteren Sinn." Die Materie ist bloßes Scheinwesen, sie existiert an und für sich nicht, kann also weder beseelt noch unbeseelt sein. Sie ist nicht die Trägerin des Lebens, sondern die Erscheinungsform der Wirkungsweise des Seins. Die Materie *hat* nicht die Seele, sondern sie *ist* Seele, wenn man sie in einem höheren Sinne, als die Summe des wahrhaft *Seienden* und *Wirkenden* nimmt. Der deutsche Ausdruck wirklich, Wirklichkeit für real, Realität sei sehr sinnreich. Denn seiend ist für uns nur das Wirkende. Die Wirklichkeit ist die wirkende Wirklichkeit. Streng genommen wirken, nach Hamerling, nicht Materie als solche und Geist als solcher, sondern „das nach der berechtigten Annahme des Monismus beiden zu *Grunde* liegende *Reale,* das wir in beiden als wesensgleich annehmen, aufeinander". Das Prinzip aller Wirkung aber seien Zustandsmitteilungen und hierdurch zustande kommende Ausgleichsaktionen zwischen dem einen Realen und dem anderen, die als Einswerdungen oder Verschmelzungen aufgefaßt werden können, die auf der Wesenseinheit alles Lebenden und Seienden beruhen.

Daß das Wirkungsprinzip des Seienden in der „Waage-Idee" urständet, kann aus den folgenden Sätzen Hamerlings abgelesen werden: „Zustandsmitteilung bringt die Dinge aus ihrer Ruhe, ihrem *Gleichgewicht.* Bewegung z. B. ist gestörtes Gleichgewicht, das sich *wiederherzustellen bestrebt.* Die anschaulichste dieser Ausgleichsaktionen nennen wir Schwingung." Ist nicht das rhythmisch schwingende Pendeln der beiden Waagschalen einer Waage für dieses Wirkensprinzip geradezu das Urphänomen und Urbild zugleich?

Eine beinahe restlos befriedigende Anschauung von der einheitlichen Wirklichkeit hat der ebenso tief schürfende wie scharfsinnige Religionsphilosoph ALOYS EMMANUEL BIEDERMANN gewonnen, der zu Unrecht als Philosoph völlig unbekannt geblieben und als Theologe zu schnell vergessen worden ist. Wie er den Erkenntnisvorgang beschreibt und hieraus seinen „Grundsatz des reinen Realismus" oder die monistische Anschauung von der Wirklichkeit entwickelt, das gehört zu jenen Gipfelleistungen der Philosophie, die gar nicht genügend hoch eingeschätzt werden können. STEINER bemerkt über Biedermanns Erkenntnislehre in seiner Dissertation „Wahrheit und Wissenschaft": „Am nächsten berührt sich unsere Weltanschauung, wie wir sie erkenntnistheoretisch begründet haben, mit der von A. E. Biedermann vertretenen."

BIEDERMANN geht von der Frage aus, was das uns unmittelbar Gegebene sei. Als Bewußtseinsinhalt ist uns in einem existentiellen Zusammen zweierlei Sein gegeben, welcher Seinsgegensatz als materielles und immaterielles, als sinnliches und geistiges, dingliches und ideelles Sein bezeichnet wird. „Unser reiner Realismus fixiert als die zwei Grundtatsachen all unseres Bewußtseins: an *allem* real Seienden, das uns als Inhalt unseres Bewußtseins gegeben ist, sind uns einerseits die *zwei* Seinsweisen, die wir vorderhand als ideelles und materielles Sein bezeichnen, als reiner Seins-Gegensatz gegeben, und andererseits stets beides zusammen als Moment *einer* Existenz, an der wir zwar je das eine vom anderen abstrahieren und ihm gegenüber subjektiv fixieren und in seinem Existenzgegensatz für sich fassen können; aber gegeben sind sie uns nur miteinander, objektiv real nie ohne einander. Zuletzt wird sich also immer als das metaphysische Problem die Frage einstellen: ist das existenzielle Zusammen die Subsistenz *einer* Substanz? oder eine Coexistenz zweier Substanzen?"

„Wird nun das erste Moment der Doppelgrundtatsache des Bewußtseins, die Realität des Gegensatzes von sinnlichem und geistigem Sein so genommen, daß das andere: ihr *Zusammensein* als die Existenz *aller* gegebenen Bewußtseinsobjekte, als eine *Coexistenz* herauskommt, so ist dies die psychologische Wurzel einer *konkret-dualistischen* Metaphysik. Wird dagegen das *zweite* Moment, die *existenzielle Einheit,* in der uns aller Bewußtseinsinhalt allein real gegeben ist, so genommen, daß dadurch der reale Gegensatz von sinnlichem und geistigem Sein als ihrer *Momente verneint* wird: so haben wir die psychologische Wurzel einer *abstrakt-monistischen* Metaphysik."

Es gibt zwei Formen dieses abstrakten Monismus. Die eine faßt das *sinnliche* Moment des Gegebenen so auf, daß abgesehen wird vom Geistigen, indem es vom ersteren aufgesaugt wird; die andere Form dieses Monismus macht es umgekehrt. So entsteht der abstrakt-materialistische oder der abstrakt-spiritualistische Monismus. Entweder erklärt man das Geistige als eine Funktion des Körperlichen, oder das Körperliche als eine bloße Äußerungsweise des Geistigen.

Demgegenüber macht der reine Realismus geltend: „Alles unserem Bewußtsein Gegebene ist uns weder als Coexistenz von materieller und ideeller Substanz, noch als *eine* abstrakt-materielle oder abstrakt-ideelle *Essenz* gegeben, sondern als subsistentielle *Einheit* von beidem, also als Substanz, die beides zu ihren notwendigen, also zu ihren *essentiellen Momenten* hat: *Alle Substanz ist essentiell nur als Einheit sinnlichen und ideellen Seins* gegeben: jeder wirkliche Körper, jeder wirkliche Mensch, jedes wirkliche Universum."

Demzufolge muß weiter untersucht werden, *wie* materielles und ideelles Sein wirklich die notwendigen *Momente* aller substanziellen einheitlichen Wirklichkeit bilden. „Es ist dies das Problem einer *konkret-monistischen* Auffassung aller Dinge, vom einfachsten Daseienden bis hinauf zum Universum, als der einheitlichen Gesamtheit unserer Bewußtseinswelt." Im weiteren Verfolg zeigt Biedermann, wie das äußere, sinnliche Wahrnehmen die raumzeitliche oder materielle Seite der einheitlichen Wirklichkeit, das innere Wahrnehmen dagegen, als welches er das Auffassen von Begriffen und Ideen beschreibt, die geistig-ideelle Seite ergreift. Die *Vorstellung* wird hierbei sehr treffend sowohl von der Empfindung und Wahrnehmung als auch vom reinen Begriff unterschieden.

Von entscheidender Wichtigkeit ist ihm in diesem Zusammenhang die Feststellung, daß es die Doppelrichtung unseres Denkens (als Vernunft und Verstand) ist, welche die „*eine* Welt in zwei Welten, in eine übersinnliche und eine sinnliche *scheidet*". Biedermann ist also auf die entscheidende Idee von der *Spaltung* der einheitlichen Wirklichkeit in zwei Seiten gekommen!

Aber was eigentlich diese *eine,* einheitliche Substanz ist, die der Verstand in zweien scheidet, das vermag auch der reine Realismus oder konkrete Monismus von Biedermann nicht zu sagen. Er muß sich mit der Feststellung begnügen: „In unseren Anschauungs- und Denkformen sind uns eben die Seinsformen der objektiven Welt gegeben, vom Wesen dieser sind unserem Bewußtsein nur diese Formen gegeben; was wir von ihm wissen können, können wir daher auch nur in diesen Formen wissen; vom Wesen, der Essenz der *Materie* nur ihre Seinsform in *Raum* und *Zeit,* vom Wesen des *Geistes* nur die *logischen* Formen des *ideellen* Seins. Von einer ‚Substanz' der Materie für sich, des Geistes für sich aber wissen wir nichts, denn sie sind uns einmal nicht als Substanz für sich, sondern all unserem Bewußtsein nur als *Momente* der Wirklichkeit gegeben. Wer sich daher bemüßigt fühlt, darüber hinaus nach deren Wesen an sich, als ihrer innersten ‚Substanz', sozusagen nach dem Rohstoff, aus dem Geist und Materie bestehen, zu fragen, der findet keine Antwort darauf; das wissen wir allerdings nicht."

Solange man beim gewöhnlichen Bewußtsein stehenbleibt, hat hiermit Biedermann durchaus recht. Wir werden aber vom geisteswissenschaftlichen Gesichtspunkt auch diese Frage zu beantworten suchen.

Indem Biedermann in dieser Art den Menschen in die Mitte zwischen die zwei Seiten der einheitlichen Wirklichkeit stellt, zwischen die sinnlichen und übersinnlichen Weltaspekte, kann er überzeugend darlegen, daß es das spezifische Wesen der Menschen ist, eine Zweieinheit zu sein eines naturbedingten, materiell-endlichen, und eines sich selbst bestimmenden, geistig-unendlichen Wesens: „Sein Geist-Sein unterscheidet ihn vom bloß organischen animalen Naturwesen; sein gleichzeitiges Natursein unterscheidet ihn vom ‚reinen Geiste', dem Begriff eines rein ideell in sich und aus sich Seienden ohne raumzeitliche Existenz." Eben auf Grund dieser Mittelstellung hat der Mensch Religion. Denn als Geist mit natürlicher Existenzbasis strebt er nach der Erhebung des Geistes aus den naturbedingten Banden und Schranken zu Gott — aus der Kraft der freien Selbstbestimmung.

Das religiöse Leben beruht aber weder einseitig auf dem Gefühl, da in ihm das Ich nicht über sich selbst hinausgehen kann, noch einseitig auf dem Denken und Wollen. Die religiöse Erhebung vollzieht sich vielmehr als ein einheitlicher Akt des Ich, in welchem die drei Seelenkräfte harmonisch zusammenwirken." Die Religion als subjektive Erhebung des menschlichen Ich aus einer negativ empfundenen Weltschranke seines natürlichen Lebens zu einer inkommensurabel über derselben erhabenen Macht, um von ihr Befreiung zu erlangen, hat zu ihrem subjektiven *Motiv alles,* worin der Widerspruch zwischen Lebensanspruch und seiner erfahrenen Schranke hervortreten kann. Zum *Inhalte* der Religion gehört *alles,* worin jede Erhebung sich vollzieht. Die psychische *Form* des Glaubens ist der *einheitliche* Akt *persönlicher* Erhebung, an dem *alle* elementaren Funktionen, in welchen das Leben des Geistes sich vollzieht, als *Momente* wesentlich zusammenwirken: ein *Gefühl* von Welt-Schranke und Abhängigkeit als Ausgang und von Freiheit von derselben als Ziel; ein *Vorstellen* von einer unendlichen Macht über derselben, und ein *Wollen,* als Akt der Selbsterhebung zu ihr mit dem Verlangen nach Freiheit von jener Leibesschranke."

Aber die andere Seite der Realität des religiösen Erlebens ist die Selbstmanifestation oder Offenbarung Gottes als des ideellen, absoluten Urgrundes der Welt an den naturbedingten Menschengeist, dieser Akt ermöglicht die Selbsterhebung des Menschen zu Gott. Darum ist die Religion eine objektiv-reale Wechselbeziehung in der Essenz-Einheit von Geist zu Geist, aber auf Grund des Gegensatzes von absolutem, rein geistigem Gottessein und endlichem, natürlich-geistigem Menschensein.

Hiermit hält Biedermann die rechte Mitte zwischen allen übernatürlichen, irrationalen und natürlich-rationalistischen Verkennungen des Wesens der Religion, die notwendig mit dualistischen Weltansichten verbunden sind.

Biedermann betrachtet den Supranaturalismus und den Naturalismus oder Rationalismus in der Religion und Theologie als einseitige Abirrungen, zwischen welchen die rechte Mitte, als ein dritter Standpunkt, gefunden wird im mystischen Erleben aus dem monistischen Realismus. Jeder der beiden Standpunkte hat teilweise recht und teilweise unrecht, und indem sich beide bekämpfen, halten sie sich die Waage. Aber der einseitige Naturalismus muß zur *Verblutung,* der einseitige Supranaturalismus oder Spiritualismus in der Religion zur *Verknöcherung,* beide aber zum Tode der Religion führen. Die

Religion als das Erleben der Gottesrealität kann nur mystisch aufgefaßt werden: „Das ist das Wesen der Mystik: was wirklich eins ist als Lebenseinheit der entgegengesetzten Momente des lebendigen Geistesprozesses, das Geheimnis des Lebens für den Verstand mit Gefühl und Phantasie unmittelbar zusammenzufassen."

Biedermann hält mit seinem realen und mystischen Realismus, der ein konkreter Monismus ist, das Gleichgewicht zwischen der Welt der Sinne, die sich in Raum und Zeit darbietet und der Welt des Geistes, welche sich durch die Formen der Begriffe als das Spirituelle ankündigt. Er hält die Mitte zwischen Materialismus und Spiritualismus, zwischen Sensualismus bzw. Naturalismus und Monadismus, und zwischen einem illusionistischen Phänomenalismus und einem mechanistischen Dynamismus. Er spricht aus der Waage.

In den Kapiteln über den Spiritualismus und Materialismus haben wir dargelegt, daß der Mensch, wenn er sich einseitig und extrem der Welt des Geistigen oder des Sinnlichen hingibt, von zwei Widersachermächten ergriffen und verlockt ist, von Luzifer, dem falschen Lichtgeiste, oder von Ahriman, dem Finsternisgeiste. Auf eine eingehende Charakteristik dieser unregelmäßig entwickelten hierarchischen Geister können wir im Rahmen dieser Studie nicht eingehen. Jedoch möchten wir bestätigen, daß es Biedermann sehr richtig gesehen hat, wenn er Verblutung und Verknöcherung des religiösen Seelenlebens als die zwei polar entgegengesetzten Abirrungen gekennzeichnet hat.

Vor allem aber möchten wir darauf hinweisen, daß unter dem Einfluß dieser zwei ablenkenden Seelenmächte die Menschenseele nach den Extremen des Zuviel oder des Zuwenig abirrt. Und zwar ist diese Abirrung des Zuviel, wie sich an allen Beispielen leicht ablesen läßt, z. B. bei der Tollkühnheit, oder der Verschwendung von luziferischer Art, die des Zuwenig aber von ahrimanischer. Die Tugend als die rechte Mitte erfließt aus dem Urwesen des Menschen selbst, der in dem Christusgeist urständet, aber als Seele gleichsam auf der Grenzschwelle der Sinnes- und Geisteswelt steht, durch den Leib zur Sinneswelt gehörend, durch den Geist an der Geisteswelt teilnehmend.

Allerdings ist es ein merkwürdiger Umstand, daß der Phänomenalismus, obwohl er zur Welt der Sinne gehört und extrem im Zeichen der Materie (Krebs) zu finden ist, sehr leicht zum Illusionismus wird, der ausgesprochen luziferisch ist, während auf der anderen Seite der Dynamismus, der auf der Seite der geistigen Weltanschauungen steht, als mechanistische Weltanschauung sehr häufig zur allerstärksten ahrimanischen Verknöcherung und Erstarrung des Seelenlebens führt. Wir werden jedoch auf die beiden Nachbarzeichen der Waage und ihr Verhältnis zu dieser noch zurückkommen.

Auf dem Hintergrunde des bisher Entwickelten können wir nunmehr darstellen, daß nicht nur die Erkenntnislehre Rudolf Steiners von der einheitlichen Wirklichkeit als Realismus zu kennzeichnen ist, sondern auch die Anthroposophie in ihrer gesamten Grundstellung. Wir müssen uns hierbei allerdings auf die Andeutung einiger grundlegender Gesichtspunkte beschränken. Die Anthroposophie ist eine Geisteswissenschaft, die auf Naturwissenschaft ruht. Oder noch besser gesagt: sie ist eine Universalwissenschaft, deren zwei Seiten Natur- und Geisteswissenschaft sind. Sie erforscht die Geisteswelt, um die Sinnenwelt zu beleuchten und die Wirklichkeit voll zum Bewußtsein zu bringen. Sie erkennt das Wesen des Menschen in seiner Dreigliedrigkeit nach Leib, Seele und Geist. Sie weiß, daß die Seele auf der Grenzschwelle zwischen Sinnes- und Geisteswelt steht, indem sie durch den Leib zur Sinnes- und durch den Geist zur übersinnlichen Welt gehört. Eben darum kann sie alle Regionen sowohl der Welt der Sinne als auch der Welt des Geistes erfassen. Und eben darum kann man mit Hilfe dieser Universalwissenschaft den Gesamtumfang aller Weltansichten so darstellen, daß alle zwölf Aspekte zu ihrem Rechte kommen, jeder von ihnen wird beleuchtet aus einer der vielen Wesensseiten der Anthroposophie.

Wenn wir die Anthroposophie als Realismus darstellen, als die Weltansicht von der Wirklichkeit, so wollen wir damit sagen, daß dies gleichsam ihre kosmische Grundstellung ist, von der aus sie die zwei Seiten der einheitlichen Wirklichkeit, die sinnliche und die übersinnliche, in deren Gesamtbereichen überblickt. Nur von der Waage aus kann man in dieser Art sowohl die Welt der Sinne als auch die Welt des Geistes überblicken und erforschen, weil dies Sternbild das Urbild der Grenzschwelle der beiden Wesensseiten der Wirklichkeit ist. Die Waage ist das Symbol des Ausgleiches aller Gegensätze und Polaritäten. Hier gehen die hellen Sommer- und die dunklen Winter-Sternbilder ineinander über. An diesem Schwellensternbild steht der große Mittler zwischen Himmel und Erde, der Schwellenhüter: Michael-Mithras.

Aber die Waage ist auch das kosmische Urbild der waltenden Weltgerechtigkeit oder des kosmischen Schicksals-Gesetzes. Und dies Gesetz ist das höchste Gesetz der „wirkenden Wirklichkeit“, um mit Fechner zu sprechen, gleichsam die Ur-Kausalität: „Karma“ ist das Gesetz, wonach in der moralischen Weltenordnung das Tun der „Vergangenheit“ geistgegenwärtig weiterwirkt als das reale Geschehen in Gegenwart und Zukunft, wobei Ideales fortgesetzt verwandelt wird in Reales, in Wirklichkeit.

Dies Geistgesetz aller Wesenheiten prägt seine Wirkensordnungen durch das Naturgesetz im Erdensein ab, und es vollzieht sich auf Grund des Sittengesetzes, welches Moses verkündet hat. Schicksalsgesetz und Sittengesetz sind unabtrennbar miteinander verbunden. HERDER sagte vom Ichwesen, vom Menschen: „Er ist der erste Freigelassene der Schöpfung; er steht aufrecht. Die Waage des Guten und Bösen hängt in ihm: er kann forschen, er soll wählen. Er hat in sich die Macht, nicht nur die Gewichte zu stellen, sondern auch, wenn ich sagen darf, selbst Gewicht zu sein auf der Waage.“ Und STEINER hat den tiefen Zusammenhang zwischen dem Sittengesetz oder der moralischen Weltordnung einerseits und dem karmischen Gesetz der wirkenden Wirklichkeit andererseits einmal so formuliert: „Die sittliche Weltordnung stand immer klarer als die *eine* auf *Erden* realisierte Ausprägung von solcher

Art *Wirkensordnungen* vor mir, die in übergeordneten geistigen Regionen zu finden sind."

Geburt und Tod sind die beiden Pforten, zwischen welchen sich da in der materiellen Welt einerseits und in der spirituellen Welt andererseits das Leben abspielt. Das Sternbild der Inkarnation, Verleiblichung und Geburt ist der Krebs, dasjenige der Exkarnation und des Todes und der Vergeistigung (auch Auferstehung) ist der Steinbock, die Zeichen der Erkenntnis des Materiellen und des Spirituellen, des Leiblichen und des Geistigen, zwischen welchen das Leben der Seele sich fortwährend abspielt. Die Geistgesetzmäßigkeit, welche zu einem sinnvollen Ganzen zusammenfügt die irdischen und die himmlischen Lebensformen des Menschen, und deren schöpferische Abprägung im Sinnensein: dies ist Karma. Die Karma-Geheimnisse zu erforschen war die eigentliche Aufgabe RUDOLF STEINERS, wie ich in meinem Hauptwerk nachgewiesen habe. Dies ist der eigentlich michaelische und zentrale Aspekt der Anthroposophie. Er ist aus der Waage inspiriert. Karma ist der höchste Aspekt der „wirkenden Wirklichkeit". Bedeutet doch das Sanskritwort „Karman" nichts anderes als „wirken".

Auf diesem Hintergrunde wollen wir nun das Kernproblem des Realismus, die einheitliche Wirklichkeit aufs neue ins Auge fassen. Wir schicken voraus diejenigen Sätze Rudolf Steiners, die in seiner „Theosophie" das Wesen des konkreten, monistischen Realismus überaus prägnant kennzeichnen: „Höheres Schauen macht ebensowenig schon zum ‚Wissenden' im Geistigen, wie gesunde Sinne zum ‚Gelehrten' in der sinnlichen Welt machen. *Und da in Wahrheit alle Wirklichkeit, die niedere und die höhere geistige, nur zwei Seiten ein und derselben Grundwesenheit sind,* so wird derjenige, der unwissend in den *niederen Erkenntnissen ist, es auch zumeist in den höheren Dingen sein.*"

Wir wollen nun nach der Essenz dieser Grundwesenheit fragen, also in der Tat nach dem, was BIEDERMANN den „Rohstoff" genannt hat, aus dem Geist und Materie bestehen, also nach dem einheitlichen Element fragen, von dem wir gesehen haben, daß es vom Menschen, „der sich mitten in das Dasein hineinstellt" auseinandergespalten wird in die beiden „Elemente" der Wahrnehmung und der Intuition.

Hierzu ist es notwendig, diese Spaltung genauer ins Auge zu fassen. Nur dann kann sich zeigen, was diese einheitliche Grundwesenheit, abgesehen von ihrer Gespaltenheit, für uns eigentlich ist. Wir sind uns dabei allerdings — mit Biedermann — wohl bewußt, daß diese Frage für das gewöhnliche Bewußtsein und Erkenntnisbedürfnis überflüssig und auch unbeantwortbar ist. Denn wenn dem erkennenden Menschen Wahrnehmung und Begriff eines Gegebenen zur Vorstellung verschmolzen sind, dann hat es in ihr ein zureichendes *Bild* von dem wirklichen Ding. Dieses Bild nennen BIEDERMANN und STEINER die „subjektive Repräsentation" der Wirklichkeit.

Wodurch jene Spaltung zustande kommt, das hat Rudolf Steiner aus der *Geistesforschung* heraus am Ende seiner „Rätsel der Philosophie" in dem skizzenhaften Ausblick auf eine Anthroposophie beschrieben: „Es liegt im Wesen der Seele, beim ersten Anblick der Dinge etwas auszulöschen, das zu ihrer Wirklichkeit gehört. Daher sind sie für die Sinne so, wie sie nicht in Wirklichkeit sind, sondern so, wie sie die Seele gestaltet. Aber ihr Schein (oder ihre bloße Erscheinung) beruht darauf, daß die Seele ihnen erst weggenommen hat, was zu ihnen gehört. Indem der Mensch nun nicht bei dem ersten Anschauen der Dinge verbleibt, fügt er im Erkennen das zu ihnen zu, was ihre volle Wirklichkeit erst offenbart. Nicht durch das Erkennen fügt die Seele etwas zu den Dingen hinzu, was ihnen gegenüber ein unwirkliches Element wäre, sondern *vor* dem Erkennen hat sie den Dingen genommen, was zu ihrer wahren Wirklichkeit gehört. Es wird die Aufgabe der Philosophie sein, einzusehen, daß die dem Menschen *offenbare* Welt eine „Illusion" ist, *bevor* er ihr *erkennend* gegenübertritt, daß aber der Erkenntnisweg die Richtung weist nach der vollen Wirklichkeit. Was der Mensch erkennend selbstschöpferisch erzeugt, erscheint nur deshalb als eine Innenoffenbarung der Seele, weil der Mensch sich, bevor er das Erkenntniserlebnis hat, dem verschließen muß, was aus dem *Wesen* der Dinge kommt. Er kann es an den Dingen noch nicht schauen, wenn er sich ihnen zunächst nur entgegenstellt. Im Erkennen schließt er sich selbsttätig das zuerst *Verborgene* auf. Hält nun der Mensch das, was er zuerst wahrgenommen hat, für eine Wirklichkeit, so wird ihm das erkennend Erzeugte so erscheinen, als ob er es zu dieser Wirklichkeit hinzugebracht hätte. Erkennt er, daß er das nur scheinbar von ihm selbst Erzeugte in den Dingen zu suchen hat, und daß er es vorerst nur von seinem Anblick der Dinge ferngehalten hat, dann wird er empfinden, wie das Erkennen ein Wirklichkeitsprozeß ist, durch den die Seele mit dem *Weltensein fortschreitend zusammenwächst,* durch den sie ihr inneres isoliertes Erlebnis zum Weltenerleben erweitert."

Von ungeheurer Tragweite sind diese Aufschlüsse! Darum müssen wir trachten, ihre Konsequenzen weiter zu verfolgen. Was die Seele beim ersten Anschauen der Dinge von ihrem Bewußtsein fernhält, was sie den Dingen wegnimmt, was sie gleichsam vorbewußt auslöscht oder in sich selbst hineinverschluckt, das ist das Wesenhafte des Seins, welches hierdurch als bloße Sinneserscheinung gegeben ist. Indem die Seele in den Begriffen dies Wesenhafte aus sich selbst heraus wieder erzeugt, eben veranlaßt durch die Wahrnehmung, ist das, im Augenblick wo es geistig konzipiert wird, eine reine Intuition, die aber sofort, und zwar eigentlich unbemerkt, mit der bestimmten Wahrnehmung, die zur subjektiven Sinnesempfindung geworden ist, vermischt wird, wie wir das schon angedeutet haben. Was die Seele nunmehr vor sich hat, das ist die Vorstellung von dem Ding: die subjektive Repräsentation der Wirklichkeit; die beiden *Elemente,* in welche wir die Wirklichkeit auf diese Weise gespalten oder auseinandergeschieden haben, sind in der Seele, also in der Form des Subjektes, wieder zusammengeschlossen. Aber in der Form der Vorstellung ist das *Lebendige* der Wirklichkeit des Dinges verlorengegangen. Dies hat STEINER in seinem Werk „Von Seelenrätseln" folgendermaßen dargestellt: „Die abstrakte Vorstellung ist das zur Vergegenwärtigung im *gewöhnlichen* Bewußtsein *erstorbene Wirkliche, in* dem der Mensch zwar *lebt* bei der Sinneswahrnehmung, das aber in seinem *Leben nicht bewußt wird.* Die Abstraktheit der Vorstellungen wird bewirkt durch eine innere Notwendigkeit der Seele. Die *Wirklichkeit gibt dem Menschen ein Lebendiges. Er ertötet* von diesem Lebendigen denjenigen Teil, der in sein Bewußtsein fällt. Er vollbringt dieses, weil er an der Außenwelt nicht zum *Selbstbewußtsein* kommen könnte, wenn er den entsprechenden Zusammenhang mit der Außenwelt in seiner *vollen Lebendigkeit* erfahren müßte. Ohne die *Ablähmung* dieser vollen Lebendigkeit müßte sich der Mensch als Glied innerhalb einer über seine menschlichen Grenzen hinausreichenden Einheit erkennen; er würde Organ eines größeren Organismus sein."

Wir haben davon schon im Kapitel über den Pneumatismus gesprochen, als wir das imaginative Verfließen des Menschen mit der großen Lebenswelt des Kosmos besprochen haben. Würde der Mensch dies kraftend-lebendige Element der Wirklichkeit, das nichts anderes als Ätherwesenheit ist, in sein *gewöhnliches* Bewußtsein unabgeschwächt hereinströmend erleben, dann würde er nicht nur mit den Wesenskräften der Dinge pneumatisch-pantheistisch verfließen: er würde vor allem von ihnen dynamisch überwältigt werden. Die *Schöpfungsgewalt* dieses lebendigen Wesenswebens der wirkenden Wirklichkeit würde sein Selbstbewußtsein auslöschen oder wenigstens betäuben. Der Erlebende würde in das Wesen der Dinge so verwandelt werden, daß er sich wie in sie *verzaubert* vorkäme. Er würde dieses Ätherelement in seiner *magischen Gewalt* verhängnisvoll spüren. In den Urzeiten der Menschheit lebte der Mensch in einer solchen magischen Weltverbundenheit. Was man „Totemismus" nennt, kann uns bestätigen, daß es so gewesen ist. Aber um des freien Selbstbewußtseins willen mußte gerade dieses magische Zusammensein mit der Wirklichkeit aufhören. Darum muß das Ich dies Kraftend-Lebendige, dies Schöpferisch-Schaffende, dies Magisch-Geistgewaltige des Seins von sich fernhalten und ablähmen, *vor* dem Erkenntnisprozeß, er muß es „beim ersten Anblick der Dinge" auslöschen oder ablähmen, unbewußt und unwirksam machen.

Auf diese Weise wird das Willenshaft-Lebenskräftige der Wirklichkeit oder des Äther-Elementes zu einer zunächst verborgenen Seite des Seins, zur Nachtseite, die dann allerdings wieder aufgehellt wird, jedoch nicht mehr in lebendiger, sondern in abstrakt schattenhafter Form: in dem „Element" des Begriffes oder der Vorstellung, dem *einen* der beiden Elemente, in die wir die Wirklichkeit zerspalten. Auf diese Weise ist uns dann die eine Seite der Wirklichkeit, die Wesensseite in der Gestalt der Begriffe oder „Formen" gegeben. Dies Dynamische an der Wirklichkeit können wir im Adler- oder Skorpions-Sternbilde anschauen, im Sternbilde des Dynamismus; ihren Erscheinungscharakter im Sternbild der Jungfrau, das auf der anderen Seite der Waage steht. Die „Seinsgewalt" der Wirklichkeit wird durch den Erkenntnisprozeß zur „Erscheinung" abgelähmt, aber begrifflich erhellt.

Wenn der Mensch vorbewußt dies Element ausgelöscht hat, dann bleibt der Seele von der Wirklichkeit das, was den Sinnen als Wahrnehmungswelt gegeben ist, die Erscheinungsseite. Infolge jener Auslöschung wird uns das Wesenhafte zunächst zur bloßen Sinneserscheinung, die für sich allein eben darum ein Schein ist, weil ihr das, was zu ihr hingehört, eben das willenhaftkraftende, lebendig-wesenhafte Element genommen worden ist. Was so als Erscheinungswelt gegeben ist, wird uns durch das Jungfrausternbild repräsentiert, das Sternbild des Phänomenalismus.

Hier zeigt es sich, daß wir den Realismus nur dann begreifen können, wenn wir den Dynamismus und Phänomenalismus in die Betrachtung einbeziehen. Denn wenn man sagt, die Waage ist das Zeichen der einheitlichen Wirklichkeit, dann sagt man damit konkreter Weise: die einheitliche Wirklichkeit muß aus der Dreieinheit von Waage, Jungfrau und Skorpion begriffen werden, weil eben der Mensch dieses Einheitliche in zwei Elemente zuerst spaltet, aber im Erkenntnisprozeß wieder zusammenbringt. Hierbei handelt es sich dann einerseits um ein Offenbarwerden des Ätherisch-Wesenhaften in der Sinneserscheinung, andererseits um das Ausgelöschtwerden des Dynamisch-Kraftenden derselben, das dann, nur in der schattenhaft-dunklen mathematistischen Form wiedererzeugt, die Geistseite der Wirklichkeit repräsentiert. *Die einheitliche Wirklichkeit in sich selbst aber ist lebendige Ätherwesenheit, das Element der Elemente.*

Als solche tritt sie jedoch niemals in das gewöhnliche Bewußtsein. Sie wird vielmehr von diesem Bewußtsein gespalten in zwei entgegengesetzte Elemente und eben dadurch sowohl ihrer *Lebenskraft* als auch ihrer *Lichtesfülle* beraubt. Gleichsam nach außen projiziert: verblaßt, verdickt und erstarrt der leuchtende Ätherglanz der Wirklichkeit zu den fixierten Sinneserscheinungen, zur Welt der Sinne, der nun etwas Wesentliches fehlt (genommen ist). Gleichsam nach innen geworfen: wird das kraftende Ätherleben der Wirklichkeit abgelähmt, ertötet, bzw. verdünnt und sublimiert zu lichtdunklen Vorstellungsbildern ohne Leben. Indem das Ätherwesen bei der Spaltung in die zwei Elemente nach außen geworfen und fixiert wird, wird es zur *Phänomenalität* für die Sinnesempfindung, aber seine Leuchtewesenheit ist verblaßt. Indem das Ätherwesen verinnerlicht und ausgelöscht wird, wird es begrifflich erfaßbar, aber es hat seine Lebenskraft und Schaffensmacht eingebüßt.

Hier eröffnen sich nun bedeutsame Einblicke in tiefe Zusammenhänge der Tierkreisprinzipien untereinander sowie ihrer Erkenntnisprinzipien. Mußten wir doch, um die Substanz der Wirklichkeit und die Art und Weise, wie sie sinnlich-übersinnlich im „einheitlichen Erkenntniserleben“ erfaßt werden kann, zu charakterisieren, nicht bloß auf das geistig-dynamische Element des Ätherwesens, sondern auch auf das pneumatisch-erleuchtende Zusammenfließen des Erkennenden mit dem flutenden Ätherlicht hinweisen. Andererseits mußten wir bei der Kennzeichnung der Spaltung der Einheit in die Zweiheit nicht bloß auf das Entstehen der äußeren Phänomenalität aus dem Ätherwesen, sondern bei der Beschreibung der damit verbundenen Herablähmung des Ätherlebens zu den abstrakten, toten Vorstellungen des Ich-Bewußtseins auch auf deren Schattenhaftigkeit hinweisen, die wir schon im Kapitel über den Mathematismus kennengelernt haben.

Wir hatten einerseits das flutende und erleuchtende Ätherlicht in seiner naturgestaltenden Lebenskraft zu charakterisieren — im Zeichen des Pneumatismus, und andererseits das schattenhafte, zwielichtartige und kraftlose Verblassen des Ätherlichtes zu den reinen Begriffen — im Zeichen des Mathematismus. Was wir so philosophisch formulieren, das hat seine Urbildlichkeit in dem Umstande, daß die drei Tierkreisprinzipen der Waage, des Wassermanns und der Zwillinge wesenhaft miteinander verbunden sind, gleichsam ineinanderströmend zusammenwirken. Dies Dreieck nennt man in der alten Sternenweisheit das Lufttrigon, und in der Geisteswissenschaft kennzeichnet man es als das kosmische Dreieck des Ätherlichtes oder *Lichtäthers*. Zum weiteren Überdenken dieser Zusammenhänge diene die folgende Skizze.

Das Lichtäther-Trigon

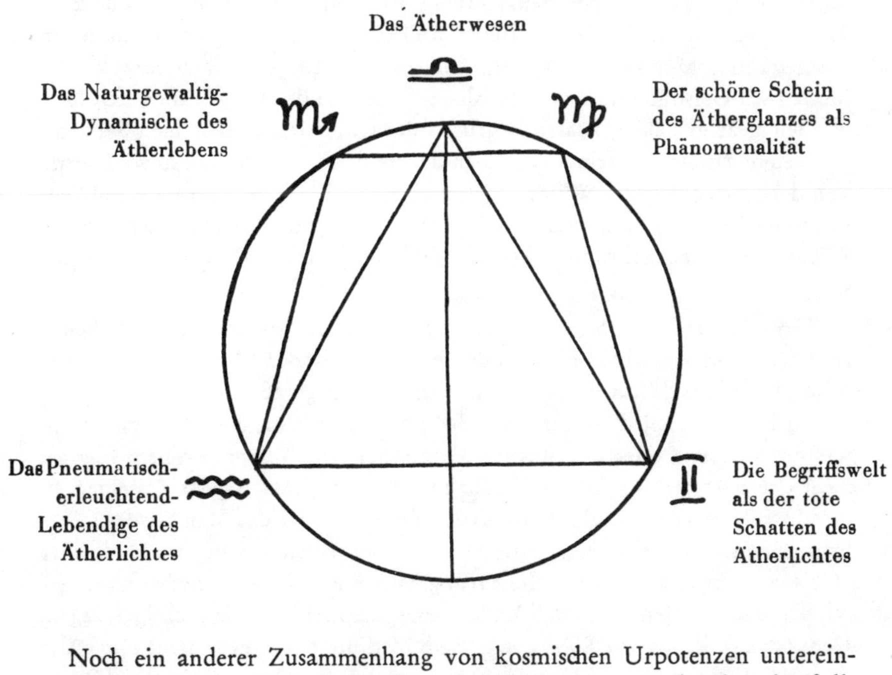

Noch ein anderer Zusammenhang von kosmischen Urpotenzen untereinander kann im Anschluß an das über den Idealismus Vorgebrachte ebenfalls kurz angedeutet werden. Was wir in den Kapiteln über den Sensualismus und Monadismus als das Sinnesempfindungselement einerseits und als die monadischen Wesensformen andererseits kennengelernt haben, stellt sich dem Realismus als die beiden Elemente dar, in die das menschliche Bewußtsein die einheitliche Wirklichkeit zerlegt: in Sinneswahrnehmungen und Begriffe (Formen, universalia, Ideen oder Urbilder). Im Zeichen des Idealismus (Widder) versuchten wir dann das *schöpferische* Zusammengefügtsein oder Ineinsgebildetsein — es ist das „Zusammen des zweierlei Seins" von Biedermann — dieser zwei Prinzipien von Prakriti und Puruscha, um es so kurz zu benennen, zu verstehen. Im Zeichen des Realismus endlich, in der Waage, haben wir die vorbewußte Scheidung und die bewußte Wiederzusammenschließung dieser beiden Prinzipien im menschlichen Erkenntnisprozeß kennengelernt.

Dieses Dreieck von Waage, Schütze und Löwe ergänzt auf sehr bedeutsame Weise dasjenige der früher besprochenen „dreigestaltigen Weltenverfassung" (Widder-Schütze-Löwe), das der Sankhya-Philosophie zugrunde liegt. Für jenes Waage-Dreieck möchten wir Hamerling als das deutlichste und bedeutendste Beispiel nennen. Durch die Kombination dieser drei Weltanschauungen macht seine Weltanschauung einen solch fruchtbaren Eindruck. Im Vordergrund steht bei ihm allerdings ein bestimmter Monadismus. Aber er sagt auch deutlich: „Ich vertrete auf dem Gebiete der Erkenntnistheorie den Standpunkt des verpönten Sensualismus. Ich kümmere mich nicht um Schlagworte." Hamerlings Sensualismus ist aber nicht derjenige, der zum sogenannten *naiven* Realismus führt, weil er eben sein Gegenstück in einem ausgeprägten Monadismus findet. Die zwei Seiten der Wirklichkeit, das Monadisch-Geistige und das Sinnenhaft-Erscheinende aber gleichen sich hier, wie wir gezeigt haben, in den Begriffen des realen oder lebendigen Seins als eines einheitlichen Prinzipes aus. Eben darum wohl hat Steiner so würdigend von der „Atomistik des Willens" gesprochen, weil hier Monadismus und Sensualismus in einem gesunden Realismus sich zusammenschließen, der sich der Anschauung der Anthroposophie von der einheitlichen Wirklichkeit bedeutsam annähert.

Wenn Hamerling das einheitliche Sein ganz schlicht als „Leben" kennzeichnet, so haben wir es hier als das Ätherwesen oder Element der einheitlichen Wirklichkeit nur in wissenschaftlicher Form gefaßt.

Wir müssen uns jedoch der Tatsache wohl bewußt bleiben, daß wir, wenn wir die *Substanz* oder das *Seiende* als „Ätherwesen" kennzeichnen, hiermit nicht den höchsten, sondern vielmehr nur den untersten Aspekt desselben zu umschreiben versuchen, gleichsam den äußersten Saum des Mantels des Göttlichen Seins. Auf höhere Aspekte der Substanz haben wir in dem Buch über „Geisteswissenschaft, Kunstoffenbarung und religiöse Weltanschauung" gewiesen und werden auch am Ende dieses Kapitels hierüber einiges sagen. Dennoch drückt sich die Substanz in dem Medium des Ätherwesens mit Hilfe der himmlischen Hierarchien aus, wovon wir in dem Kapitel über den Pneumatismus einiges gesagt haben. In diesem Ätherwesen drücken sich schöpferisch aus die Gedanken-Taten jener Tierkreisregionen, und zwar sowohl in der Form des *raum-zeitlichen* Seins (Krebs und Löwe in der „Welt der Sinne") als auch in der Form des *geistig-individuell-monadischen* Seins der „Formen", Urtypen oder Universalia (Steinbock und Schütze in der „Welt des Geistes").

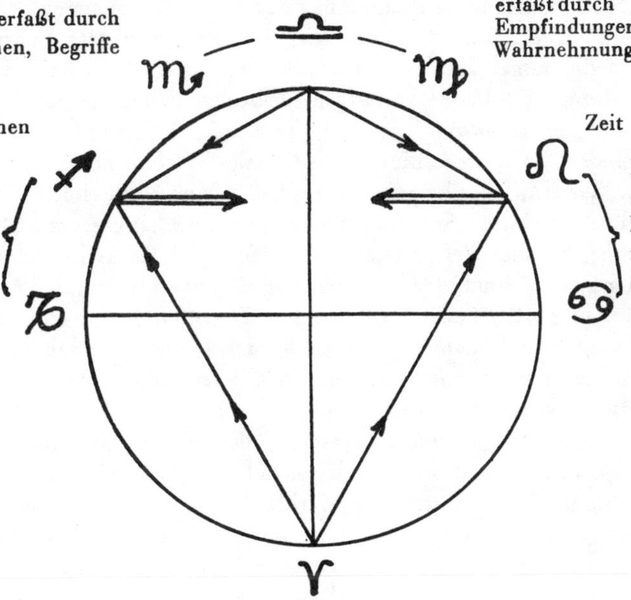

Wenn wir derartige Zusammenhänge anzudeuten wagen, dann sind wir uns dabei wohl bewußt, daß wir uns hiermit den hohen Mysterien der Substanz erst anzunähern beginnen. Um so erstaunlicher müssen wir es finden, wenn Afrikan Spir offensichtlich etwas von der *Wesenheit* der einheitlichen Substanz oder *Realität* geahnt haben muß bei seinen „Forschungen nach der Gewißheit in der Erkenntnis der Wirklichkeit". Spir unterscheidet, wie wir schon im Kapitel des Phänomenalismus erwähnten, die offenbare, unmittelbar gegebene „Frontseite" der Realität, nämlich die *Erscheinung*, von der unmittelbar nicht gegebenen, erst durch das Denken zum Bewußtsein zu bringenden „Rückseite" derselben. Die *Frontseite* stellt sich als eine *Vielheit* und Mannigfaltigkeit dar, die *Rückseite* als deren *Einheit* und Zusammenhang. Die Frontseite nennt Spir die aktuelle, die Rückseite die potentielle Bestimmung der erscheinenden Wirklichkeit. Die Frontseite fällt unmittelbar in die *Sinne* und ist allein Gegenstand der sinnlichen Auffassung, die Rückseite kann nur durch das *Denken* erfaßt werden, da sie kein Objekt der unmittelbaren Wahrnehmung ist. „Aber die Erscheinung des *Einen* Realen in der Form der Vielheit und Mannigfaltigkeit (also die Frontseite) ist doch notwendig etwas, das zugleich eins und mannigfaltig ist. Etwas, dem die Einheit und Mannigfaltigkeit in der Tat gleich wesentlich sind: die *Mannigfaltigkeit,* weil sie eben die eigene Bestimmung der Erscheinung als solcher ist; und die *Einheit,* weil sie die eigene Bestimmung des i n der Erscheinung *auftretenden Realen* ist." (Dies „Reale" nennen wir hier das Wesenhafte, Substanzielle.)

Noch bedeutsamer aber ist, daß Spir die Rückseite des Realen, die dem bloß sinnlichen Anschauen verborgen bleiben muß, als die der Erscheinung „innewohnende *Intensität, Energie, Dynamis, Potentialität, Kausalität*" charakterisiert. Er weist somit auf das Geistig-Dynamische der Geistseite der Realität. Wir erinnern hier auch daran, daß wir im Kapitel über den Phänomenalismus die Kategorie Kausalität in Zusammenhang gebracht haben mit dem Erscheinen des Wesenhaften. Wenn Spir die Rückseite des Realen in dieser Art kennzeichnet, dann können wir hieraus schließen, daß er trotz der Herablähmung des Wesenhaften zu den Begriffen in diesen dennoch die Kundgebung eines *lebenskräftigen, wirkenden* Elementes erfahren hat. Eben deswegen ist er nicht zum Irrationalisten oder mechanistischen (atomistischen) Dynamisten geworden.

Hiezu neigen vielfach solche Menschen, die sich zwar aus einem kräftigen und energischen sowie moralisch-existenziellen Erkenntnisdrang nach einem aktiv-schöpferischen Erfassen der Wirklichkeit sehnen, aber doch vom abstrakt-schattenhaften Vorstellen nicht übergehen können zum lebendigen, willenhaft-kräftigen, imaginativen Denken. Wenn solche Menschen vom Wesenhaften der Natur oder des Göttlich-Geistigen etwas in Begriffen aufnehmen, dann geben ihnen diese Begriffe doch keine Erkenntnisbefriedigung. Solche Menschen spüren: da haben wir nur blasse, schattenhafte Abstraktionen, solchen Begriffen vom Göttlichen fehlt gerade das Entscheidende, das wir suchen: die lebendige Wirklichkeit, die Schöpferkraft und Schaffensmacht des Göttlich-Geistigen, des Weltwesenhaften; mit solchen Begriffsschemen ergreifen wir niemals das wahre, eigentliche Sein, die urkräftig lebendige Existenz des Göttlichen.

Weil sie weder die Sinnesbilder noch die Vorstellungen von der Natur und dem Göttlichen *mit voller Realitätskraft geladen* in der Seele erfahren können, wenden sich solche existenziell denkende Geister bald enttäuscht von allem Begrifflichen, Gedanklichen, Philosophischen ab und dem Irrationalen, Dynamischen zu; sei es, daß sie das Wesen der Dinge im blinden, unvernünftigen Willen, oder in atomistischen Kräften oder auch in dem unbegreiflichen souveränen Willen des Allmächtigen suchen. Auf die Erkenntnis der Essentia, des weisheitsvollen „Soseins" der Dinge, welche nur ideell gedanklich geschehen kann, verzichten sie, weil es ihnen entscheidend auf die Existentia eines kraftend-lebendigen Seins ankommt. Sie werden zu Dynamisten; in manchen Fällen auch zu metaphysischen Realisten, welche wie

Eduard von Hartmann neben dem Ideellen noch eine „reale“ Willenskräftewelt glauben annehmen zu sollen.

In diesem Zusammenhang ist aufschlußreich die Gegenüberstellung von „Platonismus und Prophetismus“, die Johannes Hessen (1939) gegeben hat. Als die Vertreter eines biblischen „dynamistischen Prophetismus“ läßt er darin auftreten Kierkegaard, Rudolf Otto, die dialektischen Theologen Barth und Brunner. Es zeigt sich uns aber ganz deutlich, daß alle diese Theologen, weil sie im gewöhnlichen, schattenhaften, zweifelnden, zwillingshaften Vorstellen verharren, nicht durchschauen können, was Spir wenigstens geahnt hat. In demjenigen, was wir von der „Rückseite“ der Wirklichkeit durch die Begriffe erfassen, offenbart sich dennoch das gesuchte Geistig-Dynamische, das Schöpferisch-Energische, das Kraftend-Lebendige der Natur oder des Göttlichen. Man braucht sich also, um dieses zu erleben, keineswegs vom Begrifflichen ab, einem irrational-dunklen Willenselement oder unwahrnehmbaren metaphysisch angenommenen Atomkräften zuzuwenden. Vielmehr kommt es auf eine Verlebendigung und Erkraftung des Seelenbewußtseins an, welche dieses zum „magisch-kräftigen Denkvermögen“ des Novalis umbildet, welches als das „einheitliche Erkenntnis-Erleben“ sowohl das *Erleuchtende* als auch das *Lebenskräftige* des Ätherwesens zu erfahren die erforderliche Seelenstärke und Erlebnis-Kraft besitzt. Diesem verstärkten und erhöhten Bewußtsein wird nicht allein der *Weisheitsglanz* des einheitlichen Urwesens unvergleichlich viel heller erstrahlen als das schattenhafte Zwielicht des Gedanklichen, sondern auch zur Gewißheit werden, daß dieses Weisheitslicht zugleich die strömende Lebenskraft und formende *Schöpfermacht* des göttlichen Seins ist.

Weil man aber in den gegenwärtigen, schattenhaft-bleichen, saft- und kraftlosen Begriffen hiervon gar nichts verspüren kann, weil sie uns durchaus kein Realitätserleben vermitteln (woran aber nur unsere eigene Seelenschwäche schuld ist), halten wir alles Begriffliche nur allzuleicht für wesenlose Schemen und nominalistische Unwirklichkeit und suchen das „wirkliche Sein“ (nachdem wir die Sinneserscheinungen erkenntnistheoretisch zu einem Schein verflüchtigt haben) in dunklen, weder anschaubaren noch denkbaren Kräften oder auch in unbegreiflichen göttlichen Willensmächten; und so verfallen wir dem toten Dynamismus. Aber man könnte sowohl den pseudophänomenalistischen Illusionismus als auch den mechanistischen Dynamismus überwinden, wenn man nicht bloße Begriffe und Ideen *hätte* (dächte), sondern versuchen würde, diese mit Energie, Intensität, Kraft und Lebendigkeit, also geistig-dynamisch, zu *erleben.* Dann würde man durch ein Wahrnehmungsdenken die Wirklichkeit in Bild-Ideen als das Ätherwesen ergreifen. Dies vermochte Novalis durch sein „magisch-kräftiges Denkvermögen“.

Wenn auch alles, was wir hier, sowie in dem Kapitel über den Phänomenalismus über den Begriff der „einheitlichen Wirklichkeit“ darzustellen versucht haben, klar gezeigt hat, daß es für das gegenwärtige erkenntnistheoretische Bewußtsein notwendig ist, den Substanzbegriff der alten Philosophie in sich selbst zu gliedern, so wollen wir damit doch keineswegs behaupten, in dieser Beziehung das letzte Wort gefunden zu haben. Soviel nur steht fest, daß wir es bei dieser Kategorie der Substanz mit einem tiefen Verflochtensein der folgenden Begriffe zu tun haben: Sein, Wesen, Erscheinung und Wirklichkeit oder Realität.

Nach der Fertigstellung dieses Kapitels kam mir der Abdruck eines Vortrages von Rudolf Steiner unter die Augen, der jedoch offensichtlich nicht vollständig nachgeschrieben worden ist. Er behandelt im Anschluß an Hegels „Logik" einige der Kategorien. Da einige Sätze aus diesem Vortrag weiteres Licht auf die hier behandelten Probleme werfen, wollen wir sie hier anführen, obwohl wir nicht dafür einstehen können, ob vom Stenographen alle Charakterisierungen des Vortragenden exakt mitgeschrieben worden sind. Nachdem Dr. Steiner vom „Sein", „Nichts", „Werden" und „Dasein" im Sinne der Hegelschen Logik gesprochen hatte, fuhr er fort: „Sein kann auch nach der anderen Seite entwickelt werden, es ist etwas sehr Fruchtbares. Der reine Gedanke des Seins ist schon gegeben, bevor der reine Gedanke des Seins im *Denken* in die Realität hinausgezogen ist. In dem Augenblick, wo wir den Begriff ‚Sein' *erfassen,* müssen wir ihn als ‚*Wesen*' bezeichnen. Das Wesen ist das in sich aufgehaltene Sein, das sich von sich selber durchdringende Sein. Das wird Ihnen klar werden durch Nachdenken über das Wesentliche und das Unwesentliche eines Dinges. Das ‚Wesen' ist das im Innern arbeitende Sein, das überhaupt zur Arbeit sich erhärtende Sein: das ist das ‚Wesen'. Wir sprechen vom Wesen des Menschen, wenn wir seine höheren Glieder mit den niederen zusammen anführen und betrachten den Begriff des ‚Wesens' als den sich unmittelbar an das ‚Sein' angliedernden Begriff. Aus dem Begriff des Wesens gewinnen Sie den Begriff der ‚Erscheinung': das nach außen hin sich Manifestierende, das Gegenteil des Wesens, dessen, was das Wesen in sich hat; nämlich das, was heraustritt. ‚Wesen' und ‚Erscheinung' verhalten sich ähnlich zueinander wie ‚Sein' und ‚Nichts'. Verbinden wir Wesen und Erscheinung wieder miteinander, so bekommen wir die Erscheinung, die das Wesen wieder selbst enthält. Wir unterscheiden zwischen der äußeren Erscheinung und dem inneren Wesen. Wenn aber inneres Wesen überfließt in Erscheinung, so daß die Erscheinung selbst das Wesen enthält, so sprechen wir von *Wirklichkeit.* Kein dialektisch geschulter Mensch wird den Begriff ‚Wirklichkeit' anders aussprechen, als daß er dabei denkt an ‚Erscheinung' durchdrungen von ‚Wesen'. ‚Wirklichkeit' ist das Zusammenfließen dieser beiden Begriffe." (Vortrag 13. Nov. 1908, GA 108.)

Hieran anschließend frugen wir uns: dürfen wir vielleicht in den Sternbildern der zodiakalen Trinität, in Skorpion, Waage und Jungfrau die himmlischen Urbilder dieser drei Urbegriffe: Wesen, Sein und Erscheinung erblicken, die in ihrer Drei-Einheit eben die Wirklichkeit oder die „Realität" sind, die Kategorie der Waage, welche das Gleichgewicht hält zwischen Skorpion und Jungfrau? Die „Zeit" ist dann die Kategorie des „Werdens" (im

Löwen) und „Dasein“ das Erstarrtsein des Werdens im Zeichen der Materie und des Krebses.

Die Wahrnehmungswelt nennen wir im allgemeinen die Außen- oder Sinneswelt oder — als naive Realisten — „die Welt“ schlechthin. Viele betrachten sie als eine bloß materielle. Durch die Begriffswelt suchen andere sich dem Geistigen, dem Göttlichen zu nähern, die Spiritualisten sprechen dann von einer Welt von Göttern.

So stehen sich schroff gegenüber als äußerste Gegensätze die Materie-Welt und die Götterwelt. Auf jene richtet sich die Krebsweltanschauung, auf diese die Steinbockanschauung. Die Waageweltanschauung erkennt, im Verein mit der Widderweltanschauung, die Einheit und die einheitliche Wirklichkeit des Sinnlich-Geistigen. Und sie finden das Menschensein mitten in diese einheitliche Wirklichkeit hineingestellt. Die Grundwesenheit oder das Ursein kann als ein Einheitliches nur dann betrachtet werden, wenn dies eben wirklich die substanzielle Einheit und Urwirklichkeit dessen ist, was sich nur dem Menschenseelenbewußtsein auseinanderlegt in die ungeheuer weit gespannte Polarität und tiefklaffende Gegensätzlichkeit von Materiewelt und Götterwelt.

Diese Einheit muß aber etwas zu tun haben mit der *wahren Menschennatur*, weil der MENSCH die KRONE der Schöpfung ist (Kether) und als das trinitarisch-trichotomische Wesen in *derselben* zodiakalen Region urständet wie die dreieinige Urwirklichkeit Gottes selbst. Es ist ein schwindelerregender Gedanke, dem gegenüber wir das Gefühl bekommen, daß hier dem Denken absolute Erkenntnisgrenzen gesetzt sind.

Dennoch darf darauf hingewiesen werden, daß einmal jemand etwas von jenen tiefsten und letzten Mysterien der Substanz angedeutet hat, und zwar sogar noch im Hinblick auf Urschöpfungsvorgänge. Wir meinen NOVALIS, der den unermeßlich tiefsinnigen Aphorismus aufgezeichnet hat, den wir hier anführen und durch ein Schema etwas veranschaulichen, nicht aber weiter auslegen können:

> „Wenn die Welt gleichsam ein Niederschlag aus der Menschennatur ist, so ist die Götterwelt eine Sublimation derselben. Beide geschehen uno actu.“
> Das heißt: in e i n e m Schöpfungsakte.

Wahrhaftig ein Satz für die Meditation über die einheitliche Wirklichkeit!

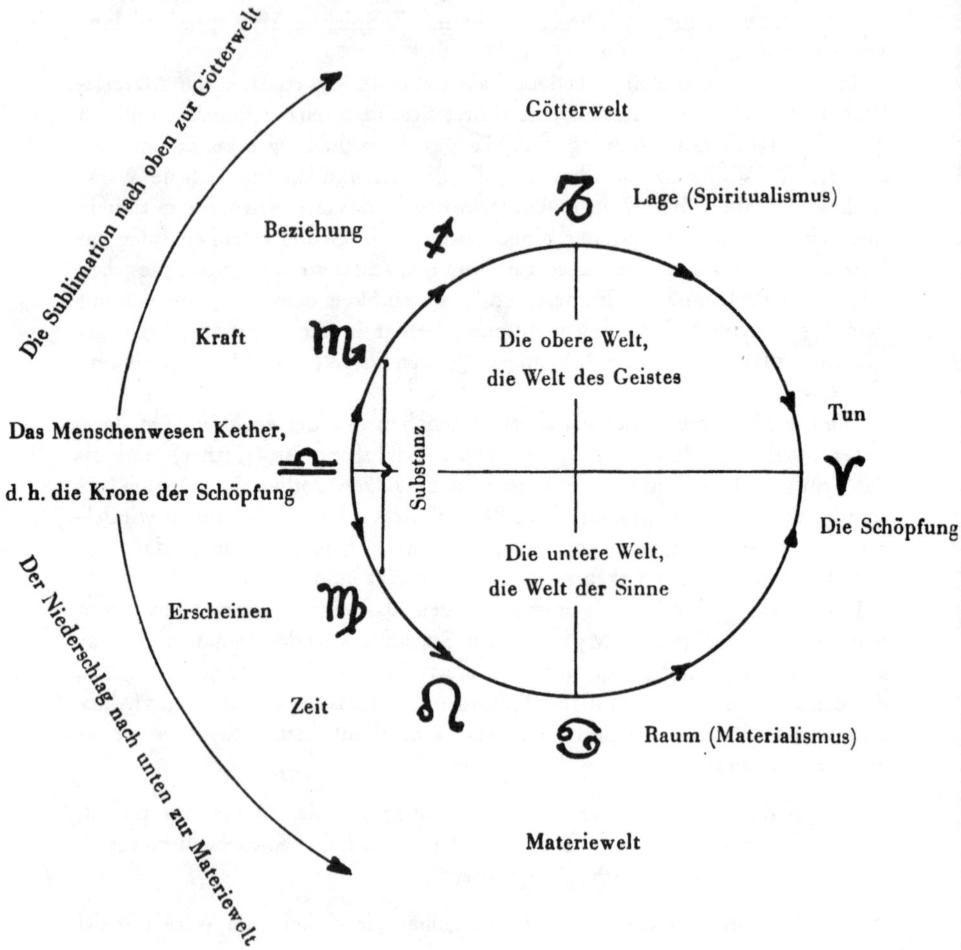
Die Sublimation nach oben zur Götterwelt
Götterwelt
Lage (Spiritualismus)
Beziehung
Kraft
Die obere Welt,
die Welt des Geistes
Tun
Das Menschenwesen Kether,
d. h. die Krone der Schöpfung
Substanz
Die Schöpfung
Die untere Welt,
die Welt der Sinne
Erscheinen
Der Niederschlag nach unten zur Materiewelt
Zeit
Raum (Materialismus)
Materiewelt

Gerade wenn wir bedenken, welch unermeßlich tiefen Geheimnissen der Mensch sich nähert, wenn die Seelenkräfte seines Erkennens nach dem Waage-Aspekt des Universums gerichtet, also für den Realismus veranlagt sind, dann können wir es gut verstehen, daß es heute überaus wenige Menschen gibt, deren Geist fruchtbar in dieser Weltanschauungskonstellation steht, und daß auch diese seltenen Menschen nur verhältnismäßig wenig von den Mysterien der Realität oder der einheitlichen Grundwesenheit des Seins zu erfassen vermögen. Denn ohne die schon gekennzeichnete Verwandlung des gewöhnlichen Seelenbewußtseins in ein lebendigeres ist hier fast nichts zu erreichen. Um so mehr müssen wir die Leistungen eines BIEDERMANN und SPIR bewundern.

Wenn also die Begabung für den reinen Realismus noch so selten ist, dann ist es um so wichtiger die Frage aufzuwerfen, wie man seine Seele für diese Begabung schulen kann, so daß sie reif wird, etwas von den Aspekten des Realismus erlebend zu erfassen. Auch in dieser Hinsicht finden wir in dem grundlegenden Schulungswerk von RUDOLF STEINER „Wie erlangt man Erkenntnisse der höheren Welten" die entscheidenden Angaben. Bei dieser Seelenschulung kommt es natürlich auf die Entwickelung des Geistesorganes in der Körpermitte an, welches (in der Hüftgegend) durch die Waage-Kräfte bestimmt ist. Es ist die zehnblättrige Lotosblume. Beinahe selbstverständlich ist es uns nunmehr, wenn wir hören, was bei dieser Schulung die Hauptsache ist: die vollkommene Beherrschung des ganzen Menschen durch das Selbstbewußtsein (Ich) zu erringen, so daß Leib, Seele und Geist in einer vollkommenen Harmonie stehen. „Die Verrichtungen des Leibes, die Neigungen und Leidenschaften der Seele, die Gedanken und Ideen des Geistes müssen in einen vollkommenen Einklang miteinander gebracht werden. Der *Leib* muß so veredelt und geläutert werden, daß seine Organe zu nichts drängen, was nicht im Dienste der Seele und des Geistes geschieht. Die Seele soll durch den Leib nicht zu Begierden und Leidenschaften gedrängt werden, die einem reinen und edlen Denken widersprechen. Der Geist aber soll nicht wie ein Sklavenhalter mit seinen Pflichtgeboten und Gesetzen über die Seele herrschen müssen; sondern diese soll aus eigener freier Neigung den Pflichten und Geboten folgen. Nicht wie etwas, dem er sich widerwillig fügt, soll die Pflicht über dem Geheimschüler schweben, sondern wie etwas, das er vollführt, weil er es *liebt. Eine freie Seele, die im Gleichgewicht zwischen Sinnlichkeit und Geistigkeit steht, muß der Geheimschüler entwickeln.*"

Das ist das ethische Ideal SCHILLERS vom sittlichen Habitus, das wir im Zusammenhang mit seinem Pneumatismus gekennzeichnet haben.

Das Sittengesetz des MOSES, oder die für den Sinnenmenschen in der Form von Geboten, Gesetzen und Normen ausgesprochene vernünftig-moralische Weltordnung, wie etwa das Pflichtgebot des Kant, ist eine Manifestation der Widder-Weltanschauung. Jetzt handelt es sich um den Gegenpol. Das Waageorgan, das uns befähigt die einheitliche Wirklichkeit zu erfahren, kann nur zum Bewußtsein erweckt werden, wenn gegenüber diesen Pflichtgeboten und Gesetzen die freie Seele entwickelt wird, die weder unter der Naturnotwendigkeit der Sinnlichkeit noch unter der Vernunftsnotwendigkeit steht. Bewußt gegen Kant hat dies SCHILLER formuliert. Als ein rechter Christ hat er das „Gesetz" des Moses in der rechten Art aufgehoben, als er an Goethe geschrieben hat: *„Das Eigentümliche des Christentums ist die Aufhebung des Gesetzes oder des Kantischen Imperativs,* an dessen Stelle das Christentum eine freie Neigung gesetzt haben will. Es ist also in seiner reinen Form Darstellung der schönen Sittlichkeit oder die Menschwerdung des Heiligen und in diesem Sinne die einzige ästhetische Religion."

Eines der tiefsten Worte, das jemals über das Christentum gesprochen worden ist. Aber wie wenig noch verstanden!

Ohne Durchchristung der Seele keine wahre Wirklichkeits-Erkenntnis. Ohne reinen Realismus, mystisch-religiösen Realismus, der das Gleichgewicht zwischen Sinnlichkeit und Geistigkeit, zwischen Ahriman und Luzifer hält, keine Christlichkeit, ja eigentlich keine Religiosität, wie schon der geniale BIEDERMANN dargelegt hat.

Ohne an Goethes Seele ein beinahe ideales Gleichgewicht zwischen Sinnlichkeit und Geistigkeit erlebt zu haben, wäre Schiller zur Überwindung des Kantischen Pflichtgebotes vielleicht niemals gelangt. Weil GOETHE in dieser Gleichgewichtshaltung lebte, war er vor Steiner vielleicht die einzige Individualität, die mit einer gewissen allumfassenden Universalität in allen Regionen der Welt der Sinne und der Welt des Geistes wenigstens zeitweise „zuhause" sein konnte.

Eben darum sind ihm *Wissenschaft* und *Kunstausübung* zu einer gewissen *Einheit* geworden; gerade darin bestand seine besondere Religiosität. „Wer Wissenschaft und Kunst besitzt, der hat auch Religion, wer jene beiden nicht besitzt, der *habe* Religion." Das ist eines derjenigen Worte, die ich oft und oft aus dem Munde Rudolf Steiners gehört habe. Im Zusammenhang damit hörte ich ihn auch im Jahre 1921 in Stuttgart aussprechen, daß er als ein *Motto seiner Anthroposophie* betrachtet wissen wollte die letzten Sätze seiner „Erkenntnis der Goetheschen Weltanschauung", welche so lauten:

> „Überwindung der Sinnlichkeit durch den Geist ist das Ziel von Kunst und Wissenschaft. Diese überwindet die Sinnlichkeit, indem sie sie ganz in Geist auflöst; jene, indem sie ihr den Geist einpflanzt. Die Wissenschaft blickt durch die Sinnlichkeit auf die Idee; die Kunst erblickt die Idee in der Sinnlichkeit."

Alles Erkennen der Geisteswissenschaft ist vorzüglich aus den Äonen des beweglichen Kreuzes inspiriert. Alle Kunstoffenbarungen aus den Äonen des festen Kreuzes. Zwischen beiden halten die Mitte die vier Äonen, die zum Waagesternbild gehören. Aus ihnen ist die religiöse Lebensanschauung als die Einheit von Wissenschaft und Kunst inspiriert.

Wer das harmonische Gleichgewicht in der freien Seele erringt zwischen Sinnlichkeit und Geistigkeit, entwickelt das Geistorgan der Waage, das Erkenntnisorgan für den Realismus. Anthroposophie wurde aus der Waage-haltung ihres Schöpfers zur „Geisteswissenschaft, Kunstoffenbarung und religiösen Lebensanschauung" als einer Drei-Einheit.

Die drei Hauptströme des Geisteslebens entspringen aus ein und derselben Quelle. Von der Kunst und Wissenschaft hat dies Steiner so ausgesprochen: „Hier zeigt es sich, wie der wahre Künstler unmittelbar aus dem *Urquell des Seins* schöpfen muß, wie er seinen Werken das Notwendigste einprägt, das wir ideell in Natur und Geist in der Wissenschaft suchen."

Der Urquell des Seins! Das ist die höchste der Kategorien des Aristoteles: Die SUBSTANZ, das SEIN, das WESEN. Hieraus schöpft der Mensch. Er kann daraus schöpfen, weil er in seiner Urgestalt als Adam Kadmon selbst dieses Prinzip i s t : Kether, die Krone.

Der Mensch in seiner Urgestalt ist die Krone der Schöpfung. Der Gott-Mensch oder Adam Kadmon ist als der LOGOS der Inbegriff der Ideenwelt, in welcher die „ewigen Namen" aller Sinnes- und Geisteswesen als deren Substanzen urständen. Und sein Name ist der Name aller Namen, *der Name des Gottes und des Menschen:*

ICH BIN, der Ich bin, der Ich war, der Ich sein werde!

„Die ganze Welt, außer dem Menschen, ist ein Rätsel, das eigentliche Welträtsel; *und der Mensch ist selbst die Lösung.* Wenn man durch das Denken die Vorgänge in dem Zusammenhange zu schauen vermag, in dem das eine das andere erklärt, indem ein Rätsel des anderen Lösung wird, und der *Mensch selbst das Wort wird für die* von ihm wahrgenommene *Außenwelt:* damit war die Wahrheit der Vorstellung erlebt, daß in der Welt und in ihrem Wirken der *Logos, die Weisheit, das Wort waltet.*"

Im Widder-Zeitalter ist der Gott-Mensch-Logos, der göttliche Geist der Waage, *einmal* Erdenmensch geworden, um die Himmelsreiche aufs neue mit den Erdenbereichen zu verbinden, die Götterwelt mit der Materie-Welt. Seit ABRAHAM, dem Zwillingseingeweihten, wurde die Geburt des Waage-Geistes auf Erden vorbereitet — im Alten Testament. Christus brachte das Neue Testament.

Seit Johannes, dem Täufer und Wassermann-Eingeweihten, wird im „ewigen Evangelium" des Heiligen Geistes, des Christus Verherrlichung in der Menschheit vorausgeschaut und vorbereitet.

In Jesus Christus erschien der Gott-Mensch als das Lamm Gottes. Er opferte sein Sein in unser Sein. Dies Sein ward zu unserem neuen *Leben.* „Ich lebe, doch nicht ich, sondern der Christus in mir."

Wenn dies Paulus-Wort in uns lebendig wird, dann werden unsere Ideale, die wir schöpferisch aus unserem Idealismus hervorbringen, durch die Christus-Substanz Wirklichkeits-Charakter bekommen. Dann dürfen wir uns sagen: „Der Christus ist es, der unsere Ideale zu seiner eigenen Sache macht. Er nimmt unsere Ideale auf sich. *Der Christus in mir durchzieht meine Ideale mit der Realität der Substanz.* Als Menschen fassen wir die Ideale auf dem Erdenrund auf, aber in uns lebt der Christus, und er übernimmt unsere

Ideale. Diese Ideale sind *reale* Keime für zukünftige *Wirklichkeit. Durchchristeter Idealismus ist mit dem Keim der Realität durchsetzt.*"

Das ist die eine Seite der gegenwärtigen Christus-Wirklichkeit, diejenige, die für alle Menschen, die im Sinnesbewußtsein leben, von der größten Bedeutung ist.

Aber in der an die Sinneswelt unmittelbar anschließenden übersinnlichen Welt, im Schwellen-Gebiet, das der Hüter Michael bewacht, und in den ätherischen Lichtgefilden hinter dem finsteren Abgrunde des Seins, da fängt von nun an der Christus als der „Herr des Karma" zu walten, zusammen mit dem Erzengel Michael, dem Verwalter der göttlichen Geheimnisse der Schicksals-Gesetze. Dies von Rudolf Steiner enthüllte Geheimnis ist von größter Wichtigkeit für die geist-bewußten Seelen und für die in den Tod Hineingehenden. Noch bevor die Menschenseele – unmittelbar nach dem Tode – die Ätherorganisation abgestreift hat, also noch vor dem Beginn der Läuterungszeit in der Seelenwelt, erlebt der Mensch die Begegnung mit einer ganz bestimmten Individualität, die ihm sein karmisches Konto vorhält: „Und diese Individualität, die sozusagen für die Menschen dastand wie eine Art Buchführer der karmischen Mächte, war eben für eine große Anzahl von Menschen die Gestalt des MOSES. Daher die mittelalterliche Formel, die aus dem Rosenkreuzertum herausstammt: Moses halte dem Menschen in der Sterbestunde das Sündenregister vor, und weise zugleich auf das scharfe Gesetz, damit der Mensch erkennen könne, wie er abgewichen ist vom scharfen Gesetz, nach dem er sich hätte verhalten sollen. Dies Amt geht über im Verlaufe unserer Zeit an den CHRISTUS JESUS, und der Mensch wird immer mehr und mehr dem Christus Jesus als seinem Richter, als seinem karmischen Richter begegnen." Indem Christus das Richteramt des Karma übernimmt, wird er Ordnung in diese karmischen Konten hineinbringen. Denn Christus ist das *Lamm Gottes,* das die „Sünden der Welt hinwegnimmt". Keine Aufhebung der karmischen Folgen und Verpflichtungen aus unseren Schulden für uns selbst und gegenüber unseren Mitmenschen bedeutet das, sondern die Aufhebung der Folgen unserer Sünden *für den objektiven Weltengang.* – „In dasjenige, was sich von uns loslöst als objektive Sünde, als objektive Schuld, was wir nicht im Karma weitertragen, in das dringt der lebendige Logos ein und belebt es, und indem er es belebt, wird eine lebendige Erde zu einem lebendigen Jupiterzustande hinüber sich entwickeln – das ist die Folge des Mysteriums von Golgatha."

Die Kraft des Christus tilgt aber nicht allein die objektiven Weltfolgen aller Sünden der Menschheit: sie wird zugleich den Ablauf der Karma-Gesetze so regeln, daß sich die karmischen Ausgleiche in der bestmöglichen Weise in die *allgemeinen Weltangelegenheiten* hineinfügen: „Einzureihen unseren karmischen Ausgleich dem allgemeinen Erdenkarma, dem allgemeinen Fortschritt der Menschheit, das fällt in der Zukunft dem Christus zu."

Überblicken wir das, was sich uns aus den beiden Christus-Sternbildern, aus dem Lamm und aus der Waage durch den Idealismus und Realismus als ein Höchstes offenbart, dann können wir es so andeuten:

Es offenbart sich Welt-Ideenlicht
Im Gottes-Lamm, erschaffend Sinnes-Wesen;
Es weset aller Wesen Wesenheit
Und wird vom WORT gewogen auf der Waage.

XV.

DIE SEELISCHEN WELTANSCHAUUNGS-STIMMUNGEN

Wir haben den Gesamtumfang der Weltansichten durchschritten und versucht, an Hand von zahlreichen Beispielen aus der Geistesgeschichte der Menschheit die wesentlichen Eigentümlichkeiten der Standpunkte, Erkenntniszugänge und Weltaspekte herauszuarbeiten. Wir sind uns des Gewagten und Unzulänglichen dieses ersten Versuches voll bewußt. Aber wir glauben doch, daß diese Studien etwas zu der Überzeugung beigetragen haben, auf die soviel für den Erkenntnis-Fortschritt ankommt, daß Vielseitigkeit der Gesichtspunkte erstrebt werden muß, wenn man sich der unendlichen Fülle der Wahrheit einigermaßen nähern will. Die gegenwärtige Zivilisation krankt an einer bedenklichen Neigung, alle Probleme durch weitgehende Abstraktionen zu „vereinfachen". „Les grands simplificateurs" werden aber, wie Jakob Burckhardt richtig vermerkt hat, zu den Tyrannen der Menschheit, oder, wie wir heute sagen würden, zu den rücksichtslosen Gleichschaltern, die alle individuelle Vielfalt des geistigen Strebens und gesellschaftlichen Lebens nivellieren und auslöschen.

Bei diesen Darlegungen mußte es auffallen, daß manche Philosophen in verschiedenen Kapiteln genannt wurden als Kronzeugen für verschiedene Weltanschauungen. Selbst wenn wir von so umfassenden Geistern wie Goethe oder Steiner absehen, kann diese Zuordnung einzelner Denker zu verschiedenartigen Weltanschauungen vielleicht auf manchen Leser verwirrend wirken. Mancher wird sich fragen: was ist nun eigentlich d i e Weltanschauung etwa des Hegel oder Schelling, des Novalis oder Eduard von Hartmann? Oder wenigstens: was ist die für ihn charakteristische?

In anderen Fällen wird es ein Leichtes sein — auch für den Verfasser! — ganz andere Aussprüche des einen oder anderen Denkers heranzuziehen und diese als Zeugnisse dafür zu nehmen, daß der betreffende Denker in Wirklichkeit eine ganz andere als die hier dargestellte Weltanschauung vertreten habe. Der Verfasser ist der Letzte, der das Berechtigte solcher Einwände bestreiten wollte. Er ist auch keineswegs fest davon überzeugt, daß er immer das eigentlich Charakteristische einer Persönlichkeit getroffen hat oder daß er ihre Weltanschauung an die rechte Stelle des Gesamtumfanges aller Weltansichten gesetzt habe. Es handelt sich eben wirklich um einen ersten, sehr gewagten und gewiß noch sehr unzulänglichen Versuch, diesbezügliche Hinweise der Geistesforschung bis in die Einzelheiten hinein auszuarbeiten, Gesichtspunkte, deren grundsätzliche Fruchtbarkeit für die Erweiterung und Vertiefung des Erkenntnislebens wohl außer allem Zweifel steht. Diesen Versuch betrachtet jedoch der Verfasser dann schon als gerechtfertigt, wenn er das Erkenntnisstreben des Lesers in Fluß gebracht und für vielerlei Geistesstandpunkte empfänglich gemacht hat. „Was fruchtbar ist, allein ist wahr."

Es sei also ohne weiteres zugegeben, daß trotz der erstrebten Vielseitigkeit der Betrachtung und Darstellung in manchen Fällen die Kennzeichnung und Zuteilung der Denkerpersönlichkeiten, ihrer Weltansichten und Weltenorte einseitig und anfechtbar ist.

Eben darum ist es in diesem abschließenden Kapitel notwendig, auf das hiermit angerührte Problem grundsätzlich einzugehen. Wir werden dabei die Gelegenheit bekommen, das Wesen der immer wieder erwähnten verschiedenen Seelenhaltungen oder *Seelenstimmungen,* in welchen alle Weltanschauungen vertreten sein können, genauer zu charakterisieren. Wir haben sie — nach dem Vorbilde RUDOLF STEINERS — mit den Namen bezeichnet, die der philosophischen Wissenschaft geläufig sind. Wir meinen solche Seelenstimmungen wie etwa den Transzendentalismus oder Empirismus, die Mystik oder die Gnosis und andere. Wir haben ferner darzulegen versucht, daß ein bestimmter Geistesstandpunkt aus einer ganz bestimmten Seelenverfassung heraus vertreten sein muß, wenn die betreffende Weltanschauung in ihrer reinen, gleichsam klassischen Form auftreten soll. So gehört es z. B. zum Wesen des echten Phänomenalismus, daß er transzendentalistisch ist, oder des Sensualismus, daß er empiristisch gehalten ist. Wir haben versucht, dies aus der Sache selbst heraus evident zu machen.

Aber auf diesem Wege allein wären wir zur Unterscheidung dieser Seelenstimmungen ebensowenig gekommen, wie zur Gesamtaufstellung des zwölffachen Weltanschauungsumfanges und zur Wesensbeschreibung der verschiedenen Grundrichtungen, geschweige denn zu ihrer Zuordnung zu den Tierkreiskräften. Wir sind vielmehr der Überzeugung, daß es schlechterdings unmöglich ist, aus dem Material der Philosophiegeschichte allein durch philosophische Spekulation einen derartigen Geistesorganismus von zwölf miteinander auf vielfältige Weise gesetzmäßig verbundenen Weltanschauungsstandpunkten aufzustellen. Den Ausgangspunkt für die Entwickelung sowohl der zwölf Weltanschauungen als auch der sieben Seelenstimmungen bilden die Resultate der Geistesforschung Rudolf Steiners. Diese verfügt über die höheren Erkenntnismittel, welche es ermöglichen, den Ideenkosmos in seiner Gesamtheit, Vielgliedrigkeit und gesetzmäßigen Verbundenheit urbildlich-inspirativ zu erforschen.

Wenn aber das Erforschte in Gedankenform mitgeteilt ist, dann ist es die Aufgabe des Denkens, sich selbständig im Erkenntnisringen mit den gegebenen Gesichtspunkten auseinanderzusetzen, und wenn sie uns überzeugen können, auszuarbeiten. Und möglich ist dies, weil das menschliche Denken am Ganzen des Ideenkosmos teilhat. Dann zeigt es sich, daß dies selbständige Denken, Forschen und Ausarbeiten zu immer sichereren Verifikationen dessen gelangt, was am Beginne des Gedankenringens kaum mehr als eine Arbeitshypothese gewesen ist. Dies um so mehr, als die Angaben Steiners gerade über dieses Gebiet seiner Geistesforschung sehr skizzenhaft geblieben sind.

Um was handelt es sich nun eigentlich bei diesen Seelenstimmungen im Unterschied zu den zwölf Grundrichtungen des Erkennens? Ohne die Unterscheidung des Seelischen vom Geistigen kommt man hier nicht weit. Das Ich nimmt als der Geist teil an den weltschöpferischen Urgedanken Gottes, welche die Grundeigenschaften des Universums kategorial konstituieren und untereinander ordnen. Die zwölf Weltanschauungen erfassen die objektiven Weltprinzipien, wie wir das dargestellt haben. In den sieben Seelenstimmungen dagegen handelt es sich um besondere Artungen des erkennenden *Seelenlebens,* welche es begünstigen oder erschweren, daß der Geist bestimmte Weltprinzipien in der rechten Art auffaßt. Demzufolge gibt es für jeden der geistigen Standpunkte, von denen aus bestimmte Urgedanken des Gottesgeistes oder bestimmte Grundeigenschaften (Kategorien) des Weltenseins erfaßt werden können, die dafür am meisten geeignete Seelenhaltung, und daneben solche, die ein *reines* Auffassen des betreffenden Weltaspektes erschweren oder beeinträchtigen. Hieraus folgt, daß jede der zwölf Weltanschauungen in sieben verschiedenen Spielarten auftreten kann und natürlich auch bei vielen Denkern auftritt, wovon aber nur eine die völlig geeignete ist.

Wiederholt haben wir auf die Verschiedenartigkeit der Spielarten hingedeutet und dabei auch bemerkt, welche davon für jede Weltanschauung die eigentlich angemessene ist, weil durch sie die betreffende Weltanschauung in ihrer reinen oder klassischen Form zustande kommen kann. So gehört es z. B. zum „echten" Sensualismus, daß er aus der Seelenhaltung des Empirismus entwickelt wird, oder zum „echten" Idealismus, daß er voluntaristisch orientiert ist, das heißt die Ideen als tätig schaffende Weltmächte erlebt, als ob sie zugleich Willenswesen wären. Eduard von Hartmanns Idealismus ist z. B. darum kein reiner, weil er nicht der Idee selbst dieses Aktiv-Schaffende zuschreiben kann, was bei Aristoteles wohl der Fall ist. Es ist aber keineswegs leicht zu ermitteln, in welcher anderen als der voluntaristischen Seelenstimmung sein Idealismus gehalten ist.

Vom Idealismus des Meister Eckhart hat Rudolf Steiner angegeben, daß er aus der Seelenstimmung der Mystik konzipiert ist, was ohne weiteres einzusehen ist; und vom Idealismus Hegels, daß er in der Seelenstimmung des Logismus gehalten ist. Ebenfalls leicht einzusehen. Nehmen wir dazu andere Beispiele. Der Logismus ist diejenige Seelenstimmung, welche die Seele für den echten Psychismus und den reinen Monadismus disponiert. Fichte, der Vater, hat den Psychismus aus dem Logismus entwickelt, Schopenhauer dagegen aus dem Voluntarismus, während Hamerling den Monadismus nicht aus dem Logismus, sondern aus dem Voluntarismus heraus vertrat. Aus dem Titel seines philosophischen Werkes sind übrigens (in diesem Falle!) beide Faktoren ohne weiteres abzulesen; dieser lautet: „Die Atomistik des Willens." Das Willensprinzip deutet auf die voluntaristische Seelenstimmung, welche seine Anschauung von den Monaden so gestaltet hat, daß er sie als Atome kennzeichnet. (Von DEMOKRIT wäre vielleicht dasselbe zu sagen.) Dies sind einige der von Rudolf Steiner gegebenen Beispiele. Die übrigen werden wir auch noch anführen. Zu weit wird uns das nicht führen, weil leider an nur allzuwenigen Beispielen von Persönlichkeiten erläutert worden ist, um welche von den zwölf Weltanschauungen und den sieben Seelenstimmungen es sich bei den Denkern der Menschheit handelt.

Das Problem hat aber noch andere Seiten, wodurch es noch viel verwickelter und schwieriger überschaubar wird. An einem Beispiel nämlich — an WILHELM WUNDT — läßt die Darstellung Steiners — beinahe nebenbei — erkennen, daß gewisse Denker gar nicht bloß *eine* Weltanschauung in einer bestimmten Seelennuance vertreten, sondern zwei oder mehr. Mit Bezug auf Wundt wies Steiner auf die folgenden „Konstellationen" hin: „So kann es z. B. vorkommen, daß jemand ein guter Logist ist, aber seine logistische Stimmung steht im Geistessternbild des Sensualismus. Er kann zugleich ein guter Empiriker sein, aber seine empiristische Stimmung steht im Sternbilde des Mathematismus. Wenn dies der Fall ist, dann stellt man ein ganz bestimmtes Weltanschauungsbild auf. Wir haben gerade in der Gegenwart (1914) dieses Weltanschauungsbild, das dadurch zustande kommt, daß jemand seine *Sonne* — jetzt geistig gesprochen — in den *Zwillingen* und seinen *Jupiter* im *Löwen* hat: das ist Wundt. Und man wird alles Einzelne begreifen, was in der philosophischen Literatur von Wundt auftritt, wenn man hinter das Geheimnis seiner besonderen Seelenkonfiguration gekommen ist."

Man wird alles Einzelne begreifen — wenn man hinter das Geheimnis gekommen ist. Leichter gesagt als getan! Zumal wenn man als Schüler erst anfängt, sich in diese ungemein komplizierten Dinge einzuarbeiten. Wir haben deshalb lieber von dem Versuch abgesehen, bei den behandelten Denkern die Seelenstimmungen zu charakterisieren, aus welchen heraus sie ihre Weltanschauung vertreten haben. Wir haben uns z. B. bei Wundt sogar darauf beschränkt, auf seinen Sensualismus hinzuweisen, obwohl er kein reiner, das heißt empiristischer ist.

An diesem Beispiele ersehen wir also, daß die *Seelenstimmungen* ebenso mit den *Planeten* zusammenhängen, wie die *Grundrichtungen des Erkennens* mit den *Tierkreisimpulsen*. So wie der Geist oder das Ichwesen des Menschen eigentlich ein zwölfseitiges Wesen ist, das an den zwölf Urgedanken der göttlichen Äonen erkennend teilhaben kann, so ist das *Seelenwesen* oder der Astralleib ein siebenfältiges, planetarisches Wesen. Das Ich stammt aus jenen höchsten Regionen des Geisterlandes, die sich für den Erdenanblick in den Bildgestalten der zwölf Tierkreisbilder ausdrücken; der Astralorganismus dagegen ist aus der planetarischen Sphärenwelt herausgeboren. Nur weil es sich so verhält, steht jede Menschenindividualität mehr oder weniger lebendig in verwandtschaftlichen Erkenntnisbeziehungen zu den kosmischen Wesenskräften und kann der Geistesforscher an einer Individualität urbildlich feststellen, daß z. B. das Sonnenhafte ihres Astralorganismus mit dem Zwillingssternbild in Verbindung steht und das Jupiterhafte mit dem Löwensternbilde.

In Wirklichkeit steht natürlich jede Seele mit jeder ihrer verschiedenen Seelenkräfte zu ganz bestimmten Geistesimpulsen aus den Tierkreisrichtungen in Beziehung. Wenn wir also von eines Menschen Weltanschauung sprechen, dann handelt es sich in Wirklichkeit um *eine* oder zwei seiner wesentlichen Seelenkonstellationen im Geisteskosmos. Von allen übrigen kann bei den meisten Menschen abgesehen werden, weil sie im Hintergrunde des Seelenlebens verbleiben. Darum wird es nunmehr verständlich sein, weshalb wir viele Denker mit mehreren Weltanschauungsimpulsen in Verbindung stehend dargestellt haben und warum bei Anderen die Charakteristik zweifellos unvollständig und einseitig bleiben mußte.

Aber das sind noch nicht alle Seiten des Problems! Denn an einem anderen Beispiel läßt Rudolf Steiner sehen, daß gewisse Persönlichkeiten im Laufe ihres Lebens ihre Weltanschauung wechseln. An Friedrich Nietzsche hat Steiner im letzten seiner vier Vorträge über den menschlichen und den kosmischen Gedanken solches Übergehen von der einen Weltanschauung zu anderen dargelegt. Aus den diesbezüglichen Ausführungen erhellt, daß die drei deutlich voneinander unterscheidbaren Abschnitte in Nietzsches Schriftstellerlaufbahn von drei verschiedenen Weltanschauungskonstellationen bestimmt waren.

Die erste Weltanschauung Nietzsches, die in seinen bis 1877 verfaßten Schriften ihren Niederschlag gefunden hat, charakterisiert Steiner als Mystik im Zeichen des Idealismus. Darauf folgt die mittlere Periode, die Blüte und Reifezeit von 1878 bis 1886. Sie ist als Empirismus im Rationalismus zu kennzeichnen. Zuletzt erfolgte die Katastrophe — nach 1886 — in der Seelenkonstellation des Mars im Skorpion: voluntaristischer Dynamismus. Wir haben uns auf die Darstellung der zweiten und dritten Periode beschränkt.

Wenn wir dann noch erwähnen, daß Leibniz selbstverständlich als ein klassischer Vertreter des Monadismus, Häckel als einer des Materialismus (und zwar Mond im Krebs) und Fritz Mauthner, der Sprachforscher, als ein Vertreter des (hier zweifellos ungünstig konstellierten) Realismus gekennzeichnet worden ist, dann haben wir mit diesen zehn Persönlichkeiten sämtliche von Steiner namentlich erwähnten Beispiele vorgebracht. Man bedenke jedoch, daß es im Ganzen sieben mal zwölf, d. h. vierundachtzig mögliche und natürlich auch wirklich vertretene Weltanschauungen gibt, um noch ganz abzusehen von Differenzierungen, die wir in dieser Ausarbeitung gar nicht zu berücksichtigen gewagt haben.

Mehr als eine Seelenkonstellation des Weltanschauungslebens hat Steiner nur bei zwei Persönlichkeiten angegeben, eben bei Wundt und Nietzsche. Aber es ist leicht zu erkennen, daß, um von den soeben genannten Persönlichkeiten nur zwei andere herauszugreifen, Hamerling nicht nur Monadist sondern auch Sensualist gewesen ist — natürlich nicht mit dem Marsteil seiner Seele — und daß Schopenhauer nicht nur ein Psychist war, sondern zugleich auch ein (ungünstig konstellierter) Phänomenalist, aber auch ein Vertreter der Skorpion-Stier-Polarität.

Wenn wir nun die zehn von Steiner namhaft gemachten Persönlichkeiten überblicken, dann fällt es auf, daß wenige von den ersten Sternen der Philosophiegeschichte darunter sind. Indem wir diese nun so in den Tierkreis stellen, wie es Steiner getan hat, dann werden wir dabei diejenigen Namen einklammern, bei denen die Weltanschauungskonstellation nicht die günstigste gewesen ist. Diese können also nicht als die klassischen Vertreter der betreffenden Weltanschauungen betrachtet werden.

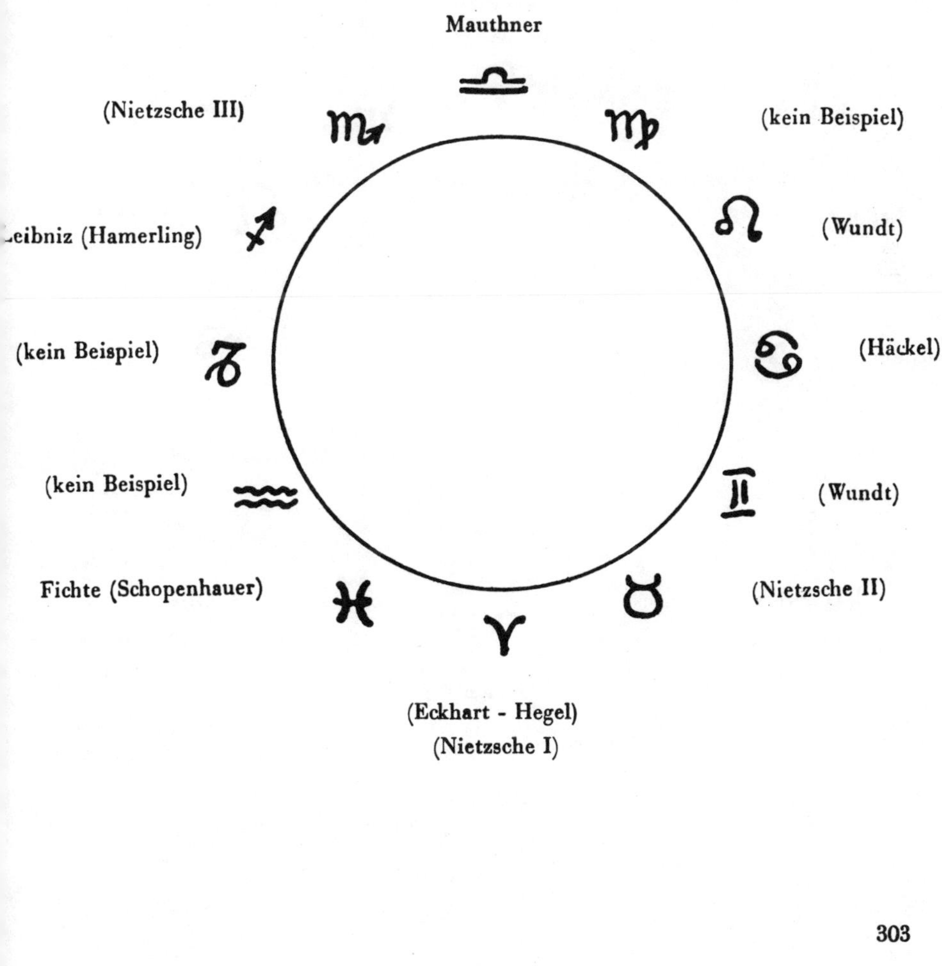

Wenn wir dann auf Grund unserer Untersuchungen den Versuch gewagt haben, für alle Weltanschauungen große, klassische Vertreter und noch andere namhaft zu machen, und diese nun, von allen übrigen absehend, zufolge dieser Einsichten, an ihre Weltenorte stellen, dann ist hierbei zu bedenken, daß gerade solche vielseitige und umfassende Geister wie etwa Aristoteles, Goethe, Leibniz und andere zugleich an verschiedene Weltenorte gehören, und daß außer den ausgewählten Persönlichkeiten auch andere nicht minder wichtige Vertreter jener Weltanschauungen von uns namhaft gemacht worden sind oder auch von Anderen namhaft gemacht werden können. Mit diesen Einschränkungen also wäre die nachstehende Übersicht über Hauptvertreter der zwölf Weltanschauungen zu betrachten.

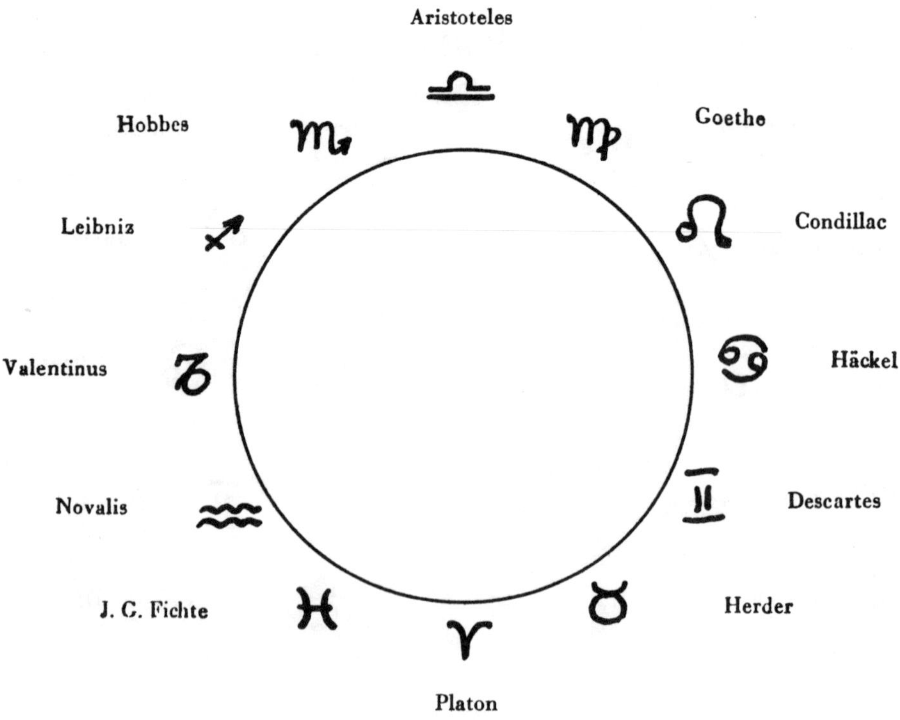

Die sieben Seelenstimmungen, in welchen die zwölf Weltanschauungen auftreten können, sind im Sinne der Geistesforschung in der folgenden Art Manifestationen von planetarischen Impulsen der übersinnlichen Welt:

Okkultismus	—	Mond
Transzendentalismus	—	Merkur
Mystik	—	Venus
Empirismus	—	Sonne
Voluntarismus	—	Mars
Logismus	—	Jupiter
Gnosis	—	Saturn

Aus dem Durchdenken aller in Betracht kommenden Faktoren erhellt ferner, daß die günstigsten Konstellationen dann vorliegen, wenn — im Stile der alten Sternenweisheit gesprochen — die Planeten in ihren „Häusern" stehen, wobei wir indes auf den Unterschied der Taghäuser und der Nachthäuser nicht einzugehen vermögen, zumal beide Arten zur Hälfte in den Sommersternbildern der „Welt der Sinne" und zur anderen in den Wintersternbildern der „Welt des Geistes" liegen.

Wir geben also die Übersicht über die günstigen Weltanschauungs-Konstellationen, die zu den reinen Formen der betreffenden Weltansichten führen.

Mond im Krebs: Okkultismus im Materialismus.

Merkur in der Jungfrau und in den Zwillingen: Transzendentalismus im Phänomenalismus und Mathematismus.

Venus in der Waage und im Stier: Mystik im Realismus und Rationalismus.

Sonne im Löwen: Empirismus im Sensualismus.

Mars im Skorpion und Widder: Voluntarismus im Dynamismus und Idealismus.

Jupiter im Schützen und in den Fischen: Logismus im Monadismus und Psychismus.

Saturn im Steinbock und Wassermann: Gnosis im Spiritualismus und Pneumatismus.

Weil des Menschen Seelenwesen siebenfältig mit dem Planetenkosmos verbunden ist, die Planeten aber ihre Verwandtschaften zu den Tierkreiswesen haben, kann grundsätzlich jeder Mensch alle zwölf Grundrichtungen des Erkennens einschlagen und alle zwölf Weltanschauungen erringen. Die Größe und Universalität einer Individualität liegt eben in dem Umstande, daß ihre verschiedenen Seelenkräfte einigermaßen gleichmäßig entwickelt sind, wodurch sie zu vielerlei Tierkreisinspirationen Zugang findet. Man braucht sich gar nicht zu wundern, wenn man umfassenden Geistern fünf oder sieben Weltanschauungen zuschreibt, vor allem wenn man es mit einem langen Denkerleben zu tun hat, in dem sich die Weltanschauungen immer wieder verwandelt oder vertieft haben, wobei wir vor allem an Schelling denken. Auf diesem Hintergrunde wird es auch begreiflich, daß die Vertreter von beinahe allen Weltanschauungen bei Goethe Aussprüche finden, welche sie als Zeugnisse für ihre eigenen (oft sehr entgegengesetzten) Weltanschauungen anführen können. Beschränkte Geister finden so etwas zum Verzweifeln.

Zum Abschluß des Ganzen sei noch der Versuch gewagt, die sieben planetarischen Seelenstimmungen näher zu charakterisieren. Man muß sich hierbei darüber klar sein, daß diese für das Erkenntnisleben in Betracht kommenden Seelenhaltungen nichts anderes sind als besondere Äußerungen von viel allgemeineren Seeleneigenschaften. Wir können also bei den Bezeichnungen dieser sieben Nuancierungen des Erkennens ebensowenig stehenbleiben wie bei den Namen der zwölf Weltanschauungen. Wir müssen vielmehr trachten, von den Namen zur Sache vorzudringen, indem wir versuchen, das Wesen des seelischen Lebens im Zusammenhang mit der Siebenfalt des Planetarischen zu charakterisieren, nicht astrologisch im traditionellen Sinne, sondern aus dem Ganzen der geisteswissenschaftlichen Erkenntnisse vom Planetenkosmos.

Hier wie bei den Tierkreis-Oppositionen wird man methodisch am besten verfahren, wenn man in polaren Gegensätzen charakterisiert. Wir beginnen mit der sonnenhaften Seelenart, weil die Sonne in der Mitte zwischen den „oberen", großen und mehr kosmischen, und den „unteren", kleinen und mehr tellurischen Planeten steht. Diese zwei Gruppen von je drei planetarischen Seeleneigentümlichkeiten bilden eine Grundpolarität des Seelenlebens, welche nach vielen Richtungen hin, bis ins Physiologische hinein geisteswissenschaftlich ausgearbeitet werden könnte und sollte. Die den unteren Planeten entsprechenden Seelenkräfte des Menschen stehen mehr im Zusammenhange mit dem Organisch-Leiblich-Unbewußten, und man kann sie auch durch die Lotosblume unterhalb des Herzens charakterisieren, während die mit den oberen Planeten verbundenen Seelenvermögen dadurch gekennzeichnet sind, daß sie mehr in den Regionen des bewußten Geisteslebens bis zum Haupte (und in der Saturn-Lotosblume, der tausendblättrigen über das Haupt hinaus) sich entfalten. Aber gerade auf diesen Gesichtspunkt können wir hier nicht weiter eingehen.

Es gehört zur Grundpolarität der ober- und untersonnigen Seelenkräfte, daß die unteren mehr auf sich selbst gerichtet (mystisch), an sich selbst gebunden und subjektiv gefärbt sind, während die oberen mehr der äußeren Welt zugewandt (kosmisch) sind und dem Objektiven, Geistigen sich aufschließen.

Das Gleichgewicht zwischen dem Insichselbstleben und der Weltoffenheit hält das Sonnenhafte der Seele, der Ichmittelpunkt. Denn das Geheimnis des Ich ist es, zugleich in sich selbst zu sein und sich selbstlos dem Weltall zu erschließen. Der ichhafte Seelenkern ist ganz und gar Herzensinnerlichkeit. In heitrer Unbefangenheit erschließt sich die *Sonnenseele* dem, was sich von außen darbietet und von innen offenbart, allseitig und liebevoll interessiert, und für jede neue Erfahrung offenstehend. Positiv, lebensbejahend und wohlwollend Allem und Jedem entgegentretend, läßt sie ihr warmes Seelenlicht gleichermaßen über Gute und Böse scheinen. Im harmonischen und glücklichen Gleichgewicht stehend zwischen Tätigkeit und Empfänglichkeit, Geben und Nehmen, Weltweite und Innerlichkeit lebt die schöne Seele mit der Welt und mit sich selbst im Frieden. Wo diese Seelenhaltung im Erkenntnisleben vorherrscht, entsteht die Fähigkeit, das Gegebene unbefangen und rein in der Erfahrung aufzunehmen. Das gibt die philosophische Seelenstimmung des *Empirismus.* Bei der Darstellung des Sensualismus hat es sich gezeigt, daß Vertreter dieser Löwenweltanschauung vielfach aus einer so gearteten Seelenhaltung ihr erkennendes Verhältnis zur Welt gewonnen haben.

Dieser Seelenverfassung nahe verwandt ist die *venusartige.* Sie ist jedoch mehr nach innen als nach außen gerichtet, mehr empfangend-weiblich als männlich-aktiv, mehr hingebend als willenhaft. Die Venus-Seelenhaftigkeit ist ganz und gar frauliche Milde, Barmherzigkeit, sanfte Liebefähigkeit. Ihre Innerlichkeit vertieft sich zumeist zur innigen Frömmigkeit und zum mystischen Erleben. Die Venusseele nimmt teilnehmend alles tief in sich hinein, verarbeitet es mit intimen Gefühlen, lebt damit zusammen und wird damit in Liebe eins. Was sie so in sich hineinnimmt, fängt im Innern an zu klingen; es offenbart sich der lauschenden Seele die Wohlordnung und Harmonie des Daseins wie eine geheime Musik und erweckt in ihr die Begeisterung für alles Schöne und Gute. Die entsprechende Erkenntnis-Seelenstimmung ist die *Mystik.* Ohne ein mystisches Erleben kann es keinen wahren Rationalismus geben und auch nicht das einheitliche Erkenntnis-Erleben des reinen Realismus: „Das Gewahrwerden der Idee in der Wirklichkeit ist die wahre Kommunion des Menschen.“ Das ist ein mystisches Erleben.

Der Venusstimmung polar entgegengesetzt ist die martialische Seelenverfassung. Der *Marsmensch* ist ganz und gar männlich, aktiv, energisch, willensstark, tatkräftig und starkmütig. In sich selber gefestigt, selbstbewußt und standhaft wie er ist, neigt er aber auch zur Eigenwilligkeit, Rechthaberei und Unduldsamkeit, zu Polemik und Streit. Es ist etwas Starres, Zwingendes in seinem Wesen. Alles will er bestimmt, scharf umrissen, definiert, festgelegt oder gar befohlen sehen. Als Tatmensch ist er viel mehr nach außen als nach innen gerichtet. Er lauscht aber weniger auf das, was die Welt ihm zuraunt, als daß er diese aus seinem eigenen Willen heraus in Gedanken, Worten und Werken gestalten möchte. Im philosophischen Erkenntnisstreben wird dieser Seelenduktus zum *Voluntarismus,* der charakteristisch ist für den Idealismus, aber noch mehr, wie es uns scheint, für den Dynamismus. Bei allen Taghäusern der Planeten bekommen wir den Eindruck, daß in ihnen die Planeten sich noch mehr „zu Hause fühlen“ als in den Nachthäusern.

Der materiellen Seelenhaltung wiederum polar entgegengesetzt, jedoch in anderer Art als das Venushafte, ist das *merkuriale* Seelenwesen. Die mildversöhnliche, mitfühlend-friedliche Gesinnung der Merkurseele erinnert an gewisse Eigenschaften der Venusseele. Während der Marsmensch aufs Entschiedenste alternativ entscheiden will, läßt die merkuriale Natur die gedankliche oder Willensentscheidung lieber im „Sowohl als auch“ oder, im Zweifelsfalle, im „Weder-Noch“ schweben. Denn sie ist ungemein beweglich, gar nicht starrsinnig, lern- und wißbegierig, vielseitig, aber nicht sehr tief interessiert, leicht und rasch auffassend und in vielerlei Standpunkte und Lebenslagen sich hineinfindend. Sehr ungern legt sie sich auf etwas Bestimmtes fest. Immer und überall ist sie bereit und fähig, Gegensätze zu vermitteln und friedlich auszugleichen. Hierbei kommt ihr ihre rasch dahineilende („diskursive“), in Kombinationen und Berechnungen unerschöpfliche, zuweilen bis zur Schlauheit ausartende und zu Kompromissen neigende Intellektualität trefflich zustatten.

Im Erkenntnisleben kann diese Seelenhaltung sehr fruchtbar werden, vor allem in der Wissenschaft vom Erkennen oder der Erkenntnistheorie, wo es sich entscheidend um das Voraussetzungslose, um das Brückenschlagen zwischen Welt und Mensch, sowie um die Vermittlung der dialektischen und Lebenswidersprüche handelt. Darum ist der *Transzendentalismus* ein vorzüglicher Ausgangspunkt für alles Philosophieren und erweist sich besonders fruchtbar im Phänomenalismus und Mathematismus. Denn die merkuriale Seelenkraft setzt uns instand, von der Außenwelt zur Innenwelt und umgekehrt hin- und herzuschreiten, gleichsam hin- und herzupendeln, und damit die rechten Erkenntnisbrücken zu schlagen. In seinem gewichtigen Werk über die Wiedergeburt der Erkenntnis hat H. E. Lauer dargelegt, wie es bei dem phänomenologischen Forschen und rechten Erkennen überhaupt darauf ankommt, in einem „Atmungsprozeß“ seelisch-geistiger Art rhythmisch abwechselnd solange hin- und herzuschwingen zwischen der liebevollen Hingabe an das Wahrgenommene und der durch die Wahrnehmung ausgelösten produktiven Denktätigkeit, bis Wahrnehmung und Begriff zur Deckung gekommen sind. Dieses Hin- und Herpendeln ist das Merkuriale des Transzendentalismus.

Aber zu den eigentlichen höheren Erkenntnissen führt uns das merkuriale Seelenelement allein nicht. Hierzu ist notwendig, den Gegenpol desselben auszubilden: zum diskursiven Denken des Verstandes muß sich die schöpferisch-schauende Vernunft gesellen. Der Verstand erkennt das Gewordene, die Vernunft das Werdende, sagte Goethe. Die allein führt zur eigentlichen Weisheit. Die Vernunft ist von „exakter Phantasie“ beschwingt. Jene schauende Denkkraft verdankt der Mensch dem *Jupiterwesen.* Jupiterseelen wie z. B. Goethe, sind von königlicher Seelenart, Vieles überschauend, in großen Zusammenhängen denkend, alles zu einem weisheitsvollen Ganzen ordnend. Ihr Denken kann in Bildbegriffen, Gleichnissen und Symbolen dasjenige als eine Ganzheit überschauen, was die diskursive Logik des Intellektes Schritt für Schritt untersuchen und zusammenkombinieren muß. Vor allem dringt sie in das Lebendige, sich Verwandelnde ein. Die Jupiterseelen haben etwas Hingebungsvoll-Verehrendes; sie neigen zur Weltfrömmigkeit, zu einer kosmisch gerichteten Religiosität, nicht zur seelenhaft-innerlichen wie die Venusseelen. Dementsprechend steht auch ihr Schönheitsbewußtsein auf einer höheren Stufe. Die jupiterhafte Seelenverfassung befähigt das Erkenntnisstreben des Menschen dazu, im schauenden Denken die ganze Welt als einen großen lebendigen Gedanken- und Weisheits-Organismus zu überblicken, wie wir das etwa bei HEGEL bewundern müssen. Diese Konfiguration des Erkennens, nicht die dialektisch-diskursive, ist mit dem „*Logismus*“ gemeint. Bei der Prägung dieses Ausdruckes hat Steiner vermutlich gerade an Hegels objektive Logik gedacht, welche den Gedankenorganismus der Welt nachzudenken trachtete. Als besonders fruchtbar erweist sich diese Seelenart, wenn es gilt, das Reich der menschlichen und himmlischen Monaden in seiner Einheit und Ganzheit als einen Seelenorganismus zu erschauen, wie dies die Vertreter des Monadismus, aber auch des Psychismus versuchen.

Wenn das Phantasieschauen des Jupitermenschen sich geisteswach in das Weisheitsleben des Kosmos einlebt, haben wir es bei den *mondenhaften* Seelenkräften mit einem viel primitiveren Phantasieleben zu tun. Dies bleibt triebhaft und träumerisch in seiner Selbstheit befangen, weil es mit ein Ausfluß ist von mehr oder weniger erotisch-animalischen Instinkten. Die Bilder dieses sinnlichen Traumphantasielebens sind demzufolge unkontrolliert und arten leicht — wie man es in der Romantik oft beobachten kann — ins Phantastische aus. Sie sind undurchschaubar, geheimnisvoll, haben darum etwas Wundersames, zuweilen sogar Zauberisches, wie das in Märchenbildern oft der Fall ist. Das Seelenleben des Mondenmenschen ist träumerisch-somnambul, hat etwas Verschleiertes, Gespenstiges. Alles wird nur wie in einem Zauberspiegel gesehen und bleibt dadurch nach seinem eigentlichen Wesen unerkennbar, verborgen, okkult, gleichviel ob in diesem Spiegel die bleichen und kraftlosen Schattenbilder und Reflexionen des Sinnenverstandes auftreten oder die magisch-phantastischen Erzeugnisse einer erotisch erregten Phantasie, die mehr Wunschträume als Wahrheitsbilder sind. In beiden Fällen bleibt die Seele in ihrer Subjektivität befangen. Das wahre Angesicht der Welt bleibt verschleiert. Wenn Mondenimpulse das erkennende Seelenleben bestimmen, hat man es mit der Seelenstimmung des „*Okkultismus*“ zu tun, welcher alles mehr oder weniger verborgen bleibt. Weil die Materie das am meisten Verborgene ist, gehört der Okkultismus zum ehrlichen Materialismus.

Den äußersten Gegenpol zum Mondenhaften bildet die *saturnische* Seelenverfassung. Sie hat nichts von dem launisch-wetterwendischen des Mondenhaften, nichts von dem Phantastischen ihrer Vorstellungsträume. Saturnseelen wollen alles in höchst bewußter Art durch ein langanhaltendes, tiefes Nachsinnen und Brüten ergründen. Das bunte Wechselspiel der sinnlichen Vorstellungen kann den Saturnmenschen nicht beirren in seiner tiefen, ruhigen Beschaulichkeit, die durch alles Zeitlich-Vergängliche auf das Dauernde und Ewige hinblickt. Aber der Saturnmensch lebt gerne in der sinnenden Erinnerung an das Vergangene, vertieft sich mitempfindend in die Geschicke der Mitmenschen und des großen Weltenlaufes der Geschichte. Je mehr sich dieses kontemplative Sinnen vertieft, desto mehr entschleiern sich dem Geist-Erinnern verborgene Geheimnisse von Welt und Menschheit.

Der Saturnmensch fühlt tief das Geheimnisvolle des Seins, aber in entgegengesetzter Art als die Mondenseele, nämlich mit dem unerschütterlichen Bewußtsein und der Gewißheit, daß ein beharrliches Nachsinnen schließlich die tiefsten Geheimnisse enträtseln muß. Es gibt nichts Okkultes, das nicht offenbar werden könnte. Ja, irgendwo ist jedes Geheimnis doch ein offenbares. Der Saturnmensch lebt ganz innerlich, aber nicht gefesselt an die Triebnatur. Je mehr er sein Selbst zur Welt erweitert hat, desto mehr fühlt er die Autarkie seiner Individualität. Weil er selbst in sich selbst gegründet und autonom ist, hat er auch Achtung vor dem Eigentümlichen und Selbständigen anderer Individualitäten. Zwar ist er einsam in sich selbst, aber er liebt diese Einsamkeit, weil er sich innerlich reich und selbstgenügsam fühlt und gerade in der Einsamkeit am tiefsten nachsinnen kann über die Schicksale der Mitmenschen und der Weltgeschichte. Wie wir in Goethe eine typische Jupiterseele erkennen können, so in WILHELM VON HUMBOLDT eine echte Saturnseele. Es ist ohne weiteres ersichtlich, daß diese kontemplativ-brütende Seelenstimmung im hohen Grade fruchtbar sein muß für die Konzeption von spirituellen Weltbildern, wie wir sie in der *Gnosis,* dem Spiritualismus und auch dem Pneumatismus finden.

Aus seiner kosmischen Urvergangenheit und aus dem vorirdischen Leben im Geiste vor der gegenwärtigen Verkörperung bringt jeder Mensch in seinem Seelenwesen, das dort zum Makrokosmos ausgeweitet lebte, eine ganz bestimmte, gerade ihm eigentümliche Kombination von solchen planetarischen Seeleneigenschaften mit. Jede der Planetensphären hat ihn, entsprechend der seelischen Reife, die er sich in früheren Verkörperungen erworben hat, mit ihren besonderen Wesenskräften begabt und diese bei der Inkarnation dem Organisch-Leiblichen eingeprägt. Die Menschenseele verdankt dem Saturn-Chronos die Gedächtniskraft, die im Zeitenstrom zurückgehen kann, die hohe Denkkraft dem Jupiter, die Seelische Sprachkraft dem Mars, der Venus die Liebefähigkeit, dem Merkur die Glieder- und Seelenbeweglichkeit, dem Monde die erotischen Vermögen.

Eine jede Menschenindividualität ist in ihrem Leben zwischen dem Tode und einer neuen Geburt überaus mannigfaltig — und jede auf andere Weise als die anderen, wiewohl oftmals verwandtschaftlich — in die verschiedenen Planetensphären und Tierkreisrichtungen übersinnlich hineinkonstelliert. Diese Geistkonstellation bestimmt das Gesamtgefüge der Individualität und prägt sich bis in den körperlichen Habitus hinein ab. Vor allem aber sind hiermit Affinitäten von ganz bestimmten kosmischen Wirklichkeitsbereichen gegeben, die ihre Gegenstücke in der Erdenwelt haben. Diese verborgenen Beziehungen wirken sich dann aus, sobald der Mensch auf Erden zu einer gewissen Bewußtheit erwacht ist. Dann tritt — vor allem zwischen dem 21. und 28. Lebensjahr — aus den Tiefen der Seele wieder halb ins Bewußtsein herauf etwas von all dem, was wir als kosmische Wesen von den kosmischen

Geheimnissen vor der Geburt mehr oder weniger deutlich haben anschauen können. Der Erkenntnistrieb möchte dies nur halbvergessene Geisteswissen sich wieder in die Erinnerung zurückrufen.

Nach welchen Richtungen uns dann dieser Erkenntnistrieb hinführt, das hängt, wenigstens am Anfang, von unserer vorgeburtlich bestimmten geistigen Einkonstellierung in die Sphärenbereiche und Himmelsrichtungen der Hierarchien ab, und von den Fähigkeiten, die wir auf Grund unserer Sternenbürgerschaft in diese Erdenverkörperung mitgebracht haben.

Erst auf diesem geisteswissenschaftlich erschlossenen Hintergrunde können wir voll ermessen, wie unsagbar tief das Wort des genialen, seherischen SCHELLING ist, das er in seinen „Weltaltern" ausgesprochen hat:

„Aus der Quelle der Dinge geschöpft und ihr gleich hat die Seele eine Mitwissenschaft der Schöpfung. In ihr liegt die höchste Klarheit aller Dinge, und nicht sowohl wissend ist sie, als vielmehr selber die Wissenschaft. Es ruht in ihr die Erinnerung aller Dinge, ihrer ursprünglichen Verhältnisse, ihres Werdens, ihrer Bedeutung."

Aber erst RUDOLF STEINER wies in der Geisteswissenschaft die Wege, auf welchen wir uns voll bewußt werden können, w i e geartet die Lebens- und Erkenntnisbeziehungen von Leib, Seele und Geist zu den Realitäten der Planeten und Tierkreiswelten sind. Denn:

> „Anthroposophie ist ein Erkenntnisweg, der das Geistige im Menschenwesen mit dem Geistigen im Weltenall verbinden möchte. Er tritt im Menschen als Herzens- und Gefühlsbedürfnis auf. Anthroposophen können daher nur Menschen sein, die gewisse Fragen über das Wesen des Menschen und der Welt so als Lebensnotwendigkeit empfinden, wie man Hunger oder Durst empfindet."

Zum Abschluß sei versucht, zusammenfassend in gebundener Sprache auszudrücken, was die Seelengaben der Planetenwelt an den Menschen und was die Erkenntnisfrüchte seines Geistes mit Bezug auf die Göttlichen Äonen des Tierkreishimmels sind:

Die Sonne schenkt das Seelengleichgewicht
Von In-sich-selber-Sein und Welthingabe;
Die Venus Frömmigkeit und Schönheits-Sinn,
Der Liebe und der Klänge Himmels-Freuden.
Den Tatenmut gibt Mars und Willenskraft;
Merkur jedoch heilsame Fried-Gesittung.
Die hohe Geistes-Schau schenkt Jupiter,
Den Dichterblick für Weltenharmonien;
Doch träumerischen Kindermärchen-Sinn
Der Mond — und Poesie der Sinnenliebe.
Saturn verleiht Beschaulichkeit und Ernst,
Gefühl für Schicksalsgang in Zeitenfolgen.

Dem Sonnengeist entströmt die Gottes-Kraft,
Die fruchtend weckt in Seelen Geist-Erkenntnis.
Vom Weltenumkreis strahlt nach innen zu
Die Geister-Sonne ihre Weisheits-Strahlen
Und spiegelt sich im Seher-Zwölferkreis,
Der liebend offenbart die Christus-Gnaden,
Die Schöpfer-Urbeginne alles Seins,
Die Gottestugenden und Weltgedanken.
Wer Welt- und Selbsterkenntnis sucht, ihn nährt
Das Manna-Brot des Zwölf-Äonen-Kreises;
Denn an dem Sonnen-Urgedanken-Reich
Nimmt teil ein jeder Mensch mit seinem Denken.

Bewunderst du den Schönheitsglanz der Welt,
Dann fällt vom Jungfrau-Bild der Maja-Schleier;
Und überwindest du den Trug des Selbst,
Dann aufersteht das ICH im Fische-Zeichen. —
Durchwärmt die Seelenkraft des Sinnenseins
Dein Herz, dann wirst du selbst zum Sonnen-Löwen;
Doch atmest du des Denkens Willensstrom,
Dann taucht dein Geist in Ätherlichtesfluten. —
Betastest du den Stoffesbaum im Raum,
So kriechst du wie ein Krebs im Erden-Dunkel;
Doch übst du sinnend Geist-Erinnerung,
Beklimmest du der Geister Himmelsleiter. —

Berechnest du im Weltgefüge Zahl
Und Maß, so dämmert dir das Zwillings-Zwielicht;
Allein beflügelt Denken schaut, wie sich
Zum Ganzen webt das Stufenreich der Seelen. —
Bezeugst du Kraft des Guten in der Welt,
Dann wirkt in Wort und Werk der Stier die Wahrheit;
Doch wähnst du totes Stoffeskräftespiel
Im All und blinden Trieb, so sticht der Stachel. —
Es offenbart sich Welt-Ideenlicht
Im Gottes-Lamm, erschaffend Sinnes-Wesen;
Es weset aller Wesen Wesenheit
Und wird vom WORT gewogen auf der Waage.

KOMBINIERTES NAMEN- UND LITERATURVERZEICHNIS

Vorliegendes Verzeichnis hat einen mehrfachen Zweck. Einmal soll es das Auffinden aller im Text vorkommenden Namen erleichtern. Soweit möglich wurden Geburts- und Sterbejahr hinzugefügt.

Zum anderen habe ich gemeint, daß, insofern es sich um vom Verfasser besprochene Philosophen handelt, die Titel ihrer wichtigsten Werke nicht fehlen dürften. Ist doch jedes vertiefte Studium immer wieder darauf angewiesen, sich auch den Quellen, aus denen geschöpft wurde, zuzuwenden. Schon allein die bisweilen recht ausführliche Formulierung der Titel oder Untertitel möge manchen Leser anregen, das eine oder andere Werk selber zur Hand zu nehmen.

In bezug auf die besten Ausgaben der älteren philosophischen Texte hat sich Wilhelm Totoks fünfbändiges Nachschlagewerk „Handbuch der Geschichte der Philosophie (Frankfurt a. M. 1964-86) als wertvoll erwiesen.

Auf eine genaue Quellenangabe aller zitierten Texte mußte aus praktischen Gründen leider verzichtet werden.

Schließlich habe ich in dem Verzeichnis auf einige der jüngsten Studien anthroposophischer Autoren hinweisen wollen.

Clemens-Christoph von Gleich

Von Sigismund v. Gleich sind im J. Ch. Mellinger Verlag erschienen:

Geisteswissenschaftliche Entwicklungslinien im Hinblick auf den „Impuls von Gondi-Schapur"
48 Seiten, 1 Karte, kartoniert
ISBN 3-88069-030-8

Inspirationsquellen der Anthroposophie
mit einem Lebenslauf des Autors
50 Seiten, 1 Bild des Autors, kartoniert
ISBN 3-88069-087-1

7000 Jahre Urgeschichte der Menschheit
3. Auflage, 40 Seiten, kartoniert
ISBN 3-88069-031-6

Marksteine der Kulturgeschichte
4 Teile jetzt in einem Band
I. Babylonien und Ägypten
II. Syrien, Saba und Phönizien
III. Hellas und Kleinasien
IV. Mysterien-Dämmerung und Christus-Erscheinung
3. Auflage, 464 Seiten, 14 Diagramme, 1 Karte, gebunden
ISBN 3-88069-102-9

Der Mensch der Eiszeit und Atlantis
204 Seiten, 15 Diagramme, kartoniert
ISBN 3-88069-027-8

Die Umwandlung des Bösen
3. Auflage, 32 Seiten, kartoniert
ISBN 3-88069-035-9

Von Thales bis Steiner –
eine Lebensgeschichte des Denkens mit einer Betrachtung über das Ich
168 Seiten, kartoniert
ISBN 3-88069-126-6

Geisteswissenschaft, Kunstoffenbarung und religiöse Lebensanschauung
In ihrer Dreieinigkeit philosophisch-anthroposophisch entwickelt aus dem Menschenwesen und Ideenkosmos
152 Seiten, 7 Diagramme, kartoniert
ISBN 3-88069-117-7

J. CH. MELLINGER VERLAG, STUTTGART

Geistesgeschichte im J. Ch. Mellinger Verlag:

Kalevala – Das finnische National-Epos
Übersetzt und ausführlich eingeleitet von Dagmar Welding
3. Auflage, 700 Seiten, Leinenstruktur
ISBN 3-88069-180-0

TETZLAFF, Irene
Der Graf von Saint Germain
Licht in der Finsternis
384 Seiten, 20 ganzseitige Abbildungen, gebunden mit Schutzumschlag
ISBN 3-88069-020-0

UEHLI, Ernst
Nordisch-germanische Mythologie als Mysteriengeschichte
2. Auflage, 296 Seiten, gebunden
ISBN 3-88069-091-X

Atlantis und die Rätsel der Eiszeitkunst
3. Auflage, 266 Seiten, 97 Abbildungen, Leinenstruktur
ISBN 3-88069-092-8

STEIN, Walter Johannes
Weltgeschichte im Lichte des heiligen Gral. Das neunte Jahrhundert
4. Auflage, 478 Seiten, 36 Abbildungen, 2 Stammbaumübersichten, Leinen
ISBN 3-88069-082-0

MILLITZ, Wolfgang
3000 Jahre Sonnengesänge –
Ägyptische Mysterien
48 Seiten, kartoniert
ISBN 3-88069-097-9

Griechische Einweihungsstätten –
Ephesos – Samothrake – Eleusis – Delphi
36 Seiten, kartoniert
ISBN 3-88069-096-0

Mythen der Völker
Bhagavad-Gita
Gilgamesch-Epos – Edda – Kalevala
32 Seiten, kartoniert
ISBN 3-88069-113-4

J. CH. MELLINGER VERLAG, STUTTGART